Johannes Welcker / Jörg W. Kloy / Klaus Schindler

Professionelles Optionsgeschäft

Johannes Welcker / Jörg W. Kloy / Klaus Schindler

Professionelles Optionsgeschäft

– alles über Optionen auf Aktien, Renten, Devisen, Waren, Terminkontrakte –

3., völlig überarbeitete Auflage

verlag moderne industrie

Die Deutsche Bibliothek – CIP-Einheitsaufnahme

Welcker, Johannes:
Professionelles Optionsgeschäft : alles über Optionen auf Aktien, Renten, Devisen, Waren, Terminkontrakte / Johannes Welcker ; Jörg W. Kloy ; Klaus Schindler. – 3., völlig überarb. Aufl. – Zürich : Verl. Moderne Industrie, 1992
ISBN 3-478-32823-3
NE: Kloy, Jörg W.: Schindler, Klaus:

3., völlig überarbeitete Auflage 1992
2., überarbeitete Auflage 1988

Umschlaggestaltung: Hendrik van Gemert, 8915 Fuchstal-Leeder
Satz: Fotosatz Amann, 7974 Aichstetten
Druck: Hofmann-Druck, 8900 Augsburg
Bindearbeiten: Thomas-Buchbinderei, 8900 Augsburg
Printed in Germany 320823/492152
ISBN 3-478-32823-3

Inhaltsübersicht

Inhaltsverzeichnis

Vorwort zur 3. Auflage

Die Neuauflage unterscheidet sich von ihren Vorgängern durch eine völlige Überarbeitung. Die erste Auflage hatte ein erfreulich großes Echo aus der Praxis. Mit der Einführung der Deutschen Terminbörse ist Optionspreistheorie für viele Praktiker unerläßlich geworden. Gleichzeitig zeigten aber die aus der Praxis an uns herangetragenen Fragen, daß das Buch verbesserungsfähig war. Ursprünglich gingen die Autoren davon aus, daß auf die gesonderte Bewertung des Rechts zur jederzeitigen Ausübung, das amerikanische im Gegensatz zu europäischen Optionen beinhalten, verzichtet werden könne und daß die Bewertung amerikanischer Optionen durch die Bewertung europäischer Optionen angenähert werden könne. Fragen aus der Praxis zeigten uns aber, daß auf den erhöhten Rechenaufwand zur Bewertung amerikanischer Optionen und den Rückgriff auf höhere Mathematik nicht verzichtet werden kann. Dieser Umstand führte zur Zusammenarbeit mit Dr. Klaus Schindler, der als Mathematiker und Physiker schließlich auch als Mitautor gewonnen werden konnte.

So enthält das Buch nun auch Kapitel, in denen
- die Herleitung der Bewertungsfunktionen sowie
- die unterschiedlichen Bewertungsverfahren für amerikanische Optionen

analytisch ausführlich, aber auch wieder mit Rechenbeispielen dargestellt werden. Das Buch ist damit auch eine Anleitung zur selbständigen Programmierung aller derzeit bekannten Bewertungsmethoden.

Das Buch wurde darüber hinaus erweitert um Kapitel über
- „Aktives Optionsmanagement" (Kapitel VII),
- „Bewertung von Optionsscheinen und DTB-Optionen" (Kapitel XI),
- „Portefeuille Versicherung" (Kapitel XII.C.6) und den
- „Superfund – die Grundlage finanzieller Innovationen" (Kapitel XV).

Die Autoren hoffen, mit diesem Buch dem deutschen Leser einen umfassenden Überblick über die weiterhin stürmische Entwicklung der Optionsmärkte und der Optionspreistheorie zu geben, der allen

Anforderungen an wissenschaftliche Exaktheit gerecht wird und gleichzeitig in allen Teilen auf Verständlichkeit größten Wert legt. Zu Kapitel IX über „Die Bewertung von Optionen“ geben wir einen Lesehinweis, der dem mathematisch weniger Interessierten die ökonomisch wichtigen Passagen aufzeigt.

Zu danken haben wir Studenten, mit denen wir in Seminaren Probleme der Optionspreistheorie erörterten. Das Buch wäre in der vorliegenden Form nicht geschrieben worden ohne die umfangreiche Programmierarbeiten, die Herr Dipl.-Kfm. Carsten Nerge und Herr Dipl.-Kfm. Uwe Umlauff in Zusammenarbeit mit den Verfassern geleistet haben. Unser Dank gilt auch Herrn cand. rer. oec. Dirk Gojny und Frau cand. rer. oec. Nana Rapp, die uns bei den vielen Rechenbeispielen und bei der Organisation des völlig neuen Manuskripts in vielfältiger Weise behilflich waren.

Saarbrücken, im April 1992

Johannes Welcker
Jörg W. Kloy
Klaus Schindler

I. Die Entwicklung des Optionsgeschäfts

Optionen wurden an der Börse von Amsterdam bereits im 17. Jahrhundert gehandelt. Das geht aus der Schrift „Die Verwirrung der Verwirrungen" des Spaniers Don Josef de la Vega aus dem Jahre 1688 hervor, der in diesem Buche bereits ein Optionsgeschäft beschreibt.[1)]

Im 19. Jahrhundert waren Optionsgeschäfte an allen Börsen der Welt üblich. Im 20. Jahrhundert wurde dann der Optionshandel durch Kriege einerseits und durch die Wirtschaftskrise von 1931 andererseits unterbunden.

Optionshandel durch die Weltkriege unterbrochen

In Deutschland beispielsweise wurde der Terminhandel am 29. 7. 1914 eingestellt. Vom 1. Oktober 1925 bis zum 14. Juli 1931 war der Optionshandel wieder zulässig, um dann im Zusammenhang mit der Bankenkrise erneut verboten zu werden. Nach dem Zweiten Weltkrieg können erst seit dem 1. Juli 1970 wieder Termingeschäfte in Form von Optionsgeschäften auch an deutschen Börsen abgeschlossen werden (Verordnung über die Zulassung von Wertpapieren zu Börsentermingeschäften vom 26. 6. 1970, BGBl. I, S. 993).

Stürmische Entwicklung des Terminhandels in den USA nach dem Übergang zu flexiblen Wechselkursen Anfang der 70er Jahre

In den USA wurden nach dem Zweiten Weltkrieg Optionen zunächst am OTC Markt (over the counter market) gehandelt. Im April 1973 begann die Chicago Board Options Exchange (CBOE), Kaufoptionen auf die 16 umsatzstärksten Aktien zu handeln. Erst ab Juni 1977 wurden auch Verkaufsoptionen an der CBOE gehandelt. Bis 1982 wurden in den USA Optionen auf ca. 360 verschiedene Aktien gehandelt. Im September 1985 waren es 429.

Hinzu kommt eine Entwicklung, die im Jahre 1972 ihren Ausgangspunkt vom International Monetary Market (IMM) nahm, eine Veranstaltung der Chicago Mercantile Exchange. Dieser Markt sollte speziell dem Handel in Financial Futures dienen. Zunächst wurden Terminkontrakte in verschiedenen Währungen gehandelt. Vom 20. Oktober 1975 an wurden dann am Chicago Board of Trade (CBT) Termin-

---

1) VEGA, Don Josef de la: Die Verwirrung der Verwirrungen. Vier Dialoge über die Börse in Amsterdam. Übersetzt und eingeleitet von Pringsheim, Otto. Breslau 1919 (Amsterdam 1688).

kontrakte in GNMAs gehandelt, einer Art Pfandbriefe. 1977 wurde der Handel in US-Treasury Bonds (T-Bonds) am Chicago Board of Trade aufgenommen.[1] Seit Dezember 1982 werden an der Philadelphia Stock Exchange (PHLX) Währungsoptionen gehandelt. Gleichfalls seit 1982 werden am CBT auch Optionen auf Terminkontrakte gehandelt. Daneben gehört zu den finanziellen Innovationen der amerikanischen Börsen auch der Handel in Terminkontrakten auf Aktienindices und in Optionen auf solche Terminkontrakte. Seit 1984 werden Optionen auf Deutsche Mark, Silber, lebende Rinder, Sojabohnen, Weizen und Baumwolle gehandelt. Am 30. September 1982 eröffnete die London International Financial Futures Exchange (LIFFE). Seit diesem Datum werden Financial Futures auch in Europa gehandelt.

Seit Anfang 1986 werden auch an der Pariser Börse Renten per Termin gehandelt.

Zahlen zum Optionshandel in verschiedenen Regionen der Welt

Tabelle 1.1: Zahl der 1988 in verschiedenen Regionen der Welt gehandelten Options- und Terminkontrakte

Kontraktart / Regionen	Zahl der Optionskontrakte	Zahl der Terminkontrakte
	Mio. Kontrakte	
Amerika	**275**	**224**
Nordamerika	241	224
darunter Chicago	*150*	*170*
Südamerika	34	0
Pazifischer Raum	**7**	**33**
darunter Japan	–	*21*
Europa	**33**	**48**
Summe	**315**	**305**

Quelle: Futures, März 1989, S. 30i und 60i.

[1] LEBECK, Warren W.: The Origins of Future Markets. In: The Handbook of Financial Futures. Hrsg.: ROTHSTEIN, Nancy H., McGraw Hill, New York 1984, S. 9–22, S. 20.

Deutsche Terminbörse

Im Januar 1990 nahm die Deutsche Terminbörse (DTB) ihre Arbeit auf. Sie ist eine Computerbörse ohne Präsenz der Handelspartner. Zunächst wurden nur Optionen auf 14 deutsche Aktien gehandelt. Seit November 1990 sind ein DAX Future und ein Future auf eine hypothetische deutsche Bundesanleihe hinzugekommen. Am 16.8.1991 wurde der Handel in Optionen auf diese Futures aufgenommen. Das Volumen der DTB könnte sich 1991 auf ca. zehn Millionen Kontrakte belaufen.

II. Grundbegriffe

A. Geschäfte

1. Terminkauf und Terminverkauf – Futures

Terminkauf und Terminverkauf

Der Käufer verpflichtet sich heute, zu einem zukünftigen Zeitpunkt dem Verkäufer ein Wertpapier zu einem heute vereinbarten Preis, dem Terminkurs, abzunehmen. Der Verkäufer verpflichtet sich entsprechend, dem Käufer das Wertpapier zu liefern. Der Käufer bezahlt, und der Verkäufer erhält das Geld bei Lieferung des Wertpapiers. Der Terminkäufer spekuliert à la Hausse, der Terminverkäufer à la Baisse.

Futures

Die Organisationsform des „Futures" ist eine Entwicklung der amerikanischen Börsen in den 70er Jahren, die das Erfüllungsrisiko des Terminkontrakts stark mindert oder ausschließt. Futures werden von Tag zu Tag erfüllt und nicht erst am Ende der Laufzeit. Kann der Verlierer den erforderlichen Einschuß nicht leisten, so wird der Kontrakt sofort glattgestellt. Eventuelle Verluste der Terminbörse infolge Insolvenz der Geschäftspartner werden dadurch auf die Kursschwankung eines Tages beschränkt und in dieser Höhe von der Börse getragen, wenn sie eintreten sollten. Das Verfahren des täglichen Verlustausgleichs bezeichnet man als Mark-to-Market-Prinzip. Ist der Kontraktpreis eines Bund-Futures bei Abschluß 85 DM/Anleihe über 100 DM und ist der Kontraktumfang 250.000 DM, so führt eine Kursänderung von 0,01 DM/Anleihe über 100 DM, von einem „Tick", zu einer Wertänderung des Kontrakts über 25 DM. Ist der Terminkurs am folgenden Tag 85,30 DM/Anleihe über 100 DM, so hat der Verkäufer des Terminkontrakts den Gegenwert von 30 Ticks, 30 × 25 DM = 750 DM als Sicherheit einzuschließen. Fällt der Kurs am dritten Tag auf 84,90 DM, so erhält der Verkäufer des Kontrakts die 750 DM wieder gutgeschrieben, der Käufer muß die 750 DM zurückerstatten und nun zusätzlich seinerseits 10 × 25 DM = 250 DM einschießen.

Mark-to-Market-Prinzip

2. Optionsgeschäft

a. Begriff und Sprachgebrauch

Optionsgeschäft

Das Wort kommt von lateinisch „optio“, das „freie Wahl“ oder „das Recht zu wünschen“ bedeutet. Ein Optionsgeschäft ist ein Vertrag, durch den der Käufer der Option das Recht erwirbt, vom Verkäufer der Option (dem Stillhalter) eine bestimmte vertraglich vereinbarte Leistung zu Konditionen zu verlangen, die im Optionsvertrag festgelegt sind. Gegenstand von Optionsgeschäften können Aktien, festverzinsliche Anleihen oder börsenmäßig gehandelte Waren sein, aber auch Gegenstände, die nicht an der Börse gehandelt werden, wie z. B. Grundstücke. Bei den Notierungen in den Tageszeitungen werden vier Gruppen nach einem kombinierten Kriterium von Emittenten/Objekten unterschieden:

Gruppierungen von Optionen in Tageszeitungen

Börsenmäßige Optionen

- Optionen auf einen Gegenstand, die nach den besonderen Bedingungen für Optionsgeschäfte an den deutschen Wertpapierbörsen und an der DTB zustande kommen, werden in diesem Buch als „börsenmäßige Optionen“ bezeichnet. Ihr Emittent kann jedermann sein;

Optionsscheine

- Optionen, deren Bedingungen nicht durch die Börsenusancen für den Optionshandel bestimmt sind, werden in diesem Buch als „Optionsscheine“ bezeichnet, wenn der Emittent des Optionsscheins das optierbare Objekt selbst schaffen kann. Das sind von VW emittierte Optionsscheine auf VW-Aktien;

Covered warrants

- Optionen, deren Bedingungen nicht durch die Börsenusancen für den Optionshandel bestimmt sind und deren optierbares Objekt nicht von der den Optionsschein emittierenden Gesellschaft selbst, sondern nur von einer anderen Gesellschaft geschaffen werden kann, heißen in diesem Buch „covered warrants“. Das sind zum Beispiel vom Bankhaus Trinkaus & Burkhardt begebene Optionen auf Aktien der VIAG;

Währungs- und Indexoptionsscheine

- Optionsscheine, deren optierbares Objekt Währungen oder Indices sind (Währungs- und Indexoptionsscheine).

b. Kaufoption – Call

Kaufoption – Call

Der Käufer einer Kaufoption erlangt gegen Zahlung des Optionspreises heute das Recht, innerhalb der Laufzeit der Option das Wertpapier zum vereinbarten Preis („Ausübungskurs“, auch „Basispreis des

Optionsgeschäfts“) zu kaufen. Der Verkäufer einer Kaufoption, der „Stillhalter in Wertpapieren“, muß das Wertpapier zum Ausübungskurs liefern, wenn der Käufer der Kaufoption von seinem Recht Gebrauch macht und die Option ausübt.

c. Verkaufsoption – Put

Verkaufsoption – Put

Der Käufer einer Verkaufsoption erlangt gegen Zahlung des Optionspreises heute das Recht, das Wertpapier innerhalb der Laufzeit der Option zum Ausübungskurs zu liefern. Der Verkäufer der Verkaufsoption, der „Stillhalter in Geld“, muß das Wertpapier zum Ausübungskurs abnehmen, wenn der Käufer der Verkaufsoption von seinem Recht Gebrauch macht und die Option ausübt.

3. Stellage – Straddle

Stellage – Straddle

Der Käufer einer Stellage erwirbt gegen Zahlung des Stellgeldes das Recht, während der Laufzeit der Stellage das Wertpapier zum heute vereinbarten Ausübungskurs entweder zu kaufen oder zu verkaufen. Er zahlt das Stellgeld. Der Verkäufer einer Stellage geht gegen Zahlung des Stellgeldes die Verpflichtung ein, während der Laufzeit der Stellage das Wertpapier zum heute vereinbarten Ausübungskurs entweder zu liefern oder abzunehmen.

B. Varianten von Optionsgeschäften

1. „Europäische“ Option

Ausübbar . . .

. . . am Ende der Laufzeit: „europäische“ Option

Eine „europäische“ Option ist nur zu einem bestimmten Zeitpunkt, etwa zum Ende der Laufzeit der Option, ausübbar. Dies resultiert aus den im 19. Jahrhundert üblichen europäischen Konditionen, die auch heute noch an der Pariser Börse gelten. Eine Option kann dort jeweils zum Monatsultimo (früher in Deutschland: auch zum 15. des Monats) ausgeübt werden. Eine z.B. am 15. Januar per Ende Juli abgeschlossene Option könnte dann zu sieben verschiedenen Zeitpunkten, jeweils am Monatsende ausgeübt werden.

2. „Amerikanische“ Option

... jederzeit: „amerikanische“ Option

Eine „amerikanische“ Option kann während der gesamten Laufzeit der Option ausgeübt werden. Die heute in den USA und in Deutschland gehandelten Optionen sind „amerikanische“ Optionen. Auch an der Pariser Börse werden teilweise solche Optionen gehandelt. Die Unterscheidung zwischen Optionen, die nur in einem Zeitpunkt ausübbar sind, und solchen, die während eines Zeitraumes ausübbar sind, ist theoretisch bedeutsam. In der Theorie haben sich die Ausdrücke „europäische“ und „amerikanische“ Option in dem oben definierten Sinne eingebürgert.

C. „Aus dem Geld“, „im Geld“, „am Geld“

„Aus dem Geld“

Eine Option ist „aus dem Geld“ (out of the money), wenn der Ausübungskurs einer Kaufoption größer ist als der Aktienkurs und wenn der Ausübungskurs einer Verkaufsoption niedriger ist als der Aktienkurs. Die Optionen haben dann keinen inneren Wert.

„Im Geld“

Eine Option ist „im Geld“ (in the money), wenn der Ausübungskurs einer Kaufoption kleiner ist als der Aktienkurs und wenn der Ausübungskurs einer Verkaufsoption größer ist als der Aktienkurs. Die Differenz zwischen Ausübungskurs und Aktienkurs stellt den inneren Wert der Option dar.

„Am Geld“

Eine Option ist „am Geld“ (at the money), wenn der Ausübungskurs der Option ungefähr gleich dem Aktienkurs ist.

D. Begriffe zur Bewertung

1. Innerer Wert

Innerer Wert...

Als inneren Wert einer Option bezeichnet man denjenigen Wert, den die Option hätte, wenn sie sofort ausgeübt werden müßte. Es sei

S = Aktienkurs (stock price),
K = Ausübungskurs (exercise price, strike price),

C = Preis oder Wert der Kaufoption (call),
P = Preis oder Wert der Verkaufsoption (put).

Dann ist der innere Wert einer Kaufoption max [0, S–K], der innere Wert einer Verkaufsoption max [0, K–S].

... einer Kaufoption: max [0, S–K]

In Worten: Als *inneren Wert einer Kaufoption* bezeichnet man die Differenz zwischen dem jeweiligen Börsenkurs und dem Ausübungskurs, sofern diese positiv ist, als *inneren Wert einer Verkaufsoption* bezeichnet man die Differenz zwischen Ausübungskurs und dem jeweiligen Börsenkurs, sofern diese positiv ist. Ist der innere Wert nicht positiv, so ist er Null.

... einer Verkaufsoption: max [0, K–S]

Ist S = 70 und K = 50, so ist der innere Wert der Kaufoption:
max [0, 70–50] = 20.
Der innere Wert der Verkaufsoption ist: max [0, 50–70] = 0.

Ist S = 20 und K = 50, so ist der innere Wert der Kaufoption:
max [0, 20–50] = 0.
Der innere Wert der Verkaufsoption ist: max [0, 50–20] = 30.

2. Zeitwert – time value

Der Zeitwert einer Kaufoption ist C – max [0, S–K]. Der Zeitwert einer Verkaufsoption ist P – max [0, K–S].

Zeitwert...

In Worten: Als *Zeitwert* bezeichnet man den Preis der Option, sofern der innere Wert der Option Null ist, und die Differenz zwischen dem Preis der Option und ihrem inneren Wert, sofern der innere Wert positiv ist.

Ist S = 70, K = 50 und C = 22, so ist der Zeitwert der Kaufoption:
22 – max [0, 70–50] = 2.
Der Zeitwert der Verkaufsoption ist mit P = 1,50:
1,50 – max [0, 50–70] = 1,50.
Ist S = 20, K = 50 und C = 1,70, so ist der Zeitwert der Kaufoption:
1,70 – max [0, 20–50] = 1,70.
Der Zeitwert der Verkaufsoption ist mit P = 31:
31 – max [0, 50–20] = 1.
Der Zeitwert (Z) ist für eine Kaufoption eine gebrochene Funktion:

Zeitwert einer Kaufoption: C – max [0, S–K]

$$Z = \begin{cases} C - (S-K), & \text{wenn} \quad S > K, \\ C, & \text{wenn} \quad S < K. \end{cases}$$

Wert der Kaufoption in Abhängigkeit vom Aktienkurs

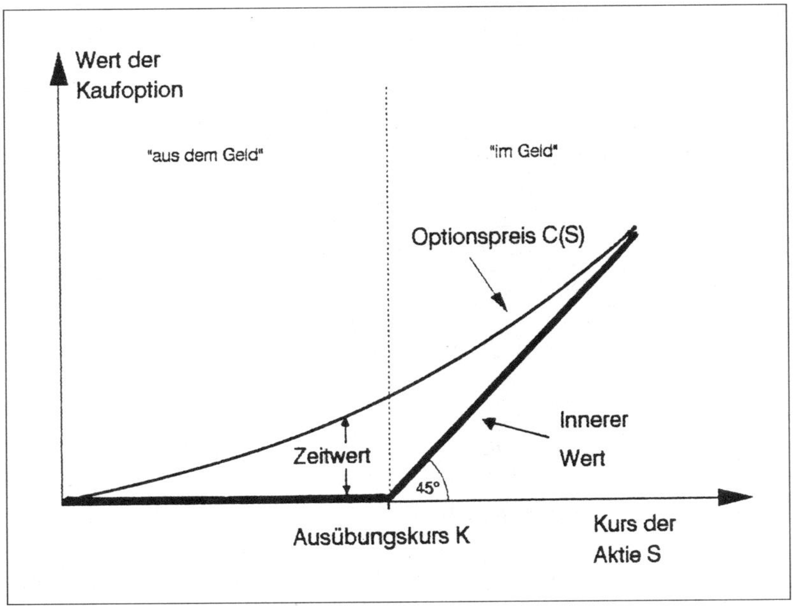

Abb. 2.1: Optionspreis, Zeitwert und innerer Wert einer amerikanischen Kaufoption in Abhängigkeit vom Aktienkurs:
Auf der Abszisse (x-Achse) ist der Aktienkurs S, auf der Ordinate (y-Achse) der Wert der Kaufoption C abgetragen. Die dicke Linie stellt den inneren Wert der Kaufoption dar. Sie beginnt im Ursprung und verläuft entlang der Abszisse, bis sie beim Ausübungskurs K in eine 45°-Linie übergeht. Der innere Wert der Kaufoption in Abhängigkeit vom Aktienkurs ist vom Koordinatenursprung bis zum Ausübungskurs K null. Die Kaufoption ist in diesem Bereich „aus dem Geld“. Vom Ausübungskurs K an ist der innere Wert dann gleich der Differenz S–K. Die Kaufoption ist in diesem Bereich „im Geld“. Die Kurve C(S) muß über der Kurve des inneren Werts liegen. Der Abstand zwischen der Kurve des inneren Werts und der Kurve C(S) ist der „Zeitwert“ (time value) der Option. Er heißt Zeitwert, weil er mit Ablauf der Optionsfrist verschwindet. Muß eine Option mit einer gewissen noch verbleibenden Laufzeit, für die die Kurve C(S) gilt, plötzlich ausgeübt werden, so fällt die Kurve C(S) auf die Kurve des inneren Werts zurück.

Der Zeitwert (Z) ist für eine Verkaufsoption eine gebrochene Funktion:

$$Z = \begin{cases} P, & \text{wenn} \quad S > K, \\ P - (K-S), & \text{wenn} \quad S < K. \end{cases}$$

Zeitwert einer Verkaufsoption: P – max [0, K–S]

Stellt man die Werte der amerikanischen Calls und Puts in Abhängigkeit vom Aktienkurs einander gegenüber, so ergeben sich die Abbildungen 2.1 und 2.2.

Wert der Verkaufsoption in Abhängigkeit vom Aktienkurs

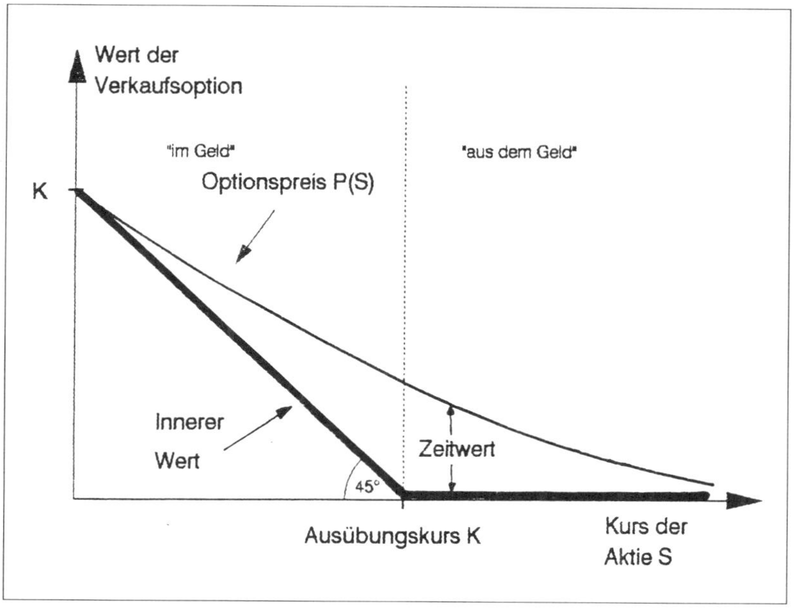

Abb. 2.2: Optionspreis, Zeitwert und innerer Wert einer amerikanischen Verkaufsoption in Abhängigkeit vom Aktienkurs:
Auf der Abszisse (x-Achse) ist der Aktienkurs S, auf der Ordinate (y-Achse) der Wert der Verkaufsoption P abgetragen. Die Kurve des inneren Werts (45°-Linie) beginnt auf der Ordinate beim Ausübungskurs K, da der Wert der Verkaufsoption K nie übersteigen kann. Der innere Wert der Verkaufsoption, die Differenz K–S ist links von K positiv; die Option ist „im Geld". Für Aktienkurse S, die über dem Ausübungskurs K liegen, ist der innere Wert der Verkaufsoption null, die Verkaufsoption ist „aus dem Geld". Die Kurve P(S) muß über der Kurve des inneren Werts liegen. Der Abstand zwischen der Kurve P(S) und dem inneren Wert ist der „Zeitwert" (time value) der Option. Er heißt Zeitwert, weil er mit Ablauf der Optionsfrist verschwindet. Muß eine Option mit einer gewissen noch verbleibenden Laufzeit, für die die Kurve P(S) gilt, plötzlich ausgeübt werden, so fällt die Kurve P(S) auf die Kurve des inneren Werts zurück.

Wert eines Calls, innerer Wert und Zeitwert

Die Beziehung zwischen dem Wert einer Kaufoption, dem zugrundeliegenden Preis des Wertpapiers und dem innerem Wert sowie dem Zeitwert könnte wie folgt aussehen:

Tabelle 2.1: Innerer Wert und Zeitwert einer Kaufoption[1]

Zugrundeliegender Marktpreis [$]	Innerer Wert [$]	Zeitwert [$]	Gesamtwert [$]
(1)	(2)	(3)	(4) = (2) + (3)
120,00	20,00	0,00	20,00
115,00	15,00	0,05	15,05
110,00	10,00	0,76	10,76
105,00	5,00	2,61	7,61
100,00	0,00	4,40	4,40
95,00	0,00	2,36	2,36
90,00	0,00	1,06	1,06
85,00	0,00	0,39	0,39
80,00	0,00	0,11	0,11
(Ausübungskurs 100; Volatilität 0,25; 90 Tage Laufzeit; kurzfristiger Zins 12 % p. a.; Ertrag der zugrundeliegenden Anleihe 14 % p. a.)			

3. Aufgeld

In Deutschland wird häufig das Aufgeld (engl. premium) einer Kaufoption oder eines Optionsscheins als Preiswürdigkeitsmaßstab angegeben. Es berechnet sich für Calls als

Das Aufgeld...

$$\text{Aufgeld} = 100\,[\text{Optionspreis} - (\text{Aktienkurs} - \text{Ausübungskurs})]\,/\,\text{Aktienkurs},$$

$$\text{Aufgeld} = 100\,[C - (S - K)]\,/\,S,$$

$$\text{Aufgeld} = 100\,[7{,}61 - (105 - 100)]\,/\,105 = 2{,}5\,\%.$$

Das Aufgeld in Prozent des Aktienkurses gibt den Prozentsatz an, den ein Käufer einer Aktie mehr bezahlen muß, wenn er zunächst den

---

[1] LABUSZEWSKI, John; SINQUEFIELD, Jeanne Cairnes: Inside the Commodity Option Markets. New York u.a.O. 1985, S. 103.

Optionsschein erwirbt und diesen dann ausübt, verglichen mit der Situation, daß er die Aktie direkt erwirbt. Schon an dieser Stelle sei darauf hingewiesen, daß der Erwerb einer Aktie durch Ausüben der Kaufoption nur sinnvoll sein kann, wenn die Kaufoption im Geld ist. Dann ist der Aktienkurs S größer als der Ausübungskurs K. Ist aber die Kaufoption aus dem Geld, ist S < K, so ist die Fragestellung, wieviel der Erwerb einer Aktie über die Kaufoption kostet, nicht sinnvoll, da der potentielle Erwerber einer Aktie dann stets den billigeren Weg des direkten Erwerbs der Aktie wählen wird. Die Sinnhaftigkeit der Kennziffer „Aufgeld" wird in Kapitel X. D. näher erörtert.

... ist nur bei im Geld stehenden Optionen ein Anhaltspunkt für die Preiswürdigkeit

III. Institutionelle Gegebenheiten

A. Termingeschäftsfähigkeit

Termingeschäftsfähigkeit ...

In § 53 Börsengesetz (BG) ist der Personenkreis festgelegt, der sich durch Börsentermingeschäfte verpflichten kann. *Termingeschäftsfähig* sind zunächst *Vollkaufleute* (§ 53 Abs. 1 BG). Ein Börsentermingeschäft ist demnach gültig, wenn beide Geschäftspartner Vollkaufleute sind. Ein Kleinkaufmann (§ 4 HGB), dessen Gewerbebetrieb „nach Art oder Umfang einen in kaufmännischer Weise eingerichteten Geschäftsbetrieb nicht erfordert", ist nicht börsentermingeschäftsfähig (selbst wenn er im Handelsregister eingetragen ist). Als Kaufleute gelten auch Personen, die zur Zeit des Geschäftsabschlusses oder früher berufsmäßig Börsentermingeschäfte oder Bankiergeschäfte betrieben haben oder die zur Börse zugelassen sind oder waren.[1)]

... kraft Kaufmannseigenschaft und ...

... kraft Information

Ist eine Partei des Geschäfts Kaufmann und untersteht sie einer gesetzlichen Bank- oder Börsenaufsicht, die andere Partei hingegen nicht, so ist ein Termingeschäft über Wertpapiere, Devisen und Edelmetalle (nicht über sonstige Waren) verbindlich, wenn die nicht termingeschäftsfähige Person informiert worden ist *(Termingeschäftsfähigkeit kraft Information)*. Die Information erfolgt durch Unterschrift unter eine Erklärung, in der ausschließlich über die Risiken von Termingeschäften informiert wird (§ 53 Abs. 2 BG). Die Erklärung darf nicht länger als drei Jahre zurückliegen und ist nach der ersten Unterrichtung nach einem Jahr zu wiederholen. Die Beweislast für die Unterrichtung obliegt dem Kaufmann. Ist das Börsengeschäft für die Geschäftspartner verbindlich, so ist die Erhebung des Differenzeinwands nach §§ 762 und 764 BGB nicht möglich (§ 58 BG). Wer börsengeschäftsfähig kraft Information geworden ist, muß sich darüber im klaren sein, daß die Bank in sein gesamtes Vermögen vollstrecken kann, daß er mithin Haus und Hof verspielen kann! Obwohl einschlägige Fälle von Gerichten noch nicht entschieden sind, wird dies wohl auch für einen Dritten gelten, der sein Vermögen

Ausschluß des Differenzeinwands

---

1) Vgl. auch: Börsengesetz vom 22. Juni 1896 (RGBl., S. 157) in der Fassung vom 11. Juli 1988 (BGBl. I, S. 1412–16) oder Arbeitsgruppe „Optionsgeschäft": Das börsenmäßige Optionsgeschäft. Neueste Auflage.

Verpfändung zugunsten Dritter

zugunsten einer Person verpfändet hat, die börsentermingeschäftsfähig kraft Information ist und entsprechende Verluste erlitten hat. Wer sein Vermögen zugunsten eines Dritten verpfändet, muß daher doppelt vorsichtig sein! Umgekehrt täte eine Bank gut daran, auch den Pfandgeber über eine Börsentermingeschäftsfähigkeit des Schuldners kraft Information zu unterrichten.

Wirksamkeit von Börsentermingeschäften durch Erfüllung

Ein Termingeschäft, an dem eine nicht termingeschäftsfähige Person beteiligt ist, ist nicht verbindlich. Es gilt jedoch nach § 57 BG als von Anfang an verbindlich, „wenn der eine Teil bei oder nach dem Eintritt der Fälligkeit sich dem anderen Teil gegenüber mit der Bewirkung der vereinbarten Leistung einverstanden erklärt und der andere Teil diese Leistung an ihn bewirkt hat." Ist demnach ein Börsentermingeschäft erfüllt worden, so kann das Geleistete nicht wegen der Unverbindlichkeit des Geschäfts nachträglich zurückgefordert werden.

Für Optionsgeschäfte bedeutet § 57 BG im Verhältnis zwischen der Bank und ihren Kunden, daß der Kunde einen bezahlten Optionspreis auch dann von der Bank nicht zurückfordern kann, wenn zwar die Unterrichtungsschrift nicht vorliegt, das Geschäft jedoch aus einem Guthaben bezahlt worden ist oder die durch den Kauf entstandene Schuld inzwischen beglichen wurde.

Wettgeschäfte

Daneben sind nach § 764 BGB solche Geschäfte als *Wetten* anzusehen, die in der Absicht abgeschlossen werden, daß nur der Unterschied zwischen dem vereinbarten Preis und dem Börsen- oder Marktpreis im Lieferungszeitpunkt gezahlt werden, das Geschäft selbst aber nicht effektiv erfüllt werden soll. Nach § 762 BGB wird durch Wetten eine Verbindlichkeit nicht begründet. Andererseits kann aber das aufgrund des Spiels oder der Wette Geleistete nicht zurückgefordert werden. Wird die Erfüllung eines Termingeschäfts aufgrund von § 764 BGB in Verbindung mit § 762 BGB verweigert, so bezeichnet man das als *Erhebung des Differenzeinwands*. Personen, für die Börsentermingeschäfte nach § 53 BG verbindlich sind, können gem. § 58 BG den Differenzeinwand nicht erheben.

Differenzeinwand

Zusammenfassend läßt sich feststellen, daß ein Termingeschäft verbindlich ist, wenn
– beide Partner Kaufleute sind,

- ein Partner Kaufmann ist und unter Bank- oder Börsenaufsicht steht und der andere Partner über die Risiken aufgeklärt wurde und
- wenn das Termingeschäft bereits erfüllt worden ist.

Für den Bankkunden bedeutet das, daß eine Bank nur dann bereit ist, einen Auftrag über ein Termingeschäft, selbst über den Kauf von Optionsscheinen, entgegenzunehmen, wenn er eine Erklärung unterschrieben hat, daß er über die Risiken von Termingeschäften informiert worden ist. Die Usancen bei der Auftragserteilung werden im folgenden Kapitel beschrieben.

B. Usancen des Optionsgeschäfts

1. Auftragserteilung

Nach der Art der Limitierung der Aufträge unterscheidet man
- Billigst- und Bestens-Aufträge, auch market orders genannt,
- limitierte Aufträge und
- stop orders.

market orders: Billigst- und Bestens-Aufträge

Market orders werden sofort zum bestmöglichen Kurs ausgeführt: Bei *Billigst-Kaufaufträgen* werden die Papiere von der Bank zum geringstmöglichen, aber zu jedem noch so hohen Kurs gekauft, wenn eine Ausführung zu einem niedrigeren Kurs unmöglich ist. Bei *Bestens-Verkaufsaufträgen* werden die Papiere von der Bank zum höchstmöglichen, aber zu jedem noch so niedrigen Kurs verkauft, wenn eine Ausführung zu einem höheren Kurs unmöglich ist.

Limitierte Aufträge

Wird ein Kaufauftrag beispielsweise mit 25 DM/Option limitiert, so erhält der Auftraggeber das Papier mit Sicherheit, wenn der Kurs unter 25 DM/Option und eventuell, wenn der Kurs genau bei 25 DM/Option festgestellt wird. Wird ein Verkaufsauftrag beispielsweise mit 25 DM/Option limitiert, so hat der Auftraggeber die Option mit Sicherheit verkauft, wenn der Kurs über 25 DM/Option und eventuell, wenn der Kurs genau bei 25 DM/Option festgestellt wird. Bei Titeln mit großer Markttiefe empfehlen sich market orders, bei Titeln mit engen Märkten hingegen sollte man limitieren, wenn man fürchtet, zu Ausreißerkursen bedient zu werden.

Stop orders

Bei stop orders wird der Auftrag zu einer market order, wenn bei Stop-Kaufaufträgen (stop buy orders) der angegebene Kurs *über*schritten und bei Stop-Verkaufsaufträgen (stop sell orders) der angegebene Kurs *unter*schritten wird. Sie werden jedoch, im Gegensatz zu limitierten Aufträgen, nicht ausgeführt, wenn bei einer stop buy order der Kurs unter dem Stoplimit und bei einer stop sell order über dem Stoplimit liegt. Stop-Kaufaufträge erteilt man, um die Höhe des Verlusts bei Terminverkäufen (Leerpositionen – short positions) zu begrenzen. Stop-Verkaufsaufträge erteilt man, um die Höhe des Verlusts eingegangener Termin- oder Kassakäufe (long positions) zu begrenzen.

Laufzeit von Aufträgen

Hinsichtlich der Laufzeit können limitierte und Stop-Aufträge bis zu einem bestimmten Datum (good till date) oder bis auf Widerruf (good till cancelled) gültig sein. Market orders werden automatisch am nächsten Tag ausgeführt. In der Regel werden limitierte Aufträge bis Ultimo und Stop-Aufträge bis auf Widerruf erteilt. Aber auch limitierte Aufträge können nur für einen Tag erteilt werden (immediate or cancel – IOC). An der DTB erlöschen Aufträge im Falle von Kapitalveränderungen, nicht jedoch bei Zahlung von Dividenden, Boni und ähnlichem.

Fill or kill

Hinsichtlich des Umfangs der Order kann man für den Fall, daß eine Vollausführung des Auftrags nicht möglich ist, zwischen Teilausführung und Nichtausführung (Fill or kill – FOK) des Auftrags wählen. Eine Fill or kill order kann bei Käufen sinnvoll sein, um zu hohe Spesen nur weniger Stücke zu vermeiden. Bei Verkäufen könnte es lästig sein, wenn aus einem round lot einige Stücke herausgekauft werden und der Rest nicht im variablen Handel verwertet werden kann.

Kombinationsorders

Außerdem ermöglicht der Computerhandel der DTB noch die gebräuchlichsten Varianten von Kombinationen. Ein kombinierter Auftrag besteht aus

- zwei zur gleichen Zeit erteilten Kauf- oder Verkaufsaufträgen von Kauf- oder Verkaufsoptionen über denselben Basiswert, die sich jedoch in bezug auf Fälligkeitstermin und/oder Ausübungskurs unterscheiden können (spreads und straddles und time spreads),
- zwei zur gleichen Zeit erteilten Aufträgen über Kauf von Kaufoptionen und Verkauf derselben Anzahl von Verkaufsoptionen und umgekehrt über denselben Basiswert (synthetische Termingeschäfte).

Als Kombinations-Orders sind möglich:
- Bull/bear spreads,
- Bull/bear time spreads,
- Stellage (straddle),
- Strangles (Stellagen auf Basis unterschiedlicher Ausübungskurse),
- synthetische Termingeschäfte (synthetische long und short futures).

Diese Kombinationen werden in Kapitel VI näher beschrieben. Kombinations-Orders müssen entweder den Zusatz FOK oder IOC tragen. Damit wird gewährleistet, daß beide Teile oder Orders im gleichen Verhältnis ausgeführt werden.

2. Sicherheitsleistungen (margins)

Sicherheiten ...

Stillhalter in Optionen haben die Verpflichtung, die der Option zugrundeliegenden Aktien entweder zum Basispreis zu verkaufen (Verkäufer einer Kaufoption, Stillhalter in Papieren) oder sie zum Basispreis zu beziehen (Verkäufer einer Verkaufsoption, Stillhalter in Geld). Sofern der Verkäufer der Kaufoption die betreffenden Aktien besitzt (gedeckte Stillhalterposition), werden diese in ein Pfanddepot eingebucht. Es besteht dann kein Erfüllungsrisiko.

... des Stillhalters in Papieren und ...

Der Stillhalter in Geld muß den kompletten Geldbetrag, der bei einer Ausübung zum Bezug der Aktien erforderlich ist, hinterlegen, um das Erfüllungsrisiko vollständig auszuschalten. Soweit die bisherige Regelung für den seit 1970 bestehenden Optionsmarkt an den Präsenzbörsen. Für den Optionshandel an den Präsenzbörsen gilt diese Regelung auch derzeit (1991).

... des Stillhalters in Geld

Diese Form der Sicherheitenstellung ist sehr kapitalintensiv und international nicht wettbewerbsfähig. Deshalb ging man bei der DTB einen anderen Weg. Seit Einführung der Financial Futures an der DTB im Herbst 1990 verwendet die DTB ein neues Margin-System, das dem unterschiedlichen Risiko der einzelnen Optionspositionen aufgrund der ihnen zugrundeliegenden Basiswerte Rechnung trägt. Ansatzpunkt des neuen TIMS-Margin-Systems (Theoretical Intermarket System), das von der amerikanischen Options Clearing Corporation (OCC) entwickelt wurde, ist die Volatilität des Basiswerts im Zusammenhang mit theoretischen Optionspreisen nach dem Binomial-Optionspreismodell von Cox, Ross und Rubinstein.

Theoretical Intermarket System – TIMS

Um das Über-Nacht-Risiko einer Optionsposition zu bestimmen, wird zunächst die (historische) 1-Tages-Volatilität des entsprechenden Basiswerts aus den historischen Kursen berechnet. Dieser Wert wird mit einem Risikofaktor multipliziert, um auch extreme Kursschwankungen abzudecken. Mit dieser erhöhten Volatilität (Marginparameter) läßt sich nun ein Schwankungsbereich prognostizieren, in dem der Kurs des Basiswerts am folgenden Tag mit einer sehr hohen Wahrscheinlichkeit liegen wird. Für die Grenzwerte dieses Schwankungsbereiches werden theoretische Optionspreise ermittelt. Die höchstmöglichen prognostizierten Glattstellungskosten für eine Optionsposition werden als Margin belastet.

Glattstellungskosten als Sicherheit

Beispielrechung für TIMS

Ein Beispiel: Ein Investor verkauft am 3.6.1991 Stück 10 Call BMW Sep 550 zu 50 DM/Option. Der Schlußkurs der BMW-Aktie in Frankfurt an diesem Tag beträgt 577,50 DM/Aktie. Der Marginparameter betrug am 3.6. bei BMW 8%, d.h. für die BMW-Aktie werden ein maximaler Kursanstieg auf 623,70 DM/Aktie (577,50 DM × 1,08) und ein maximaler Kursrückgang über Nacht auf 531,30 DM/Aktie (577,50 DM × 0,92) prognostiziert. Für die Stillhalterposition einer Kaufoption entsteht der größtmögliche Glattstellungsverlust beim Kurs von 623,70 DM/Aktie, weshalb auch nur dieser betrachtet werden muß.[1]

Für diesen Kurs (623,70 DM/Aktie) errechnet sich ein theoretischer Optionspreis von 97,10 DM/Option.[2]

Die zu hinterlegende Margin ergibt sich aus theoretischem Optionspreis (97,10) × Zahl der Aktien pro Kontrakt (50) × Zahl der Stillhalterpositionen (10), d.h.

$$97{,}10 \times 50 \times 10 = 48.550\ \text{DM}.$$

---

1) Bei Kombinationen müssen auch die im Intervall zwischen Minimum- und Maximum-Preis liegenden Ausübungskurse berücksichtigt werden, da der größte anzunehmende Verlust (worst case) u.U. an solchen Punkten vorkommt.

2) Die Ermittlung theoretischer Optionspreise wird in Kapitel VIII und IX beschrieben. Der Einfachheit halber wurde der theoretische Optionspreis nach Black/Scholes ermittelt: Volatilität (250 Tage) = 0,3154, Laufzeit vom 3.6.1991 bis 20.9.1991, Zinssatz 8,15% p.a.

3. Staffelung der Ausübungskurse

Die Ausübungskurse werden in Abhängigkeit von der Höhe des Aktienkurses gestaffelt.

Im Optionshandel an Präsenzbörsen und an der DTB gelten derzeit folgende Regelungen:

Staffelung der Ausübungskurse

An der DTB gilt bei Aktienkursen von

bis	100 DM	in Schritten zu 5 DM,
101 bis	200 DM	in Schritten zu 10 DM,
201 bis	500 DM	in Schritten zu 20 DM,
501 bis	1000 DM	in Schritten zu 50 DM,
ab	1001 DM	in Schritten zu 100 DM.

An den Präsenzbörsen gelten entsprechende Regelungen. Bei Kursen bis 30 DM ist die Schrittbreite 2,50 DM.

Entstehen neuer Optionsklassen

Für jeden Verfalltermin werden zunächst drei Ausübungspreise zugelassen, von denen einer „im Geld", einer „am Geld" und einer „aus dem Geld" ist. Neue Ausübungspreise werden erst dann eröffnet, wenn der Schlußkurs der Aktie in Frankfurt an zwei aufeinanderfolgenden Handelstagen das Mittel zwischen den beiden höchsten bzw. niedrigsten bereits verfügbaren Ausübungspreisen über- bzw. unterschreitet. Betrüge die Laufzeit der neuen Serie weniger als zehn Börsentage, wird sie für diesen Verfallmonat nicht mehr eingeführt.

4. Verfalltermine

Laufzeiten an den Präsenzbörsen

An den Präsenzbörsen können Optionen eine Laufzeit bis zu maximal 9 1/2 Monate haben. Standardisiert sind die Fälligkeitstermine 15.01., 15.04., 15.07., 15.10. Bei Abschluß im Monat Januar können die Fälligkeitstermine 15. April, 15. Juli und 15. Oktober vereinbart werden, nicht jedoch der Fälligkeitstermin 15. Januar des nächsten Jahres. Die Laufzeit eines Optionsgeschäfts ist daher je nach Abschlußtag unterschiedlich. Einen Überblick über die möglichen Fälligkeiten bietet die folgende Aufstellung:

Laufzeiten an der DTB

Abschluß im Monat	altern. Fälligkeit
J/F/M	15.04., 15.07., 15.10.;
A/M/J	15.07., 15.10., 15.01.;
J/A/S	15.10., 15.01., 15.04.;
O/N/D	15.01., 15.04., 15.07.

An der DTB sind immer vier Fälligkeiten handelbar: die jeweils nächsten drei Monate und der letzte Monat des nächsten Quartals. Letzter Handelstag ist der Freitag, der dem 14. Tag im Verfallmonat folgt. Ist dieser Tag kein Börsentag, so endet der Handel am davorliegenden Börsentag. Auch die Laufzeit der Optionen an der DTB ist also variabel. Die längste an der DTB handelbare Laufzeit beträgt sechs Monate. Dieser Entscheidung lagen die Erfahrungen anderer großer internationaler Optionsmärkte zugrunde, die gezeigt haben, daß das Anlegerinteresse sich auf die nahen Verfalltermine konzentriert. Erste statistische Auswertungen der DTB bestätigen diese Annahme auch für den deutschen Markt.

Ein Überblick über die möglichen Fälligkeiten bietet folgende Tabelle:

Tabelle 3.1: Handelbare Laufzeiten für alternative Abschlußtermine an der DTB

Abschluß nach drittem Freitag im	altern. Fälligkeit
Jan	Feb/Mär/Apr/Jun
Feb	Mär/Apr/Mai/Jun
Mär	Apr/Mai/Jun/Sep
Apr	Mai/Jun/Jul/Sep
Mai	Jun/Jul/Aug/Sep
Jun	Jul/Aug/Sep/Dez
Jul	Aug/Sep/Okt/Dez
Aug	Sep/Okt/Nov/Dez
Sep	Okt/Nov/Dez/Mär
Okt	Nov/Dez/Jan/Mär
Nov	Dez/Jan/Feb/Mär
Dez	Jan/Feb/Mär/Jun

Späteste Ausübungstermine

DTB-Optionen sind Optionen vom amerikanischen Typ (American styled options). Sie können an jedem Handelstag mit Ausnahme des Tages der Hauptversammlung der Gesellschaft ausgeübt werden. Die

Ausübungsanzeige sollte der Bank i.d.R. bis 10.00 Uhr, spätestens aber bis 12.00 Uhr zugehen (von Bank zu Bank verschieden!). Die Erfüllung des Geschäfts, d.h. die effektive Lieferung und Bezahlung der Aktien erfolgt am zweiten Tag nach der Ausübung. Eine Ausnahme stellen die Optionen der Allianz-Aktie dar. Da es sich hierbei um Namenspapiere handelt, wird statt einer effektiven Lieferung ein Barausgleich vorgenommen (cash settlement).

5. Schließen der Position

Verkauf der Position...

Der Optionsberechtigte, d.h. der Käufer einer Kauf- oder Verkaufsoption, kann seine Position schließen, indem er sie verkauft. An den Präsenzbörsen ist das bis zum dritten Börsentag vor Fälligkeit, an der DTB bis zum Verfalltag möglich.

...an den Präsenzbörsen nur für Optionsberechtigte,...

...an der DTB für beide Parteien

Im herkömmlichen Optionsgeschäft sind nur die Rechte des Inhabers einer Option übertragbar. Der Stillhalter kann seine Position nicht aufgeben. Bei DTB-Optionen ist die Glattstellung einer Position sowohl für den Inhaber der Option als auch für den Stillhalter jederzeit bis zum Verfall der Option möglich. Durch ein entsprechendes Gegengeschäft können sich beide Parteien von ihren Rechten bzw. Pflichten lösen. Dies ist dadurch möglich, daß die DTB als Geschäftspartner von Käufern und Verkäufern auftritt. Das Market-Maker-System garantiert in Verbindung mit der DTB-Regelung über maximum spreads die ständige Handelbarkeit auch von weit im Geld befindlichen Optionen. Die derzeitigen maximum spreads, die in der letzten Handelswoche vor Verfall für die auslaufenden Optionsserien außer Kraft gesetzt werden, sind je nach Optionspreis gestaffelt (Tabelle 3.2):

Maximum spreads

Tabelle 3.2: Maximum spreads an der DTB

Optionspreis	Maximum spread
0,10 – 10,00 DM	2,00 DM
10,10 – 30,00 DM	4,00 DM
30,10 – 60,00 DM	6,00 DM
60,10 – 100,00 DM	10,00 DM
100,10 – 9999,90 DM	10,00 %
Für Allianz gelten Sonderregeln:	
Optionspreis	Maximum spread
0,10 – 100,00 DM	10,00 DM
100,10 – 200,00 DM	20,00 DM
200,10 – 300,00 DM	30,00 DM
300,10 – 500,00 DM	40,00 DM
500,10 – 9999,90 DM	10,00 %

Der Anleger muß daran denken, daß das Glattstellen der Option am Markt kostengünstiger sein kann als die Ausübung.

6. Was geschieht, wenn die Aktiengesellschaft während der Laufzeit der Option Leistungen an den Aktionär erbringt?

Dividendenzahlungen und Bezugsrechtsabschläge verändern den Wert des optierbaren Objekts und damit auch den Wert der Optionen. Daher sollte nach den Optionsbedingungen für Optionsscheine und nach den Bestimmungen der Börsen für diesen Fall eine Regelung getroffen sein.

Keine Anpassung bei Dividenden

Dividenden, Boni und sonstige Barausschüttungen verändern aber die Optionsbedingungen weder an der DTB oder den Präsenzbörsen noch bei Optionsscheinen. Optionen sind in der Regel nicht dividendengeschützt.[1] Insofern ist die Regelung genauso wie in den USA, wo üblicherweise Quartalsdividenden gezahlt werden und keine Ermäßigung des Ausübungskurses um Dividenden eintritt. Damit wird verhindert, daß der Dividendenabschlag zu „gebrochenen Ausübungskursen" führt, was vor 1987 in Deutschland einem funktionie-

[1] Abschnitt 2.2.1.7 Börsenordnung der Deutschen Terminbörse. In: ZBB. 3/91, S. 199.

renden Zweithandel mit solchen Optionen am herkömmlichen Optionsmarkt im Wege stand. Einen De-facto-Dividendenschutz bieten aber Optionen auf den DAX, da der DAX ein Performance-Index ist. Letzteres bedeutet, daß der DAX sich um den Quotienten aus Ausschüttung (ohne Körperschaftsteuergutschrift) und Indexstand erhöht.

Anpassung für Bezugsrechte ...

Anders verhält es sich, wenn während der Laufzeit der Option Bezugsrechte gewährt werden. Bei Bezugsrechten sind die Regelungen an den Präsenzbörsen, der DTB und bei Optionsscheinen jeweils verschieden. An der DTB sind die Bezugsrechte nur dann mitzuliefern, wenn die Option vor dem ersten Handelstag ausgeübt wird. Besteht die Option weiter, so werden die Optionsbedingungen für Optionen, die vor dem ersten Handelstag des Bezugsrechts abgeschlossen wurden, angepaßt. Die Ausübungskurse ermäßigen sich, und die Kontraktgrößen erhöhen sich um bestimmte Beträge, so daß der ursprüngliche Kontraktwert unverändert bleiben soll.[1] Die Ausübungspreise solcherart angepaßter Kontrakte bleiben bis auf die Rundung der Nachkommastellen ganzzahlig gebrochen. Bei Ausübung von angepaßten Kontrakten erfolgt ein Barausgleich für die Zahl des die Standardkontraktgröße von 50 Aktien übersteigenden Teils.

... an der DTB, ...

... an den Präsenzbörsen und ...

An den Präsenzbörsen ist das Bezugsrecht bei Ausübung mitzuliefern, wenn die Option spätestens am drittletzten Handelstag der Frist für den Handel des Bezugsrechts ausgeübt wird. Besteht die Option weiter, so wird im Falle von Kapitalerhöhungen der Bezugsrechtswert vom Ausübungskurs der Option abgezogen und der Ausübungskurs auf
- den nächsthöheren standardisierten Basispreis aufgerundet, wenn der Ausübungskurs über oder auf der rechnerischen Mitte zwischen zwei Standard-Basispreisen liegt;
- den nächstniedrigeren standardisierten Basispreis abgerundet, wenn der Ausübungskurs unter der rechnerischen Mitte zwischen zwei Standard-Basispreisen liegt.

---

[1] Die Formeln des DTB-Informationshandbuchs erfüllen diese Bedingung jedoch nicht! Zur Frage der Sicherung des wirtschaftlichen Werts des Optionsrechts bei Dividendenzahlungen, Bezugsrechten und sonstigen Kapitalveränderungen bei der Gesellschaft, deren Aktien Gegenstand der Option sind, vgl.: Welcker, Johannes: Wandelobligationen. In: ZbF 20. Jg. (1968), S. 798–838 und Welcker; Thomas: Finanzanalyse. München 1981, S. 41. Die Sicherung des wirtschaftlichen Werts gegen Kapitalveränderungen ist vor allem bei Optionsscheinen mit längerer Laufzeit von Bedeutung.

... bei Optionsscheinen

Bei *Optionsscheinen* ist die Regelung von Schein zu Schein unterschiedlich. Die Rechte der Optionsscheininhaber sind nicht standardisiert und bestimmen sich allein nach dem Vertragsinhalt.

Anpassung für Gratisaktien

Bei *Kapitalerhöhungen aus Gesellschaftsmitteln* werden die Gratisaktien mitgeliefert, wenn die Option ausgeübt wird, die Zahl der optierbaren Aktien erhöht sich also. Der Optionspreis pro Aktie für die neuen Aktien ermäßigt sich auf

- den alten Optionspreis multipliziert mit
- dem Quotienten aus Zahl der optierbaren Aktien vor Kapitalerhöhung und Zahl der optierbaren Aktien nach Kapitalerhöhung. Für die erhöhte Zahl von Aktien bleibt der Optionspreis gleich.

Diese Regelung ist an Präsenzbörsen, an der DTB und bei Optionsscheinen identisch. Bei deutschen Optionsscheinen ist sie nach Aktienrecht zwingend, bei ausländischen Optionsscheinen und covered warrants wird sie in der Regel verwendet. Bei Ausübung erfolgt für den nicht ganzzahligen Teil der Kontraktgröße ein Barausgleich.

Anpassung bei Kapitalherabsetzungen

Kapitalherabsetzungen haben bei DTB-Optionen keinen Einfluß auf den Ausübungspreis oder die Kontraktgröße, wenn sie durch Herabsetzung des Nennbetrags der Aktien oder durch Zusammenlegung erfolgen. Bei einer Kapitalherabsetzung durch Einziehung von Aktien jedoch wird die Kontraktgröße entsprechend dem Herabsetzungsverhältnis verringert.[1] Die Ausübungspreise werden in letzterem Fall erhöht, so daß der ursprüngliche Kontraktwert erhalten bleibt. Bei *Optionsscheinen* kann die Regelung von Schein zu Schein unterschiedlich sein.

Regelung bei Abfindungsangeboten

Werden *gesetzliche oder freiwillige Umtausch-, Abfindungs- oder Kaufangebote* in Gang gesetzt, deren Frist am Verfalltag der Option oder früher abläuft, so endet die Laufzeit börsenmäßiger Optionen vorzeitig spätestens am fünften Börsentag vor Ablauf der Frist. Die

[1] Die Regelung bei einer Zusammenlegung von Aktien und einer Einziehung von Aktien sollte u. E. identisch sein! Dadurch, daß sich bei einer Zusammenlegung der Basispreis und die Kontraktgröße nicht ändern, verdoppelt sich schlagartig der Wert der Optionen. Abschnitt 2.2.1.7 Abs. 3 der Börsenordnung und Handelsbedingungen der DTB vom 20. 11. 1989 in der Fassung vom 16. 8. 1991 [Zeitschrift für Bankrecht und Bankwirtschaft, 3/91. S. 193–202: ZBB-Dokumentation] ist somit nicht sachgerecht.

Ausübungspreise bleiben in all diesen Fällen unverändert. Bei Optionsscheinen ist die Regelung wieder dem Vertragsinhalt entsprechend unterschiedlich.

C. Die Organisation der DTB

1. Das Clearingsystem

Börsenmitgliedschaft und Clearing-Mitgliedschaft

Die DTB unterscheidet zwischen Börsenmitgliedschaft und Clearing-Mitgliedschaft. Ein Börsenmitglied an der DTB kann unter bestimmten, in den Clearing-Bedingungen festgelegten Voraussetzungen[1] eine Clearing-Lizenz erhalten. Das Clearing an der DTB beinhaltet die Verpflichtung zur Erfüllung aller aus der Geschäftstätigkeit in Zusammenhang mit dem Handel an der DTB bestehenden Verbindlichkeiten. Das schließt sowohl die geldmäßige Verrechnung (z. B. Prämien) über ein Konto bei der Landeszentralbank Hessen sowie die stückmäßige Lieferung (z. B. bei Ausübungen) über ein beim Frankfurter Kassenverein zu unterhaltendes Depot ein.

Direkt- und General-Clearing-Mitglieder

Die DTB vergibt Lizenzen für Direkt-Clearing-Mitglieder (DCM) und General-Clearing-Mitglieder (GCM). Direkt-Clearing-Mitglieder sind berechtigt, den Handel für eigene Rechnung (Nostro-Geschäft) und für Rechnung ihrer Kunden abzuwickeln. General-Clearing-Mitglieder dürfen darüber hinaus auch die Abwicklung für Börsenmitglieder übernehmen, die Nicht-Clearing-Mitglieder (NCM) sind. Für die Verbindlichkeiten dieser Nicht-Clearing-Mitglieder ist das General-Clearing-Mitglied voll verantwortlich. Die folgende Graphik veranschaulicht die Beziehungen zwischen DTB, Clearing-Mitgliedern, Börsenteilnehmern und Kunden:

[1] Abschnitt 1.2.2 Börsenordnung für die Deutsche Terminbörse. In: ZBB 3/91, S. 194.

Organisations-schema der DTB

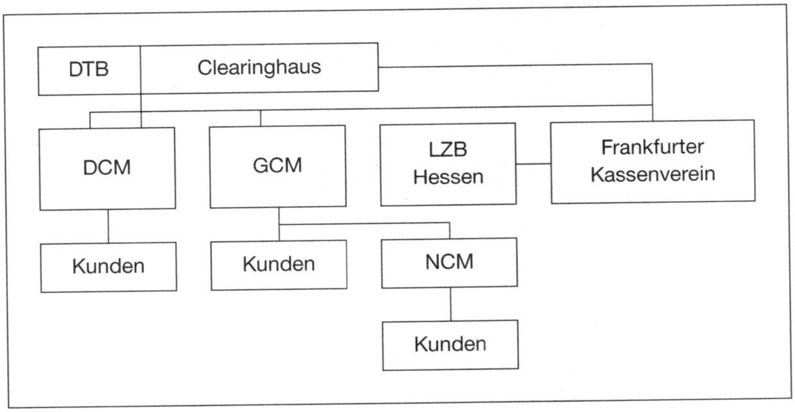

Abb. 3.1: Beziehungen zwischen DTB, Clearing-Mitgliedern, Börsenteilnehmern und Kunden

Garantien der DTB-Mitglieder

Das Clearinghaus der DTB akzeptiert Sicherheiten in Geld oder Wertpapieren für die schwebenden Geschäfte des Clearing-Mitglieds. Die DTB verlangt von Direkt-Clearing-Mitgliedern eine Clearing-Garantie in Höhe von 2 Mio. DM, von General-Clearing-Mitgliedern eine solche in Höhe von 10 Mio. DM. Diese Garantien, zusätzlich eventueller Rückstellungen aus dem Jahresüberschuß der DTB, dienen der Behebung finanzieller Folgen in Not oder Verzug geratener Börsenmitglieder.

Die DTB selbst finanziert sich aus Mitgliedsbeiträgen sowie aus Gebühren, die pro gehandeltem Kontrakt an die DTB abzuführen sind. Dafür tritt die DTB als Kontrahent für jedes Geschäft ein und garantiert so die Erfüllung des Geschäfts.

2. Das Market-Maker-Prinzip

Market maker stellen verbindliche Geld- und Briefkurse

Market maker sind Börsenteilnehmer, die sich verpflichtet haben, während der Handelszeit auf Anfrage verbindliche Geld- und Briefkurse (quotes) zu stellen. Im Interesse eines liquiden Marktes hat die DTB maximum spreads, d. h. maximale Spannen zwischen Ankaufs- und Verkaufskursen (Geld und Brief) für die Kursstellung der market maker erlassen (vgl. Kapitel III. B.5). Eine von einem market maker gestellte Quote muß für mindestens fünf Kontrakte gültig sein. Dadurch soll auch in turbulenten Börsenphasen die Liquidität des

Marktes gewährleistet werden. Die DTB überwacht die Einhaltung dieser Bestimmungen und kann bei wiederholten Verstößen die market maker-Lizenz entziehen.

Für DAX- und BUND-Futures, die seit September 1990 an der DTB gehandelt werden, gibt es keine Verpflichtung, Kurse zu stellen. Die Erfahrung hat gezeigt, daß das Interesse an diesen Instrumenten von Natur aus groß genug ist, um einen liquiden Markt zu gewährleisten.

D. Besteuerung

Keine Steuerpflicht für Gewinne aus privaten Termingeschäften

In einem Urteil des Finanzgerichts Düsseldorf – Senat in Köln – vom 8.12.1981 (AZ: VIII R 125/79) hat das Gericht entschieden, daß private Devisentermingeschäfte nicht einkommensteuerpflichtig sind. Die Nichtsteuerbarkeit von Financial-Futures-Geschäften beruht auf der Tatsache, daß keiner der Beteiligten eine schuldrechtliche Lieferungsverpflichtung eingeht noch einseitig ein Risiko auf sich nimmt. Beide Parteien tragen vielmehr gleichzeitig ein Risiko. Das Interesse ist nicht auf eine effektive Erfüllung des Geschäfts gerichtet, sondern lediglich auf die Differenz zweier Preise. Damit ist aber der Tatbestand eines „Spiels“ oder einer „Wette“ gegeben. Bei diesen liegen weder Leistung noch Gegenleistung vor.[1]

Meinung des BdB zur Steuerpflicht von DTB-Optionsgeschäften

In einer Eingabe des Bundesverbands deutscher Banken (BdB) an den Bundesminister der Finanzen (BMF) zur Frage der einkommensteuerlichen Behandlung von DTB-Optionsgeschäften bei Privatanlegern wird vom BdB die Rechtsauffassung vertreten, daß DTB-Optionsgeschäfte wegen der neuartigen Möglichkeit der Glattstellung als verdeckte Differenzgeschäfte gem. § 764 BGB i. V. m. § 117 Abs. 2 BGB anzusehen seien.[2] Da es den Beteiligten nur auf eine Differenzerzielung ankomme, handele es sich lediglich um Scheingeschäfte, die nach der bisherigen Rechtsprechung des BFH, BStBl. II 82,616; 84,132; 88,248, nicht steuerpflichtig seien. Beim Stillhalter fielen demnach keine Einkünfte aus sonstigen Leistungen gem. § 22 Nr. 3 EStG an. Daraus folge, daß weder steuerliche Verluste aus diesen Geschäften noch die für die Lösung aus der Stillhalterposition

[1] Vgl. Wertpapier-Mitteilungen VI. Jg. Nr. 19 v. 11.5.1991, S. 304.
[2] Vgl. Wertpapier-Mitteilungen VI. Jg. Nr. 30 v. 28.7.1990, S. 350.

(Glattstellung) aufgewendeten Prämien als Werbungskosten geltend gemacht werden könnten. Für die Annahme eines verdeckten Differenzgeschäfts sprächen im wesentlichen:
- Die fortgesetzte Unterlassung der effektiven Erfüllung der Geschäfte (im Durchschnitt des Jahres 1990 wurden 3,3% der Optionsgeschäfte ausgeübt) und
- das fehlende sachliche Interesse an dem optierbaren Objekt.

Zusätzlich zu den Argumenten des BdB könnte man
- das häufig anzutreffende Mißverhältnis zwischen dem Vermögen des Optionsinhabers und der Größe des Börsenengagements bei Ausübung der Option und
- den bei DTB-Optionen fehlenden Anschaffungspreis

anführen. Eine Stellungnahme des BMF zur Eingabe des BdB liegt noch nicht vor.

Die Auffassung des BdB könnte sich auch darauf stützen, daß nach allgemeinem Verständnis Optionsgeschäfte Wetten par excellence sind. Allerdings hat der BFH in seinem Urteil vom 28.11.1990 (AZ: X R 197/87) für das Optionsgeschäft an Präsenzbörsen ausgeführt, daß die Leistungen des Stillhalters nach § 22 Abs. 3 EStG steuerpflichtig seien.[1)]

Steuerpflicht bei Glattstellungen an Präsenzbörsen

Soll eine Option innerhalb der 6-Monats-Frist glattgestellt werden, so führen sowohl Verkauf als auch Ausübung mit gleichzeitigem Gegengeschäft zur Steuerpflicht nach § 23 EStG. Eine Steuerpflicht für die Differenz zwischen Ausübungskurs und Börsenkurs tritt auch ein, wenn eine Kaufoption länger als sechs Monate gehalten, dann aber ausgeübt wird und die Aktie sofort verkauft wird. Um eine Steuerpflicht zu vermeiden, müßte das optierte Objekt wieder länger als sechs Monate gehalten werden. Das läßt sich ohne Kursrisiko durch den Aufwand einer 6-Monats-Verkaufsoptionsprämie zuzüglich der Zinsen auf den Wertpapierbestand für sechs Monate erreichen: Nach Ausübung wird sofort eine Verkaufsoption mit einer Laufzeit von mehr als sechs Monaten gekauft, zu deren Ausübung der vorhandene Wertpapierbestand verwendet wird.

---

1) So auch BLÜMICH; FALK: Kommentar zum Einkommensteuergesetz. § 23, Zi. 30. HERRMANN/HEUER/RAUPACH: Kommentar zum Einkommensteuer- und Körperschaftsteuergesetz. § 23, Zi. 51. Zur steuerlichen Behandlung weiterer verwandter Tatbestände vgl. Wertpapier-Mitteilungen VI. Jg. Nr. 13 v. 30.3.1991, S. 211.

IV. Abbildungstechniken

A. Graphische Darstellung

Graphische Darstellung von Optionsgeschäften

Die graphische Darstellung[1] sei anhand der Abbildung 4 für den Käufer einer Kaufoption beispielhaft erläutert. Der Käufer einer Kaufoption erwirbt vom Verkäufer (Stillhalter in Aktien) gegen Zahlung des Optionspreises (auch Prämie genannt) das Recht, innerhalb der Laufzeit der Option jederzeit die Lieferung der Aktie zu dem vereinbarten Ausübungskurs zu fordern.

Erläuterung der Graphik der Gewinnfunktion des Käufers einer Kaufoption

Im Beispiel wird der Ausübungskurs der Option mit 100 DM/Aktie angenommen, der Optionspreis mit 10 DM/Option.

Ist der Aktienkurs am Erklärungstag 100 oder niedriger, so wird der Inhaber der Kaufoption die Lieferung der Aktie nicht verlangen, und sein Optionsrecht wird verfallen. Sein Verlust ist 10 DM. Die Gewinnfunktion verläuft parallel zur Abszisse bei −10. Liegt hingegen der Aktienkurs am Ende der Optionsfrist über 100 DM/Aktie, so wird er Lieferung der Aktie zum Preis von 100 verlangen, diese sofort wieder verkaufen und für jeden Punkt, um den der Aktienkurs über 100 liegt, seinen Verlust um 1 DM mindern bzw. vom Kurs von 110 an einen Gewinn von 1 DM erzielen. Die Gewinnfunktion verläuft vom Kurs von 100 an mit einer Steigung von 45° und schneidet die Abszisse bei 110.

---

[1] Sie geht m. W. zurück auf MOSER, James: Die Lehre von den Zeitgeschäften und deren Combinationen. Berlin 1875. Weitere Darstellungen: BRONZIN, Vinzenz: Theorie der Prämiengeschäfte. Leipzig und Wien 1908. ARNOLD, Hans: Risikentransformation – Finanzierungsinstrumente und Finanzierungsinstitute als Institutionen zur Transformation von Unsicherheitsstrukturen. Diss., Saarbrücken 1964. SCHMIDT, Hartmut: Wertpapierbörsen. In: SCHMIDT, Hartmut; SCHURIG, Matthias; WELCKER, Johannes: Bank- und Börsenwesen. Bd. I. Struktur und Leistungsangebot. Hrsg.: BITZ, Michael. München 1981. WELCKER, Johannes: Technische Aktienanalyse. Die Methoden der Technischen Aktienanalyse mit Chart-Übungen. 6., überarbeitete und erweiterte Aufl., Zürich 1991.

Graphische Darstellung der Gewinnfunktion des Käufers einer Kaufoption

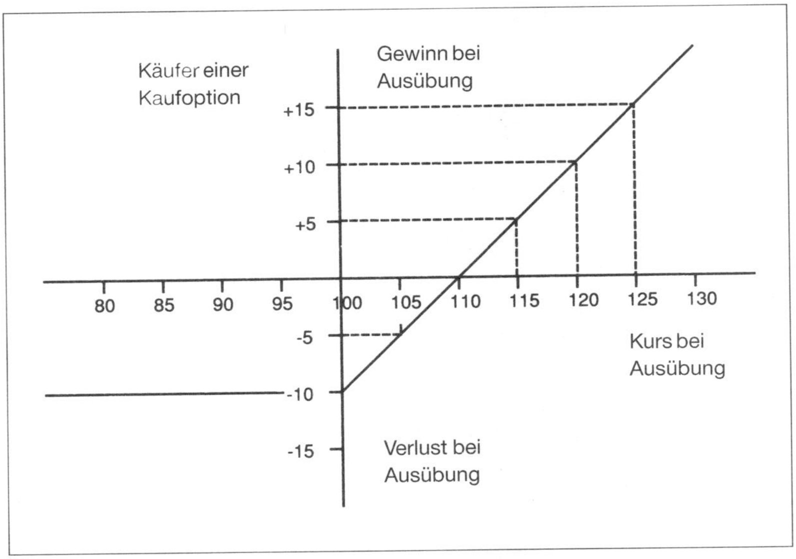

Abb. 4.1: Erklärung der Gewinnfunktion einer europäischen Option in Abhängigkeit vom Aktienkurs:
Auf der Abszisse sind die Aktienkurse, auf der Ordinate die Gewinne bzw. Verluste bei Ausübung einer Kaufoption abgebildet. Die Ordinate schneidet die Abszisse beim Ausübungskurs. Die Gewinn- bzw. Verlustfunktion einer Kaufoption verläuft im 3. Quadranten waagerecht in Höhe des Preises der Kaufoption (Prämie) bis zur Ordinate und von da an als 45°-Linie nach rechts oben. Ist die Differenz zwischen Aktienkurs und Ausübungskurs gleich der Prämie, so ist die Gewinnschwelle erreicht. Der Ausübungskurs ist hier 100 DM, die Prämie 10 DM, die Gewinnschwelle liegt bei 110 DM. Diese Art der Darstellung ist bei kurzen Laufzeiten der Optionen zulässig. Bei längeren Laufzeiten müssen die Preise der Optionen (Prämien) bis zum Ende der Laufzeit der Option aufgezinst werden.

Ist der Aktienkurs am Erklärungstag z. B. 125 DM/Aktie, so erzielt der Inhaber der Option durch Ausübung der Option und sofortigen Verkauf der Aktie einen Gewinn von 25 DM, der sich um die gezahlte Prämie von 10 DM vermindert, was einen Gewinn des Geschäfts von 15 DM ergibt.

Wichtig ist, daß die Ordinatenwerte verschiedener Gewinnfunktionen addiert werden können.

B. Vektorielle Darstellung

Vektorielle Darstellung von Optionsgeschäften

Additionen und Subtraktionen von einzelnen Börsentermingeschäften lassen sich auch mit der Vektorschreibweise darstellen. Die obere Zahl des Vektors bedeutet das Ergebnis einer Kurssteigerung, die untere das einer Kurssenkung. Ein Plus bedeutet Gewinn, ein Minus Verlust, und eine Null bedeutet, daß weder Gewinn noch Verlust vorliegen. Eine „1" bedeutet das Ergebnis eines Geschäfts über eine Schlußeinheit, z. B. 50 Aktien. Wird ein Vektor auf die andere Seite der Gleichung gebracht, so ändern sich seine Vorzeichen. Ein Minuszeichen vor dem Vektor bedeutet, daß sich eine *Kaufposition* in eine *Verkaufsposition* umgewandelt hat.

Der Kauf einer Kaufoption z. B. hat den Vektor $\left[\begin{smallmatrix}+1\\0\end{smallmatrix}\right]$. Das bedeutet, daß der Optionsinhaber nur im Falle eines Steigens des Aktienkurses seine Option ausübt und einen Gewinn erzielt, im Falle eines Sinkens des Aktienkurses jedoch seine Option nicht ausübt und weder Gewinn noch Verlust macht. Von dem Verlust in Höhe der Prämie wird bei dieser Darstellungsart abstrahiert. Die Zahl „1" besagt, daß es sich um den Gewinn bzw. Verlust aus einem Geschäft über *eine* Schlußeinheit (1 lot) handelt. Ergeben sich durch Additionen höhere Zahlen, so handelt es sich jeweils um mehrere Schlußeinheiten.

Addition und Subtraktion von Vektoren

Die Vektoren können addiert und subtrahiert werden, indem man jeweils die oberen Glieder der Klammer einerseits und die unteren Glieder der Klammer andererseits zusammenzählt.

Steht vor einer Klammer ein Minuszeichen, so kann dieses durch ein Pluszeichen ersetzt werden, wenn die Vorzeichen in der Klammer umgedreht werden. Der Kauf einer Verkaufsoption $\left[\begin{smallmatrix}0\\+1\end{smallmatrix}\right]$ mit negativem Vorzeichen $-\left[\begin{smallmatrix}0\\+1\end{smallmatrix}\right]$ ist gleich dem Verkauf einer Verkaufsoption $\left[\begin{smallmatrix}0\\-1\end{smallmatrix}\right]$.

Z. B. addieren sich (wie später noch näher erläutert wird) Kauf einer Kaufoption $\left[\begin{smallmatrix}+1\\0\end{smallmatrix}\right]$ und Kauf einer Verkaufsoption $\left[\begin{smallmatrix}0\\+1\end{smallmatrix}\right]$ zum Kauf einer Stellage $\left[\begin{smallmatrix}+1\\+1\end{smallmatrix}\right]$.

Aus $\left[\begin{smallmatrix}+1\\0\end{smallmatrix}\right] + \left[\begin{smallmatrix}0\\+1\end{smallmatrix}\right] = \left[\begin{smallmatrix}+1\\+1\end{smallmatrix}\right]$ ergibt sich z. B. durch Umformung:

$$\begin{bmatrix} +1 \\ 0 \end{bmatrix} = - \begin{bmatrix} 0 \\ +1 \end{bmatrix} + \begin{bmatrix} +1 \\ +1 \end{bmatrix} \text{ oder}$$
$$\begin{bmatrix} +1 \\ 0 \end{bmatrix} = \begin{bmatrix} 0 \\ -1 \end{bmatrix} + \begin{bmatrix} +1 \\ +1 \end{bmatrix} ,$$

was bedeutet, daß Kauf einer Kaufoption gleich dem Verkauf einer Verkaufsoption zuzüglich des Kaufs einer Stellage ist.

V. Risikopositionen aus Termingeschäften

A. Terminkauf und Terminverkauf

Der Käufer (Verkäufer) verpflichtet sich heute, zu einem zukünftigen Zeitpunkt dem Verkäufer (Käufer) ein Wertpapier zu einem heute vereinbarten Preis, dem Terminkurs, abzunehmen (zu liefern). Der Käufer bezahlt bei Abnahme des Wertpapiers, der Verkäufer erhält das Geld bei Lieferung des Wertpapiers. Der Käufer spekuliert à la Hausse, der Verkäufer à la Baisse.

Verpflichtung, das Basisobjekt...

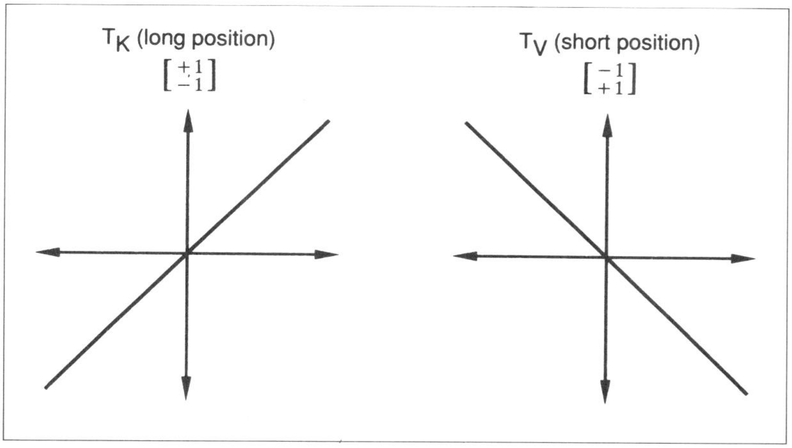

...abzunehmen: Terminkauf

...zu liefern: Terminverkauf

Abb. 5.1: Terminkauf und -verkauf

B. Kauf einer Kauf- und Verkaufsoption

Der Käufer einer Kaufoption (Verkaufsoption) erlangt gegen Zahlung des Optionspreises das Recht, innerhalb der Laufzeit der Option vom Verkäufer, dem Stillhalter in Aktien (dem Stillhalter in Geld) die Lieferung (Abnahme) der Aktie zu dem vereinbarten Basispreis zu fordern. Er spekuliert à la Hausse (à la Baisse).

Recht, das Basisobjekt...

... abzunehmen: Kauf einer Kaufoption

... zu liefern: Kauf einer Verkaufsoption

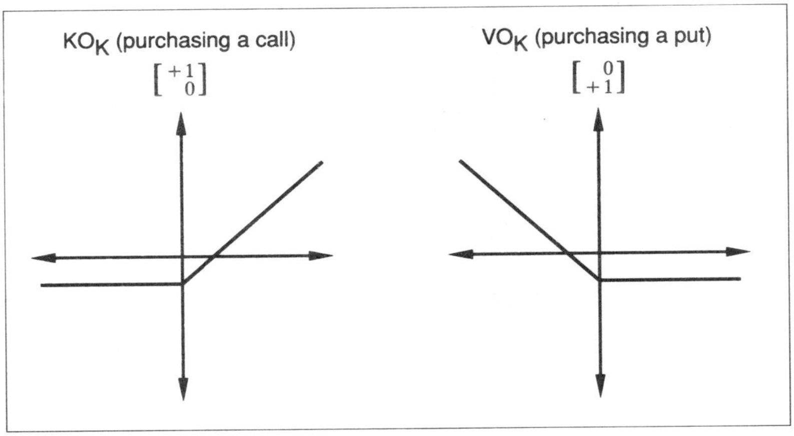

Abb. 5.2: Kauf einer Kaufoption und einer Verkaufsoption

C. Verkauf einer Kauf- und Verkaufsoption

Verpflichtung, das Basisobjekt...

Der Verkäufer einer Kaufoption, der Stillhalter in Aktien (Verkaufsoption, der Stillhalter in Geld), muß stillhalten und bei evtl. Ausübung der Option durch den Käufer der Option das Wertpapier liefern (abnehmen). Er spekuliert à la Baisse (à la Hausse) bzw. auf nahezu gleichbleibende Börsenkurse.

... zu liefern: Verkauf einer Kaufoption

... abzunehmen: Verkauf einer Verkaufsoption

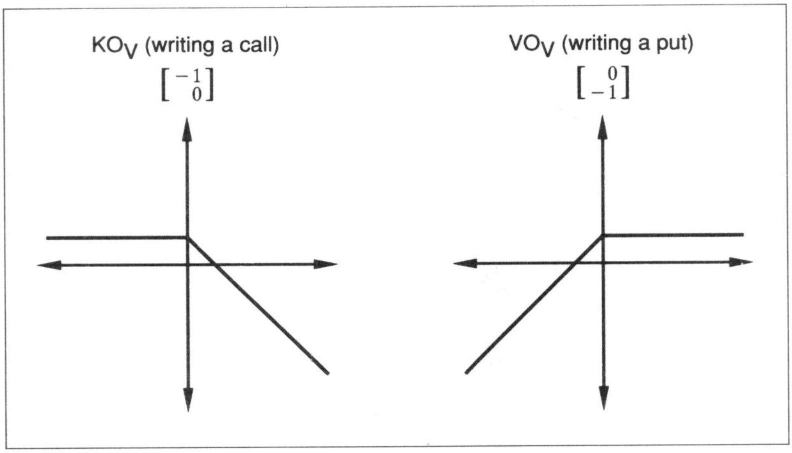

Abb. 5.3: Verkauf einer Kaufoption und einer Verkaufsoption

D. Kauf und Verkauf einer Stellage

Der Käufer (Verkäufer) einer Stellage erwirbt (geht) gegen Zahlung des Stellgeldes das Recht (die Verpflichtung ein), während der Laufzeit der Stellage das Wertpapier zum heute vereinbarten Basiskurs entweder zu kaufen oder zu verkaufen.

Zum Kauf oder Verkauf des Basisobjekts...

Der Käufer der Stellage spekuliert auf bedeutsame Ereignisse, kennt aber die Richtung nicht, in der sie sich auswirken. Der Verkäufer der Stellage spekuliert auf Langeweile.

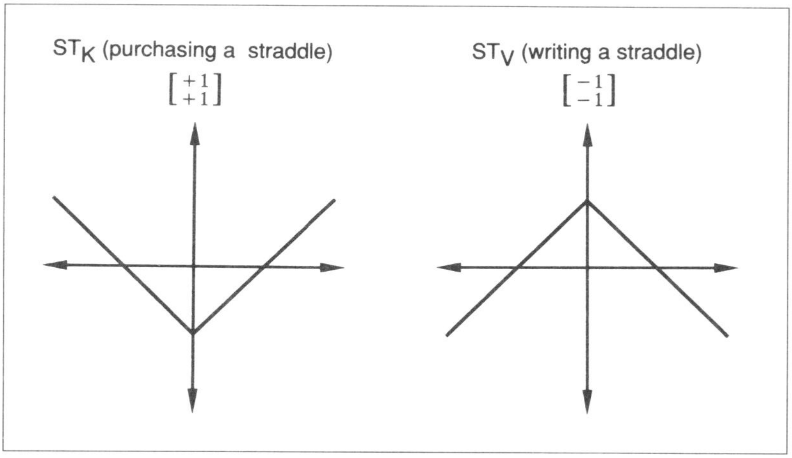

Abb. 5.4: Kauf und Verkauf einer Stellage

... berechtigt: Kauf einer Stellage

... verpflichtet: Verkauf einer Stellage

VI. Kombinationen von Risikopositionen aus Börsentermingeschäften

A. Hedging

Das Risiko des Haltens eines Wertpapiers, das gleich dem eines Terminkaufs ist (genau genommen entspricht der Terminkauf und das gleichzeitige Halten von Kasse in Höhe des Kaufpreises dem Halten des Wertpapiers), kann durch einen Terminverkauf ausgeglichen werden. Dasselbe Ergebnis erhält man auch, wenn man sich vom Markt des Wertpapiers fernhält und Kasse hält.

Hedging: Kursänderungen bewirken weder Gewinn noch Verlust

Terminkauf + Terminverkauf = Risikolose Position

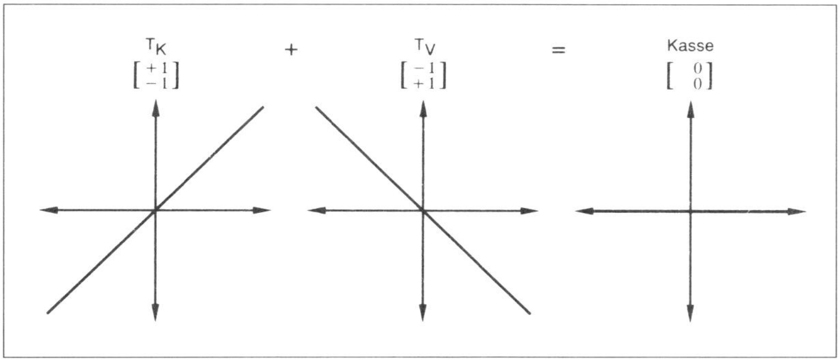

Abb. 6.1: Hedging eines Terminkaufs

B. Zerlegung eines Terminkaufs

Aus dieser Zerlegung ergibt sich, daß der Kauf einer Kaufoption und der Verkauf einer Verkaufsoption durch einen Terminverkauf (das Gegengeschäft zum Terminkauf) gehedgt werden können.

Zerlegung eines Terminkaufs

Kauf einer Kaufoption + Verkauf einer Verkaufsoption = Terminkauf

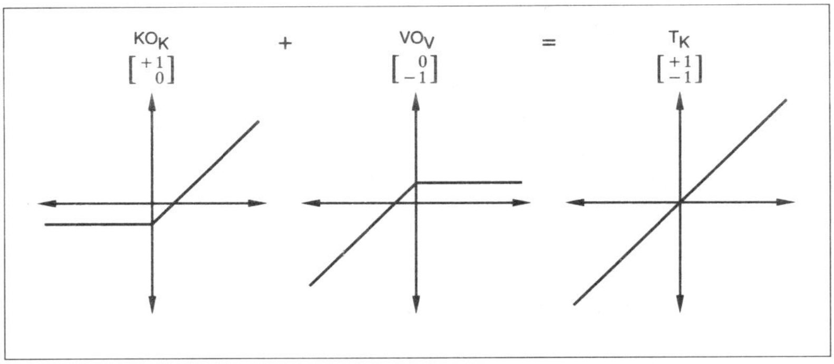

Abb. 6.2: Zerlegung des Terminkaufs in den Kauf einer Kaufoption und den Verkauf einer Verkaufsoption

C. Zerlegung eines Terminverkaufs

Zerlegung eines Terminverkaufs

Aus dieser Zerlegung ergibt sich, daß der Kauf einer Verkaufsoption und der Verkauf einer Kaufoption durch einen Terminkauf gehedgt werden können.

Kauf einer Verkaufsoption + Verkauf einer Kaufoption = Terminverkauf

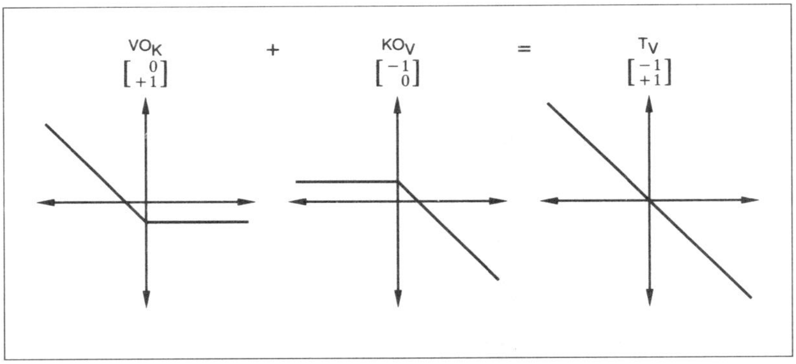

Abb. 6.3: Zerlegung des Terminverkaufs in den Kauf einer Verkaufsoption und den Verkauf einer Kaufoption

D. „Drehen“ der Position des Käufers einer Kaufoption

Die ursprüngliche Hausse-Position wird durch Hinzufügen eines Terminverkaufs in eine Baisse-Position „gedreht“. Die Gleichung ergibt sich durch Umformen von B.

Haussier wird zum Baissier

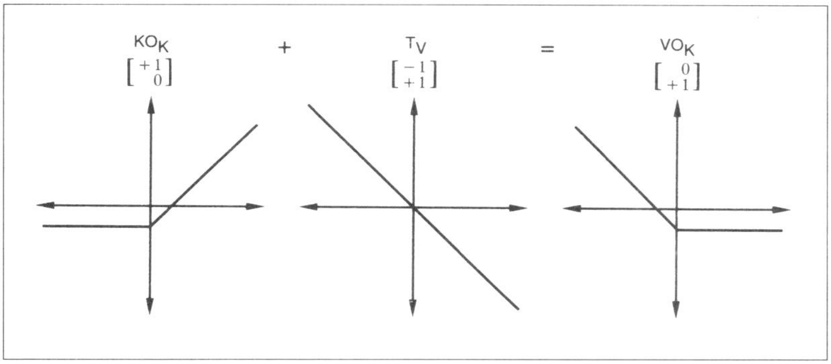

Kauf einer Kaufoption + Terminverkauf = Kauf einer Verkaufsoption

Abb. 6.4: Drehen der Hausse-Position des Käufers einer Kaufoption

E. „Drehen“ der Position des Käufers einer Verkaufsoption

Die ursprüngliche Baisse-Position wird durch Hinzufügen eines Terminkaufs in eine Hausse-Position „gedreht“. Die Gleichung ergibt sich durch Umformen von C.

Baissier wird zum Haussier

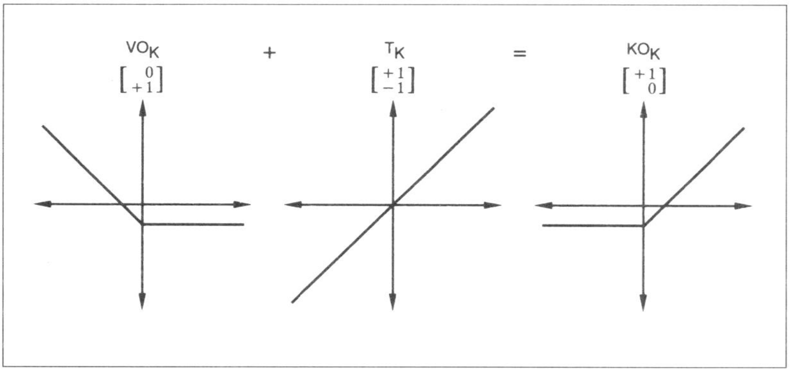

Kauf einer Verkaufsoption + Terminkauf = Kauf einer Kaufoption

Abb. 6.5: Drehen der Baisse-Position des Käufers einer Verkaufsoption

Pessimistischer Stillhalter wird zum optimistischen Stillhalter

F. „Drehen“ der Position des Stillhalters einer Kaufoption

Die ursprüngliche Baisse-Position wird durch Hinzufügen eines Terminkaufs in eine Hausse-Position „gedreht“. Die Gleichung ergibt sich durch Umformen von C.

Verkauf einer Kaufoption + Terminkauf = Verkauf einer Verkaufsoption

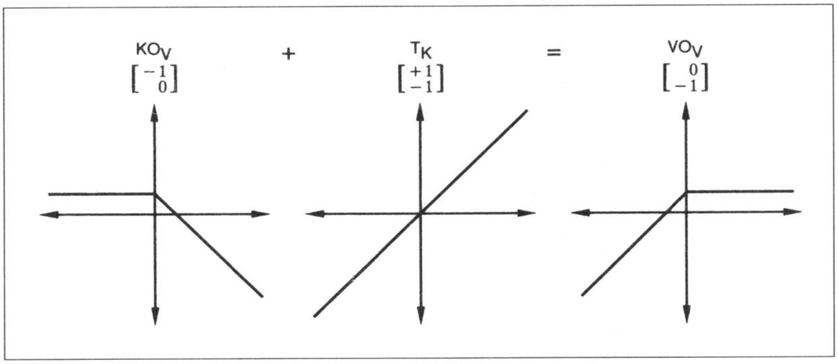

Abb. 6.6: Drehen der Position des Stillhalters einer Kaufoption

G. „Drehen“ der Position des Stillhalters einer Verkaufsoption

Optimistischer Stillhalter wird zum pessimistischen Stillhalter

Die ursprüngliche Hausse-Position wird durch Hinzufügen eines Terminverkaufs in eine Baisse-Position „gedreht“. Die Gleichung ergibt sich durch Umformen von B.

Verkauf einer Verkaufsoption + Terminverkauf = Verkauf einer Kaufoption

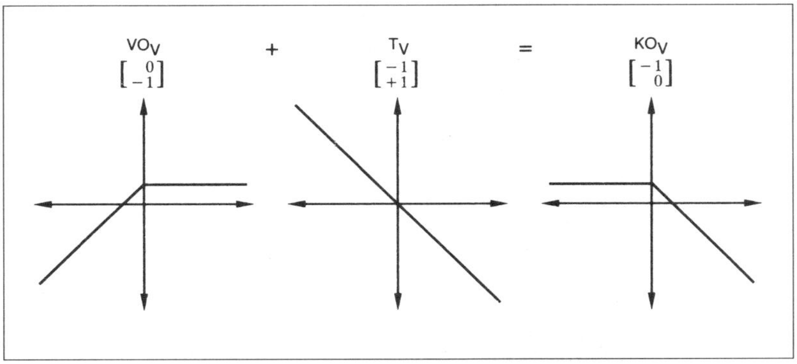

Abb. 6.7: Drehen der Position des Stillhalters einer Verkaufsoption

H. Zerlegung der Position des Käufers einer Stellage (straddle)

Hedgen des Verkaufs einer Stellage

Aus dieser Zerlegung ergibt sich, daß der Kauf einer Kaufoption und einer Verkaufsoption durch den Verkauf einer Stellage gehedgt werden kann. Der Verkauf einer Stellage hedgt aber auch
- einen Terminverkauf und den Kauf zweier Kaufoptionen und
- einen Terminkauf und den Kauf zweier Verkaufsoptionen.

Der Kauf einer Stellage... = Kauf einer Kaufoption + Kauf einer Verkaufsoption oder...

... Terminverkauf + Kauf zweier Kaufoptionen oder...

... Terminkauf + Kauf zweier Verkaufsoptionen

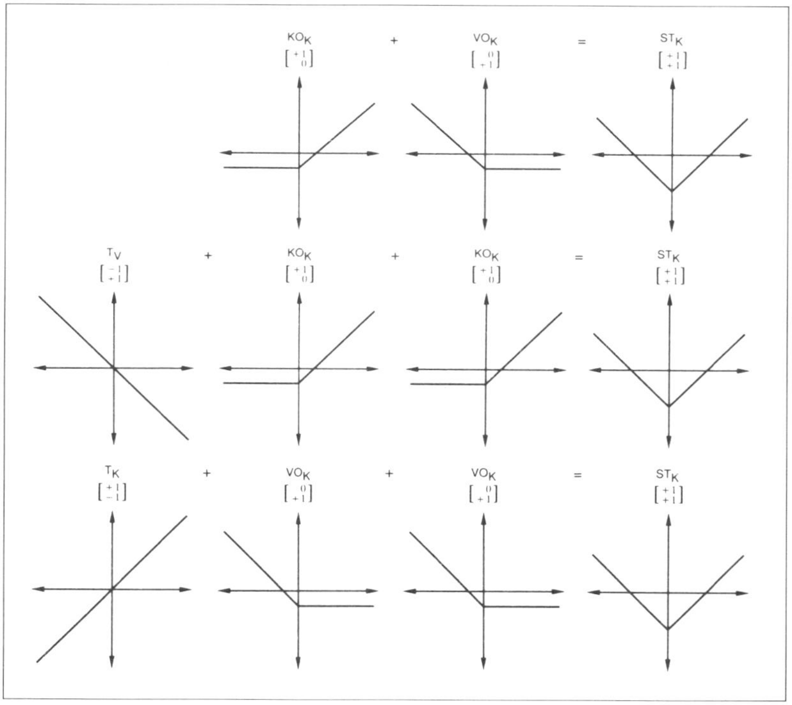

Abb. 6.8: Zerlegung der Position des Käufers einer Stellage in
– Kauf einer Kaufoption und einer Verkaufsoption,
– Terminverkauf plus Kauf zweier Kaufoptionen und
– Terminkauf plus Kauf zweier Verkaufsoptionen

I. Zerlegung der Position des Verkäufers einer Stellage (straddle)

Hedgen des Kaufs einer Stellage

Aus dieser Zerlegung ergibt sich, daß der Verkauf einer Kaufoption und einer Verkaufsoption durch den Kauf einer Stellage gehedgt werden kann. Der Kauf einer Stellage hedgt aber auch
– einen Terminkauf und den Verkauf zweier Kaufoptionen und
– einen Terminverkauf und den Verkauf zweier Verkaufsoptionen.

Der Verkauf einer Stellage . . . = Verkauf einer Kaufoption + Verkauf einer Verkaufsoption oder . . .

. . . Terminkauf + Verkauf zweier Kaufoptionen oder . . .

. . . Terminverkauf + Verkauf zweier Verkaufsoptionen

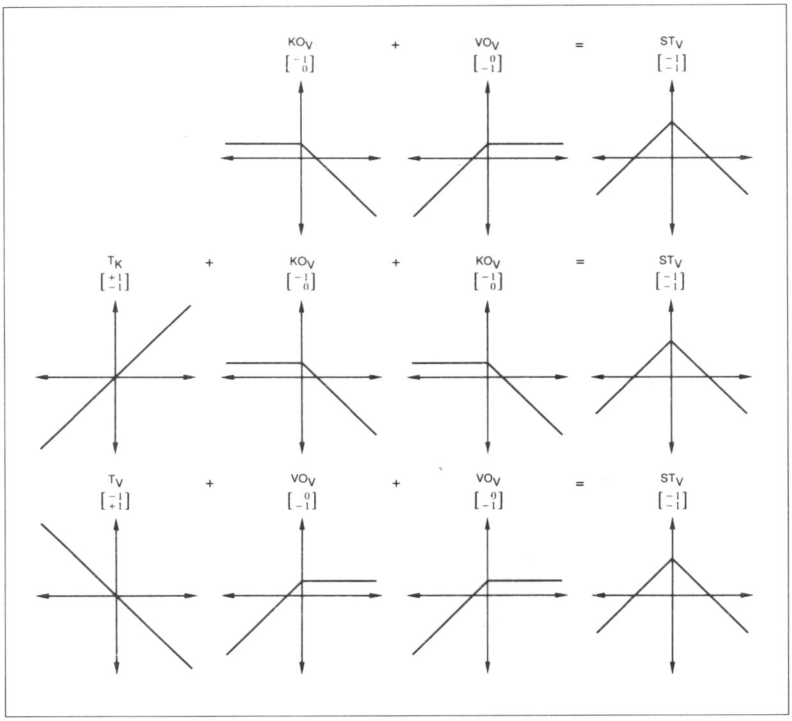

Abb. 6.9: Zerlegung der Position des Verkäufers einer Stellage in
– Verkauf einer Kaufoption und einer Verkaufsoption,
– Terminkauf plus Kauf zweier Kaufoptionen und
– Terminkauf plus Verkauf zweier Verkaufsoptionen

J. Bullish vertical spread

Den folgenden Abbildungen liegen IBM-Kurse vom 20. September 1985 zugrunde:

Optionspreismatrix

Tabelle 6.1: IBM-Kurse vom 20.09.1985

Tageskurs IBM	Ausübungskurs	Call			Put		
		Sept.	Okt.	Januar	Sept.	Okt.	Januar
126 3/4	115	s	12 1/2	14 1/2	s	1–16	3/4
126 3/4	120	6 5/8	7 3/4	10 3/8	r	3/8	1 11–16
126 3/4	125	1 5/8	3 7/8	6 3/4	1–16	1 7–16	3 3/8
126 3/4	130	1–16	1 5–16	4 1/8	3 3/8	4	5 5/8
126 3/4	135	r	1/4	2 1/4	r	8 1/2	8 1/2
126 3/4	140	s	1–16	s	s	r	s

r nicht gehandelt
s nicht angeboten

Quelle: Wall Street Journal

Bullish vertical spread

Der Kauf einer Verkaufsoption mit einem niedrigen Ausübungspreis und der Verkauf einer Verkaufsoption mit einem hohen Ausübungspreis ergeben einen bullish vertical spread.[1)]

Der bullish vertical spread ergibt sich auch, wenn der Kauf einer Kaufoption mit niedrigem Ausübungskurs und der Verkauf einer Kaufoption mit hohem Ausübungskurs miteinander kombiniert werden.

---

1) bull = Haussier; bear = Baissier

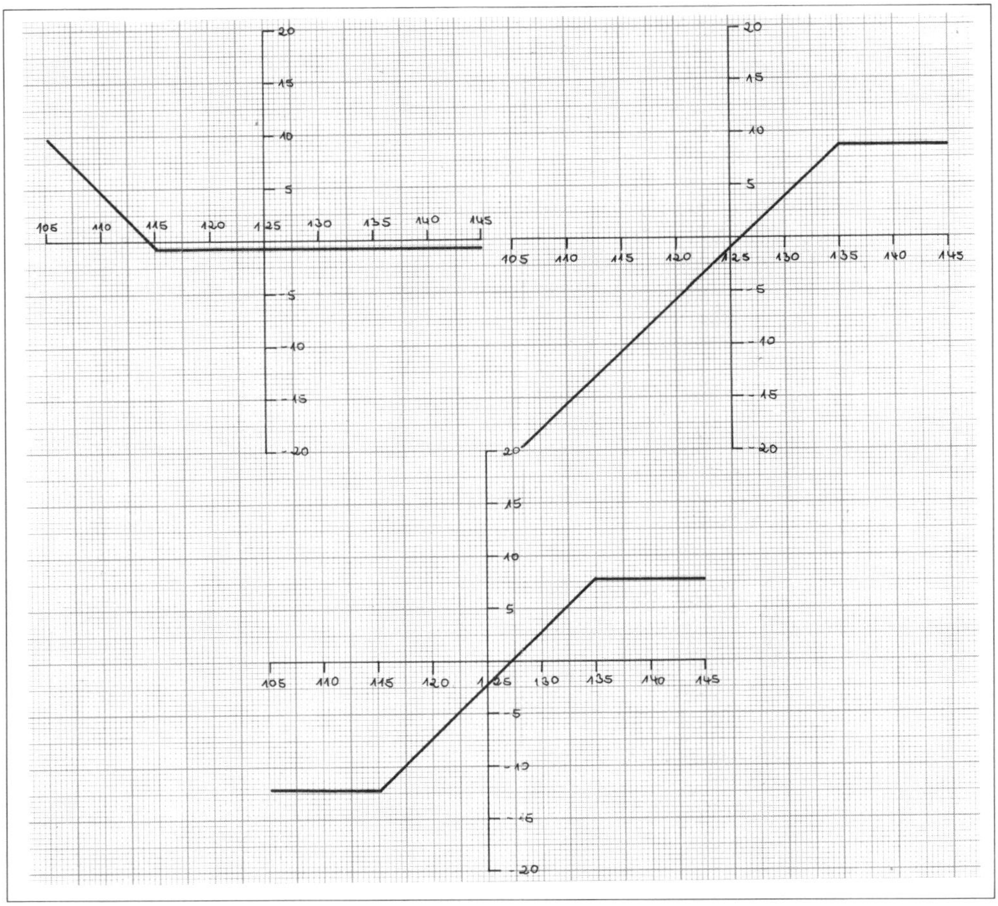

Tageskurs IBM	Ausübungs-kurs	Call			Put		
		Sept.	Okt.	Januar	Sept.	Okt.	Januar
126 3/4	115	s	12 1/2	14 1/2	s	1–16	3/4
126 3/4	120	6 5/8	7 3/4	10 3/8	r	3/8	1 11–16
126 3/4	125	1 5/8	3 7/8	6 3/4	1–16	1 7–16	3 3/8
126 3/4	130	1–16	1 5–16	4 1/8	3 3/8	4	5 5/8
126 3/4	135	r	1/4	2 1/4	r	8 1/2	8 1/2
126 3/4	140	s	1–16	s	s	r	s

Abb. 6.10: Bullish vertical spread
= Kauf einer Verkaufsoption mit niedrigem Ausübungskurs + Verkauf einer Verkaufsoption mit hohem Ausübungskurs oder...

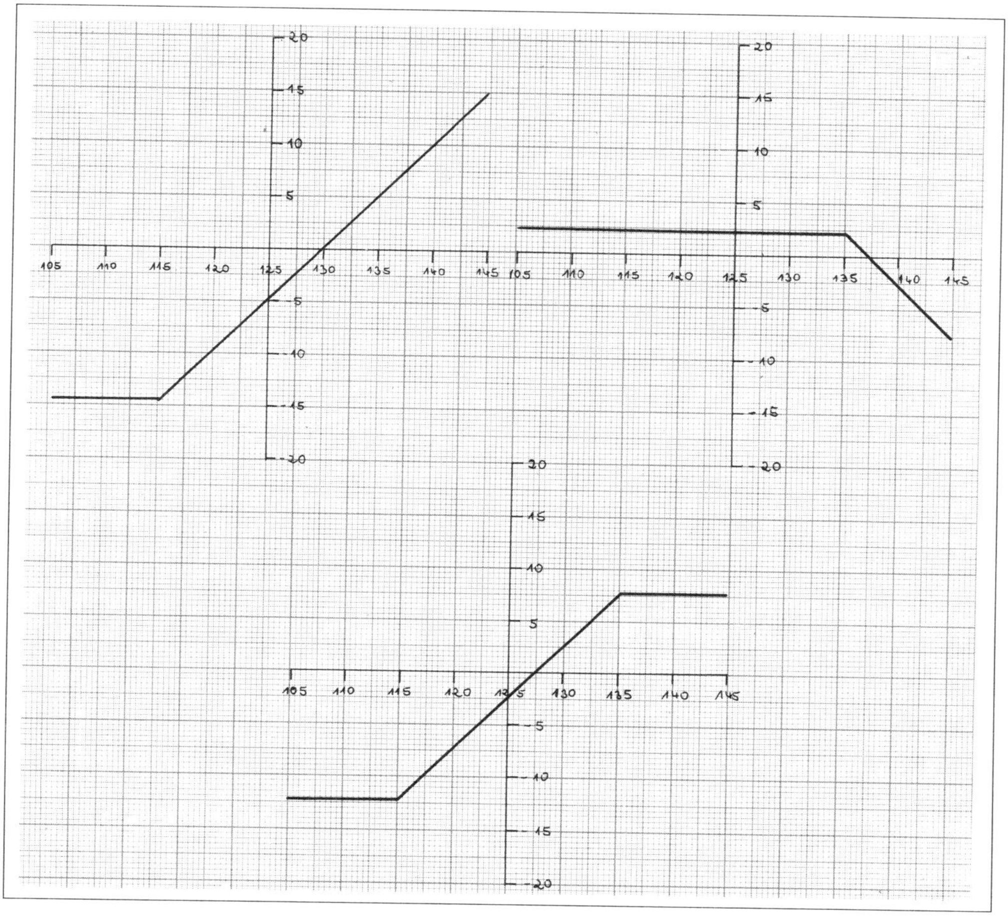

Tageskurs IBM	Ausübungs-kurs	Call			Put		
		Sept.	Okt.	Januar	Sept.	Okt.	Januar
126 3/4	115	s	12 1/2	14 1/2	s	1–16	3/4
126 3/4	120	6 5/8	7 3/4	10 3/8	r	3/8	1 11–16
126 3/4	125	1 5/8	3 7/8	6 3/4	1–16	1 7–16	3 3/8
126 3/4	130	1–16	1 5–16	4 1/8	3 3/8	4	5 5/8
126 3/4	135	r	1/4	2 1/4	r	8 1/2	8 1/2
126 3/4	140	s	1–16	s	s	r	s

Abb. 6.11: Bullish vertical spread
= Kauf einer Kaufoption mit niedrigem Ausübungskurs + Verkauf einer Kaufoption mit hohem Ausübungskurs

K. Bearish vertical spread

Bearish vertical spread

Der Kauf einer Kaufoption mit einem hohen Ausübungspreis und der Verkauf einer Kaufoption mit einem niedrigen Ausübungspreis ergeben einen bearish vertical spread.

Der bearish vertical spread ergibt sich auch, wenn der Kauf einer Verkaufsoption mit hohem Ausübungspreis und der Verkauf einer Verkaufsoption mit niedrigem Ausübungspreis miteinander kombiniert werden.

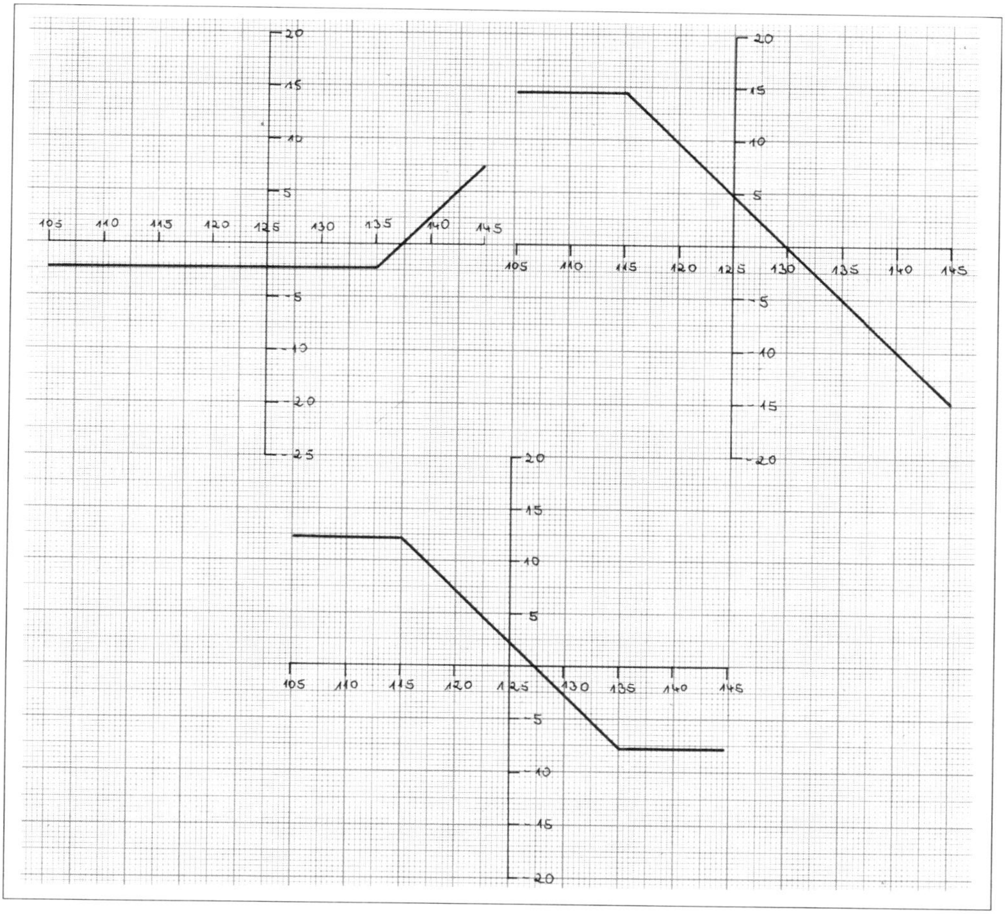

Tageskurs IBM	Ausübungs-kurs	Call			Put		
		Sept.	Okt.	Januar	Sept.	Okt.	Januar
126 3/4	115	s	12 1/2	14 1/2	s	1–16	3/4
126 3/4	120	6 5/8	7 3/4	10 3/8	r	3/8	1 11–16
126 3/4	125	1 5/8	3 7/8	6 3/4	1–16	1 7–16	3 3/8
126 3/4	130	1–16	1 5–16	4 1/8	3 3/8	4	5 5/8
126 3/4	135	r	1/4	2 1/4	r	8 1/2	8 1/2
126 3/4	140	s	1–16	s	s	r	s

Abb. 6.12: Bearish vertical spread
= Kauf einer Kaufoption mit hohem Ausübungskurs + Verkauf einer Kaufoption mit niedrigem Ausübungskurs oder...

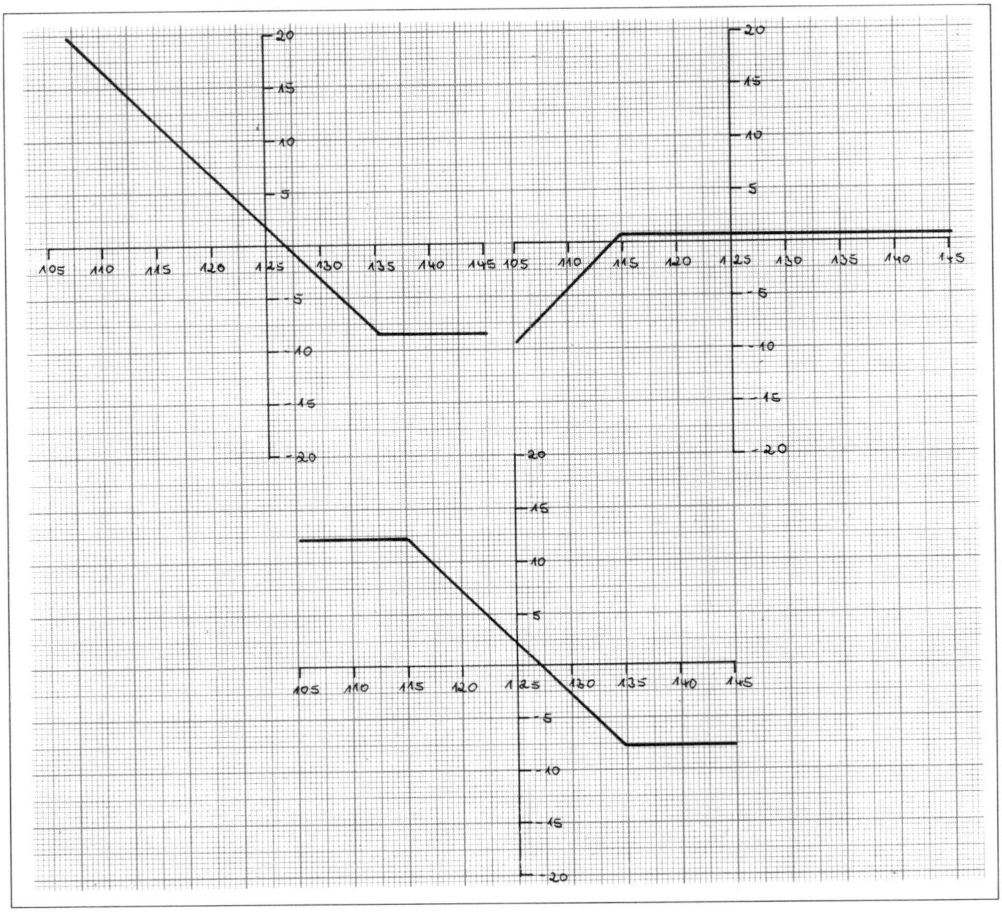

Tageskurs IBM	Ausübungs-kurs	Call			Put		
		Sept.	Okt.	Januar	Sept.	Okt.	Januar
126 3/4	115	s	12 1/2	14 1/2	s	1–16	3/4
126 3/4	120	6 5/8	7 3/4	10 3/8	r	3/8	1 11–16
126 3/4	125	1 5/8	3 7/8	6 3/4	1–16	1 7–16	3 3/8
126 3/4	130	1–16	1 5–16	4 1/8	3 3/8	4	5 5/8
126 3/4	135	r	1/4	2 1/4	r	8 1/2	8 1/2
126 3/4	140	s	1–16	s	s	r	s

Abb. 6.13: Bearish vertical spread
= Kauf einer Verkaufsoption mit hohem Ausübungskurs + Verkauf einer Verkaufsoption mit niedrigem Ausübungskurs

L. Butterfly spread

Butterfly spread

Der Kauf einer Kaufoption mit einem niedrigen Ausübungspreis und der Kauf einer Kaufoption mit einem hohen Ausübungspreis sowie der Verkauf zweier Kaufoptionen mit mittleren Ausübungspreisen ergeben einen butterfly spread.

Schließlich ergibt sich der butterfly spread auch, wenn je eine Verkaufsoption mit einem niedrigen und mit einem hohen Ausübungskurs gekauft werden und zwei Verkaufsoptionen mit einem mittleren Ausübungskurs verkauft werden.

Horizontale und diagonale Spreads

Von horizontal spreads spricht man, wenn die Ausübungszeitpunkte von Kauf- bzw. Verkaufsoptionen divergieren. Von diagonal spreads spricht man, wenn eine Option gekauft und eine andere verkauft wird, wobei die Ausübungspreise und die Ausübungsdaten unterschiedlich sind. Horizontale und diagonale Spreads können in den üblichen Diagrammen nicht dargestellt werden. Die Ausdrücke vertikal, horizontal und diagonal kommen von der üblichen Anordnung der Optionspreise im Kursblatt.

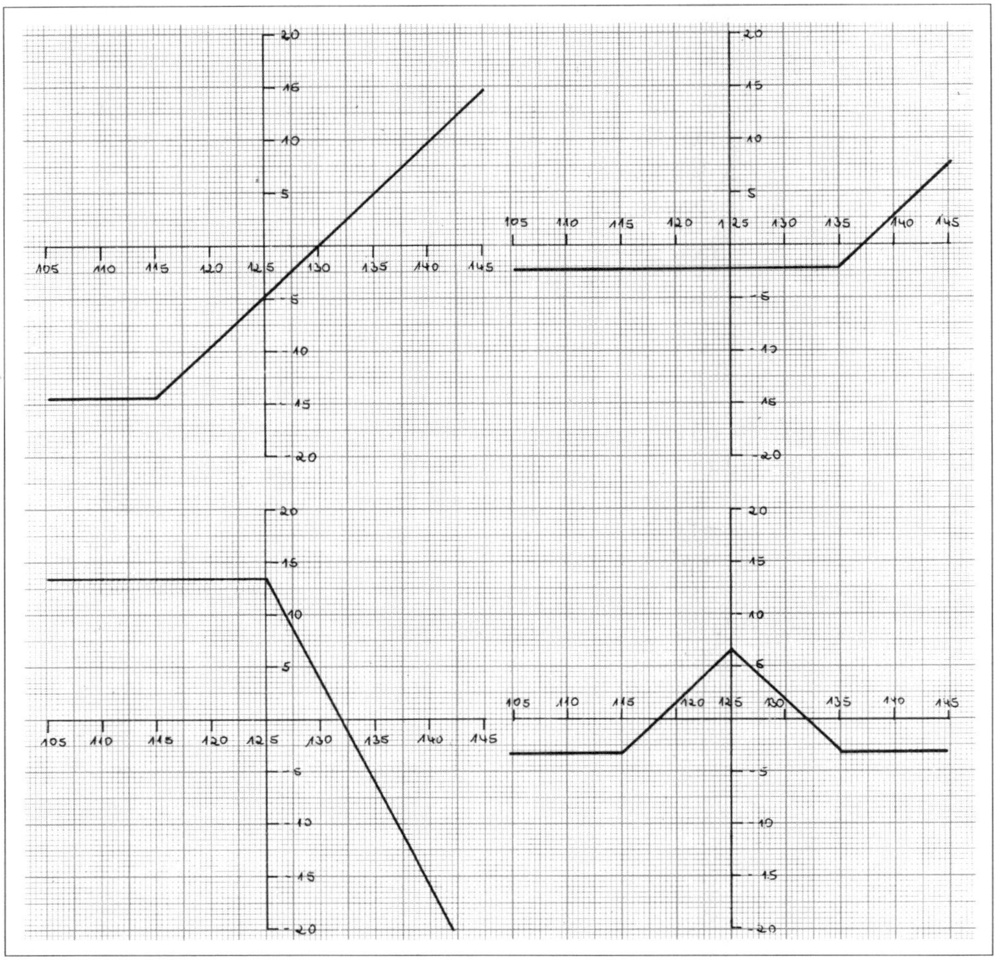

Tageskurs IBM	Ausübungs-kurs	Call			Put		
		Sept.	Okt.	Januar	Sept.	Okt.	Januar
126 3/4	115	s	12 1/2	14 1/2	s	1–16	3/4
126 3/4	120	6 5/8	7 3/4	10 3/8	r	3/8	1 11–16
126 3/4	125	1 5/8	3 7/8	6 3/4	1–16	1 7–16	3 3/8
126 3/4	130	1–16	1 5–16	4 1/8	3 3/8	4	5 5/8
126 3/4	135	r	1/4	2 1/4	r	8 1/2	8 1/2
126 3/4	140	s	1–16	s	s	r	s

Abb. 6.14: Butterfly spread
= Kauf je einer Kaufoption mit niedrigem und hohem Ausübungskurs + Verkauf zweier Kaufoptionen mit mittlerem Ausübungskurs oder...

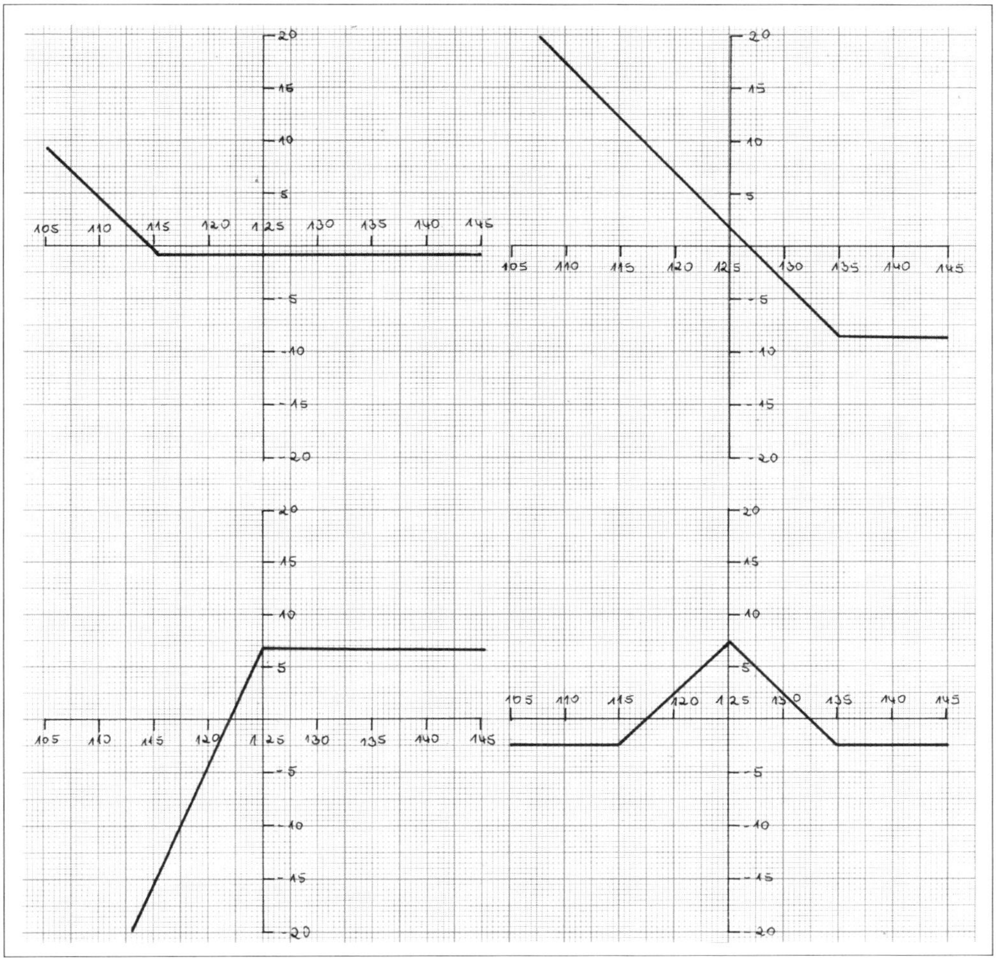

Tageskurs IBM	Ausübungs-kurs	Call			Put		
		Sept.	Okt.	Januar	Sept.	Okt.	Januar
126 3/4	115	s	12 1/2	14 1/2	s	1–16	3/4
126 3/4	120	6 5/8	7 3/4	10 3/8	r	3/8	1 11–16
126 3/4	125	1 5/8	3 7/8	6 3/4	1–16	1 7–16	3 3/8
126 3/4	130	1–16	1 5–16	4 1/8	3 3/8	4	5 5/8
126 3/4	135	r	1/4	2 1/4	r	8 1/2	8 1/2
126 3/4	140	s	1–16	s	s	r	s

Abb. 6.15: Butterfly spread
= Kauf je einer Verkaufsoption mit niedrigem und hohem Ausübungskurs + Verkauf zweier Verkaufsoptionen mit mittlerem Ausübungskurs

Tabelle 6.2: Vertikaler Spread, horizontaler Spread, diagonaler Spread

Vertikaler Spread

X-Aktie 150

Ausübungs-kurs	Kaufoptionen			Verkaufsoptionen		
	15.1.	15.4.	15.7.	15.1.	15.4.	15.7.
140	15,00	23,00	30,00	1,20	2,50	3,10
150	13,00	18,00	22,00	4,20	6,00	7,50
160	7,00	13,00	17,00	11,00	13,00	14,00

Horizontaler Spread

X-Aktie 150

Ausübungs-kurs	Kaufoptionen			Verkaufsoptionen		
	15.1.	15.4.	15.7.	15.1.	15.4.	15.7.
140	15,00	23,00	30,00	1,20	2,50	3,10
150	13,00	18,00	22,00	4,20	6,00	7,50
160	7,00	13,00	17,00	11,00	13,00	14,00

Diagonaler Spread

X-Aktie 150

Ausübungs-kurs	Kaufoptionen			Verkaufsoptionen		
	15.1.	15.4.	15.7.	15.1.	15.4.	15.7.
140	15,00	23,00	30,00	1,20	2,50	3,10
150	13,00	18,00	22,00	4,20	6,00	7,50
160	7,00	13,00	17,00	11,00	13,00	14,00

VII. Aktives Optionsmanagement am Beispiel einer durch Aktienbesitz gesicherten Stillhalterposition einer Kaufoption (covered call writing)

A. Beschreibung des Geschäfts

Gedecktes Schreiben von Kaufoptionen (covered call writing)

Der Verkauf einer Kaufoption mit Deckung ist eine sehr gebräuchliche Strategie. Sie wird von vielen institutionellen Investoren angewendet und soll daher ausführlich erörtert werden. Sie kommt auch für den Privatkunden in Betracht, der ein Aktiendepot zur Erzielung einer überdurchschnittlichen Rendite über längere Zeit hält, ohne ständig umzuschichten. Gedeckter Verkauf von Kaufoptionen heißt
- Verkauf einer Kaufoption bei gleichzeitigem
- Halten der Aktie.

Die Gewinngraphik dieser Kombination wird in Abbildung 7.1 dargestellt. Wie man aus der Abbildung ersieht, ergibt die Kombination beider Geschäfte eine geschriebene Verkaufsoption.

Zahlenbeispiel...

Zahlenbeispiel: Eine Aktie (Bayer) steht am 12.9.90 bei 230 DM/Aktie. Der Aktionär verkauft eine Kaufoption, Fälligkeit Dezember mit dem Ausübungskurs von 240 DM/Aktie zum Preis von 12 DM/Option. Bei einem Verkauf einer Option über 50 Stück ergibt das einen Erlös von 600 DM. Der Verfalltag der Option ist der dritte Freitag im Dezember, d.h. der 21. Dezember 90. Der Kapitaleinsatz ist bei 50 Aktien 11500 DM.

... und Tabelle ...

Tabelle 7.1: Ergebnis des Schreibens einer gedeckten Bayer-Dez.-240-Kaufoption bei Verfall der Option

... zum gedeckten Schreiben einer Kaufoption

Kurs von Bayer	Ergebnis der Aktie	Dez.-240 bei Ausübung der Option	Ergebnis aus dem Schreiben der Option	Gesamtergebnis
(1)	(2)	(3)	(4) = (3) + 600	(5) = (2) + (4)
180	– 2500	0	+ 600	– 1900
200	– 1500	0	+ 600	– 900
220	– 500	0	+ 600	+ 100
240	+ 500	0	+ 600	+ 1100
260	+ 1500	– 1000	– 400	+ 1100
280	+ 2500	– 2000	– 1400	+ 1100
300	+ 3500	– 3000	– 2400	+ 1100

Ergebnis des gedeckten Schreibens einer Kaufoption

Die Tabelle 7.1 zeigt:

1. Das Gesamtergebnis gleicht dem des Schreibens einer Verkaufsoption: konstantes positives Ergebnis bei steigenden Kursen, Verluste bei sinkenden Kursen.
2. Beim Vergleich der ersten und der letzten Spalte sieht man,
   – daß bei wenig steigenden Kursen im Vergleich zum Halten der Aktie die Ergebnisse höher sind,
   – daß bei stärker steigenden Kursen die Ergebnisse im Vergleich zum Halten der Aktie auf 1100 DM beschränkt bleiben und
   – daß bei sinkenden Kursen die Verluste im Vergleich zum Halten der Aktie gemindert werden.
3. Die Rendite auf den Kapitaleinsatz ist bei steigenden Kursen 1100/11 500 = 9,6 % pro drei Monate.

Interessenlage ist die überdurchschnittliche Rendite auf Dauer ...

B. Interessenlage und Börsenerwartung des Kunden, der Kaufoptionen gedeckt schreibt

... bei Verzicht auf überdurchschnittliche Kurssteigerungen

Die Strategie des Schreibens gedeckter Optionen ist *für den Investor interessant,* der auf Dauer eine *überdurchschnittliche Rendite* sucht und dafür bereit ist, das Risiko einer Kurssenkung in Kauf zu nehmen. Das Risiko der Kurssenkung nimmt der Daueraktionär sowieso in Kauf. An überdurchschnittlichen Kurssteigerungen profitiert der Daueraktionär in Standardwerten selten, da das Kursverhalten dieser Titel zyklisch ist.

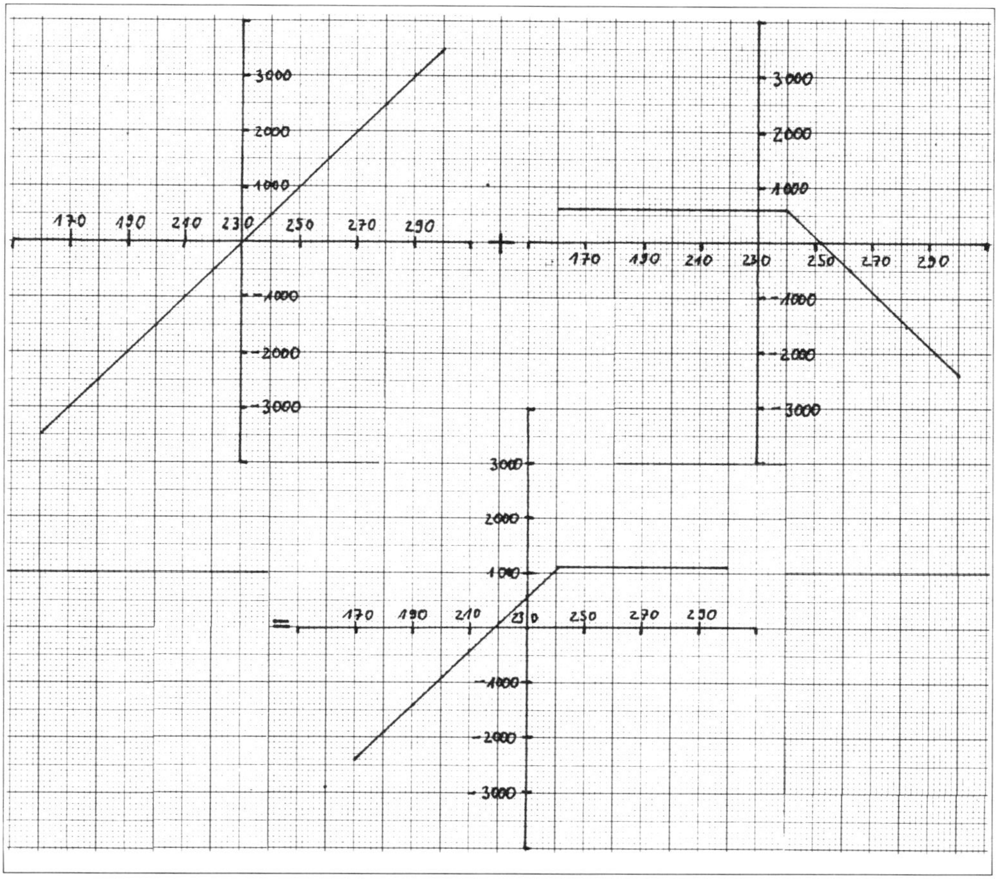

Abb. 7.1: Gedecktes Schreiben einer Kaufoption ist äquivalent zum Schreiben einer Verkaufsoption

Besser als Halter der Aktie bei sinkenden und gleichbleibenden Kursen

Bei sinkenden oder mäßig steigenden Kursen ist das Schreiben gedeckter Optionen dem bloßen Halten der Aktie überlegen. Von den *Kurserwartungen* her gesehen ist das Schreiben von Optionen daher bei *„vorsichtigem Optimismus"* interessant.

C. Verschiedene Ausübungskurse der verkauften Optionen

Schreiben im Geld stehender Optionen

Schreibt man eine im Geld stehende Option, so besteht der Erlös zu einem großen Teil aus dem inneren Wert der Option. Der Markt ist dünn.

Am 12.9.90 z.B. wurde die 200er-Dezemberkaufoption bei einem inneren Wert von 30 mit 39 notiert. Die Option wird bei Kursen über 200 ausgeübt. Bei einem gegenwärtigen Kurs von 230 ist die Wahrscheinlichkeit hoch, daß die Option ausgeübt wird.

Risikoexposition beim Schreiben im Geld stehender Kaufoptionen

Man wird diese Strategie daher nur wählen, wenn man die Aktie sowieso verkaufen will. Da der erzielbare Zeitwert, als Zubrot zum inneren Wert und zum direkten Verkauf der Aktie, gering ist (9 DM bei der 200er-Kaufoption), wird man diese Möglichkeit nur wählen, wenn man die Aktie sowieso verkaufen will, dies aber nicht möglich ist, etwa weil die Spekulationsfrist noch nicht abgelaufen ist. Die Risikoexposition ist geringer als bei am Geld stehenden Optionen. Dafür ist aber auch der maximale Gewinn bei steigenden Kursen geringer, obwohl er andererseits auch noch beim Sinken des Kurses auf 200 anfällt.

Risikoexposition beim Schreiben aus dem Geld stehender Kaufoptionen

Schreibt man eine aus dem Geld stehende Kaufoption, bei dem Bayer-Beispiel etwa die 280er-Kaufoption, so erzielt man nur 2 DM/ Option. Die Zusatzrendite gegenüber dem Halten der Aktie ist gering, dafür aber die Wahrscheinlichkeit, daß bei Kurssteigerungen die Kaufoption ausgeübt wird, geringer als bei einer am Geld stehenden Kaufoption. Bei steigenden Kursen ist der Ertrag höher als bei einer am Geld stehenden Option, dafür ist der Schutz gegen das Risiko bei Kurssenkungen geringer. Das sieht man aus den Tabellen 7.2 und 7.3.

Tabelle 7.2: Ergebnis des Schreibens einer gedeckten Bayer-Dez.-200-Kaufoption bei Verfall der Option

Kurs von Bayer	Ergebnis der Aktie	Dez.-200 bei Ausübung der Option	Ergebnis aus dem Schreiben der Option	Gesamt-ergebnis
(1)	(2)	(3)	(4) = (3) + 1950	(5) = (2) + (4)
160	− 3500	0	+ 1950	− 1550
180	− 2500	0	+ 1950	− 550
200	− 1500	0	+ 1950	+ 450
220	− 500	− 1000	+ 950	+ 450
240	+ 500	− 2000	− 50	+ 450
260	+ 1500	− 3000	− 1050	+ 450
280	+ 2500	− 4000	− 2050	+ 450
300	+ 3500	− 5000	− 3050	+ 450

Schreiben einer im Geld stehenden, gedeckten Kaufoption

Tabelle 7.3: Ergebnis des Schreibens einer gedeckten Bayer-Dez.-280-Kaufoption bei Verfall der Option

Kurs von Bayer	Ergebnis der Aktie	Dez.-280 bei Ausübung der Option	Ergebnis aus dem Schreiben der Option	Gesamt-ergebnis
(1)	(2)	(3)	(4) = (3) + 100	(5) = (2) + (4)
200	− 1500	0	100	− 1400
220	− 500	0	100	− 400
240	+ 500	0	100	+ 650
260	+ 1500	0	100	+ 1600
280	+ 2500	0	100	+ 2600
300	+ 3500	− 1000	− 900	+ 2600
320	+ 4500	− 2000	− 1900	+ 2600

Schreiben einer aus dem Geld stehenden, gedeckten Kaufoption

Schreibt man eine am Geld stehende Kaufoption, so ist der Zeitwert am höchsten. Bei unveränderten Kursen ist damit auch der Zusatznutzen im Vergleich zum Halten der Aktie am höchsten (600). Zusammenfassend kann man den Risikocharakter der drei Typen so charakterisieren:

Vergleichende Zusammenfassung

1. Gedecktes Schreiben einer im Geld stehenden Kaufoption ist eine sehr konservative Strategie, die bei leicht sinkenden Kursen am besten ist.
2. Gedecktes Schreiben einer am Geld stehenden Kaufoption ist eine konservative Strategie, die bei gleichbleibenden Kursen am besten ist.

3. Gedecktes Schreiben einer aus dem Geld stehenden Option ist eine aggressivere Strategie, die bei leicht steigenden Kursen am besten ist.
4. Immer ist das Risiko geringer als beim Halten der Aktie und größer als beim Verkauf der Aktie.
5. Die Strategie des Verkaufs gedeckter Kaufoptionen ist anderen Strategien überlegen bei leicht sinkenden, gleichbleibenden und mäßig steigenden Kursen.

D. Anschlußaktionen

1. Kurs sinkt

a. Kauf einer Verkaufsoption

Kauf einer Verkaufsoption als Anschlußaktion zum gedeckten Schreiben einer Kaufoption bei gesunkenen Kursen

Erfüllt sich die Erwartung gleichbleibender oder leicht steigender Kurse nicht, so muß der durch Aktienbesitz gesicherte Stillhalter der Kaufoption nicht zusehen, wie sein Kurs verfällt. Zwar kann er eventuell die Aktie nicht verkaufen. Das wird die Bank sinnvollerweise zur Bedingung machen, da sonst bei einem Sinken des Aktienkurses auf Null ein Risiko in Höhe des Aktienkurses besteht. (Es müßte ein Margin-Konto eingerichtet werden, wenn die Aktie verkauft werden sollte, ohne daß die Option glattgestellt wird.) Das Schreiben einer gedeckten Kaufoption ist gleich dem Schreiben einer Verkaufsoption. Der Aktionär kann sich daher mit dem Kauf einer Verkaufsoption genauso stellen, wie wenn er die Aktie verkauft hätte.

Angenommen der Aktienkurs sinkt auf 190 DM/Aktie. An der Aktie hätte der Anleger 2000 DM verloren, durch das Schreiben der Kaufoption ist der Verlust auf 1400 DM begrenzt worden.

Durch Glattstellen durch Kauf einer Verkaufsoption …

… ergibt sich ein bull spread

Der Anleger denkt jetzt, daß die Kurse weiter sinken. Er kauft eine 200er-Dez.-Verkaufsoption. Diese wird wahrscheinlich genausoviel kosten wie eine 10 DM im Geld stehende Verkaufsoption heute, nämlich 13 DM/Verkaufsoption (Dez.-240). Nun heben sich bei weiteren Kurssenkungen (genau genommen schon ab dem Kurs 200) Gewinne und Verluste der gekauften und der verkauften Kaufoptionen auf. Zwischen 200 und 240 besteht eine Hausseposition. Das ist der bullish vertical spread (Abb. 6.10). In Abbildung 7.2 ist zunächst die als

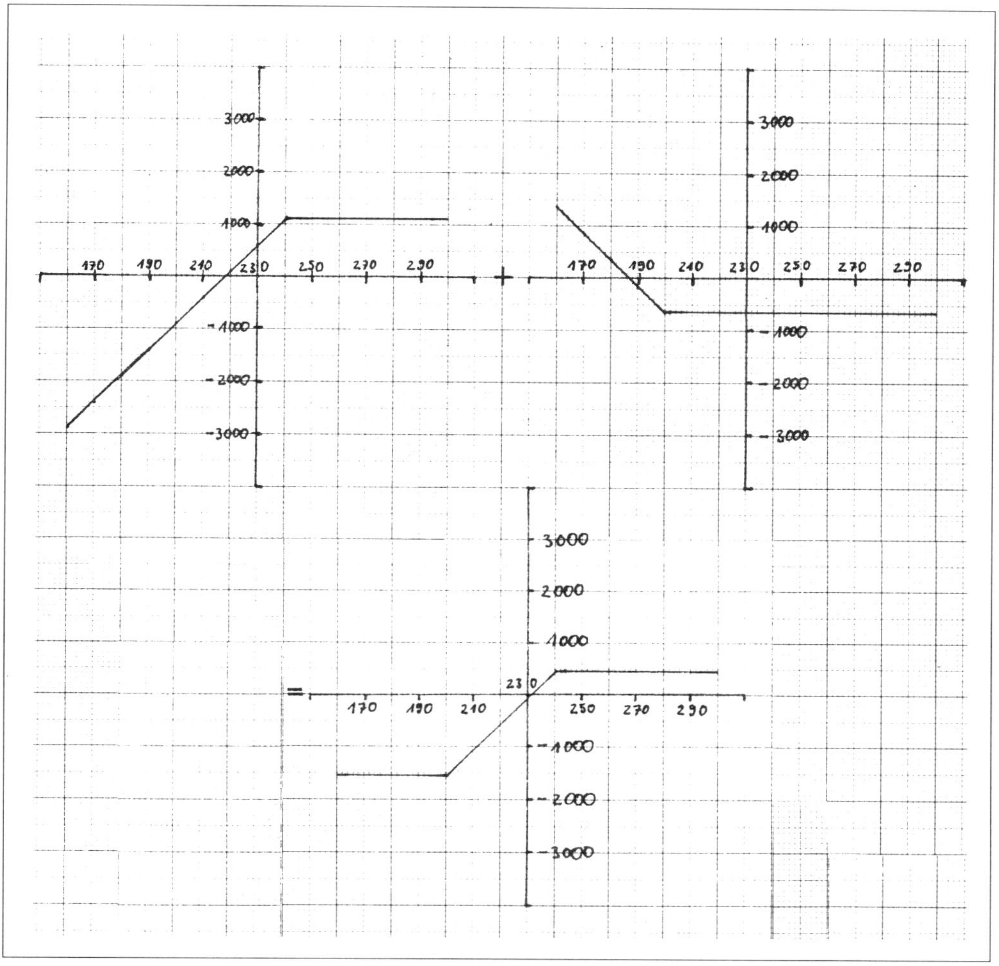

Abb. 7.2: Bullish vertical spread als Ergebnis des Glattstellens einer gedeckten, geschriebenen Kaufoption mittels des Kaufs einer Verkaufsoption

Ergebnis des gedeckten Schreibens der Kaufoption entstandene geschriebene Verkaufsoption Basis 240 dargestellt. Dann folgt die gekaufte Verkaufsoption Basis 200 und schließlich als Ergebnis der bullish vertical spread.

Es ist
- ein sicherer Verlust von 1550 bei Kursen unter 200 entstanden und
- ein sicherer Gewinn von 450 bei Kursen über 240 (Tabelle 7.4)

Glattstellen der geschriebenen, gedeckten Kaufoption mittels des Kaufs einer Verkaufs-option

Tabelle 7.4: Ergebnis des Glattstellens einer geschriebenen, gedeckten Bayer-Dez.-240-Kaufoption durch eine Dez.-200-Verkaufsoption bei Verfall der Optionen

Kurs von Bayer	Ergebnis der Aktie	Ausübung der beiden Optionen	Ergebnis aus dem Schreiben der Option	Gesamt-ergebnis
(1)	(2)	(3)	(4) = (3) + 600 − 650	(5) = (2) + (4)
160	− 3500	+ 2000	+ 1950	− 1550
180	− 2500	+ 1000	+ 950	− 1550
200	− 1500	0	− 50	− 1550
220	− 500	0	− 50	− 550
240	+ 500	0	− 50	+ 450
260	+ 1500	− 1000	− 1050	+ 450
280	+ 2500	− 2000	− 2050	+ 450
300	+ 3500	− 3000	− 3050	+ 450

b. Herunterrollen

Herunterrollen

Sollte nach einer Woche der Kurs auf 190 gesunken sein, so kann sich der Inhaber der Position des gedeckten Schreibers einer Kaufoption statt für das Glattstellen und damit für die Realisierung des Verlusts auch zur Beibehaltung der Position entschließen. Ursprünglich hatte er die 240er-Kaufoption für 12 verkauft. Das gewährte ihm beim Kurs von 230 einen Schutz gegen Kursverluste bis 218.

Nun werden die Preise der Kaufoptionen folgende sein:

240er-Kaufoption: 2 DM,
200er-Kaufoption: 12 DM.

Jetzt kann die 240er Kaufoption zurückgekauft (−2) und die 200er-Kaufoption verkauft werden (+12). Der erzielte Erlös von 10 DM verbessert den Schutz gegen Kursverluste bis zum Kurs von 208.

Tabelle 7.5: Ergebnis des Herunterrollens einer geschriebenen, gedeckten Bayer-Dez.-240-Kaufoption auf 200 bei Verfall der Option

Herunterrollen einer geschriebenen, gedeckten Kaufoption

Kurs von Bayer	Ergebnis der Aktie	Dez.-200 bei Ausübung der Option	Ergebnis aus den Optionen	Gesamt-ergebnis
(1)	(2)	(3)	(4) = (3) + 600 + 500	(5) = (2) + (4)
160	– 3500	0	+ 1100	– 2400
180	– 2500	0	+ 1100	– 1400
200	– 1500	0	+ 1100	– 400
220	– 500	– 1000	+ 100	– 400
240	+ 500	– 2000	– 900	– 400
260	+ 1500	– 3000	– 1900	– 400
280	+ 2500	– 4000	– 2900	– 400
300	+ 3500	– 5000	– 3900	– 400

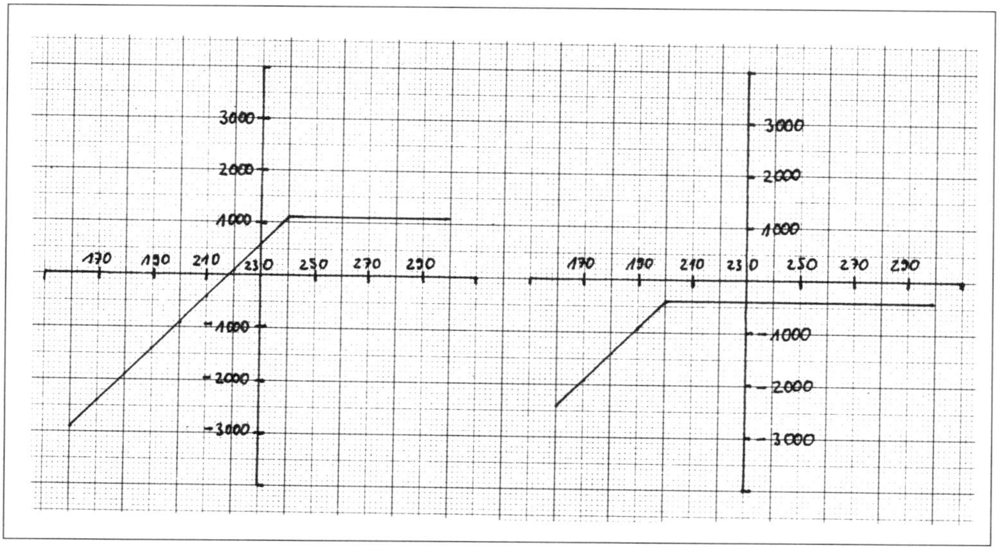

Abb. 7.3: Herunterrollen einer geschriebenen, gedeckten Kaufoption gegenüber der ursprünglichen geschriebenen und gedeckten Kaufoption

Vergleich des Herunterrollens mit der Situation ohne Herunterrollen

Die Position ist jetzt im Bereich unter 210 besser, als wenn die zweite Option nicht geschrieben worden wäre. Sie ist wieder auf gleichbleibende oder leicht steigende Kurse ausgerichtet. Der Aktionär hat zusätzlich 500 DM Einnahmen. Er hat einen Verlust von – 400 DM sicher. Der Verzicht auf die Gewinnerwartungen bei Kursen über 218 wird mit geminderten Verlusten bei Kursen unter 210 belohnt. Die Position erscheint nicht sehr attraktiv. Das liegt daran, daß bei der ursprünglichen Position beim Kurs von 190 bereits ein Verlust von 1400 DM eingetreten ist. Das sind „sunk costs"!

Folgen der eingetretenen Verluste

Gegenüber der Situation beim Kursstand von 230 ist der Verlust/Aktie: 190 DM – 230 DM = – 40 DM; + 12 DM aus dem Verkauf der Optionen ist zusammen – 28 DM.

Gegenüber dem Glattstellen durch Kauf einer Verkaufsoption, das bei einem sicheren Verkaufskurs der Aktie von 200 DM am Ende der Optionszeit – 230 DM + 200 DM = – 30 DM Verlust
+ 12 DM aus dem Verkauf der Kaufoption
– 13 DM für den Kauf der Verkaufsoption

= – 31 DM Verlust/Aktie

bringt, trägt der Aktionär auch beim zweiten Verkauf einer Kaufoption das Risiko weiterer Kurssenkungen. Dafür ist sein Verlust bei einem Gleichbleiben der Kurse geringer.

2. Kurs steigt

Kauf einer Verkaufsoption als Anschlußaktion zum gedeckten Schreiben einer Kaufoption bei gestiegenen Kursen

a. Kauf einer Verkaufsoption

Auch wenn der Kurs z. B. auf 270 steigt, kann durch Kauf einer Verkaufsoption Dez.-280 zum Preis von 13 DM (das ist der Preis einer heute 10 DM im Geld stehenden Verkaufsoption) ein spread errichtet werden.

Dieser spread ist ein *bearish* vertical spread. Die 280er-Verkaufsoption steht 10 DM im Geld und kostet so viel wie heute eine 240er-Verkaufsoption.

Tabelle 7.6: Ergebnis des Glattstellens einer geschriebenen, gedeckten Bayer-Dez.-240-Kaufoption mittels des Kaufs einer 280er-Verkaufsoption bei einem Kursanstieg auf 270

Kurs von Bayer	Ergebnis der Aktie	Ausübung der beiden Optionen	Ergebnis aus den Optionen	Gesamt-ergebnis
(1)	(2)	(3)	(4) = (3) + 600 – 650	(5) = (2) + (4)
160	– 3500	+ 6000	+ 5950	+ 2450
180	– 2500	+ 5000	+ 4950	+ 2450
200	– 1500	+ 4000	+ 3950	+ 2450
220	– 500	+ 3000	+ 2950	+ 2450
240	+ 500	+ 2000	+ 1950	+ 2450
260	+ 1500	0	– 50	+ 1450
280	+ 2500	– 2000	– 2050	+ 450
300	+ 3500	– 3000	– 3050	+ 450
320	+ 4500	– 4000	– 4050	+ 450

Ergebnis des Glattstellens der gedeckten, geschriebenen Kaufoption durch Kauf einer Verkaufs-option ist ein . . .

. . . bear spread

Wie Tabelle 7.2 und Abbildung 7.4 zeigen, handelt es sich um einen bear spread. Der Gewinn steigt mit sinkenden Kursen. Daher sollte bei dieser Methode der Glattstellung der Optimist zum Pessimisten geworden sein.

Der maximale Gewinn der ursprünglichen gedeckten Position des Schreibers einer Kaufoption war 1100 DM (Tabelle 7.1). Nun kann die zwischenzeitlich eingetretene Kurssteigerung den maximalen Gewinn durch die beschriebene Glattstellung auf 2450 DM erhöhen, interessanterweise aber im Falle der Aktienkurs*senkung* auf 240 DM und weniger:

Vergleich mit der ursprüngli-chen Position

12 DM/Option Erlös der 240er-Kaufoption bei 270:	+ 600 DM
13 DM/Option Kosten der 280er-Verkaufsoption bei 270:	– 650 DM
10 DM Kursgewinn (240 – 230):	+ 500 DM
Gewinn aus der Verkaufsoption (280 – 240):	+ 2000 DM
Summe:	+ 2450 DM

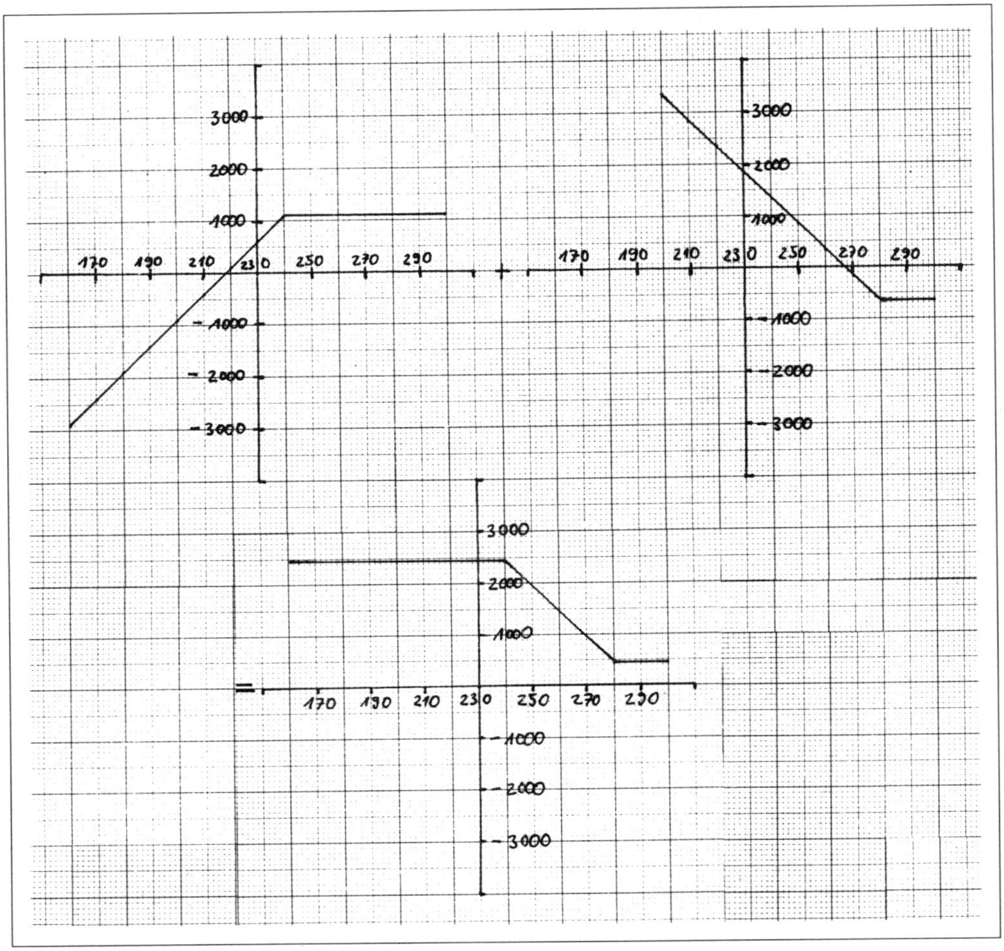

Bear spread als Ergebnis des Glattstellens der geschriebenen, gedeckten Kaufoption durch Kauf einer Verkaufsoption mit höherem Ausübungskurs

Abb. 7.4: Bearish vertical spread als Ergebnis des Glattstellens der Position mittels des Kaufs einer Verkaufsoption Dez.-280 beim Kurs von 270

Selbstverständlich hat diese Erhöhung des maximalen Gewinns ihren Preis: Bei Kurssteigerungen über 240 sinkt der Gewinn unter 2450 DM ab. Die Gewinnsenkung geht bis auf 450 DM ab einem Kurs von 280 DM.

b. Heraufrollen

Heraufrollen

Eine andere Möglichkeit beim Steigen des Kurses auf 270 sind der Rückkauf der 240er-Kaufoption und das erneute Schreiben einer 10 DM aus dem Geld stehenden Kaufoption mit dem Ausübungskurs von 280:

Ergebnis des Heraufrollens bei 270

39 DM/Option Kosten des Rückkaufs der 240er-Kaufoption bei 270:	− 1950 DM
12 DM/Option Ertrag des Schreibens der 240er-Kaufoption bei 230:	+ 600 DM
12 DM/Option Ertrag des Schreibens der 280er-Kaufoption bei 270:	+ 600 DM
40 DM/Aktie Kursgewinn (270 − 230):	+ 2000 DM
Summe:	+ 1250 DM

Tabelle 7.7: Ergebnis des Heraufrollens einer geschriebenen, gedeckten Bayer-Dez.-240-Kaufoption auf 280 bei Verfall der Option

Heraufgerollte, geschriebene, gedeckte Kaufoption

Kurs von Bayer	Ergebnis der Aktie	Dez.-280 bei Ausübung der Option	Ergebnis aus den Optionen	Gesamtergebnis
(1)	(2)	(3)	(4) = (3) − 750	(5) = (2) + (4)
160	− 3500	0	− 750	− 4250
180	− 2500	0	− 750	− 3250
200	− 1500	0	− 750	− 2250
220	− 500	0	− 750	− 1250
240	+ 500	0	− 750	− 250
260	+ 1500	0	− 750	+ 750
280	+ 2500	0	− 750	+ 1750
300	+ 3500	− 1000	− 1750	+ 1750

Der maximale Gewinn tritt jetzt bei 280 und darüber ein: 2500 DM Kursgewinn minus 750 DM per saldo gezahlte Optionsprämien ergibt

1750 DM maximalen Gewinn. Dieser mindert sich aber nun schon, wenn der Aktienkurs 280 DM unterschreitet. Bei 240 tritt bereits ein Verlust von −250 DM ein: 1750 DM Maximalgewinn bei 280 minus 2000 DM Kursverlust aus der geschriebenen Option. Diesen Verlust kann man auch anders berechnen: Die 280er-Kaufoption wird beim Kurs von 240 ausgeübt. Der Aktionär ist also die Aktie los. Er hat zweimal 600 DM = 1200 DM eingenommen, 1950 DM für den Rückkauf der Option bezahlt und 500 DM an der Aktie verdient.

Beurteilung des Ergebnisses

Vergleich des Heraufrollens mit dem Glattstellen

Gegenüber dem Glattstellen mittels Kauf einer Verkaufsoption ist der Gewinn bei Kursen über 267 DM höher, darunter wesentlich geringer.

3. Rückkauf bei nahender Fälligkeit der Optionen

Glattstellen...

... wegen Spesen der Ausübung...

Es ist sinnvoll, die geschriebene Kaufoption zurückzukaufen, wenn sie im Geld oder nahe am Geld steht und der Fälligkeitstermin naht. Die Spesen für den Rückkauf der Option sind niedriger als die Spesen für den Verkauf der Aktie im Falle der Ausübung.

... bei nahender Fälligkeit...

... und bei Optionen ohne Zeitwert

Aber auch, wenn der Fälligkeitstermin noch nicht da ist und die geschriebene Kaufoption im Geld steht, ist der Rückkauf sinnvoll, sofern der Zeitwert der Kaufoption auf Null oder unter Null gesunken ist. Solange noch ein positiver Zeitwert vorhanden ist, wird der Optionsberechtigte die Option über die Börse verkaufen. Wird der Zeitwert negativ, so muß der Stillhalter damit rechnen, daß die Option von einem Arbitrageur aufgekauft wird, der sie sofort ausübt. Es drohen dann die Spesen für den Verkauf der Aktien.

VIII. Arbitragebeziehungen

A. Arbitragesituationen mit Kaufoptionen[1]

1. Arbitragebeziehungen zwischen Optionen und Aktien

Arbitragebeziehungen zwischen Kaufoptionen und Aktie

(1) Der Wert einer amerikanischen Option ist niemals niedriger als der innere Wert.
(2) Der Wert einer Kaufoption ist niemals höher als der Aktienkurs.
(3) Wenn die Möglichkeit von Terminverkäufen oder short selling zum Kassakurs besteht, ist der Wert der Kaufoption niemals niedriger als $S - K \cdot r^{-t}$ für dividendengeschützte Optionen oder $S - K \cdot r^{-t} - D$ für nicht dividendengeschützte Optionen.

Aus diesen drei Bedingungen folgt:

$$S \geq C \geq \max [0, S - K, S - K \cdot r^{-t}]$$

für dividendengeschützte Optionen, wobei r den Zinsfaktor (1 + i) und D die Dividende bedeuten.

Untergrenze des Werts einer Kaufoption

Der Wert einer amerikanischen Option kann niemals unter den inneren Wert sinken, da sie andernfalls ausgeübt würde. Für europäische Optionen gilt dieser Satz zunächst nicht. Europäische Kaufoptionen können nur dann nicht unter ihren inneren Wert sinken, wenn Terminverkäufe möglich sind und Terminkurs gleich Kassakurs ist. Diese Bedingung ist beim short selling[2] erfüllt. Die durch die Kombination einer Kaufoption mit einem Terminverkauf erlangte Position ist wertvoller als Ausüben der Option (vgl. Abb. 6.4).

Obergrenze des Werts einer Kaufoption . . .

Andererseits kann der Wert der Kaufoption nie über den Wert der Aktie steigen, da die Option im Vergleich zur Aktie weniger Rechte gewährt (kein Stimmrecht, keine Dividende). Bildlich gesprochen: Das Recht, ein Auto zu kaufen, kann nie mehr wert sein als das Auto selbst, mit dem man ja fahren kann. Man kann sich dies auch auf

---

[1] Kapitel VIII. A und B. lehnen sich an COX, John; RUBINSTEIN, Mark: Option Markets. Englewood Cliffs 1985, S. 127–162 an.

[2] short selling = Verkauf geliehener Aktien; short selling ist in den USA möglich und üblich. Die Aktie wird später zurückgegeben und muß dann gekauft werden.

andere Weise klar machen: Wird der Ausübungskurs der Option auf Null gesenkt, so verschiebt sich die 45°-Linie in Abb. 8.1, die im Punkte K beginnt, nach links und wird kongruent mit der 45°-Linie vom Koordinatenursprung aus. Noch eine dritte Überlegung: Eine Aktie beinhaltet keine Verpflichtungen. Daher kann die Aktie in die Schublade gelegt werden und als nicht existent betrachtet werden. Bei Bedarf holt man sie dann hervor. Dies entspricht einer ewigen Option mit dem Ausübungspreis von Null. Eine ewige Kaufoption mit dem Ausübungspreis von Null ist aber die wertvollste Kaufoption, die man sich vorstellen kann. Daher kann eine Kaufoption nie mehr wert sein als die Aktie. Der Wert einer amerikanischen Kaufoption kann in Abb. 8.1 nicht im dunklen Gebiet liegen.

... ist der Wert der Aktie

Ober- und Untergrenzen für den Wert der Kaufoption in Abhängigkeit vom Aktienkurs

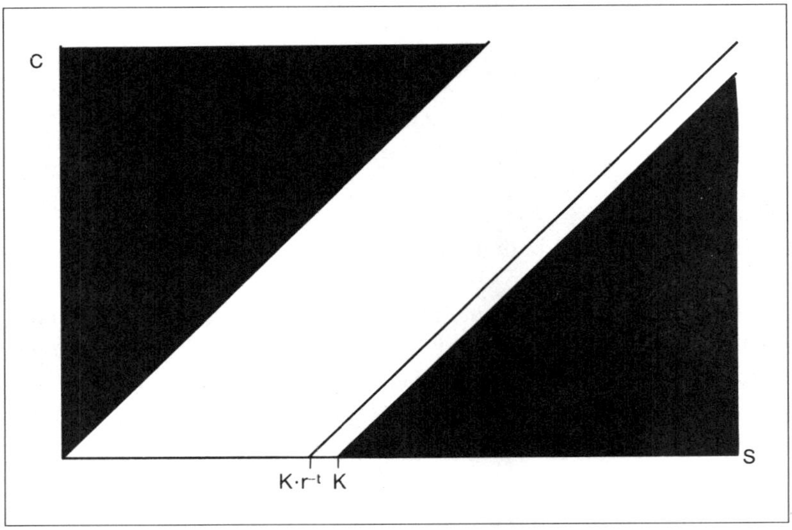

Abb. 8.1: Grenzen für den Wert einer Kaufoption in Abhängigkeit vom Aktienkurs

Untergrenze des Werts einer Kaufoption

Der dritte Satz, $C > S - K \cdot r^{-t}$, gilt nur, wenn short selling möglich ist. Besteht die Möglichkeit von Leerverkäufen zum Kassakurs, so hat das Halten einer Kaufoption gegenüber ihrer Ausübung den Vorteil, daß die Zinskosten auf den Ausübungspreis K bis zum Auslaufen der Option gespart werden können. Die 45°-Linie, der sich der Preis der Kaufoption asymptotisch nähert, liegt somit um einen kleinen Betrag links von der in K beginnenden 45°-Linie. Durch short selling läßt sich immer eine Position erreichen, die wertvoller ist als das Ausüben der Option, eine Verkaufsoption nämlich, die immer mehr wert ist als eine ausgeübte Option, die nichts mehr wert ist.

Erläuterung der Arbitragetafel

Diesen Zusammenhang kann man auch durch eine Arbitragetafel illustrieren. Der Kauf einer Kaufoption, ein Leerverkauf (short sale) und der Kauf einer Anleihe in Höhe des abgezinsten Ausübungskurses addieren sich zu einer Verkaufsoption. Die Summe der Transaktionen beinhaltet mithin kein Risiko. Ihr Gegenwartswert muß größer als null sein, da die Verkaufsoption einen positiven Wert haben muß; anders ausgedrückt: man muß für diese Position etwas bezahlen. Daher muß die Summe

$S - C - K \cdot r^{-t} \leq 0$ oder

$C \geq S - K \cdot r^{-t}$ sein.

Arbitragetafel zur Illustration der Untergrenze des Werts der Kaufoption

Tabelle 8.1: Arbitragetafel für die Untergrenze des Werts einer Kaufoption

Transaktion / Einzahlung (+) Auszahlung (–)	Gegenwärtiger Zeitpunkt	Zukünftiger Zeitpunkt	
		$S^* < K$	$S^* > K$
short selling	S	$-S^*$	$-S^*$
Kauf einer Kaufoption	$-C$	–	$S^* - K$
Kauf von Anleihen	$-K \cdot r^{-t}$	K	K
Insgesamt	$S - C - K \cdot r^{-t}$	$K - S^*$	–

S^* ist der Aktienkurs im Zeitpunkt der Liquidation des Portefeuilles.

Der so ermittelte Minimalwert C muß für nicht dividendengeschützte Optionen um die Dividenden nach unten korrigiert werden, die für die geliehenen Aktien bezahlt werden müssen.

Beweis für die Untergrenze des Werts der Kaufoption

Wäre der Preis einer nicht dividendengeschützten Kaufoption kleiner als $S - K \cdot r^{-t} - D$, so wäre

$C < S - K \cdot r^{-t} - D$ oder

$0 < S - K \cdot r^{-t} - D - C$.

Eine Geldanlage in Höhe von $K \cdot r^{-t} + D$, der Kauf einer Kaufoption sowie ein short sale würden dann sofort einen positiven Geldbetrag und nach Tabelle 8.1 zusätzlich ein wertvolles Recht bei Fälligkeit, nämlich eine Verkaufsoption, ergeben. Dann müßte zusätzlich zu den in Tabelle 8.1 aufgeführten Werten für den short sale noch die Dividende bezahlt werden, welcher Betrag auch zusätzlich zur Verfügung stünde, da eine Geldanlage in Höhe von D existiert.

Dieselben Transaktionen ohne die Geldanlage in Höhe von D sind in Tabelle 8.1 dargestellt. Diese Arbitragebeziehungen gelten dann für den Fall, daß während der Laufzeit der Option keine Dividenden anfallen oder daß die Optionen dividendengeschützt sind.

Finden bei dividendengeschützten Optionen während der Laufzeit der Option Dividendenzahlungen statt, so müßten diese für die geliehenen Aktien zusätzlich zu S* bezahlt werden. Das Geld dafür käme aus dem zur Verfügung stehenden Betrag K, da sich der Ausübungskurs von K auf K' = K – D ermäßigte. In Tabelle 8.1 stünde dann K' statt K.[1]

Die geschilderten Transaktionen brächten einen risikolosen Gewinn.

2. Arbitragebeziehungen zwischen Kaufoptionen mit unterschiedlichen Ausübungskursen

Arbitragebeziehungen zwischen Kaufoptionen...

(1) Der Wert einer Kaufoption kann niemals geringer sein als der Wert einer anderweitig identischen Kaufoption mit einem höheren Ausübungskurs.
$C(K_1) \geq C(K_2)$, wenn $K_2 > K_1$.

(2) Die Differenz des Werts von zwei anderweitig identischen Kaufoptionen ist niemals größer als die Differenz der Ausübungskurse.
$K_2 - K_1 \geq C(K_1) - C(K_2)$, wenn $K_2 > K_1$.

... mit unterschiedlichen Ausübungskursen

(3) Von drei anderweitig identischen Kaufoptionen mit den Ausübungskursen $K_3 > K_2 > K_1$ kann der Wert der mittleren Kaufoption nicht größer sein als der gewogene Durchschnitt der äußeren Kaufoptionen, wobei die Gewichte für die erste Kaufoption

---

[1] Genaugenommen muß bei dividendengeschützten Optionen und – im ungünstigsten Fall – einer Dividendenzahlung unmittelbar nach Abschluß des short sales der Anlagebetrag $(K - D) \cdot r^{-t} + D$ sein.

$(K_3 - K_2)/(K_3 - K_1)$ und für die dritte Kaufoption
$(K_2 - K_1)/(K_3 - K_1)$ sind:

$$C(K_2) \leq [(K_3 - K_2)/(K_3 - K_1)] \cdot C(K_1) + [(K_2 - K_1)/(K_3 - K_1)] \cdot C(K_3).$$

(Bedingung der Konvexität von C in Abhängigkeit von K.)

Zahlenbeispiel...

Die drei Sätze seien an einem Zahlenbeispiel für eine amerikanische Option erläutert:[1] Aktienkurs S = 240, annualisierte Volatilität σ = 0,25, inländischer Zinssatz i_d = 9 % p. a., stetige Dividendenrendite d = 1,67 % p. a., Laufzeit der Kaufoption in Jahren T = 1.

...für Satz 1,...

Beispiel für Satz (1): $K_1 = 220$, $K_2 = 260$; $C(220) > C(260) = 43 > 22$.

...Satz 2 und...

Beispiel für Satz (2): $260 - 220 \geq 43 - 22$.

...Satz 3

Beispiel für Satz (3): $K_1 = 220$, $K_2 = 240$, $K_3 = 260$;
$(260 - 240) / (260 - 220) = 0{,}5$;
$(240 - 220) / (260 - 220) = 0{,}5$;
$31{,}5 \leq 0{,}5 \cdot 43 + 0{,}5 \cdot 22 = 32{,}5$.

Beweis für Arbitragebeziehung 1

Wenn die erste Bedingung verletzt wäre, so könnte man die billigere Kaufoption mit K = 220 kaufen und die teurere mit K = 260 verkaufen, wodurch man sofort einen Zahlungsüberschuß hätte. Wäre bei Ausübung $S^* < 220$, verfielen beide Kaufoptionen wertlos, bei $S^* > 260$ hätte man noch einmal einen Zahlungsüberschuß in Höhe der Differenz der Ausübungspreise von 40, und bei Kursen $220 < S^* < 260$ läge der zusätzliche Zahlungsüberschuß zwischen null und vierzig.

Beweis für Arbitragebeziehung 2

Auch wenn die Bedingung 2 nicht erfüllt wäre, wenn also die positive Differenz der Ausübungskurse zweier Optionen kleiner wäre als die negative Differenz ihrer Preise, so wäre es sinnvoll, die Kaufoption mit dem höheren Preis zu verkaufen und die Kaufoption mit dem niedrigeren Preis zu kaufen. Der Zahlungsüberschuß im gegenwärtigen Zeitpunkt wäre dann auf jeden Fall höher als die Differenz der Ausübungskurse bei einer evtl. Ausübung der Optionen.

Die Differenz zwischen
1. der Differenz der beiden Optionspreise und
2. der Differenz der beiden Ausübungskurse

[1] Die Bedeutung der einzelnen, für den Optionswert maßgeblichen Daten, insbesondere der Volatilität, wird in den Kapiteln IX. und X. erklärt.

ist die Untergrenze des Gewinns aus dem Arbitragegeschäft; die Differenz der beiden Optionspreise ist die Obergrenze des Gewinns aus dem Arbitragegeschäft. Die Untergrenze des Gewinns wird realisiert, wenn beide Optionen ausgeübt werden, die Obergrenze wird realisiert, wenn keine Option ausgeübt wird.

Der dritte Beweis soll hier nicht geführt werden, da er relativ kompliziert ist.[1] Die folgende Abbildung gibt den Zusammenhang zwischen dem Ausübungskurs und dem Wert einer Kaufoption wieder.

Ober- und Untergrenzen des Werts der Kaufoption in Abhängigkeit vom Ausübungskurs

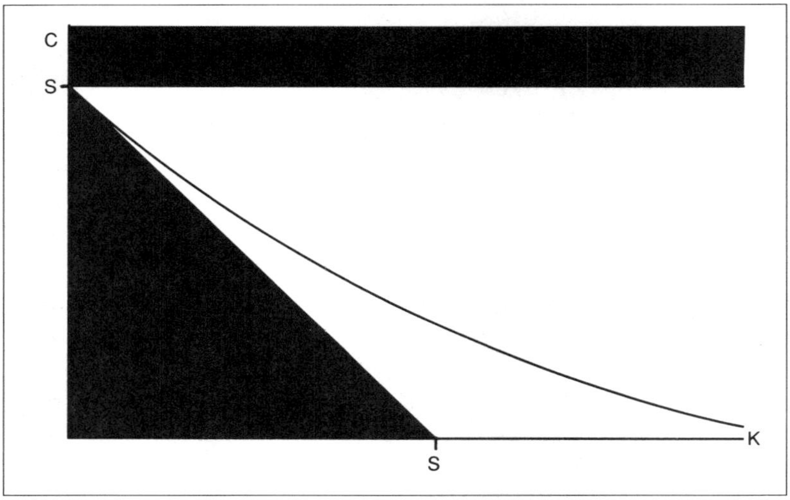

Abb. 8.2: Grenzen des Werts einer Kaufoption in Abhängigkeit vom Ausübungskurs

3. Arbitragebeziehungen zwischen Kaufoptionen mit unterschiedlichen Verfallzeiten

Länger laufende Optionen sind wertvoller

Der Wert einer amerikanischen Kaufoption kann niemals kleiner sein als der Wert einer anderweitig identischen Kaufoption mit einer kürzeren Verfallzeit: $C(t_2) \geq C(t_1)$, wenn $t_2 > t_1$.

Zahlenbeispiel

Beispiel: Aktienkurs S = 240, Ausübungskurs K = 240, annualisierte Volatilität $\sigma = 0{,}25$, inländischer Zinssatz id = 9 % p. a., stetige Dividendenrendite d = 1,67 % p. a., $T_2 = 1$ Jahr, $T_1 = 0{,}25$ Jahre.

[1] COX; RUBINSTEIN (1985), S. 134, gehen ausführlich auf den Beweis ein.

$C(1) \geq C(0{,}25) = 31{,}5 \geq 14.$

Wenn es anders wäre, würde man die Option mit der längeren Laufzeit C(1) kaufen, die Option mit der kürzeren Laufzeit C(0,25) verkaufen und erhielte sofort einen Zahlungsüberschuß. Würde man aus der Option mit der kürzeren Laufzeit als Stillhalter in Anspruch genommen, so könnte man als Inhaber der Option mit der längeren Laufzeit diese jederzeit ausüben. Verfiele C(0,25) wertlos, so verbliebe zum Zahlungsüberschuß eine Kaufoption mit einer Restlaufzeit von drei viertel Jahren.

Bedingung für die Ausübung einer Kaufoption vor Fälligkeit der Option

Weiterhin sollte eine Kaufoption niemals vor Fälligkeit ausgeübt werden, es sei denn, während der Laufzeit der Option fallen Dividenden an, und die Option ist nicht dividendengeschützt. Der Wert der Kaufoption fällt bei vorzeitiger Ausübung von z. B. der Kurve $C(S, t_1)$ auf die Kurve des inneren Werts (Abbildung 8.3).

Der Wert von Kaufoptionen mit unterschiedlichen Verfallzeiten in Abhängigkeit vom Aktienkurs

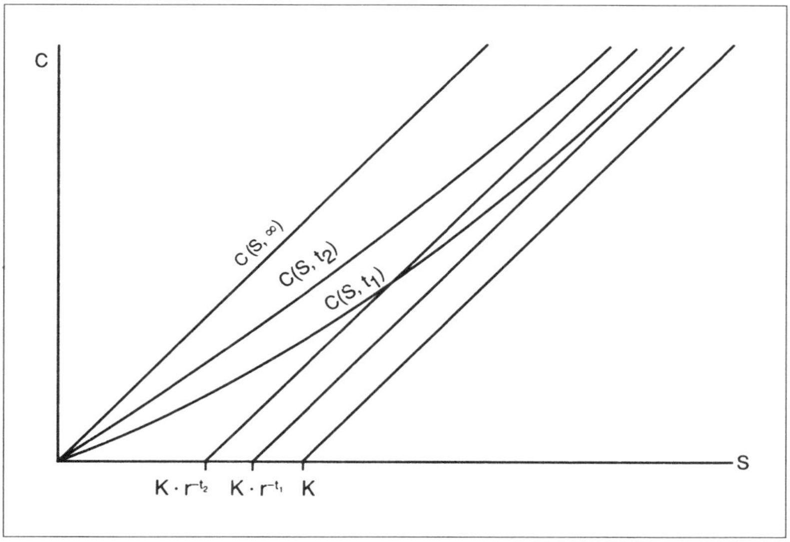

Abb. 8.3: Untergrenzen des Werts von Kaufoptionen mit unterschiedlichen Laufzeiten für $t_2 > t_1$

B. Arbitragesituationen mit Verkaufsoptionen

Entsprechend den Arbitragebeziehungen für Kaufoptionen lassen sich solche für Verkaufsoptionen bilden.

1. Arbitragebeziehungen zwischen Verkaufsoption und Aktie

Arbitragebeziehungen zwischen Verkaufsoption und Aktie

(1) Der Wert einer amerikanischen Verkaufsoption ist niemals niedriger als ihr innerer Wert.
(2) Der Wert einer Verkaufsoption ist niemals höher als der Ausübungskurs.
(3) Wenn die Möglichkeit von Terminverkäufen oder short selling besteht, ist der Wert einer europäischen Verkaufsoption niemals niedriger als $K \cdot r^{-t} - S$ für „dividendengeschützte"[1] Optionen oder $(D + K) \cdot r^{-t} - S$ für nicht dividendengeschützte Optionen, wobei r den Zinsfaktor $(1 + i)$ und D die Dividende bedeuten.

Arbitragebedingung (2) stellt die Obergrenze und Arbitragebedingung (3) die Untergrenze des Werts der Verkaufsoption dar. Daraus ergibt sich

$$K \geq P \geq \max[0, K - S, K \cdot r^{-t} - S]$$

für dividendengeschützte amerikanische Optionen. Sind die Verkaufsoptionen nicht dividendengeschützt, so erhöht sich die Untergrenze $K \cdot r^{-t} - S$ noch um den Wert der Dividenden.

Untergrenze des Werts einer Verkaufsoption für amerikanische und ...

Die erste Arbitragebedingung gilt, weil die amerikanische Verkaufsoption gekauft und sofort ausgeübt würde, wenn ihr Preis unter dem inneren Wert läge.

Europäische Verkaufsoptionen hingegen können nur dann nicht unter ihren abgezinsten inneren Wert sinken, wenn
(1) die Möglichkeit von Terminkäufen besteht und
(2) der Terminkurs den Kassakurs nicht überschreitet.

---

[1] Die Anführungszeichen stehen, weil eine dem Dividendenschutz bei Kaufoptionen entsprechende Regelung bei Verkaufsoptionen eine Verminderung des Ausübungskurses und damit keinen „Schutz", sondern eine Verschlechterung der Optionsbedingungen bedeutet.

Selbst dann kann aber der Wert der Verkaufsoption auf $K \cdot r^{-t} - S$ sinken. Man sieht das am deutlichsten, wenn man den Wert einer ewig laufenden europäischen Option betrachtet: Da für t gegen unendlich $K \cdot r^{-t} = 0$ ist, ist der Wert einer solchen Verkaufsoption auch gleich Null, selbst wenn man sich sofort zum Preis von null eindecken kann oder die Aktie per Termin zum Preis von null kaufen kann.

... europäische Verkaufsoptionen

Die zweite Arbitragebedingung gilt, weil die Verkaufsoption sofort verkauft würde, wenn ihr Wert über dem Ausübungskurs läge. Im schlimmsten Falle bekäme man dann eine wertlose Aktie für einen Betrag in Höhe des Ausübungskurses und hätte einen Gewinn gemacht.

Obergrenze des Werts einer Verkaufsoption

Das bedeutet, daß in Abbildung 8.4 die waagrechte Linie in Höhe von K die Obergrenze des Werts der Verkaufsoption darstellt. Der Wert einer amerikanischen Verkaufsoption kann nicht in der dunklen Zone liegen.

Ober- und Untergrenze des Werts einer Verkaufsoption in Abhängigkeit vom Aktienkurs

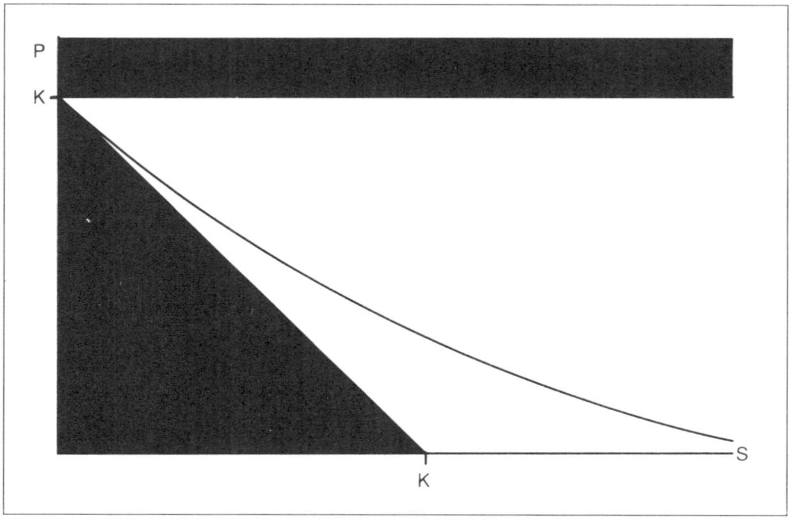

Abb. 8.4: Grenzen des Werts einer Verkaufsoption in Abhängigkeit vom Aktienkurs

Daß der Wert einer dividendengeschützten europäischen Option nicht unter $K \cdot r^{-t} - S$ sinken kann, soll durch eine Arbitragetafel dargestellt werden, in der die Ergebnisse eines Aktienkaufs, des

Beweis für die Untergrenze des Werts der Verkaufsoption

Kaufs einer Verkaufsoption und der Aufnahme eines Darlehens in Höhe von $K \cdot r^{-t}$ dargestellt werden:

Tabelle 8.2: Arbitragetafel für die Untergrenze des Wertes einer Verkaufsoption

Transaktion / Einzahlung (+) Auszahlung (–)	Gegenwärtiger Zeitpunkt	Zukünftiger Zeitpunkt	
		$S^* < K$	$S^* > K$
Kauf der Aktie	$-S$	S^*	S^*
Kauf der Verkaufsoption	$-P$	$K - S^*$	–
Aufnahme eines Darlehens	$K \cdot r^{-t}$	$-K$	$-K$
Insgesamt	$K \cdot r^{-t} - P - S$	–	$S^* - K$

Die Summe der Transaktionen addiert sich zu einer Kaufoption. Diese Kaufoption muß als wertvolles Objekt einen positiven Wert haben, so daß die Summe dessen, was man heute dafür zahlen muß, einen negativen Betrag ergeben muß, m. a. W.: die Kaufoption muß einen Preis haben. Daher gilt:

$K \cdot r^{-t} - P - S \leq 0$ oder
$P \geq K \cdot r^{-t} - S.$

*Untergrenze des Werts der Verkaufsoption bei **nicht** dividendengeschützten Verkaufsoptionen*

Sänke der Wert einer nicht dividendengeschützten amerikanischen Verkaufsoption unter $(D + K) \cdot r^{-t} - S$, so wäre

$P < (D + K) \cdot r^{-t} - S$ oder
$0 < (D + K) \cdot r^{-t} - S - P.$

Eine Darlehensaufnahme in Höhe von $(D + K) \cdot r^{-t}$, der Kauf der Aktie und der Kauf einer Verkaufsoption würden dann sofort einen positiven Geldbetrag und nach Tabelle 8.2 zusätzlich ein wertvolles Recht bei Fälligkeit, nämlich eine Kaufoption, ergeben.

Zusätzlich zu den in Tabelle 8.2 aufgeführten Werten müßte das Darlehen in Höhe von D getilgt werden, was durch die Dividende, die zwischenzeitlich aus der Aktie geflossen ist, ermöglicht wird.

2. Arbitragebeziehungen zwischen Verkaufsoptionen mit unterschiedlichen Ausübungskursen

Arbitragebeziehungen zwischen Verkaufsoptionen mit unterschiedlichen Ausübungskursen

(1) Der Wert einer Verkaufsoption kann niemals kleiner sein als der Wert einer anderweitig identischen Verkaufsoption mit niedrigerem Ausübungskurs:
$P(K_2) \geq P(K_1)$, wenn $K_2 > K_1$.

(2) Die Differenz der Werte zweier anderweitig identischer Verkaufsoptionen ist niemals größer als die Differenz ihrer Ausübungspreise:
$K_2 - K_1 \geq P(K_2) - P(K_1)$, wenn $K_2 > K_1$.

(3) Von drei anderweitig identischen Verkaufsoptionen mit Ausübungskursen $K_3 > K_2 > K_1$ ist der Wert der mittleren Verkaufsoption niemals größer als der gewogene Durchschnitt des Werts der äußeren Verkaufsoptionen, wobei die Gewichte für die erste Verkaufsoption $(K_3 - K_2)/(K_3 - K_1)$ und für die dritte Verkaufsoption $(K_2 - K_1)/(K_3 - K_1)$ sind:
$P(K_2) < [(K_3 - K_2)/(K_3 - K_1)] \cdot P(K_1) +$
$[(K_2 - K_1)/(K_3 - K_1)] \cdot P(K_3)$.
(Bedingung der Konvexität von P in Abhängigkeit von K.)

Zahlenbeispiel ...

Die drei Sätze seien an einem Zahlenbeispiel erläutert: Aktienkurs $S = 240$, Volatilität $\sigma = 0{,}25$, inländischer Zinssatz $i_d = 9\%$ p.a., stetige Dividendenrendite $d = 1{,}67\%$ p.a., Laufzeit der Verkaufsoption in Jahren $T = 1$.

... für Satz 1, ...

Beispiel für Satz (1): $P(260) \geq P(220) = 27 \geq 9$.

... Satz 2 und ...

Beispiel für Satz (2): $260 - 220 \geq 27 - 9 = 18$.

... Satz 3.

Beispiel für Satz (3): $K_1 = 220$, $K_2 = 240$, $K_3 = 260$;
$(260 - 240)/(260 - 220) = 0{,}5$;
$(240 - 220)/(260 - 220) = 0{,}5$;
$17 \leq 0{,}5 \cdot 9 + 0{,}5 \cdot 27 = 18$.

Wenn die erste Bedingung verletzt wäre, so könnte man die billigere Verkaufsoption P(260) kaufen und die teurere P(220) verkaufen, wodurch man sofort einen Zahlungsüberschuß hätte. Wäre bei Ausübung der Verkaufsoption $S^* > 260$, so verfielen beide Puts, wäre $S^* < 220$, hätte man noch einmal einen Zahlungsüberschuß in Höhe

Beweis der ersten Arbitragebedingung

der Differenz der Ausübungspreise von 40 und wäre 260 > S* > 220, so läge der zusätzliche Gewinn zwischen null und vierzig. Der Zusammenhang zwischen dem Preis der Verkaufsoption und dem Ausübungskurs ist in Abbildung 8.5 graphisch dargestellt.

Beweis der zweiten Arbitragebedingung

Auch wenn die zweite Bedingung nicht erfüllt wäre, wenn also die Differenz der Ausübungskurse in Höhe von 40 kleiner wäre als die der Preise der Verkaufsoptionen, die statt 18 mit 45 angenommen werden soll, so wäre es sinnvoll, die Verkaufsoption P(260) mit dem höheren Preis zu verkaufen und die Verkaufsoption P(220) mit dem niedrigeren Preis zu kaufen. Der Zahlungsüberschuß im gegenwärtigen Zeitpunkt wäre dann auf jeden Fall höher als die Differenz der Ausübungskurse bei eventueller Ausübung der Verkaufsoption.

Auf den dritten Beweis wird wiederum verzichtet und insofern auf Cox/Rubinstein verwiesen.[1)]

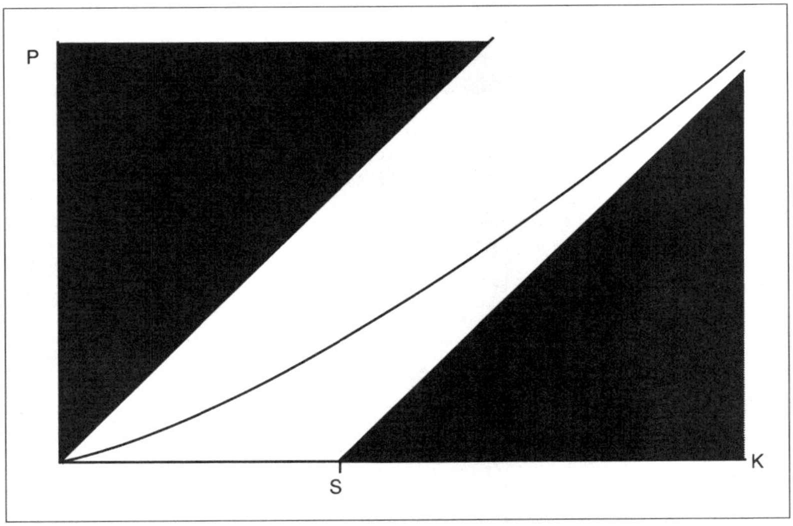

Abb. 8.5: Grenzen des Werts einer Verkaufsoption in Abhängigkeit vom Ausübungskurs

Wieder kann der Wert der Verkaufsoption nicht im dunklen Gebiet liegen.

---

1) COX; RUBINSTEIN (1985), S. 134.

3. Arbitragebeziehungen zwischen Verkaufsoptionen mit unterschiedlichen Verfallzeiten

Arbitragebeziehungen zwischen Verkaufsoptionen mit unterschiedlichen Verfallzeiten

Der Wert einer amerikanischen Verkaufsoption kann niemals kleiner sein als der Wert einer anderweitig identischen Verkaufsoption mit einer kürzeren Verfallzeit:
$P(t_2) \geq P(t_1)$, wenn $t_2 > t_1$.

Zahlenbeispiel und ...

Beispiel: Aktienkurs $S = 240$, Ausübungskurs $K = 240$, Volatilität $\sigma = 0{,}25$, inländischer Zinssatz $i_d = 9\,\%$ p. a., stetige Dividendenrendite $d = 1{,}67\,\%$ p. a., $T_2 = 1$ Jahr, $T_1 = 0{,}25$ Jahre.
$P(1) \geq P(0{,}25) = 17 \geq 10$.

... Beweis

Wenn es anders wäre, würde man wiederum die Verkaufsoption mit der längeren Laufzeit kaufen, die mit der kürzeren Laufzeit verkaufen und erhielte sofort einen Zahlungsüberschuß. Würde man als Stillhalter in Anspruch genommen, so würde man die andere gekaufte Option ausüben. Nach Ablauf der kürzerfristigen Option, bei der man Stillhalter ist, verbliebe zusätzlich zu dem Zahlungsüberschuß eine Verkaufsoption. Die Bedingung ist in Abbildung 8.6 illustriert.

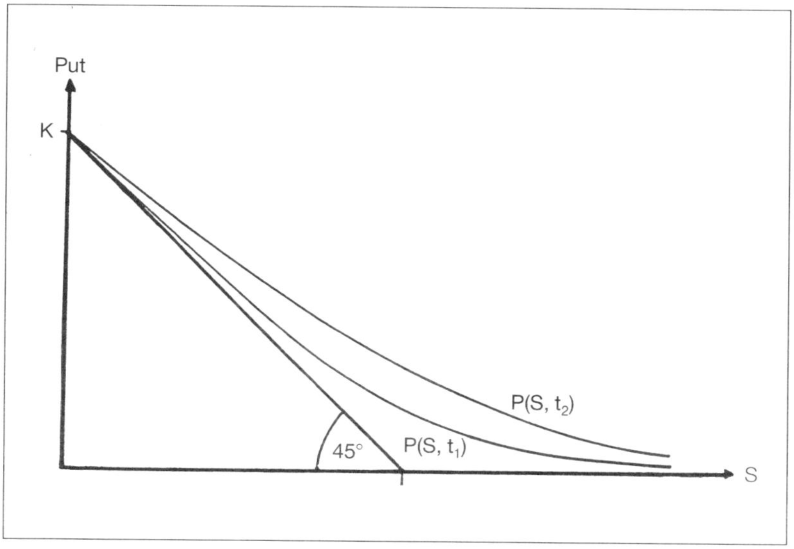

Abb. 8.6: Wert amerikanischer Verkaufsoptionen mit unterschiedlichen Laufzeiten

Verkürzung der Laufzeit

Gründe für vorzeitige Ausübung

Der Wert einer amerikanischen Verkaufsoption, die keine Dividende abwirft, verringert sich, wenn die Laufzeit plötzlich verkürzt wird. Daraus kann man aber nicht schließen, daß es sich nie lohnt, eine amerikanische Option vorzeitig auszuüben. Spätestens wenn der Kurs der Aktie auf Null gesunken ist, ist es sinnvoll, die Verkaufsoption auszuüben. Durch längeres Warten kann ihr Wert nicht über den Ausübungskurs K steigen, wohingegen die Verzinsung von K verlorengeht.[1] Für Aktienkurse, die im Vergleich zum Ausübungskurs sehr niedrig sind, kann es sich daher lohnen, auch dividendengeschützte Verkaufsoptionen vorzeitig auszuüben.

Bedingung für Verzicht auf vorzeitige Ausübung

Für nicht dividendengeschützte Verkaufsoptionen besteht ein Anreiz, mit dem Ausüben der Option zu warten, bis die Dividende gezahlt worden ist und der Aktienkurs sich entsprechend verringert hat. Die Verkaufsoption sollte in der Regel nicht ausgeübt werden, solange der Gegenwartswert der Dividenden, die bis zum Ende der Laufzeit der Option anfallen, größer ist als die Zinsen, die durch Anlage des Ausübungskurses erlangt werden können.

Weitere Arbitragebeziehungen bestehen zwischen Kaufoptionen einerseits sowie Verkaufsoptionen andererseits bei gleichem Ausübungskurs sowie zwischen Kauf- und Verkaufsoptionen verschiedener Ausübungskurse. Sie führen zur sogenannten „Put-Call-Parität“, die im folgenden Kapitel erörtert wird.

C. Arbitragesituationen mit Terminkontrakten sowie Kauf- und Verkaufsoptionen mit gleichem Ausübungskurs für europäische Optionen

1. Vorbemerkung: Dekursive und stetige Verzinsung

Rechnen mit stetiger Verzinsung

Im folgenden Kapitel wird mit stetiger Verzinsung gearbeitet, weil der Umgang mit dieser in Formeln letztlich einfacher ist und weil die weiterführende Literatur mit stetiger Verzinsung arbeitet. Stetige Verzin-

---

[1] STOLL, Hans R.: Reply (to a comment by Merton, Robert C.). Journal of Finance, Vol. 28-I (1973), S. 185–187.

sung ist der Grenzfall sich immer weiter verkürzender Zinsabrechnungsperioden. Ein mit 6% p.a. verzinsliches Darlehen von 100 DM muß am Ende des Jahres mit 100 DM · (1 + 0,06) = 106 DM zurückgezahlt werden. Wird der Zinsabrechnungszeitraum auf ein Vierteljahr verkürzt, so trägt ab dem Ende des ersten Vierteljahres nicht nur das Kapital Zinsen, sondern auch der im ersten Vierteljahr angefallene Zins. Das Kapital wächst auf 100 DM · $(1 + 0{,}06/4)^4$ = 106,14 DM. Der Effektivzinssatz ist also bei unterjähriger Verzinsung etwas höher, nämlich 6,14% p.a., als bei dekursiver Verzinsung mit 6% p.a. Bei extremer Verkürzung der Zinszahlungsperiode, etwa täglicher Verzinsung, wächst das Kapital auf 100 DM · $(1 + 0{,}06/365)^{365}$ = 106,18 ... Der Effektivzins geht dann gegen den Wert $e^{0{,}06}$ = 6,18 ...% p.a., wobei e die Eulersche Zahl 2,71828 ... bedeutet.

Umformen dekursiver in stetige Zinssätze

Dekursive Zinssätze und konforme stetige Zinssätze (= stetige Zinssätze, die zum gleichen Endkapital führen wie die dekursiven Zinssätze) stehen in folgendem Verhältnis: Wird mit i* der dekursive Zinssatz, mit i (ohne Stern) der stetige Zinssatz, mit e die Basis des natürlichen Logarithmus und mit T die Geldanlageperiode bezeichnet, so gilt:

$$(1 + i^*)^T = e^{\ln(1+i^*)\cdot T} = e^{i\cdot T}.$$

Der Faktor
- $e^{i\cdot T}$ ist der Aufzinsungsfaktor $(1 + i^*)^T$,
- $e^{-i\cdot T}$ ist der Abzinsungsfaktor $1/(1 + i^*)^T$ und
- $e^{(i_c - i_d)\cdot T}$ ist der Quotient $(1 + i_c)^T/(1 + i_d)^T$.

Die Umrechnung von stetiger in dekursive Verzinsung und umgekehrt wird auch in Kapitel X.A.1.a erläutert. In den Beispielrechnungen wird mit dekursiver Verzinsung gerechnet, die dem Bankpraktiker vertraut ist.

2. Die Put-Call-Parität für europäische Optionen

Arbitrageportefeuille zur Put-Call-Parität

Die Put-Call-Parität läßt sich anhand von Arbitrageüberlegungen herleiten. Stellt man ein Portefeuille aus den folgenden Positionen zusammen:
- Kauf einer Verkaufsoption (Put) p,
- Kauf des mit der Differenz zwischen Bestandshaltekosten i_c und

kurzfristigem Zinssatz i_d aufgezinsten optierbaren Objekts $S \cdot e^{(i_c - i_d) \cdot T}$,

- Begebung einer Anleihe (= Darlehensaufnahme) in Höhe des mit dem kurzfristigen Zinssatz abgezinsten Ausübungskurses $K \cdot e^{-i_d \cdot T}$ und
- Verkauf einer Kaufoption (Call) c,

so ist der Wert des Portefeuilles am Ende der Laufzeit der Optionen unabhängig von der Höhe des Kassakurses des optierbaren Objekts S immer gleich null. Man hat ein risikoloses Hedge-Portefeuille, das folgendermaßen aussieht:

Put-Call-Parität: Arbitragetabelle und …

Tabelle 8.3: Hedge-Portefeuille zur Herleitung der Put-Call-Parität mit Hilfe von Kassakontrakten

Position Zahlungsmitteleingang (+) Zahlungsmittelausgang (–)	Gegenwärtiger Zeitpunkt	Ergebnis bei Fälligkeit, wenn		
		$S^* > K$	$S^* = K$	$S^* < K$
Kauf des Put	$-p$	0	0	$K - S^*$
Kauf des optierbaren Objekts	$-S \cdot e^{(i_c - i_d) \cdot T}$	S^*	S^*	S^*
Darlehensaufnahme	$K \cdot e^{-i_d \cdot T}$	$-K$	$-K$	$-K$
Verkauf des Call	c	$-(S^* - K)$	0	0
Summe	$-p - S \cdot e^{(i_c - i_d) \cdot T}$ $+K \cdot e^{-i_d \cdot T} + c$	0	0	0

… Zahlenbeispiel

Beispiel: S = 240; K = 240; σ = 0,25; dekursiver Zins $i_d^* = 9\%$ p.a.; D = 4 DM entspricht $d^* = 1{,}67\%$ p.a. entspricht $i_c^* = 7{,}3\%$ p.a.; T = 1 Jahr; die Dividende fällt am ersten Tag der Laufzeit der Option an; europäische Optionen = Optionen sind nur am Ende der Laufzeit ausübbar:

$- p - S \cdot (1 + i_c^*)/(1 + i_d^*) + K/(1 + i_d^*) - c = 0;$

$- 16 - 240 \cdot 1{,}073/1{,}09 + 240/1{,}09 + 32 = 0;$

$- 16 - 236 + 220 + 32 = 0.$

Erläuterung der Arbitragetabelle: Kauf des Put, …

Der gekaufte Put verfällt, wenn der Kurs des optierbaren Objekts größer oder gleich dem Ausübungskurs ist. Der Ertrag aus dem Put bei Fälligkeit ist dann null. Der Put wirft bei Fälligkeit die Differenz zwischen Ausübungskurs und Kurs des optierbaren Objekts K – S ab, wenn der Kurs des optierbaren Objekts kleiner ist als der Ausübungskurs.

$S \cdot e^{(i_c - i_d) \cdot T}$ Einheiten des optierbaren Objekts wachsen während der Laufzeit der Optionen auf S Einheiten an, wenn $i_c - i_d$ negativ ist oder vermindern sich auf S Einheiten, wenn $i_c - i_d$ positiv ist. Bei dividendenlosen Aktien z.B. sind die Bestandshaltekosten i_c gerade gleich dem kurzfristigen Zins i_d, so daß $e^{(i_c - i_d) \cdot T}$ gerade $e^0 = 1$ ist.

... Kauf des optierbaren Objekts: Aktien, ...

Für Rentenwerte gilt, daß die Bestandshaltekosten $i_c = i_d - i_a$ sind, also gleich der Differenz zwischen kurzfristigem Zins und Eigenzins der Anleihe. Der Faktor $e^{(i_c - i_d) \cdot T}$ ist daher ein Abzinsungsfaktor in Höhe von $e^{-i_a \cdot T}$. Für Aktien, die Dividenden abwerfen, tritt der Eigenzins der Aktie an die Stelle des Eigenzinses der Anleihe i_a. Bei Devisen ist $i_c = i_d - i_f$, also gleich der Differenz zwischen in- und ausländischem Zinssatz (domestic and foreign interest rate). Der Faktor $e^{-i_f \cdot T}$ ist daher gleichfalls ein Abzinsungsfaktor. Für Waren ist $i_c = i_d + i_l$, so daß sich ein Aufzinsungsfaktor in Höhe von $e^{i_l \cdot T}$ ergibt. Nur im Falle, daß ein Objekt keine Erträge abwirft und Lagerkosten aufgewendet werden müssen, müssen mit Sicherheit bei der Bildung des Hedge-Portefeuilles mehr Einheiten des Objekts gekauft als später geliefert werden. Fallen sowohl Erträge als auch Lagerkosten an, so müssen mehr Einheiten des Objekts gekauft als später geliefert werden, wenn die Lagerkosten höher sind als der Eigenzins des Objekts. Für Terminkontrakte sind die Bestandshaltekosten i_c null, und der Abzinsungsfaktor ist mithin $e^{-i_d \cdot T}$.

... Renten-werte, ...

... Devisen, ...

... Waren und ...

... Terminkon-trakte, ...

Für das aufgenommene Darlehen in Höhe von $K \cdot e^{-i_d \cdot T}$ muß bei Auslaufen des Optionskontrakts der Betrag K zurückgezahlt werden.

... Darlehens-aufnahme und ...

Die verkaufte Kaufoption verursacht bei Fälligkeit einen Verlust von $S - K$, wenn der Kurs des optierbaren Objekts größer ist als der Ausübungskurs. Sie wird vom Käufer nicht ausgeübt und verursacht daher bei Fälligkeit weder Gewinn noch Verlust, wenn der Aktienkurs S kleiner oder gleich dem Ausübungskurs K ist.

... Verkauf der Kaufoption

Da die Summe der Erträge bei Fälligkeit in jedem Fall null ist, und da die Position auf der anderen Seite risikolos ist, muß Gleichung (VIII.1) erfüllt sein, wenn keine Arbitragemöglichkeiten bestehen sollen:

Put-Call-Parität für europäische Optionen

$$\text{(VIII.1)} \quad -p - S \cdot e^{(i_c - i_d) \cdot T} + K \cdot e^{-i_d \cdot T} + c = 0.$$

Umstellen von (VIII.1) ergibt die Formel für die Put-Call-Parität in der allgemeinen Form:

(VIII.2) $c - p = S \cdot e^{(i_c - i_d) \cdot T} - K \cdot e^{-i_d \cdot T}$.

Wenn die Beziehung (VIII.2) in der Weise verletzt ist, daß die Kaufoption im Vergleich zu den übrigen Komponenten überbewertet ist, so ist

(VIII.3) $c > p + S \cdot e^{(i_c - i_d) \cdot T} - K \cdot e^{-i_d \cdot T}$.

Obergrenze für c

In diesem Fall verkaufen wir die Kaufoption, kaufen die Verkaufsoption und das optierbare Objekt und nehmen Darlehensmittel auf wie in Tabelle 8.3 dargestellt. Wir realisieren dann heute einen positiven Geldbetrag und haben bei Fälligkeit der Optionen das sichere Ergebnis von null. Durch diese Arbitragetransaktionen sinkt der Kurs der Kaufoption c und die Kurse der Verkaufsoption p und des optierbaren Objekts S steigen, bis Gleichung (VIII.2) erfüllt ist. Dadurch ist der durch Gleichung (VIII.2) bestimmte Wert von c eine Obergrenze für c.

Untergrenze für c

Wenn die Gleichung (VIII.2) in der Weise verletzt ist, daß die Kaufoption im Vergleich zu den übrigen Komponenten unterbewertet ist, so ist

(VIII.4) $c < p + S \cdot e^{(i_c - i_d) \cdot T} - K \cdot e^{-i_d \cdot T}$.

In diesem Fall kaufen wir die Kaufoption, verkaufen die Verkaufsoption und das optierbare Objekt und legen Geld zum kurzfristigen Zinssatz i_d an. Wir realisieren dann heute einen positiven Geldbetrag und haben bei Fälligkeit der Optionen das sichere Ergebnis von null. Durch diese Arbitragetransaktionen steigt der Kurs der Kaufoption c, und der Kurs der Verkaufsoption p und des optierbaren Objekts S fallen, bis Gleichung (VIII.2) erfüllt ist. Dadurch ist der durch Gleichung (VIII.2) bestimmte Wert von c eine Untergrenze für c.

Voraussetzungen der Put-Call-Parität

Bei der letzteren Arbitragetransaktion kehren sich die Vorzeichen in Tabelle 8.3 gerade um. Wir unterstellen, daß short selling, d. h. das Ausleihen des optierbaren Objekts und sein Verkauf, möglich ist. Weiter ist unterstellt, daß keine Sicherheitsleistung, sei es für Geld-, sei es für Warendarlehen, erforderlich ist, wie auch von Transaktionskosten und Steuern abstrahiert wird. Ist short selling nicht möglich, so wird die zuletzt geschilderte Arbitragetransaktion von denjenigen durchgeführt werden, die das optierbare Objekt anderenfalls bis zum Verfallstermin der Option im Bestand gehalten hätten.

Die vorstehenden Arbitrageüberlegungen vereinfachen sich noch, wenn man die Existenz eines Terminhandels unterstellt. Da für einen Terminhandel anders als beim Kassakauf keine Barmittel erforderlich sind, entfällt auch die Darlehensaufnahme. Die Arbitragetafel sieht dann wie folgt aus:

Put-Call-Parität mit Terminkontrakten

Tabelle 8.4: Hedge-Portefeuille zur Herleitung der Put-Call-Parität mit Hilfe von Terminkontrakten

Position Zahlungsmitteleingang (+) Zahlungsmittelausgang (–)	Gegenwärtiger Zeitpunkt	Ergebnis bei Fälligkeit, wenn		
		$S^* > K$	$S^* = K$	$S^* < K$
Kauf des Put	$-p$	0	0	$K - S^*$
Terminkauf	–	$S^* - F$	$S^* - F$	$S^* - F$
Verkauf des Call	c	$-(S^* - K)$	0	0
Summe	$c - p$	$K - F$	$S^* - F = K - F$	$K - F$

Arbitragetabelle für die Put-Call-Parität mit Terminkontrakten

Da es sich bei den drei Geschäften um ein risikoloses Hedgegeschäft handelt, muß die Summe des Zahlungsüberschusses bei Eingehen der Position gleich der abgezinsten Summe des Zahlungsmittelfehlbetrages bei Fälligkeit der Positionen sein:

(VIII.5) $c_F - p_F = -(K - F) \cdot e^{-i_d \cdot T} = (F - K) \cdot e^{-i_d \cdot T}$ oder

(VIII.6) $c_F - p_F - F \cdot e^{-i_d \cdot T} + K \cdot e^{-i_d \cdot T} = 0$, was nach Gleichung

(VIII.7) $F = S \cdot e^{i_c \cdot T}$, die besagt, daß der Terminkurs gleich dem mit dem Faktor der Bestandshaltekosten multiplizierten Kassakurs ist, zu (VIII.1) wird.

Beispiel: Sind die Daten wie in dem Beispiel zu Tabelle 8.3, so gilt:
$-p_F + c_F = (K - F)/(1 + i_d^*)$;
$F = S \cdot (1 + i_c^*)$.
$-16 + 32 = (240 - 258)/1{,}09 = 17$. Die Abweichung entsteht durch Rundungen.

Beispielrechnung zur Put-Call-Parität mit Terminkontrakten

$$F = S \cdot e^{(i_d - i_a)} = 240 \cdot e^{0{,}09 - 0{,}017};$$
$$258 = 240 \cdot (1 + 0{,}073).$$

Zeitwert des Call ist gleich Zeitwert des Put

Unabhängig von der Höhe des Zinssatzes i_d ist die Put-Call-Parität stets gegeben, solange der Kurs des Terminkontrakts F gleich dem Ausübungskurs K ist. Da der Optionswert dann nur aus Zeitwert besteht, kann man auch sagen: „Der Zeitwert der Kaufoption ist gleich dem Zeitwert der Verkaufsoption" oder „Zeitwert des Call ist gleich Zeitwert des Put". Dies sieht man auch, wenn man (VIII.6) umformt:

(VIII.6a) $c_F - (F - K) \cdot e^{-i_d \cdot T} = p_F$ und
(VIII.6b) $p_F - (F - K) \cdot e^{-i_d \cdot T} = c_F$.

Ist $F = K$, so ist der mittlere Term jeweils null, und es gilt $c = p$. Ist die Kaufoption im Geld, so beschreibt die linke Seite von (VIII.6a) den Zeitwert der Kaufoption, und der Wert der Verkaufsoption besteht nur aus Zeitwert, da sie aus dem Geld ist. Ist die Verkaufsoption im Geld, so beschreibt die linke Seite von (VIII.6b) den Zeitwert der Verkaufsoption, und die Kaufoption besteht nur aus Zeitwert, da sie aus dem Geld ist.[1)]

Wert von Optionen auf Kassakontrakte ist gleich Wert von Optionen auf Terminkontrakte

Ein weiteres Ergebnis des Übergangs von (VIII.4) zu (VIII.5) ist, daß Optionen auf Terminkontrakte denselben Wert haben müssen wie Optionen auf Kassakontrakte, wenn ihr Basispreis gleich ist.

Praktische Beispielrechnung mit VW-Optionen

Praktische Beispielrechnung:

Kurzfristiger Zins	= 8 % p.a.
Kurs einer VW-Aktie am 29.05.84	= 190,20 DM/Aktie
Kurs der Kaufoption per 15.07.84, Basis 190	= 9,50 DM/Option
Kurs der Verkaufsoption per 15.07.84, Basis 190	= 4,40 DM/Option

Während der Laufzeit der Optionen fallen keine Dividenden an.

Der große Preisunterschied zwischen Kauf- und Verkaufsoption legt einen Verkauf der Kaufoption und einen Kauf der Verkaufsoption

1) KLOY; WELCKER (1986), S. 302.

nahe. Wie Abbildung 8.7 zeigt, ergibt sich daraus ein synthetischer Terminverkauf zu 195,30 DM/Aktie, der durch einen Kassakauf gehedgt werden kann.

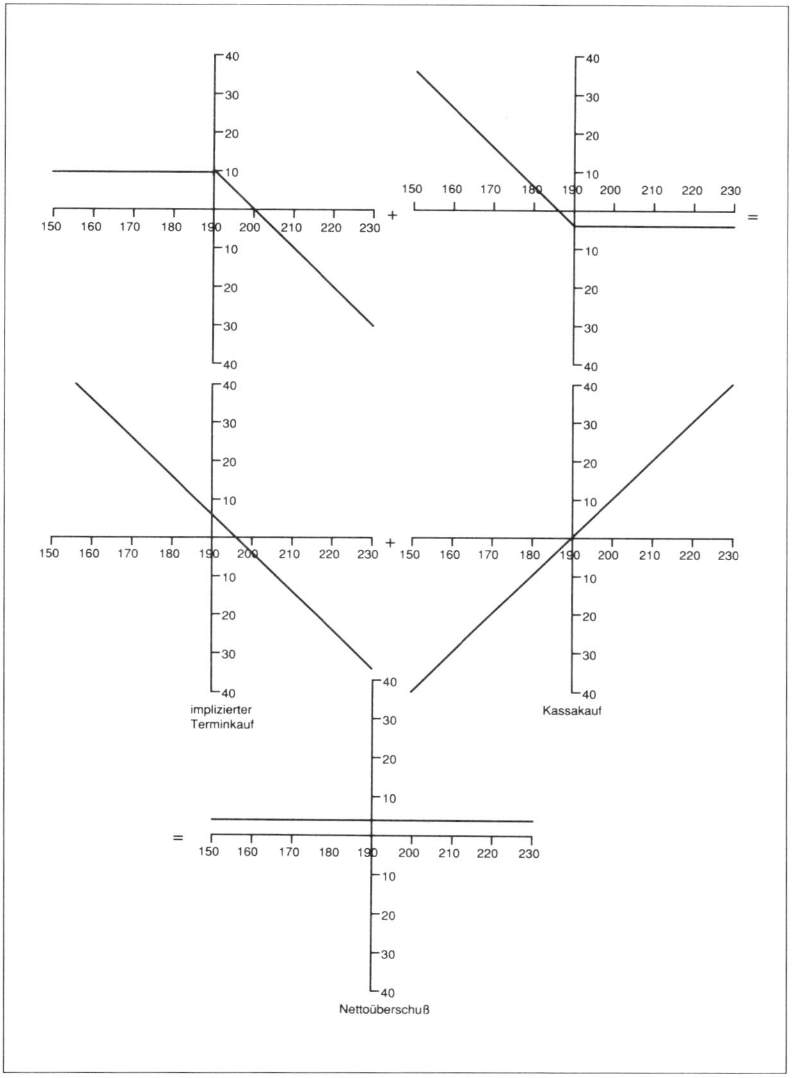

Graphische Darstellung des Hedge-Portefeuilles

Abb. 8.7: Hedge-Portefeuille zur Put-Call-Parität

Beim Verfall der Optionen werden folgende alternative Geschäfte je nach der Höhe des Aktienkurses getätigt:

Tabelle 8.5: Geschäfte bei Fälligkeit der Optionen eines Hedge-Portefeuilles zur Put-Call-Parität

Tabelle zum Hedge-Portefeuille

Aktienkurs	getätigtes Geschäft
$S^* = 170$ $K > S^*$ (190 > 170)	Verkauf der Aktie zu 190 durch Ausüben der Verkaufsoption; Kaufoption verfällt
$S^* = 190$ $K = S^*$ (190 = 190)	Beide Optionen verfallen; Aktien werden zu 190 verkauft
$S^* = 210$ $K < S^*$ (190 < 210)	Als Stillhalter der Kaufoption müssen wir die Aktien, die wir im Bestand hatten, zu 190 liefern; Verkaufsoption verfällt

Kauf des Put	– 4,40 DM
Kauf der Aktie	– 190,20 DM
Darlehensaufnahme für 47 Tage mit dem Rückzahlungswert 190,00 DM	
= 188,06 · (1 + 0,08 · 47 : 365)	+ 188,06 DM
Verkauf des Call	+ 9,50 DM
Nettoüberschuß	2,96 DM

Transaktionen zum Hedge-Portefeuille

Die Bestandshaltekosten von Aktien i_c sind gleich dem kurzfristigen Zinssatz i_d, so daß die Differenz beider Zinssätze gerade null ist. Daher wird bei Begründung des Hedge-Portefeuilles gerade eine Aktie gekauft. Gleichzeitig nehmen wir bei Begründung des Hedge-Portefeuilles ein Darlehen in Höhe von 188,06 DM auf, das nach 47 Tagen bei Auslaufen der Optionsfrist auf 188,06 · (1 + 0,08 · 47 / 365) = 190,00 DM angewachsen ist. Dieses Darlehen tilgen wir mit dem Erlös aus dem Aktienverkauf, der, wie Tabelle 8.5 zeigt, auf jeden Fall 190,00 DM ist. Bei der Begründung des Hedge-Portefeuilles haben wir einen Überschuß von 2,96 DM.

Der Nettoüberschuß von 2,96 DM wächst bis Fälligkeit der Optionen auf 3,00 DM und wird bei einem Aktienkurs von 190 DM aufgezehrt, wenn die Spesen für Kauf und Verkauf der Aktie ca. 1,5 % ausmachen. Da für einen Kleinanleger die Spesen für Kauf und Verkauf 2 · 1,5 % = 3 % ausmachen, lohnt sich Arbitrage für Kleinanleger nicht, wobei Spesen für den Kauf und Verkauf der Optionen noch nicht einmal berücksichtigt sind. Für Arbitrageure, die sowohl Aktien als auch Optionen ohne Spesen handeln können, wäre Arbitrage lohnend, solange die positive Differenz zwischen dem Kurs der Kaufoption und der Verkaufsoption größer ist als die Differenz 190,20 DM – 188,06 DM = 2,14 DM.

Man beachte, daß sich auch für Optionen, die am Geld stehen, eine positive Differenz zwischen dem Wert der Kaufoption und dem Wert der Verkaufsoption in Höhe von 1,94 DM ergibt, die aus der Verzinsung des Darlehens mit dem Rückzahlungswert des Ausübungskurses resultiert (190 – 188,06).

$c > p$ ist der Normalfall am Geld stehender Optionen

3. Das Verhältnis der Put-Call-Parität für Optionen auf Kassakontrakte zur Put-Call-Parität für Optionen auf Terminkontrakte

Für die derzeit gehandelten Optionen auf Terminkontrakte gilt, daß ihr Kurs an einem bestimmten Tag genauso hoch sein sollte wie der Kurs der Optionen auf Kassakontrakte an diesem Tag, wenn der Ausübungskurs der Optionen und die Verfallzeit gleich sind.

Verhältnis der Put-Call-Parität für Optionen auf Kassakontrakte zur Put-Call-Parität für Optionen auf Terminkontrakte

Die Kurven der Optionswerte für Optionen auf Kassakontrakte in Abhängigkeit vom Kassakurs sind gegenüber den Kurven der Optionswerte für Optionen auf Terminkontrakte in Abhängigkeit vom Terminkurs nach links (rechts) verschoben, wenn das Objekt einen Report (Deport) hat, d. h. $S < F$ ($S > F$) ist. Daher muß sich für die Put-Call-Paritäten der gleiche Zusammenhang ergeben, d. h.: die Put-Call-Parität für Optionen auf Kassakontrakte in Abhängigkeit vom Kassakurs ist gegenüber der Put-Call-Parität für Optionen auf Terminkontrakte in Abhängigkeit vom Terminkurs um den Betrag $F - S = S \cdot i_c^*$ nach links (rechts) verschoben, wenn das Objekt einen Report (Deport) hat.

Algebraisch ergibt sich dieser Zusammenhang aus den Formeln für die Put-Call-Parität auf Kassainstrumente

$$\text{(VIII.2)} \quad c - p = S \cdot e^{(i_c - i_d) \cdot T} - K \cdot e^{-i_d \cdot T}$$

und auf Termininstrumente

$$\text{(VIII.5)} \quad c_F - p_F = F \cdot e^{-i_d \cdot T} - K \cdot e^{-i_d \cdot T},$$

was sich durch Einsetzen von

Put-Call-Parität auf Kassadevisen und auf Termindevisen

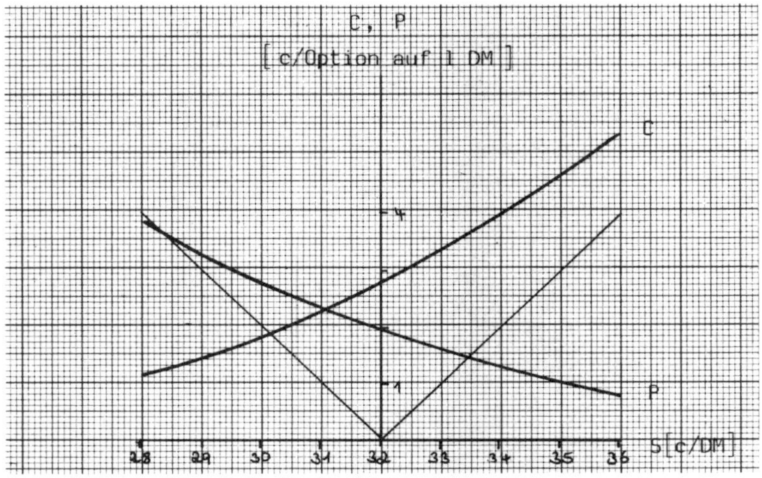

Call- und Putwerte auf Kassadevisen in Abhängigkeit vom Kassakurs.

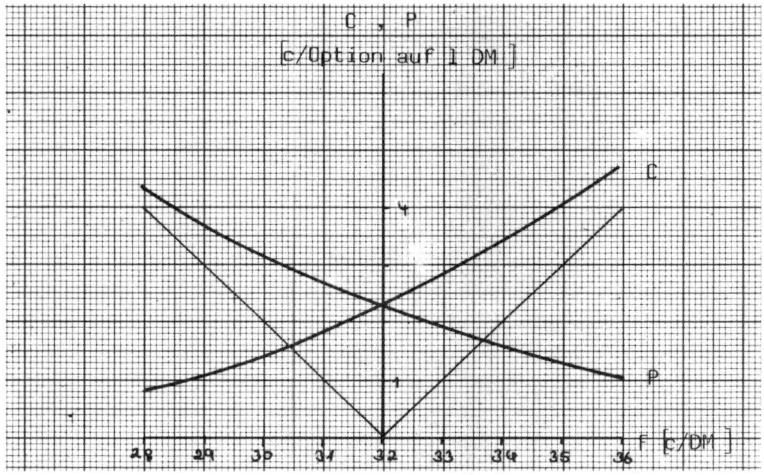

Call- und Putwerte auf Termindevisen in Abhängigkeit vom Terminkurs.

(K = 32,00 ¢/DM; T = 1 Jahr; σ = 0,20;
i_d = 10 % p. a.; i_f = 7 % p. a.;
S* = 31,13 ¢/DM; F* = 32,00 ¢/DM)

Abb. 8.8: Call- und Putwerte auf Kassadevisen in Abhängigkeit vom Kassakurs im Vergleich zu Call- und Putwerten auf Termindevisen in Abhängigkeit vom Terminkurs

(VIII.7) $S = F \cdot e^{-i_c \cdot T}$

in Formel (VIII.2) ergibt.

Put-Call-Parität für Devisenoptionen ...

Dies sei für Optionen auf Kassa- und Termindevisen am Beispiel eines Report demonstriert. Ist

- der Inlandszins in den USA 10 % p. a.,
- der Auslandszins in der Bundesrepublik Deutschland 7 % p. a. und
- der Terminkurs für ein Jahr 32 ¢/DM,

so ist der Kassakurs

$S = F \cdot e^{-i_c}$ oder $S = 32 \cdot 1{,}07/1{,}1 = 31{,}13$ ¢/DM.

... auf Kassadevisen und auf ...

... Termindevisen

Bestimmen wir den Wert von Calls und Puts mit dem Ausübungskurs von 32 ¢/DM auf *Kassa-DM*, so stellen wir bei Zugrundelegung eines σ von 0,2 und einer Laufzeit der Optionen von einem Jahr fest, daß der Wert des Call gerade beim Kassakurs von 31,13 ¢/DM gleich dem Wert des Put ist. Die Werte von Calls und Puts auf *Termin-DM* mit dem Ausübungskurs von 32 ¢/DM sind bei einem Terminkurs von 32 ¢/DM gerade gleich. Der Wert der Optionen besteht nur aus Aufgeld, wenn diese am Geld stehen, und wir hatten bei der Erörterung der Put-Call-Parität auf Terminkontrakte den Satz aufgestellt (Gleichungen VIII.6a und b), daß in diesem Fall der „Zeitwert des Call gleich dem Zeitwert des Put“ ist. Die Put-Call-Parität von Optionen auf Kassadevisen in Abhängigkeit vom Kassakurs ist daher gegenüber der Put-Call-Parität von Optionen auf Termindevisen in Abhängigkeit vom Terminkurs gerade um die Differenz

$F - S = S \cdot i_c^*$,

$32 - 31{,}13 = 31{,}13 \cdot 0{,}028 = 31{,}13\,(e^{\ln(1{,}1/1{,}07)} - 1) = 0{,}87$

nach links verschoben (Abbildung 8.8).

D. Arbitragesituationen mit Terminkontrakten sowie Kauf- und Verkaufsoptionen mit verschiedenen Ausübungskursen (bullish/bearish/butterfly spreads/strangles/collars)

1. Die Put-Call-Parität für Optionen mit zwei verschiedenen Ausübungskursen

Put-Call-Parität für Optionen ...

... mit verschiedenen Ausübungskursen

In Kapitel VI. J–L hatten wir die Kombination von Kaufoptionen und Verkaufsoptionen zu spreads erörtert. Dabei hatten wir gesehen, daß sowohl der bullish vertical spread als auch der bearish vertical spread sowohl aus zwei Kaufoptionen mit unterschiedlichem Ausübungskurs als auch aus zwei Verkaufsoptionen mit unterschiedlichem Ausübungskurs aufgebaut werden können.

Desgleichen kann der butterfly spread sowohl aus drei Kaufoptionen als auch aus drei Verkaufsoptionen aufgebaut werden. Daraus kann man schließen, daß es zwischen Kauf- und Verkaufsoptionen mit unterschiedlichen Ausübungskursen Arbitragebeziehungen geben muß.

Notationsregeln

Wir bezeichnen im folgenden mit
c (·) und p (·)
Kaufoptionen und Verkaufsoptionen mit einem bestimmten Ausübungskurs „·".
Mit K (·) bezeichnen wir den Ausübungskurs „·".
Mit (H), (N) und (M) bezeichnen wir drei Ausübungskurse, von denen der eine höher (H) als der andere (niedrigere, N) ist, H > N, und M = (H + N)/2 in der Mitte zwischen H und N liegt.

Dann können wir für die Put-Call-Parität schreiben:

$$\text{(VIII.2a)}\quad c(H) - p(H) = S \cdot e^{(i_c - i_d) \cdot T} - K(H) \cdot e^{-i_d \cdot T}$$

und

$$\text{(VIII.2b)}\quad c(N) - p(N) = S \cdot e^{(i_c - i_d) \cdot T} - K(N) \cdot e^{-i_d \cdot T}.$$

Subtrahiert man (VIII.2b) von (VIII.2a), so erhält man eine Arbitragebeziehung für Optionen mit zwei unterschiedlichen Ausübungskursen

Put-Call-Parität für Optionen mit zwei unterschiedlichen Ausübungskursen

(VIII.8)
$$c(H) - c(N) = p(H) - p(N) - [K(H) - K(N)] \cdot e^{-id \cdot T}.$$

Dieses Ergebnis erhalten wir auch, wenn wir einen bullish oder bearish spread, der aus zwei Kaufoptionen aufgebaut ist (Abb. 6.11/6.12) kaufen und den identischen spread, der aus zwei Verkaufsoptionen aufgebaut ist (Abb. 6.10/6.13) verkaufen.

Dies wird aus dem Hedge-Portefeuille in Tabelle 8.6 deutlich. Den Rechnungen liegen die empirischen Werte der Januar-IBM-Optionen vom 20. September 1985 zugrunde

Dann haben wir heute Ausgaben in Höhe von

$$c(H) - c(N) + p(H) - p(N)$$

und bei Fälligkeit der Optionen einen Überschuß in Höhe von

$$K(H) - K(N).$$

Zeile 1 in Tabelle 8.6 liest sich wie folgt: c(H) ist die Option mit dem Ausübungkurs K von 135, c(N) die mit dem Ausübungskurs K von 115. Der innere Wert ergibt sich als Differenz der inneren Werte von c(N) − c(H).

Dasselbe Ergebnis erhalten wir auch, wenn wir den bearish vertical spread aus zwei Kaufoptionen bzw. zwei Verkaufsoptionen herleiten.

Collar = spread + Termingeschäft

Die Kombination eines bullish vertical spread mit einem Terminverkauf ergibt einen *Collar-Verkauf* und die Kombination eines bearish vertical spread mit einem Terminkauf ergibt einen *Collar-Kauf* (Abbildung 8.9). Ein Collar-Verkauf ist der Verkauf des Instruments

- bei Unterschreiten von K(N) zum Kurs K(N),
- bei Überschreiten von K(H) zum Kurs K(H) und
- bei Kursen zwischen K(N) und K(H) zum jeweiligen Kurs.

K(H) wird als cap-Preis, K(N) als floor-Preis bezeichnet.
Der Collar-Verkauf ergibt sich auch aus

Tabelle 8.6: Hedge-Portefeuille zur Herleitung der Put-Call-Parität für Optionen mit zwei verschiedenen Ausübungskursen

Kurse bei Ausübung / abgeschlossene Geschäfte	110	115	120	125	130	135	140
(1) Bullish vertical spread aufgebaut aus zwei Kaufoptionen				Innerer Wert			
	0	0	+5	+10	+15	+20	+25 − 5 = +20
				Preise der Optionen + Innerer Wert			
C (H) − C (N)	C (H) − C (N)	C (H) − C (N)				C (H) − C (N) +K (H) − K (N)	C (H) − C (N) +K (H) − K (N)
C (135) − C (115) 2 1/4 − 14 1/2 = −12 1/4	−12 1/4	−12 1/4	−7 1/4	−2 1/4	+2 3/4	+7 3/4	+7 3/4
(2) Bullish vertical spread aufgebaut aus zwei Verkaufsoptionen				Innerer Wert			
	+5 − 25 = −20	−20	−15	−10	−5	0	0
				Preise der Optionen + Innerer Wert			
− P (N) + P (H)	− P (N) + P (H) − K (H) + K (N)	− P (N) + P (H) − K (H) + K (N)				− P (N) + P (H)	− P (N) + P (H)
− P (115) + P (135) − 3/4 + 8 1/2 = 7 3/4	−12 1/4	−12 1/4	−7 1/4	−2 1/4	+2 3/4	+7 3/4	+7 3/4
(1) − (2)				Innerer Wert K (H) − K (N)			
C (H) − C (N) + P (N) − P (H)	+20	+20	+20	+20	+20	+20	+20
				Preise der Optionen + Innerer Wert C (H) − C (N) + P (N) − P (H) + K (H) − K (N)			
C (135) − C (115) + P (115) − P (135) 2 1/4 − 14 1/2 + 3/4 − 8 1/2 = −20	0	0	0	0	0	0	0

... mit zwei verschiedenen Ausübungskursen

- der Stillhalterposition einer Kaufoption zum Ausübungskurs K (H), ($KO(H)_V$) und dem
- Kauf einer Verkaufsoption zum Ausübungskurs K (N), ($VO(N)_K$).

Es sollte daher folgende Gleichung gelten:

$$KO(H)_V + VO(N)_K = \underbrace{KO(H)_V + KO(N)_K} + T(M)_V$$

$$\text{Collar-Verkauf} = \text{bullish vertical spread + Terminverkauf zum mittleren Kurs M}$$

$$= \underbrace{VO(H)_V + VO(N)_K} + T(M)_V$$

bullish vertical spread + Terminverkauf zum mittleren Kurs M.

Der Terminkurs T(M) sollte dabei nicht genau in der Mitte zwischen den beiden Ausübungskursen liegen, und seine Lage sollte den Ausgleich beider Seiten der Gleichung herbeiführen.

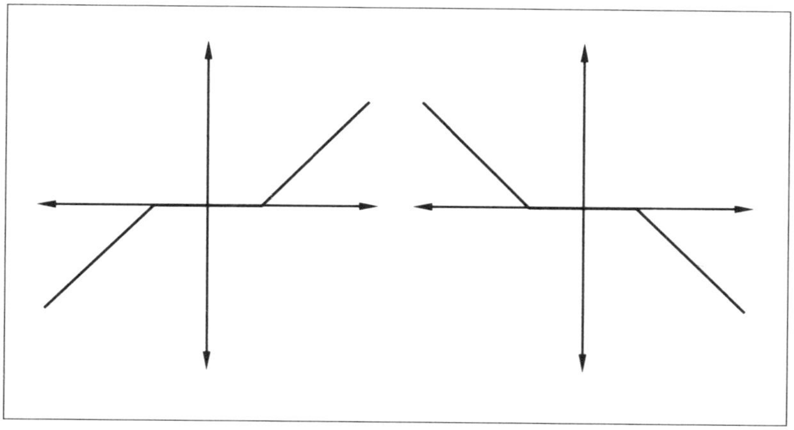

Abb. 8.9: Collar-Kauf und Collar-Verkauf

2. Die Put-Call-Parität für Optionen mit drei verschiedenen Ausübungskursen

Put-Call-Parität ...

Ein butterfly spread ist entweder aus
- zwei gekauften und zwei verkauften Kaufoptionen
  $- c(H) - c(N) + 2 \cdot c(M)$ (Abbildung 6.14)

oder aus
- zwei gekauften und zwei verkauften Verkaufsoptionen
  $- p(H) - p(N) + 2 \cdot p(M)$ (Abbildung 6.15)

aufgebaut.

... mit drei verschiedenen Ausübungskursen

Kaufen wir den butterfly spread auf die eine Art und verkaufen wir ihn auf die andere, so bekommen wir am Ausübungstag

$$[K(H) + K(N) - 2 \cdot K(M)] \cdot e^{-i_d \cdot T},$$

was gleich null ist, da der Klammerausdruck null ist. Es muß also gelten:

$$\text{(VIII.9)} \quad c(H) + c(N) - 2 \cdot c(M) = p(H) + p(N) - 2 \cdot p(M) + [K(H) + K(N) - 2 \cdot K(M)] \cdot e^{-i_d T} = 0.$$

Put-Call-Parität mit drei verschiedenen Ausübungskursen

Dies wird aus Tabelle 8.7 deutlich. Bei der gegebenen Konstellation würde es einen Arbitragegewinn von +3/4 bringen, wenn man den aus Verkaufsoptionen aufgebauten butterfly spread kaufte und den aus Kaufoptionen aufgebauten verkaufte. Durch diese Transaktionen müssen p(H), p(N) und/oder c(M) steigen und/oder c(H), c(N) und/oder p(M) sinken, bis ihre Kurse die Gleichgewichtsbedingung (VIII.9) erfüllen.

Tabelle 8.7: Hedge-Portefeuille zur Herleitung der Put-Call-Parität für Optionen mit drei verschiedenen Ausübungskursen

Kurse bei Ausübung / abgeschlossene Geschäfte	110	115	120	125	130	135	140
(1) Butterfly spread aufgebaut aus vier Verkaufsoptionen	Innerer Wert						
	+25+5−30 =0	+20−20 =0	+15−10 =+5	+10	+5	0	0
	Preise der Optionen + Innerer Wert						
−P(H)−P(N)+2·P(M)	−P(H)−P(N) +2·P(M)	−P(H)−P(N) +2·P(M)				−P(H)−P(N) +2·P(M)	−P(H)−P(N) +2·P(M)
−P(135)−P(115)+2·P(125) −8 1/2−3/4+2·3 3/8 =−2 1/2	−2 1/2	−2 1/2	+2 1/2	+7 1/2	+2 1/2	−2 1/2	−2 1/2
(2) Butterfly spread aufgebaut aus vier Kaufoptionen	Innerer Wert						
	0	0	+5	+10	+15−10 =+5	+20−20 =0	+25+5−30 =0
	Preise der Optionen + Innerer Wert						
−C(H)−C(N)+2·C(M)	−C(H)−C(N) +2·C(M)	−C(H)−C(N) +2·C(M)				−C(H)−C(N) +2·C(M)	−C(H)−C(N) +2·C(M)
−C(135)−C(115)+2·C(125) −2 1/4−14 1/2+2·6 3/4 =−3 1/4	−3 1/4	−3 1/4	+1 3/4	+6 3/4	+1 3/4	−3 1/4	−3 1/4
(1)−(2)	Innerer Wert K(H)+K(N)−2·K(M)						
−P(H)−P(N)+2·P(M) +C(H)+C(N)−2·C(M)	0	0	0	0	0	0	0
	Preise der Optionen + Innerer Wert −P(H)−P(N)+2·P(M)+C(H)+C(N)−2·C(M)+K(H)+K(N)−2·K(M)						
−P(135)−P(115)+2·P(125) +C(135)+C(115)−2·C(125) −8 1/2−3/4+2·3 3/8 +2 1/4+14 1/2−2·6 3/4 =3/4	3/4	3/4	3/4	3/4	3/4	3/4	3/4

E. Die Put-Call-Parität für amerikanische Optionen

Die entscheidende Voraussetzung für den Beweis der Put-Call-Parität im vorigen Kapitel ist, daß die beteiligten Optionen europäisch sind. Die empirischen Beispiele zur Put-Call-Parität (Tabellen 8.5, 8.6 und 8.7) verwenden aber amerikanische, d.h. vorzeitig ausübbare Optionen.

Arbitragetafeln für amerikanische Put-Call-Parität liefern vier Ungleichungen

Für amerikanische Optionen scheitert jedoch die Beweisführung, da das verwendete Arbitrage-Portfolio immer Stillhalterpositionen enthält und daher durch vorzeitige Ausübung vor dem Ablauf der Optionsfrist frühzeitig zerstört werden kann. Durch diesen Effekt der vorzeitigen Ausübung zerfällt (abhängig von den Bestandshaltekosten i_c) die ursprüngliche Gleichung der Put-Call-Parität in zwei Ungleichungen. Während es bei europäischen Optionen möglich ist, den Wert des Put (bzw. Call) zu bestimmen, wenn der Preis des Call (bzw. Put), der Aktie und die Bestandshaltekosten bekannt sind, ist es (mittels analoger Arbitrageüberlegungen wie bei der europäischen Put-Call-Parität[1]) unter diesen Voraussetzungen bei amerikanischen Optionen nur noch möglich, eine Ober- und eine Untergrenze für den Wert des Put (bzw. Call) anzugeben. Diese Ober- und Untergrenzen sind unterschiedlich, je nachdem ob die Bestandshaltekosten i_c kleiner oder größer sind als der heimische Zinssatz i_d.

Ungleichungen der amerikanischen Put-Call-Parität

Für $i_c < i_d$ gilt:

$$S \cdot e^{(i_c - i_d) \cdot T} - K \leq C - P \leq S - K \cdot e^{-i_d \cdot T}.$$

Für $i_c \geq i_d$ gilt:

$$S - K \leq C - P \leq c - p = S \cdot e^{(i_c - i_d) \cdot T} - K \cdot e^{-i_d \cdot T}.$$

Erläuterung für den Fall $i_c \geq i_d$ . . .

Das Entstehen der Ober- bzw. Untergrenze läßt sich im Fall $i_c \geq i_d$ besonders gut beobachten, da dann (siehe IX.E.1) $C = c$ gilt. Da auf jeden Fall $P \geq p$ ist, ergibt sich sofort $C - P = c - P \leq c - p$ und es gilt, wie in Gleichung VIII.2. gezeigt,

$$c - p = S \cdot e^{(i_c - i_d) \cdot T} - K \cdot e^{-i_d \cdot T}.$$

---

[1] STOLL/WHALEY (1986), S. 36–43.

... der Obergrenze und

Weil für große Werte von S der amerikanische und europäische Wert annähernd gleich sind, gilt in diesem Fall, daß die Werte $C - P$ und $c - p$ annähernd gleich sind. Das ist die Obergrenze.

... der Untergrenze

Für kleine Werte von S andererseits ist $C = c$ annähernd null und P nimmt den Wert $K - S$ an (zumindest ab dem kritischen Kurs S^{**}, siehe IX.E.1). Man erhält also $C - P \approx O - P = -(K - S) = S - K$. Das ist die Untergrenze.

Unterschiede zur europäischen Put-Call-Parität

Für den Fall $i_c < i_d$ gelten ähnliche Überlegungen, wobei es geschehen kann, daß wegen $C > c$ und $P > p$ (siehe IX.E.1) in gewissen Bereichen $C - P \approx c - p$ gilt, weil in der Differenz $C - P$ der größere amerikanische Callwert durch den größeren amerikanischen Putwert neutralisiert wird. Zu beachten ist jedoch, daß im Fall $i_c < i_d$ sowohl für kleine als auch für große Werte von S größere Unterschiede zwischen $C - P$ und $c - p$ bestehen.

Bedingungen, unter denen die europäische Put-Call-Parität die amerikanische nicht annähert

Zusammenfassend kann man sagen, daß die europäische Put-Call-Parität auf keinen Fall auf amerikanische Optionen übertragen werden kann, wenn damit gerechnet werden muß, daß eine der beteiligten Optionen vorzeitig ausgeübt wird. Dies ist der Fall
- wenn $S << K$ ist,
- für $i_c < i_d$, wenn der Call im Geld steht.

IX. Die Bewertung von Optionen

Lesehinweis zu Kapitel IX

In Kapitel IX wird die Herleitung der Formeln zur Optionsbewertung behandelt. Wie der Leser sehen wird, führt die Optionspreistheorie zu einer anspruchsvollen Differentialgleichung. Es liegt daher in der Natur der Dinge, daß dieses Kapitel, vom mathematischen Anspruch her gesehen, deutlich von den anderen abweicht.

Voraussetzung für dieses Kapitel ist eine gute Vertrautheit mit der Differentialrechnung. Wer diese Kenntnisse nicht besitzt oder sich zu diesem Zeitpunkt für die Herleitung der Formeln nicht interessiert, sollte dennoch auf jeden Fall die Punkte

- C. „Delta-Hedging als Grundüberlegung zur Entwicklung der Formeln für die Optionsbewertung“ und
- F. „Überblick über die Delta-Hedge-Operationen für unterschiedliche Risikopositionen: Käufer und Stillhalter von Kauf- und Verkaufsoptionen“ und
- D.2. „Interpretation der Formeln“

lesen.

Auch der Punkt E.2.b. „Näherungslösung mit Hilfe des Binomialmodells“ setzt keine Kenntnisse der Differentialrechnung voraus.

A. Wahrscheinlichkeitstheoretische Grundlagen

Um zu exakten Bewertungsformeln für Optionen zu gelangen, werden wir verschiedenen Größen – wie etwa Aktienkursen – Zufallseigenschaften zuschreiben. Es sollen daher in Kürze die wichtigsten wahrscheinlichkeitstheoretischen Begriffe definiert und erläutert werden.

Stochastischer Prozeß ...

... mit diskreten und stetigen Variablen

Der für uns im folgenden wesentliche Begriff ist der *stochastische Prozeß;* wir verstehen darunter eine Größe (Variable), die in Abhängigkeit von der Zeit zufälligen Änderungen unterliegt. Je nachdem, ob diese stochastische Variable sich nur zu bestimmten Zeitpunkten oder jederzeit ändern kann, unterscheidet man zwischen *zeitdiskreten* oder *zeitstetigen stochastischen Prozessen.* Entsprechend unterscheidet man zwischen *diskreten* und *stetigen Variablen*, je nachdem, ob die betrachtete Variable nur diskrete oder alle Werte in einem bestimmten Bereich (etwa die positiven Zahlen) annehmen kann.

Sicherer Prozeß als Spezialfall des stochastischen Prozesses

Einfachstes Beispiel ist der durch die Eigenschaft $\Delta x = a \cdot \Delta t$ definierte Prozeß x_t, wobei a konstant vorausgesetzt sei. Hierdurch wird der Prozeß x_t beschrieben, dessen Änderung Δx im Zeitintervall Δt gleich $a \cdot \Delta t$ ist. Beim Grenzübergang $\Delta t \rightarrow 0$ ergibt sich die Darstellung $dx = a \cdot dt$ mit den „Differentialen" dx und dt, so daß die erste Ableitung $\frac{dx}{dt}$ von x gleich a ist. Das ist nur möglich, wenn $x_t = a \cdot t + b$ (b konstant) gilt. Da a und b keine Zufallsgrößen sind, beschreibt x_t in diesem Fall keinen Zufallsprozeß, sondern einen sicheren[1] (risikolosen) Prozeß, der im Punkt $x_0 = b$ startet.

Brownsche Bewegung

Das Verhalten von Aktienkursen wird üblicherweise mit Hilfe des Wiener-Prozesses beschrieben.[2] Mit diesem – auch als *Brownsche Bewegung* bezeichneten – Prozeß wurde in der Physik ursprünglich die Bewegung eines Teilchens, das einer großen Anzahl von Molekülstößen unterliegt, dargestellt.

Wiener-Prozeß

Ein *Wiener-Prozeß* ω_t ist durch folgende zwei Eigenschaften charakterisiert:
1) $\Delta\omega$, die Änderung der Größe ω im Zeitintervall Δt, ist normalverteilt[3] mit Mittelwert 0 und Varianz Δt (und damit einer Standardabweichung von $\sqrt{\Delta t}$); d.h. es gilt in differentieller Schreibweise $d\omega = \alpha \sqrt{dt}$, wobei α die Realisierung einer Standardnormalverteilung ist (Mittelwert 0, Standardabweichung 1).
2) Bei zwei verschiedenen Zeitintervallen erfolgen die zugehörigen Änderungen $\Delta\omega$ voneinander unabhängig.

Markoff-Eigenschaft...

Eigenschaft 2) besagt, daß ω die *Markoff-Eigenschaft* besitzt; d.h. das zukünftige Verhalten von ω ist unabhängig von den Vergangenheitsdaten. Für Aktienkurse, denen man dieses Verhalten meist

---

[1] „Sicher", weil der funktionale Zusammenhang zwischen x und t genau bekannt ist. Man kann mit Sicherheit zu jedem Zeitpunkt t den Wert x_t angeben.

[2] WIENER, Norbert (1894–1964), Mathematiker, auf den auch der Begriff und die Theorie der Kybernetik zurückgeht.

[3] $\Delta\omega$ stellt die Bewegung eines Brownschen Teilchens über ein Zeitintervall der Länge Δt dar. Diese Bewegung resultiert aus vielen kleinen, zufälligen und unabhängigen Stößen, so daß nach dem zentralen Grenzwertsatz die Verteilung von $\Delta\omega$ gegen eine Normalverteilung konvergiert.

unterstellt, bedeutet dies, daß der zukünftige (zufällige) Kursverlauf nur vom aktuellen Kurs abhängt und unabhängig vom vergangenen Verlauf ist. In diesem Sinne wird dem Markt unterstellt, daß er effizient funktioniert; d.h. daß alle vergangenen Informationen im aktuellen Aktienkurs verarbeitet sind. Aus dem bisherigen Kursverlauf können daher nur die charakteristischen Eigenschaften des Prozesses (z.B. das Schwankungsverhalten) ermittelt werden. Zukunftsprognosen sind nicht möglich.

... und ihre Interpretation bei Aktienkursen

Die Bedeutung von Eigenschaft 1) ergibt sich aus folgender Überlegung: Zerlegt man einen relativ großen Zeitraum T in n Teilintervalle der Länge Δt (d.h. $T = n \cdot \Delta t$), so ergibt sich für die Veränderung von ω in diesem Zeitraum

$$\Delta\omega = \omega(T) - \omega(0) = \sum_{i=1}^{n} \alpha_i \sqrt{\Delta t}$$

wobei die α_i Realisierungen unabhängiger Standardnormalverteilungen sind. Da die Summe unabhängiger Normalverteilungen wieder normalverteilt ist, ergibt sich im Zeitraum T für $\Delta\omega = \omega(T) - \omega(0)$ ebenfalls eine Normalverteilung mit Mittelwert 0 (Summe der Mittelwerte) und Varianz $n \cdot \Delta t = T$. Die Standardabweichung ist also $\sqrt{n\Delta t} = \sqrt{T}$ (man beachte, daß die Varianzen, nicht aber die Standardabweichungen additiv über die Anzahl der Teilintervalle sind).

Allgemeiner Wiener-Prozeß

Eine Variable x_t ist ein *allgemeiner Wiener-Prozeß,* wenn x_t kein reiner Wiener-Prozeß ist, sondern die Summe eines sicheren Prozesses und eines Wiener-Prozesses. Es gilt dann

$dx = \mu dt + \sigma d\omega$.

(μ, σ konstant, $d\omega$ ein Wiener-Prozeß.)

In diesem Fall ist in einem Zeitraum Δt die Änderung Δx normalverteilt mit Mittelwert $\mu \cdot \Delta t$ und Varianz $\sigma^2 \cdot \Delta t$. μ beschreibt also die zu erwartende Zu- bzw. Abnahme (je nachdem, ob $\mu > 0$ oder $\mu < 0$ gilt) von x pro Zeiteinheit („Drift-Rate“) und σ^2 die zu erwartende Veränderung von x vom Mittelwert pro Zeiteinheit („Varianz-Rate“).

Beispiel

Ist etwa $\mu = 10$, $\sigma = 5$ und $x_0 = 100$ der Anfangswert von x_t, so ist x_t nach einem halben Jahr normalverteilt mit einem Mittelwert von $x_0 + \mu \cdot \Delta t = 100 + 10 \cdot 1/2 = 105$ und einer Standardabweichung von $\sigma \cdot \sqrt{\Delta t} = 3{,}53$. Die Standardabweichung – als Maß für die Abweichung des zukünftigen Werts von x vom Mittelwert – wächst also nicht proportional zur Zeit t, sondern proportional zu $\sqrt{t}$.

Läßt man noch zu, daß μ und σ Funktionen von x und t sind, spricht man von einem Itô-Prozeß[1], es gilt dann

$$dx = \mu\,(x, t)\,dt + \sigma\,(x, t)\,d\omega.$$

B. Der Aktienkurs als stochastischer Prozeß

Aktienkursbewegungen als...

Obwohl Aktienkurse in ihrem Verlauf weder zeitstetig noch stetig sind (Kursänderungen erfolgen nur in der Handelszeit und werden nur mit eingeschränkter Genauigkeit gemessen), stellen stetige Prozesse ein gutes Hilfsmittel zu ihrer Beschreibung dar. (Zeit-)diskrete Modelle – wie etwa das Binomialmodell – sind zwar rechnerisch aufwendiger, liefern jedoch die gleichen Ergebnisse und sind häufig anschaulicher.

... Brownscher Prozeß ...

Der Versuch, einen vorgegebenen Börsenkurs S_t als (verallgemeinerten) Wiener-Prozeß aufzufassen, wie dies Bachelier (1900) im Prinzip schon getan hat[2], scheitert daran, daß dabei auch negative Aktienkurse mit positiven Wahrscheinlichkeiten zugelassen werden.

... und als Itô-Prozeß

Man wird daher S_t als Itô-Prozeß auffassen, so daß $dS = \mu\,(S, t)\,dt + \sigma\,(S, t)\,d\omega$ gilt, wobei $d\omega$ ein Wiener-Prozeß ist. Das genaue Aussehen von $\mu\,(S, t)$ und $\sigma\,(S, t)$ ergibt sich aus der folgenden Überlegung.

Rendite als prozentuale Kursänderungserwartung

Ein Investor wird fordern, daß die zu erwartende Rendite einer Aktie unabhängig vom Aktienkurs ist. Wäre $\mu(S, t)$ konstant (wie etwa im Fall eines Wiener-Prozesses), z.B. $\mu(S, t) = 10$, so bedeutet dies einen zu erwartenden Ertrag von 10 pro Zeiteinheit, also eine Rendite von 10% pro Zeiteinheit bei einem Kurs von 100 und eine Rendite von 1% pro Zeiteinheit bei einem Kurs von 1000. Wählt man jedoch $\mu(S, t) = \mu S$ (μ = konstant), so ist der zu erwartenden Ertrag

[1] ITÔ, K., japanischer Mathematiker

[2] BACHELIER, Louis: Theory of Speculation. In: Cootner, Paul H. (Hrsg.): The Random Character of Stock Market Prices. Cambridge, Mass. 1964, S. 17–78.

in einem kurzen Zeitintervall der Länge Δt gleich $\mu \cdot S \cdot \Delta t$, der zu erwartende prozentuale Ertrag pro Zeiteinheit und Aktie also gleich μ. Setzt man zunächst $\sigma(S, t)$ gleich Null, ergibt sich $dS = \mu \cdot S \cdot dt$ oder hierzu äquivalent

$$\frac{dS}{S} = \mu \cdot dt.$$

Integration dieser Gleichung auf beiden Seiten liefert:

$$\ln(S_t) - \ln(S_0) = \int \frac{dS}{S} = \int \mu \cdot dt = \mu \cdot t.$$

Bildet man die Potenz zur Basis e, erhält man $S_t = S_0 \cdot e^{\mu \cdot t}$, wobei S_0 der Aktienkurs zum Zeitpunkt 0 ist. Falls also die Varianz $\sigma(x, t)$ des Aktienkurses 0 ist, liefert die Aktie eine (sichere!) stetige Wachstumsrate in Höhe μ, analog zur stetigen Verzinsung.

Varianz der prozentualen Kursänderungserwartung

In der Praxis wird natürlich die Varianz des Aktienkurses von 0 verschieden sein. Da eine Aktie bei einem Kurs von 1000 stärkeren absoluten Schwankungen als bei einem Kurs von 10 unterworfen ist, wird man – analog zur Forderung an $\mu(S, t)$ – postulieren, daß die Varianz der prozentualen Aktienkursänderung konstant σ ist, daß also $\sigma(S,t) = \sigma S$ ($\sigma \geq 0$ konstant) gilt.

Zusammen fordern wir vom Aktienkurs S das stochastische Verhalten

$$\text{(IX.B.1)} \quad dS = \mu S dt + \sigma S d\omega.$$

μ ist die zu erwartende Aktienrendite, σ die zu erwartende Änderung der Rendite (*Volatilität*).

Geometrische Brownsche Bewegung

Dieser Prozeß wird häufig auch als *geometrische Brownsche Bewegung* bezeichnet, da $\frac{dS}{S} = \mu dt + \sigma d\omega$ eine Brownsche Bewegung ist. In einem kleinen Zeitintervall Δt ist $\frac{\Delta S}{S}$ normalverteilt mit Mittelwert $\mu \cdot \Delta t$ und Varianz $\sigma^2 \cdot \Delta t$. Dadurch, daß man die prozentuale Änderung des Aktienkurses bzw. den Logarithmus von S als Wiener-Prozeß betrachtet, ist auch garantiert, daß S nicht negativ ist. Ist z. B. $\mu = 10\%$ p. a., $\sigma = 30\%$ p. a. und $\Delta t = 0{,}01$ Jahre, so ist $\frac{\Delta S}{S}$ normalverteilt mit Mittelwert $\mu \cdot \Delta t = 0{,}001$ und Standardabweichung $\sigma \cdot \sqrt{\Delta t} = 0{,}03$.

Die geforderte Aktienrendite μ hängt von den Risikopräferenzen der Investoren ab, da je nach Risikoaversion ein hoher Wert von μ gewissermaßen einen Risikoausgleich darstellt. Daher sollte μ auch um so größer sein, je höher der Zinssatz ist.

Itô's-Lemma

Wir wollen nun noch *Itô's-Lemma* zitieren.[1] Dieser Satz macht eine Aussage über Funktionen von Zufallsvariablen und lautet:
Ist x ein Itô-Prozeß, d. h. gilt $dx = \mu(x, t)\,dt + \sigma(x, t)\,d\omega$ und ist G (x, t) eine zweimal differenzierbare Funktion in den Variablen x und t, so ist auch G (x, t) ein Itô-Prozeß mit

$$dG = \left(\frac{\delta G}{\delta x}\mu(x, t) + \frac{1}{2}\frac{\delta^2 G}{\delta x^2}\sigma^2(x, t) + \frac{\delta G}{\delta t}\right)dt + \frac{\delta G}{\delta x}\sigma(x, t)\,d\omega.$$

Hierbei ist $d\omega$ der gleiche Wiener-Prozeß wie in x.

Wir wollen diese Aussage an zwei Beispielen für die Funktion G erläutern. Zum einen die von t unabhängige Funktion $G(S, t) = \ln(S)$, zum anderen die Funktion $G(S, t) = S \cdot e^{i_c \cdot (t^* - t)}$.

Ein vorgegebener Aktienkurs S genüge einer geometrischen Brownschen Bewegung, d. h. $dS = \mu \cdot S \cdot dt + \sigma \cdot S \cdot d\omega$ (μ, σ konstant).

Itô's-Lemma für die Funktion G (S, t) = ln (S)

1) Betrachtet man nun $G(S, t) = \ln(S)$, so gilt

$$\frac{\delta G}{\delta S} = \frac{1}{S},\ \frac{\delta^2 G}{\delta S^2} = -\frac{1}{S^2} \text{ und } \frac{\delta G}{\delta t} = 0.$$

Setzt man dies in das Lemma von Itô ein, ergibt sich

$$dG = (\mu - \sigma^2/2)\,dt + \sigma\,d\omega.$$

lnS ist also ein allgemeiner Wiener-Prozeß (mit Drift-Rate $\mu - \sigma^2/2$ und Varianz-Rate σ). Man nennt daher S auch *lognormalverteilt*, d. h. betrachtet man einen längeren Zeitraum T, so ist $\ln S_T$ normalverteilt mit Mittelwert $\ln(S_0) + (\mu - \sigma^2/2)T$ und Standardabweichung $\sigma\sqrt{T}$.[2]

---

[1] Für die genaue Formulierung und einen Beweis sei auf INGERSOLL, J. E.: Theory of Financial Decision Making, 1987, Seite 348 verwiesen.

[2] Da prozentuale Änderungen (im Gegensatz zu absoluten) nicht additiv sind, kann nicht mehr wie früher geschlossen werden, daß $\sigma\sqrt{T}$ die Standardabweichung der prozentualen Erträge im Zeitraum T ist; wie man sieht, gibt $\sigma\sqrt{T}$ die Standardabweichung der stetigen Erträge an.

2) Sei $F = S \cdot e^{i_c(t^* - t)}$ der Terminkurs zum Zeitpunkt t* bei gegebenem Kassakurs S (i_c = stetige Bestandshaltekosten von S). Es ergibt sich

Itô's-Lemma für die Funktion $G(S, t) = S \cdot e^{i_c \cdot (t^* - t)}$

$$\frac{\delta F}{\delta S} = e^{i_c \cdot (t^* - t)}, \quad \frac{\delta^2 F}{\delta S^2} = 0 \text{ und } \frac{\delta F}{\delta t} = -i_c \cdot S \cdot e^{i_c \cdot (t^* - t)}.$$

Setzt man dies wieder in das Lemma von Itô ein, ergibt sich

$$dF = (\mu \cdot S \cdot e^{i_c \cdot (t^* - t)} - i_c \cdot S \cdot e^{i_c \cdot (t^* - t)})\, dt + \sigma \cdot S \cdot e^{i_c \cdot (t^* - t)}\, d\omega = (\mu - i_c) \cdot F\, dt + F\sigma\, d\omega.$$

Also folgt F ebenfalls einer geometrischen Brownschen Bewegung mit der gleichen Volatilität wie S und einer zu erwartenden Rendite $\mu - i_c$.

C. Delta-Hedging als Grundüberlegung zur Entwicklung der Formeln für die Optionsbewertung

Wert der Option gleich mathematischer Erwartung?

Erstmals wurde der Wert von Optionen durch Bachelier zum Gegenstand der mathematischen Wirtschaftstheorie gemacht. Er formulierte den Wert einer Kaufoption als deren mathematischen Erwartungswert, wobei er unterstellte, daß der zugrundeliegende Kurs normalverteilt sei (siehe auch Kapitel VIII. B). In neueren Arbeiten glaubte man, bei der Optionsbewertung der Tatsache Rechnung tragen zu müssen, daß Optionen sehr riskante Anlagen sind. Man meinte, man müsse einen Abschlag vom Mathematischen Erwartungswert vornehmen, wenn die Mehrzahl aller Anleger das Risiko scheue.[1] Wie der Leser am Ende dieses Kapitels feststellen wird, ist diese zunächst plausible Vermutung falsch.

---

[1] So z. B. AYRES, Herbert F.: Risk Aversion in the Warrant Market. In: Industrial Management Review. Vol. 5 (1963), S. 497–505. SPRENKLE, Case: Warrant Prices as Indicators of Expectations. In: Yale Economic Essays, Vol. I (1961), S. 179–232. SAMUELSON, Paul A.: Rational Theory of Warrant Pricing. In: Industrial Management Review, Vol. 6 (1965), S. 13–32. Alle drei Aufsätze auch in: COOTNER, Paul H. (Hrsg.): The Random Character of Stock Market Prices, Cambridge, Mass. 1964.

Spekulationsstrategie nach Thorp / Kassouf

1967 erschien ein Buch von Thorp/Kassouf „Beat the Market". In diesem Buch empfahlen Thorp und Kassouf eine Anlagestrategie, die mit an Sicherheit grenzender Wahrscheinlichkeit zu Gewinnen führen müsse: Man suche sich aus den von den Aktiengesellschaften begebenen Optionsscheinen solche mit kurzer Restlaufzeit heraus, die vom Markt häufig überbewertet würden. Man leihe sich diese Optionsscheine von seinem Broker und verkaufe sie (short selling = Leerverkauf). Gleichzeitig kaufe man eine bestimmte Anzahl von Aktien. Bei einem Steigen der Aktienkurse verlöre man an den leerverkauften Optionsscheinen, gewinne aber an der Aktie. Der Leerverkauf der Optionsscheine hedgt den Besitz der Aktie. Daß die Kursgewinne bei der Aktie höher seien als die Kursverluste bei einem Optionsschein, sollte durch eine wohldefinierte Anzahl von Optionsscheinen ausgeglichen werden. Auf die Bestimmung der Anzahl der Optionsscheine, die eine Aktie gerade hedgen, werden wir später wieder eingehen.

Wert der Option ist bei gegebenem Ausübungskurs abhängig von der Höhe des Aktienkurses

Nun wissen wir aus den Regeln über die Kombination von Termingeschäften, daß sich aus Aktien und Optionen niemals ein völlig risikoloses Portefeuille zusammensetzen läßt (vgl. z. B. Abb. 6.6 bis 6.9). Daß dieses „Hedgen" unvollkommen bleiben muß, ergibt sich daraus, daß die einmal aufgestellte Position beibehalten wird, unabhängig davon, wie die Kursentwicklung der Aktien verläuft. Die Wertänderung einer einmal gewählten und später beibehaltenen Anzahl von Optionen hängt sehr stark von der augenblicklichen Höhe des Aktienpreises ab, d. h. davon, wie weit in bzw. aus dem Geld die Option steht. So könnte eine Verkaufsoption mit Ausübungskurs 100 bei einem Absinken des zugehörigen Aktienkurses mit sehr unterschiedlichen Wertsteigerungen reagieren:

- bei einer Kurssenkung von 100 auf 99 DM z. B. mit einem Preisanstieg von 0,50 DM,
- bei einer Kurssenkung von 200 auf 199 DM mit einem Preisanstieg von 0,10 DM und
- bei einer Kurssenkung von 50 auf 49 DM mit einem Preisanstieg von 1 DM.

Im ersten Fall würden zwei Verkaufsoptionen den Kursverlust der Aktie genau ausgleichen, im zweiten Fall zehn und im dritten Fall eine. Die gleiche Absicherungswirkung liefern verkaufte Kaufoptionen, da ein Abfallen des Aktienkurses und damit ein Absinken des

Kaufoptionwerts für den Verkäufer der Kaufoption (call short) einen Gewinn bedeutet. Mathematisch heißt dies, daß die im folgenden hergeleitete Differentialgleichung für Puts und Calls das gleiche Aussehen hat.

Bedingungen für ein Hedgen von Aktien durch Optionen

Wie diese Überlegungen zeigen, könnte ein Hedgen von Aktien durch leerverkaufte Kaufoptionen möglich sein,
- wenn gegen eine Aktie gerade die Anzahl von Optionen gehalten wird, deren Wertänderung die der Aktie gerade ausgleicht und
- wenn diese Anzahl von Optionen bei Änderungen des Aktienkurses in wohldefinierter Weise angepaßt wird.

Hedge-Rate

Delta-Hedgen

Bezeichnen wir *das Verhältnis von gehaltenen Aktien/leerverkauften bzw. geschriebenen Kaufoptionen* als Hedge-Rate, so gibt es für jeden Aktienkurs genau eine Hedge-Rate, die die erste Bedingung erfüllt. Die erforderliche *Anpassung der Hedge-Rate an das Niveau des Aktienkurses im Zeitablauf* bezeichnen wir als Delta-Hedgen (dynamisches Hedgen). Auf dieser Grundüberlegung basierend, konnten Black und Scholes zeigen, daß der Wert des wohldefinierten „Hedge-Portefeuilles“ bei je nach Höhe des Aktienkurses wohldefinierten Änderungen der Hedge-Rate im Hinblick auf Aktienkursänderungen sicher ist.

Bedingungen für die Ableitung des Black/Scholes-Werts

Damit waren sie in der Lage, eine Gleichung für den gesuchten Wert einer vorgegebenen Option aufzustellen und zu lösen. Hierbei werden folgende Voraussetzungen benötigt:
a) Der kurzfristige Zins i_d ist bekannt und (während der Laufzeit) konstant.[1]
b) Der Aktienkurs S folgt einer geometrischen Brownschen Bewegung; insbesondere ist S lognormalverteilt, und die Varianz σ^2 der (stetigen) Preisänderungsraten ist (während der Laufzeit) konstant.[2]
c) Der Kauf und Verkauf von Anleihen und Aktien verursacht keine Transaktionskosten.[3]

---

1) Die Black/Scholes-Differentialgleichung bleibt gültig, wenn i_d als Funktion der Größen S und t bekannt ist.

2) Die Black/Scholes-Differentialgleichung bleibt gültig, wenn σ als Funktion der Größen S und t bekannt ist.

3) Für die Verarbeitung von Transaktionskosten s. LELAND, H.E.: Option Pricing and Replication with Transactions Costs. In: Journal of Finance, Vol. XI (Dec. 1985), S. 1283–1301.

d) Es ist möglich, Aktien und Anleihen in beliebig kleinen Teilbeträgen zu handeln.
e) Man kann zum kurzfristigen Zinssatz beliebige Beträge aufnehmen oder anlegen.
f) Short selling ist möglich.
g) Dividenden fallen (sofern vorhanden) stetig an.[1]

Wir sind nun soweit, die zu Beginn angestellten Überlegungen zu präzisieren und die Black/Scholes-Gleichung für den Wert einer Option zum Zeitpunkt t (Put bzw. Call) mit dem Ausübungskurs K und dem Verfallszeitpunkt t* herzuleiten; mit S bezeichnen wir den Kurs des optierbaren Objekts (der Einfachheit halber im folgenden eine bestimmte Aktie).

Zusammensetzung des Hedge-Portefeuilles

Um den Wert der Kaufoption C zu bestimmen, gehen wir im folgenden von einem Hedge-Portefeuille mit einer positiven Zahl a von Aktien aus, die durch eine noch zu bestimmende Anzahl o von verkauften Kaufoptionen (short call) „gehedgt" werden sollen, d.h. der Wert des Hedge-Portefeuilles soll nur noch von Zeitänderungen, nicht hingegen von Aktienkursänderungen abhängig sein. Die Anzahl o der verkauften Kaufoptionen ist daher so zu bestimmen, daß die Änderung dW im Wert $W = a \cdot S + \sigma \cdot C$ des Hedge-Portefeuilles unabhängig wird von der Änderung dS der Zufallsgröße S. Der Einfachheit halber sei zunächst vorausgesetzt, daß keine Dividenden gezahlt werden. Nun gilt (unter der Voraussetzung, daß die Änderung von o klein ist im Verhältnis zur Änderung von W, S und t):

Wertänderung des Hedge-Portefeuilles

$$\text{(IX.C.1)} \quad dW = a \cdot dS + o \cdot dC.$$

Die Änderung dC im Wert des Optionspreises wird nun durch die C(S,t) bestimmenden Variablen S und t ausgedrückt. Da S eine Zufallsvariable ist, muß bei der Bestimmung von dC auf das Lemma von Itô zurückgegriffen werden. Dies besagt:

$$dC = \left(\frac{\delta C}{\delta S}\mu S + \frac{\delta C}{\delta t} + \frac{1}{2}\frac{\delta^2 C}{\delta S^2}\sigma^2 S^2 + \frac{\delta C}{\delta t}\right) dt + \frac{\delta C}{\delta S}\sigma S \, d\omega$$

$$= \frac{\delta C}{\delta S}(\mu S \, dt + \sigma S \, d\omega) + \left(\frac{\delta C}{\delta t} + \frac{1}{2}\frac{\delta^2 C}{\delta S^2}\sigma^2 S^2\right) dt.$$

[1] Die Einarbeitung diskreter Dividenden erfolgt später.

Es resultiert unter Berücksichtigung von (IX.B.1) die Gleichung

$$\text{(IX.C.2)} \quad dC = \frac{\delta C}{\delta S} \cdot dS + \left(\frac{\delta C}{\delta t} + \frac{1}{2} \cdot \frac{\delta^2 C}{\delta S^2} \cdot \sigma^2 \cdot S^2\right) \cdot dt.$$

Eine Änderung des Preises der Kaufoption hat also zwei Ursachen:
- reine Aktienkursänderungen dS,
- reine Zeitänderungen dt.

Da dS der einzige stochastische (d. h. mit Risiko verbundene) Term in dC ist, beschreibt der vor dt stehende Ausdruck in (IX.C.2) den Zeitverfall des Optionswerts. Diese Zeitkomponente bewirkt eine Optionspreisänderung, auch wenn im Laufe der Zeit keine Aktienkursänderung (dS = 0!) erfolgt.

Wertänderung des Hedge-Portefeuilles in Abhängigkeit von dS und dt

Setzt man nun Gleichung (IX.C.2) in Gleichung (IX.C.1) ein, so ergibt sich nach Zusammenfassen der von dS und dt abhängigen Größen:

$$\text{(IX.C.3)} \quad dW = \left(a + o \frac{\delta C}{\delta S}\right) dS + o \left(\frac{\delta C}{\delta t} + \frac{1}{2} \frac{\delta^2 C}{\delta S^2} \sigma^2 S^2\right) dt.$$

Wie zu Beginn schon erwähnt, soll das Hedge-Portefeuille risikolos sein, d.h. unabhängig von Aktienkursänderungen dS. Dies ist nur dadurch zu erreichen, daß der Faktor vor dS Null gesetzt wird; d.h., daß

$$\text{(IX.C.4)} \quad a + o \cdot \frac{\delta C}{\delta S} = 0$$

und damit

$$\text{(IX.C.4')} \quad o = -a/(\frac{\delta C}{\delta S})$$

gilt.

Die Hedge-Rate a/|o| ist also gleich δC/δS, was nach den am Anfang des Kapitels angestellten Überlegungen auch zu erwarten war, da δC/δS angibt, wie sich C bei einer alleinigen Änderung von S verändert. Weil mit dieser Hedge-Rate die Wertänderung des Hedge-Portefeuilles risikolos (also nur noch rein zeitabhängig) ist, muß aus ökonomischen Gründen der prozentuale Ertrag des Hedge-Portefeuilles gleich dem Zinsertrag einer risikolosen Anleihe $i_d \cdot dt$ sein; eine sichere Anlage kann nicht mehr bringen als andere sichere Anlagen. Es gilt also

Hedge-Rate muß gleich der 1. Ableitung des Optionswerts nach dem Aktienkurs sein

$$\text{(IX.C.5)} \quad dW/W = i_d \cdot dt.$$

Das Hedge-Portefeuille, bestehend aus a Aktien und a/(δC/δS) verkauften Kaufoptionen, verhält sich wie eine risikolose Anleihe. Mit Hilfe dieser Methode („Pricing by Duplication“) lassen sich, wie Formel (IX.C.2) zeigt, auch Optionen synthetisch herstellen, indem man ein geeignet zusammengestelltes Portefeuille aus den zugrundeliegenden Aktien und Anleihen (die rein zeitliche Komponente) bildet.

Die Differentialgleichung bei Objekten, die Dividenden abwerfen

Wir wollen diese Überlegung nun noch auf den Fall verallgemeinern, daß ein stetiger Dividendenertrag d des optierbaren Objekts vorliegt.

In diesem Fall gilt anstelle von (IX.C.1)

$$\text{(IX.C.1')}\quad dW = a \cdot (dS + S \cdot d \cdot dt) + o \cdot dC$$

und damit anstelle von (IX.C.3)

$$\text{(IX.C.3')}\quad dW = \left(a + o \cdot \frac{\delta C}{\delta S}\right) dS +$$

$$o \cdot \left(\frac{\delta C}{\delta T} + \frac{1}{2} \cdot \frac{\delta^2 C}{\delta S^2} \cdot \sigma^2 \cdot S^2\right) dt + a \cdot S \cdot d \cdot dt.$$

Wie man sieht, ergibt sich die gleiche Hedge-Rate wie vorher. Setzt man (IX.C.3') und (IX.C.4) in Gleichung (IX.C.5) ein, erhält man

$$a \cdot \left[\frac{-1}{\delta C/\delta S} \cdot \left(\frac{\delta C}{\delta t} + \frac{1}{2} \cdot \frac{\delta^2 C}{\delta S^2} \cdot \sigma^2 \cdot S^2\right) + S \cdot d\right] \cdot dt$$

$$\Big/\left(a \cdot S - \frac{aC}{\delta C/\delta S}\right) = i_d \cdot dt.$$

(Beachte: $W = a \cdot S + o \cdot C$.)

Kürzt man a und dt und multipliziert mit $\left(S - \frac{C}{\delta C/\delta S}\right) \cdot \frac{\delta C}{\delta S}$,

Die grundlegende Differentialgleichung

ergibt sich folgende auf Black/Scholes zurückgehende Differentialgleichung:

$$\text{(IX.C.6)}\quad i_d \cdot C + (d - i_d) \cdot S \cdot \frac{\delta C}{\delta S} - \frac{1}{2} \cdot \frac{\delta^2 C}{\delta S^2} \cdot \sigma^2 \cdot S^2 = \frac{\delta C}{\delta t}.$$

Beachtet man, daß $i_d - d$ die stetigen Bestandshaltekosten i_c des optierbaren Objekts darstellt, so ist im allgemeinen Fall (d. h. Optionen auf ein Objekt mit den stetigen Bestandshaltekosten i_c) eine Funktion f zu bestimmen mit

$$(IX.C.7) \quad i_d \cdot f - i_c \cdot S \cdot \frac{\delta f}{\delta S} - \frac{1}{2} \cdot \frac{\delta^2 f}{\delta S^2} \cdot \sigma^2 \cdot S^2 = \frac{\delta f}{\delta t}.$$

Die Differentialgleichung IX. C.6 gilt für alle Typen von Optionen

Jede Option, amerikanisch oder europäisch, Kauf- oder Verkaufsoption, muß unter den gegebenen Voraussetzungen dieser Differentialgleichung genügen. Der Unterschied dieser vier Optionsprobleme liegt einzig in der Wahl der Randbedingungen. So ist der Wert eines Call zum Fälligkeitszeitpunkt $t = t^*$ gleich max $(0, S - K)$, der Wert eines Put jedoch gleich max $(0, K - S)$.

Zu beachten ist außerdem, daß die hergeleitete Differentialgleichung (unter den gegebenen Voraussetzungen) alle derivativen Finanzinstrumente, denen S als Variable zugrunde liegt, charakterisiert, da die Überlegungen für diese genauso gelten. So läßt sich sofort überprüfen, daß der Wert

$$W = S \cdot e^{d \cdot (t^* - t)} - F \cdot e^{i_d \cdot (t^* - t)}$$

eines Terminkontrakts (Kassakurs S, Terminkurs F, Fälligkeitszeitpunkt t^*) die Differentialgleichung erfüllt.

Es sei nochmals erwähnt, daß die Differentialgleichung gültig bleibt, wenn i_d und σ als Funktionen von S und t bekannt sind, was jedoch meist den Lösungsweg kompliziert oder die Anwendbarkeit reduziert. Hier sei etwa auf Merton[1] oder Hull/White[2] verwiesen.

Bevor wir zu den Lösungen der Black/Scholes-Differentialgleichung kommen, wollen wir noch ein Phänomen feststellen, das bei der Optionspreisbestimmung von großem Nutzen ist. Schaut man sich nämlich die an der Differentialgleichung beteiligten Größen an, stellt man fest, daß sie alle unabhängig von Risikopräferenzen der Investoren sind. So haben wir für S eine geometrische Brownsche Bewegung

$$dS = \mu \cdot S \cdot dt + \sigma \cdot S \cdot d\omega$$

vorausgesetzt.

---

1) MERTON, Robert C.: Theory of Rational Option Pricing. In: The Bell Journal of Economics and Management Science, Vol. 4 (1973), No. 1, S. 141–183.

2) HULL, J. C.; WHITE, A.: The Pricing of Options on Assets with Stochastic Volatilities. In: The Journal of Finance, Vol. XLII (June 1987), S. 281–300.

Risikoneutralitätsargument: Lösung der Differentialgleichung ist unabhängig von der Risikopräferenz

Die von Risikopräferenzen abhängige zu erwartende Aktienrendite μ fehlt jedoch in der Differentialgleichung. Daher ist jede Lösung der Differentialgleichung von Risikopräferenzen unabhängig. Man kann also bei der Bestimmung jeder Lösung der Differentialgleichung vereinfachend annehmen, daß alle Investoren ihre Anlagenentscheidungen unabhängig vom jeweiligen Risiko treffen. In dieser hypothetischen risikoneutralen Welt ist folglich jede zu erwartende Aktienrendite gleich dem risikolosen Zinssatz.[1)]

Ein Hedge-Portefeuille

Mit Hilfe der in IX.D und IX.E noch zu bestimmenden Lösung des Optionspreisproblems läßt sich tatsächlich ein Hedge-Portefeuille aufbauen. Wir wollen dies in Tabelle 9.1 demonstrieren. Hierbei ist zu beachten, daß man die ursprüngliche Hedge-Position (1 Aktie + $1/\delta c/\delta S$ short verkaufte Calls = risikolose Anleihe) auch in der Form: „1 Call entspricht $\frac{\delta C}{\delta S}$ Aktien plus einer wohldefinierten Anzahl von Anleihen" lesen kann. Die Größe $\frac{\delta C}{\delta S}$ wird dabei als Δ bezeichnet. Der Einfachheit halber wollen wir außerdem voraussetzen, daß die betrachtete Option vom europäischen Typ ist.

Erläuterung des DELTA-Hedgens

In Zeile 1 von Tabelle 9.1 finden wir zunächst den Aktienkurs und den Preis einer Kaufoption mit dem Ausübungskurs 320 der Bayer-Aktie. Aus diesem Preis ergibt sich, daß der Wert für $\sigma = 0{,}3863$ sein müßte, wenn der Preis der Kaufoption gerade ihr theoretischer „Black/Scholes-Wert" wäre. Da sich als Δ ein Wert von 0,6 ergibt, kaufen wir 0,6 Aktien zum Preis von 322,60 und haben damit Aktien im Werte von 193,56 DM. Da die Option bis zum 15. 10. 1986 läuft, ist in Spalte 7 der Barwert einer Anleihe aufgeführt, die bei einem Zins von 5% am 15. 10. gerade einen Rückzahlungswert von 1 DM hat. Da der Wert des Hedge-Portefeuilles gerade 39 sein soll, muß der Barwert der begebenen Anleihen 154,56 DM sein (Spalte 10). Dafür bekommen wir 158,30 Anleihen mit einem Rückzahlungswert von 1 DM (Spalte 8).

Anpassung des Hedge-Portefeuilles bei Kurssenkungen

Wenn nun am 25. 4. der Aktienkurs auf 319,30 DM gesunken ist, so rechnen wir bei konstantem σ einen theoretischen Black/Scholes-Wert von 36,90 DM und ein neues Δ von 0,585 aus. Das heißt, daß $0{,}6 - 0{,}585 = 0{,}015$ Aktien verkauft werden müßten. Das bringt, multipliziert mit dem Kurs von 319,30 DM, einen Erlös von 4,79 DM. Mit

---

1) Dieses Argument geht auf COX, MERTON und ROSS zurück.

Tabelle 9.1: Wie sieben Tage lang ein Hedge-Portefeuille aufrechterhalten wird (Zins: 5 %; Ausübungskurs: 320; σ: 0,3863; implizit errechnet mit Hilfe der Formel und dem Kurs der Aktie und der Kaufoption vom 24. 4. 1986; Aktien- und Kaufoptionskurse der Bayer-Aktie)

Datum	Aktienkurs	Preis der Kaufoption	Black/Scholes-Wert	Delta A	Zahl der gekauften (−) oder verkauften (+) Aktien und ihr Wert	Barwert einer kurzfristigen Anleihe mit 1 DM Rückzahlungswert am Ende der Optionsfrist	Zahl der gekauften (+) oder verkauften (−) Anleihe und kumulierte Zahl der Anleihen	In Aktien investierter Betrag	Barwert der begebenen Anleihen	Wert des Portefeuilles
(1)	(2)	(3)	(4)	(5)	(6)	(7)	(8) = (6)·(2) : (7) [1]	(9) = (2)·(5)	(10) = (7)·(8)	(11) = (9) − (10)
24.4.	322,60	39	39,0	0,600	0,6 kaufe − 193,56	0,9764	−158,29 verkaufe − 158,30	193,56	− 154,56	39
25.4.	319,30	38	36,9	0,585	0,015 verk. + 4,79	0,9765	4,90 kaufe − 153,40	186,79	− 149,79	37
28.4.	306,80	35	29,7	0,524	0,061 verk. + 18,71	0,9769	19,16 kaufe − 134,24	160,76	− 131,13	29,63
29.4.	311,00	35	31,8	0,544	0,020 kaufe − 6,22	0,9771	6,37 verkaufe − 140,61	169,18	− 137,38	31,8
30.4.	311,50	27	31,9	0,546	0,002 kaufe − 0,62	0,9772	0,64 verkaufe − 141,25	170,08	− 138,02	32,06
2.5.	308,50	34	30,1	0,531	0,015 verk. + 4,63	0,9775	4,73 kaufe − 136,52	163,81	− 133,43	30,38
5.5.	306,10	28	28,5	0,517	0,014 verk. + 4,29	0,9779	4,38 kaufe − 132,14	158,25	− 129,20	29,05

[1] In der ersten Zeile gilt für diese Spalte: (8) = [(6) · (2) − (3)] : (7), da die Kaufoption erst erworben werden muß.

diesen 4,79 DM (Spalte 6) kann man zum Kurs von 0,9765 (Spalte 7) gerade 4,9 Anleihen mit dem Rückzahlungswert von 1 DM (Spalte 8) kaufen. Unsere Kreditaufnahme verringert sich damit auf 153,40 Anleihen mit einem Barwert von 149,79 DM (Spalte 10). Da die 0,085 Aktien beim Kurs von 319,30 DM gerade einen Wert von 186,79 DM (Spalte 9) haben, ist der Wert des Hedge-Portefeuilles gerade 37. Am 5. 5. schließlich ist der Preis der Kaufoption 28 DM, ihr theoretischer Wert 28,50 DM und der Wert des Hedge-Portefeuilles 29,05 DM.

Mögliche Erklärungen für Abweichungen der empirischen Werte von den theoretischen

Der Wert des Hedge-Portefeuilles differiert leicht vom theoretischen Black/Scholes-Wert, da die Anpassung des Hedge-Portefeuilles nicht kontinuierlich stattfindet, sondern jeweils nach endlichen Zeitintervallen. Der theoretische Wert weicht vom Preis der Kaufoption zum Teil beträchtlich ab: Das kann – wenn man unterstellt, daß die oben angeführten Prämissen die Realität zumindest annähern – daran liegen, daß die Käufer und Verkäufer von Optionen in dem Augenblick, in dem sie ihre Orders gegeben haben, andere Vorstellungen vom Aktienkurs hatten. Die hier aufgeführten Kurse stellen den Einheitskurs dar, von dem zumindest in Deutschland angenommen werden kann, daß er der Mehrzahl der Käufer und Verkäufer von Kaufoptionen noch nicht bekannt ist.

Die Black/Scholes-Werte, die in Tabelle 9.1 berechnet wurden, sind Werte für europäische Optionen. Die empirischen Optionswerte sind solche für amerikanische Optionen. Daher unterstellen wir im Beispiel, daß der Wert einer „amerikanischen" Kaufoption durch den Wert einer „europäischen" Kaufoption angenähert werden kann.

D. Lösung der Differentialgleichung für europäische Optionen (Black/Scholes-Formel)

1. Herleitung der Lösung

Wie wir vorhin gesehen haben, besteht das Optionspreisproblem darin, die Lösung der partiellen Differentialgleichung (IX.C.7) zu bestimmen. Hier geht entscheidend ein, daß wir den Optionspreis zum Verfallzeitpunkt t* („Randwert") kennen.

Multipliziert man die Differentialgleichung (IX.C.7) mit $2/\sigma^2$, setzt $\alpha = 2i_d/\sigma^2$, $\beta = 2i_c/\sigma^2$ und führt die Restlaufzeit $T = t^* - t$ ein (unter Beachtung von $\delta/\delta t = -\delta/\delta T$), so lautet das Problem: Bestimme eine Funktion $f(S, T)$, die der Differentialgleichung

$$\text{(IX.D.1)} \quad \alpha \cdot f - \beta \cdot S \cdot \frac{\delta f}{\delta S} - \frac{\delta^2 f}{\delta S^2} \cdot S^2 = - \frac{2}{\sigma^2} \cdot \frac{\delta f}{\delta T}$$

genügt, und den Randwert $f(S,0) = \max(S-K,0)$ bzw. $f(S,0) = \max(K-S,0)$ besitzt (je nachdem, ob ein Call oder ein Put vorliegt).

Transformation der Differentialgleichung auf...

Wir wollen die Differentialgleichung zunächst auf eine möglichst einfache Form transformieren. Hierzu setzen wir $f(S,T) = e^{-i_d \cdot T} \cdot g(u,v)$ mit einer noch unbekannten Funktion g in Abhängigkeit von den neuen Variablen u und v, wobei $v = \sigma^2 \cdot (\beta-1)^2 \cdot T/2$ und $u = (\beta - 1) \cdot \ln(S/K) + v$ ist.

Nun ist

$$\frac{\delta f}{\delta T} = \frac{\delta}{\delta T}(e^{-i_d \cdot T}) \cdot g(u,v) + e^{-i_d \cdot T} \cdot \frac{\delta g}{\delta T} =$$

$$= - i_d \cdot e^{-i_d \cdot T} \cdot g(u,v) + e^{-i_d \cdot T} \left(\frac{\delta g}{\delta u} \cdot \frac{\delta u}{\delta T} + \frac{\delta g}{\delta v} \cdot \frac{\delta v}{\delta T}\right).$$

$$\frac{\delta f}{\delta S} = e^{-i_d \cdot T} \cdot \frac{\delta g}{\delta u} \cdot \frac{\delta u}{\delta S} \quad \text{(da v von S unabhängig ist) und}$$

$$\frac{\delta^2 f}{\delta S^2} = e^{-i_d \cdot T} \cdot \left(\frac{\delta^2 g}{\delta u^2} \cdot \left(\frac{\delta u}{\delta S}\right)^2 + \frac{\delta g}{\delta u} \cdot \frac{\delta^2 u}{\delta S^2}\right).$$

Außerdem ist $\delta v/\delta T = \sigma^2 \cdot (\beta-1)^2/2 = \delta u/\delta T$, $\delta u/\delta S = (\beta-1)/S$ und $\delta^2 u/\delta S^2 = -(\beta-1)^2/S^2$.

Setzt man dies in die Differentialgleichung (IX.D.1) ein , ergibt sich

$$-\frac{2}{\sigma^2} \cdot \frac{\delta f}{\delta T} = \alpha \cdot f - e^{-i_d \cdot T} \cdot \left(\frac{\delta g}{\delta u} + \frac{\delta g}{\delta v}\right) \cdot (\beta - 1)^2 =$$

$$\alpha \cdot f - \beta \cdot S \cdot e^{-i_d \cdot T} \frac{\delta g}{\delta u} \cdot \frac{\delta u}{\delta S} - S^2\left(\frac{\delta^2 g}{\delta u^2} \cdot \left(\frac{\delta u}{\delta S}\right)^2 + \frac{\delta g}{\delta u} \cdot \frac{\delta^2 u}{\delta S^2}\right).$$

Kürzen von $\alpha \cdot f$ und Multiplikation mit $e^{-i_d \cdot T}$ liefert

$$-\left(\frac{\delta g}{\delta u} + \frac{\delta g}{\delta v}\right) \cdot (\beta - 1)^2 = -\beta(\beta - 1) \cdot \frac{\delta g}{\delta u} - \frac{\delta^2 g}{\delta u^2} \cdot (\beta - 1)^2 +$$

$$(\beta - 1) \cdot \frac{\delta g}{\delta u} = -(\beta - 1)^2 \cdot \frac{\delta^2 g}{\delta u^2} - (\beta - 1)^2 \cdot \frac{\delta g}{\delta u}.$$

...eine einfachere Form (Wärmeleitungsgleichung)

Es resultiert die Differentialgleichung

$$\text{(IX.D.2)} \quad \frac{\delta g}{\delta v} = \frac{\delta^2 g}{\delta u^2}.$$

Der Randwert transformiert sich zu

Zugehörige Transformation der Randbedingungen

$$g(u,0) = \begin{cases} 0 & \text{für } u \leq 0 \\ K(e^{u/(\beta-1)} - 1) & \text{für } u > 0 \end{cases} \quad \text{im Fall des europäischen Call,}$$

bzw.

$$g(u,0) = \begin{cases} 0 & \text{für } u < 0 \\ K(1 - e^{u/(\beta-1)}) & \text{für } u \geq 0 \end{cases} \quad \text{im Fall des europäischen Put}^{1)}.$$

Bestimmung einer Elementarlösung der vereinfachten Differentialgleichung

Wie leicht zu überprüfen ist, stellt die Funktion

$$h(u,v) = e^{-(u/2\sqrt{v})^2}/2\sqrt{\pi v}$$

eine Lösung der Differentialgleichung (IX.D.2) dar, ohne jedoch der Randbedingung $h(u,0) = g(u,0)$ zu genügen (der konstante Faktor $1/2\sqrt{\pi}$ wird hier nur aus rechnerischen Gründen schon aufgeführt). Aus der Theorie der Differentialgleichungen folgt, daß dann auch

Faltung der Elementarlösung...

$$\text{die „Faltung“} \int_{-\infty}^{+\infty} R(x)\, h(x-u,v)\,dx =$$

$$= \frac{1}{2\sqrt{\pi \cdot v}} \int_{-\infty}^{+\infty} R(x)\, e^{-((x-u)/2\sqrt{v})^2} dx$$

von h mit einer beliebigen anderen Funktion R ebenfalls eine Lösung der Differentialgleichung (IX.D.2) ist. Ziel ist es nun, R so zu wählen, daß

---

1) Hierbei wurde $\beta - 1 > 0$ vorausgesetzt. Für $\beta - 1 \leq 0$ ergibt sich die gleiche Lösung.

$$g(u,v) = \int_{-\infty}^{+\infty} R(x) \cdot h(x - u,v)\,dx \quad \text{gilt.}$$

Die Substitution
$y = (x - u)/2\sqrt{v}, \quad x = u + 2 \cdot y \cdot \sqrt{v}, \quad dx = 2 \cdot \sqrt{v} \cdot dy$
liefert

$$g(u,v) = \frac{1}{\sqrt{\pi}} \int_{-\infty}^{+\infty} R(u + 2 \cdot y \cdot \sqrt{v}) \cdot e^{-y^2} dy.$$

Für $v = 0$ ergibt sich (da das Integral den Wert $\sqrt{\pi}$ besitzt)

$$g(u,0) = R(u) \frac{1}{\sqrt{\pi}} \int_{-\infty}^{+\infty} e^{-y^2} dy = R(u).$$

Es gilt also $R(u) = g(u,0)$; die Funktion R ist daher gleich der vorgegebenen Randfunktion $g(u,0)$. Setzt man dies ein, ergibt sich

$$g(u,v) = \frac{1}{\sqrt{\pi}} \int_{-\infty}^{+\infty} g(u + 2 \cdot y \cdot \sqrt{v},0) \cdot e^{-y^2} dy.$$

... liefert die ...

Betrachten wir zunächst den europäischen Call (für den Fall $\beta - 1 > 0$). Da $g(u + 2 \cdot y \cdot \sqrt{v},0) = 0$ gilt, wenn $u + 2 \cdot y \cdot \sqrt{v} \leq 0$ (äquivalent $y \leq -u/2\sqrt{v}$) ist, erhält man

$$g(u,v) = \frac{1}{\sqrt{\pi}} \int_{-u/2\sqrt{v}}^{+\infty} g(u + 2 \cdot y \cdot \sqrt{v},0) \cdot e^{-y^2} dy =$$

... Lösung der vereinfachten Differentialgleichung

$$= \frac{K}{\sqrt{\pi}} \int_{-u/2\sqrt{v}}^{+\infty} (e^{(u+2\cdot y\cdot\sqrt{v})/(\beta-1)} - 1) \cdot e^{-y^2}dy =$$

$$= \frac{K}{\sqrt{\pi}} \int_{-u/2\sqrt{v}}^{+\infty} (e^{\ln S/K + \sigma^2\cdot(\beta-1)\cdot T/2 + 2\cdot y\cdot\sigma\cdot\sqrt{T}/\sqrt{2}} - 1) \cdot e^{-y^2}dy =$$

$$= \frac{e^{\sigma^2\cdot\beta\cdot T}}{\sqrt{\pi}} \cdot S \cdot \int_{-u/2\sqrt{v}}^{+\infty} e^{-(y-\sigma\cdot\sqrt{T}/\sqrt{2})^2}dy - \frac{K}{\sqrt{\pi}} \int_{-u/2\sqrt{v}}^{+\infty} e^{-y^2}dy =$$

$$= \frac{e^{\sigma^2\cdot\beta\cdot T}}{\sqrt{\pi}} \cdot S \cdot \int_{-u/2\sqrt{v}-\sigma\sqrt{T}/\sqrt{2}}^{+\infty} e^{-z^2}dz - \frac{K}{\sqrt{\pi}} \int_{-u/2\sqrt{v}}^{+\infty} e^{-y^2}dy.$$

Beachtet man nun noch, daß für die Normalverteilung

$$N(x) = \frac{1}{\sqrt{2\pi}} \int_{-\infty}^{x} e^{-y^2}dy = \frac{1}{\sqrt{\pi}} \int_{-x/\sqrt{2}}^{+\infty} e^{-y^2}dy$$ gilt, ergibt sich weiter

Rücktransformation liefert...

$$g(u,v) = S \cdot e^{\sigma^2\cdot\beta\cdot T/2} \cdot N(\sigma \cdot \sqrt{T} + u/\sqrt{2v}) - K \cdot N(u/\sqrt{2v}).$$

Rücktransformation von u und v ergibt

$$u/\sqrt{2v} = (\ln S/K + \sigma^2 \cdot (\beta - 1) \cdot T/2)/\sigma\sqrt{T}.$$

Daher lautet die Lösung c des europäischen Optionspreisproblems für Calls

... Call- und...

$$c(S,T) = e^{-i_d\cdot T} \cdot g(u,v).$$

Einsetzen von g liefert

(IX.D.3)
$$c(S,T) = S \cdot e^{(i_c-i_d)\cdot T} \cdot N(y + \sigma \cdot \sqrt{T}) - K \cdot e^{-i_d\cdot T} \cdot N(y),$$

wobei

(IX.D.4) $y = (\ln(S/K) + \sigma^2 \cdot (\beta - 1) \cdot T/2)/(\sigma \sqrt{T}) =$

$= (\ln(S/K) + (i_c - \sigma^2/2) \cdot T)/(\sigma - \sqrt{T})$

gesetzt wurde.

Mit Hilfe der Put-Call-Parität ergibt sich

$p(S,T) = c(S,T) - S \cdot e^{(i_c - i_d) \cdot T} + K \cdot e^{-i_d \cdot T} =$

$= K \cdot e^{-i_d \cdot T} \cdot (1 - N(y)) - S \cdot e^{(i_c - i_d) \cdot T} \cdot (1 - N \cdot (y + \sigma \sqrt{T}))$.

Unter Berücksichtigung von $1 - N(x) = N(-x)$ ergibt sich für den europäischen Put

(IX.D.5)
$p(S,T) = K \cdot e^{-i_d \cdot T} \cdot N(-y) - S \cdot e^{(i_c - i_d) \cdot T} \cdot N(-y - \sigma \sqrt{T})$. *...Putformel*

2. Interpretation der Formeln

Die Formel der Kaufoption

(IX.D.3) $c = S \cdot e^{(i_c - i_d) \cdot T} \cdot N(y + \sigma \sqrt{T}) - K \cdot e^{-i_d \cdot T} \cdot N(y)$

und die Formel der Verkaufsoption

(IX.D.5) $p = K \cdot e^{-i_d \cdot T} \cdot N(-y) - S \cdot e^{(i_c - i_d) \cdot T} \cdot N(-y - \sigma \sqrt{T})$

lassen zwei Interpretationen der Black/Scholes-Formeln zu:

Interpretation der Black/Scholes-Formel als...

Erste Interpretation:
Der erste Term in Gleichung (IX.D.3) repräsentiert für $i_c = i_d$ den Wert der Aktie, die der Käufer der Kaufoption bezieht, wenn $S > K$ gilt. Der zweite Term repräsentiert den Wert des Ausübungskurses, den er im Fall der Ausübung bezahlen muß.
Ist $S >> K$, so sind $N(y)$ und $N(y + \sigma \sqrt{T})$ annähernd 1, und der Wert der Formel führt für den Verfallzeitpunkt zum inneren Wert der Kaufoption $S - K \cdot e^{-i_d \cdot T}$.

...Ausübungswert, wenn die Option im Geld steht, und...

Der erste Term in Gleichung (IX.D.5) repräsentiert den Barwert des Ausübungskurses, den der Käufer der Verkaufsoption erhält, wenn

K > S gilt. Der zweite Term repräsentiert den Wert der Aktien, die er eventuell liefern muß.

Ist K >> S, so geht der Wert der Formel für den Verfallzeitpunkt wieder in den inneren Wert, jetzt der Verkaufsoption, über.

Zweite Interpretation:
Delta, die erste Ableitung $\delta c/\delta S$ der B/S-Formel nach S, ist gleich $N(y + \sigma\sqrt{T})$.

... als die Beträge, die in Aktien und in Anleihen investiert sind

Wie wir bei der Delta-Hedge Tabelle 9.1 gesehen haben, ist S mal $\delta c/\delta S$ der beim Delta-Hedge-Prozeß in Aktien investierte Betrag. Der erste Term von (IX.D.3) bzw. der zweite Term von (IX.D.5) ist daher der beim Delta-Hedge-Prozeß in Aktien investierte Betrag. Der zweite Term in (IX.D.3) bzw. der erste Term von (IX.D.5) muß dementsprechend der in Bonds investierte Betrag, die Verschuldung, sein.

Wie Tabelle 9.2 in Gliederungspunkt IX.F. zeigt, werden zur Duplizierung des Kaufs einer Kaufoption $\delta c/\delta S$ Aktien gekauft, und der Betrag $(\delta c/\delta S \cdot S - c)$ wird durch Begebung von Anleihen aufgenommen (= Kreditaufnahme). Zur Duplizierung des Kaufs einer Verkaufsoption müssen $\delta p/\delta S$ Aktien leerverkauft werden, und der erlöste Betrag $(\delta p/\delta S \cdot S + p)$ wird in Anleihen angelegt.

E. Lösung des Problems für amerikanische Optionen

1. Hat das Recht zur vorzeitigen Ausübung einen Wert?

Für die folgenden Untersuchungen wollen wir annehmen, daß das der Option zugrundeliegende Objekt die Voraussetzungen der Black/Scholes-Differentialgleichung erfüllt und daß stetige Bestandshaltekosten i_c anfallen, da dies eine übersichtliche Darstellung ermöglicht;

die im wesentlichen gleichen Ergebnisse lassen sich jedoch auch ohne diese Voraussetzungen erzielen.[1]

Begriff der vorzeitigen Ausübung

Bei der Bewertung amerikanischer Optionen ist zu klären, ob und unter welchen Voraussetzungen das Recht zur Ausübung vor Ablauf der Optionsfrist („vorzeitige Ausübung") einen Wert besitzt. Dies wird dann der Fall sein, wenn mit positiver Wahrscheinlichkeit Kurse eintreten können, bei denen die vorzeitige Ausübung vorteilhaft ist. Da laut Voraussetzung keine Transaktionskosten entstehen, muß die amerikanische Option in diesen Fällen zu ihrem inneren Wert gehandelt werden. Vorzeitige Ausübung wird sich häufig als unvorteilhaft erweisen und erst von einer gewissen Höhe des inneren Werts der Option an sinnvoll sein. Daher muß untersucht werden, ob ein „kritischer" Kurs S^* (bzw. S^{**} bei Puts) existiert, ab dem sich vorzeitige Ausübung lohnt.[2]

Kritischer Kurs

Da uns bisher keine Bewertungsmöglichkeit für amerikanische Optionen zur Verfügung steht, geschieht der Beweis für die Existenz bzw. Nichtexistenz des kritischen Kurses indirekt über die Eigenschaften europäischer Optionen.

Wir zeigen in den folgenden Beweisen, daß entweder die europäische Option (und damit auch die amerikanische!) immer oberhalb ihres inneren Werts gehandelt wird (d. h. es ist $S^* = \infty$ bei Calls bzw. $S^{**} = 0$ bei Puts) oder daß mit positiver Wahrscheinlichkeit Kurse möglich sind, für die der Wert der europäischen Option unterhalb des inneren Werts liegt (d. h. es ist $S^* < \infty$ bei Calls bzw. $S^{**} > 0$ bei Puts).

Glattstellen bei europäischen Optionen erfolgt durch Termingeschäfte

Anhand des Absinkens des Werts europäischer Optionen unter ihren inneren Wert läßt sich auch klar erkennen, woraus der meist höhere Wert einer amerikanischen Option resultiert: Da eine europäische Option zum aktuellen Zeitpunkt nicht ausgeübt werden kann, muß sie anstelle der Ausübung durch einen Terminkauf bzw. -verkauf des

---

[1] Siehe etwa JARROW, Robert A.; RUDD, Andrew: Option Pricing, Homewood: Richard D. Irwin, Ill. 1983, Kapitel 5.

[2] Ab dem kritischen Kurs sind daher die Begriffe „Ausübung der Option" und „Verkauf der Option" als gleich anzusehen. In der Praxis muß wegen der Transaktionskosten damit gerechnet werden, daß bei Aktienkursen ober- bzw. unterhalb des kritischen Kurses die amerikanische Option etwas unter ihrem inneren Wert gehandelt wird.

Ergebnis des Glattstellens durch Termingeschäfte bei Kaufoptionen...

zugrundeliegenden Objekts zum Terminkurs $F = S \cdot e^{i_c \cdot T}$ (vgl. Gleichung VIII.7) glattgestellt werden. Bei Calls resultiert im Falle eines Terminverkaufs zum Verfallzeitpunkt

$$F - K = S \cdot e^{i_c \cdot T} - K;$$

Abzinsen liefert zum heutigen Zeitpunkt

$$(S \cdot e^{i_c \cdot T} - K) \cdot e^{-i_d \cdot T}.$$

Je nach Größe der Bestandshaltekosten i_c kann für *Kaufoptionen* ein Kurs $S^* < \infty$ existieren, ab dem dieser Wert unterhalb des inneren Werts der Option liegt, den man ja beim sofortigen Ausüben einer amerikanischen Kaufoption auf jeden Fall erhält.

Betrachten wir alle drei möglichen Fälle:
1. Fall: $i_c > i_d$, 2. Fall: $i_c = i_d$ und 3. Fall: $i_c < i_d$.

Wie wir in Kapitel VIII gesehen haben, gilt

$$\text{(VIII.2)} \quad c - p = S \cdot e^{(i_c - i_d) \cdot T} - K \cdot e^{-i_d \cdot T}$$

oder

$$c(S,T) \geq S \cdot e^{(i_c - i_d) \cdot T} - K \cdot e^{-i_d \cdot T}.$$

...für $i_c \geq i_d$ und...

Für Fall 1 und 2 gilt daher wegen $0 < e^{-i_d \cdot T} < 1$ und $e^{(i_c - i_d) \cdot T} \geq 1$:

$$\text{(IX.E.1)}$$
$$c \geq S \cdot e^{(i_c - i_d) \cdot T} - K \cdot e^{-i_d \cdot T} > S \cdot e^{(i_c - i_d) \cdot T} - K \geq S - K.$$

Für Fall 1 und 2 ist der Wert der europäischen Kaufoption daher größer als der innere Wert, und vorzeitige Ausübung der entsprechenden amerikanischen Option wäre nicht vorteilhaft. Daher ist der Wert der amerikanischen Kaufoption bei Vorliegen der Voraussetzungen von Fall 1 und 2 auch nicht höher, sondern gleich dem Wert der europäischen Kaufoption.

...$i_c < i_d$

Anders ist es hingegen im Fall 3. Dann existiert ein Kurs $S < \infty$ mit

$$\text{(IX.E.2)} \quad S > K \, (1 - e^{-i_d \cdot T}) / (1 - e^{(i_c - i_d) \cdot T}).$$

(IX.E.2) besagt lediglich, daß S größer als der mit einem konstanten Faktor multiplizierte Ausübungskurs ist. Dieser Faktor ist wegen $i_c < i_d$ positiv. Daher ist (IX.E.2) äquivalent zu

(IX.E.3) $S - K > S \cdot e^{(i_c - i_d) \cdot T} - K \cdot e^{-i_d \cdot T}$.

Wegen $\lim_{S \to \infty} y = \infty$ und $\lim_{S \to \infty} N(y) = \lim_{S \to \infty} N(y + \sigma\sqrt{T}) = 1$ und der Gleichung für den Black/Scholes-Wert von c

(IX.D.3)
$c = S \cdot e^{(i_c - i_d) \cdot T} \cdot N(y + \sigma\sqrt{T}) - K \cdot e^{-i_d \cdot T} \cdot N(y)$

konvergiert c für $S \longrightarrow \infty$ asymptotisch gegen

$S \cdot e^{(i_c - i_d) \cdot T} - K \cdot e^{-i_d \cdot T}$.

Daher kann S so groß gewählt werden, daß (bis auf einen kleinen Fehler)

(IX.E.4) $c(S,T) = S \cdot e^{(i_c - i_d) \cdot T} - K \cdot e^{-i_d \cdot T}$

gilt.

(IX.E.3 und 4) zusammen ergeben:

(IX.E.5) $S - K > S \cdot e^{(i_c - i_d) \cdot T} - K \cdot e^{-i_d \cdot T} = c(S,T)$.

Wert der europäischen Kaufoption kann unter den inneren Wert sinken

Gleichung (IX.E.5) aber ist der Beweis, daß der innere Wert einer Kaufoption während der Laufzeit größer sein kann als der Wert einer europäischen Kaufoption. Damit ist gezeigt, daß im Fall 3 eine amerikanische Kaufoption wertvoller ist als eine europäische.

Zusammenfassung der Ergebnisse für eruopäische Kaufoptionen

Folgerung: In den Fällen $i_c > i_d$ und $i_c = i_d$ sind amerikanische und europäische Kaufoptionen gleich zu bewerten. Nur im Fall $i_c < i_d$ haben amerikanische und europäische Kaufoptionen unterschiedliche Werte.

Wir wollen das Auftreten der unterschiedlichen Fälle anhand einiger Beispiele erläutern:

1. Fall, $i_c > i_d$: Dieser Fall tritt etwa bei Warenkaufoptionen auf (siehe X.A.5). Hier ergeben sich die Bestandshaltekosten i_c als Summe von

Praktische Gültigkeit der Ergebnisse

– Lagerhaltungskosten i_1 (stetig) und
– Opportunitätskosten i_d (das für Waren verausgabte Geld erzielt keinen Zinsertrag).

$i_c > i_d$: Warenoptionen

Wegen $i_1 > 0$ gilt daher $i_c = i_d + i_1 > i_d$.

$i_c = i_d$: dividendenlose Aktien

2. Fall, $i_c = i_d$: Dieser Fall tritt auf, wenn das der Kaufoption zugrundeliegende Objekt keinen Ertrag abwirft und daher nur die Zinskosten i_d verursacht. Beispiele hierfür sind
– Calls auf Aktien, die während der Laufzeit keine Dividende zahlen oder
– Optionen auf Optionen (sog. compound options).

$i_c < i_d$: Devisenoptionen

3. Fall, $i_c < i_d$: Bestes Beispiel hierfür sind Devisenkaufoptionen, da hier die Annahme stetiger Erträge (in Form des ausländischen Zinssatzes) voll gerechtfertigt ist. Da $i_f > 0$ ist, gilt

$$i_c = i_d - i_f < i_d.$$

Wert europäischer und amerikanischer Optionen: Erläuterung von Abbildung 9.1

In den Abbildungen 9.1 und 9.2, die auf Stoll/Whaley zurückgehen[1], sind die Beziehungen zwischen

– dem europäischen Wert der Kaufoption,
– dem amerikanischen Wert der Kaufoption und
– dem kritischen Kurs S*

graphisch dargestellt. In Abbildung 9.1 ist der Fall dargestellt, in dem die Bestandshaltekosten größer sind als der Zinssatz. Wenn Getreide neben den Zinskosten Lagerhaltungskosten verursacht und die Getreidemenge wegen Mäusefraß sinkt, so ist es in der Tat möglich, daß eine Option auf Getreide wertvoller ist als der Getreidebesitz selbst. Die unter Kapitel VIII.A.1 getroffene Aussage, daß eine Kaufoption nie wertvoller sein kann als das optierbare Objekt, erweist sich, wie alle dort getroffenen Aussagen, als Spezialfall für $i_c = i_d$. Dann kann auch die Steigung der Optionspreiskurve größer als 45° sein. Es gibt für $i_c > i_d$ keinen Schnittpunkt der Kurve der europäischen Kaufoption mit der Kurve des inneren Werts, so daß sich auch vorzeitige Ausübung der amerikanischen Kaufoption nicht lohnt.

---

[1] STOLL, Hans R.; WHALEY, Robert, E.: New Option Instruments: Arbitrageable Linkages and Valuation. In: Advances in Futures and Options Research, Vol. I. Hrsg.: Fabozzi, Frank J. London: JAI Press, 1986, S. 25–62.

Anders liegt der Fall in Abbildung 9.2 für die $i_c < i_d$ gilt. Das ist der Fall von Devisenkaufoptionen, für die $i_c = i_d - i_f$ ist. Hier schneidet die Kurve der europäischen Kaufoption c(S) die Kurve des inneren Werts. Die Kurve der amerikanischen Kaufoption C(S) verläuft ab dem kritischen Kurs S*, von dem an eine vorzeitige Ausübung sinnvoll ist, deckungsgleich mit der Kurve des inneren Werts.

Europäische Kaufoption, amerikanische und S für $i_c > i_d$*

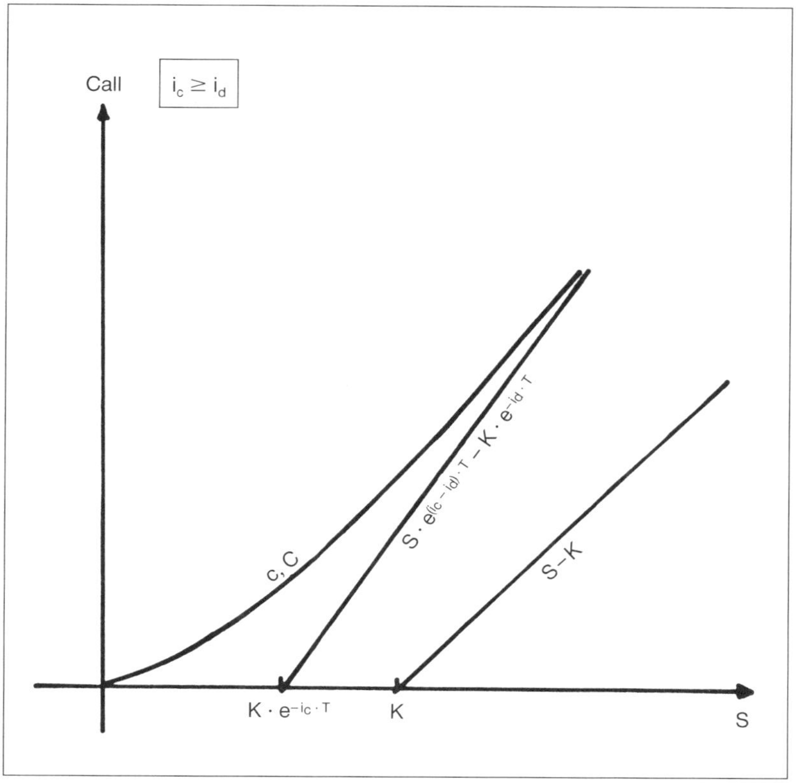

Abb. 9.1: Kurve des Werts der europäischen Kaufoption in Abhängigkeit vom Aktienkurs im Falle von Lagerhaltungskosten $i_c \geq i_d$

Betrachten wir nun amerikanische Verkaufsoptionen. Geht der Kurs S des optierbaren Objekts gegen null, so geht der zur Berechnung des Werts der Verkaufsoption erforderliche Term y aus

$$\text{(IX.D.4)} \quad y = [\ln(S/K) + (i_c - 0{,}5 \cdot \sigma^2) \cdot T]/[\sigma \cdot \sqrt{T}]$$

Europäische Kaufoption, amerikanische und S für $i_c < i_d$*

Beweis, daß amerikanischer Put immer wertvoller ist als europäischer

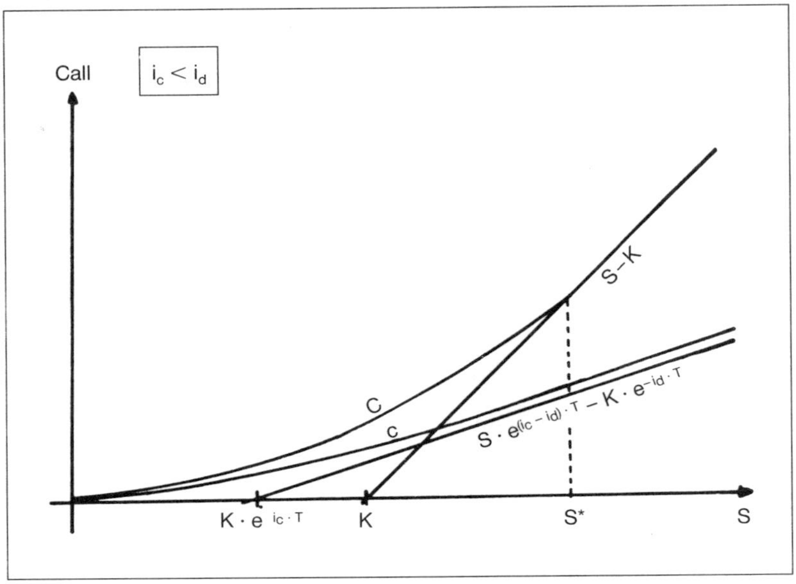

Abb. 9.2: Kurven der Werte der europäischen und der amerikanischen Kaufoption in Abhängigkeit vom Aktienkurs im Falle von Devisenoptionen $i_c < i_d$

gegen minus unendlich, da ln (S/K) gegen minus unendlich konvergiert. Dann gilt wieder analog zur Argumentation bei den Kaufoptionen

$$\lim_{S \to 0} N(-y) = \lim_{S \to 0} N(-y - \sigma\sqrt{T}) = 1.$$

Deshalb konvergiert

(IX.D.5)
$$p = K \cdot e^{-i_d \cdot T} N(-y) - S \cdot e^{(i_c - i_d) \cdot T} \cdot N(-y - \sigma\sqrt{T})$$

bei $S \to 0$ asymptotisch gegen

$$K \cdot e^{-i_d \cdot T} - S \cdot e^{(i_c - i_d) \cdot T}.$$

Nun kann $S > 0$ so klein gewählt werden, daß (bis auf einen kleinen Fehler)

(IX.E.6) $$p = K \cdot e^{-i_d \cdot T} - S \cdot e^{(i_c - i_d) \cdot T}$$

gilt.

Außerdem wählen wir S so klein, daß

(IX.E.7) $S \cdot (1 - e^{(i_c - i_d) \cdot T}) < K \cdot (1 - e^{-i_d \cdot T})$

gilt. Dies ist möglich, weil der Term auf der rechten Seite positiv ist und die linke Seite der Ungleichung mit S gegen null konvergiert. (IX.E.7) ist dann äquivalent zu

(IX.E.8) $K \cdot e^{-i_d \cdot T} - S \cdot e^{(i_c - i_d) \cdot T} < K - S.$

(IX.E.5) und (IX.E.8) ergeben zusammen

(IX.E.9) $p = K \cdot e^{-i_d \cdot T} - S \cdot e^{(i_c - i_d) \cdot T} < K - S \leq P.$

Folgerung: Der amerikanische Put ist immer wertvoller als der (ansonsten gleiche) europäische Put.

*Europäische Verkaufsoption, amerikanische und S**

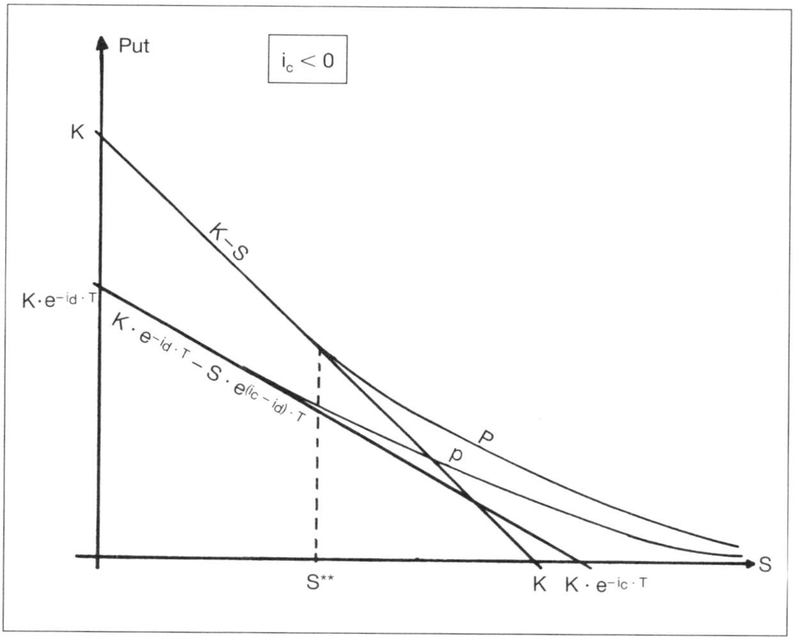

Abb. 9.3: Kurven der Werte der europäischen und der amerikanischen Verkaufsoption in Abhängigkeit vom Aktienkurs bei negativen Bestandshaltekosten i_c

In Abbildung 9.3 sind die Kurven der europäischen und der amerikanischen Verkaufsoption in Abhängigkeit vom Aktienkurs dargestellt. Dabei ist unterstellt, daß i_c negativ ist. Ab S** lohnt sich die Ausübung der Verkaufsoption. Die Abbildung zeigt, daß der Wert der europäischen Verkaufsoption bei diesem Kurs schon weit unter dem inneren Wert liegt.

2. Die Black/Scholes-Differentialgleichung als freies Randwertproblem

Wir wollen in diesem Abschnitt voraussetzen, daß die vorliegende Option eine (im Sinne des vorigen Abschnitts) „echte" amerikanische Option ist, bei der also das Recht der vorzeitigen Ausübung einen Wert hat und für die folglich die Ungleichung

$C(S,T) > c(S,T)$ bzw. $P(S,T) > p(S,T)$ gilt.

Erläuterung des Begriffs: „Freies Randwertproblem"

Wie wir in Kapitel IX.D gesehen haben, ist das europäische Optionspreisproblem ein Randwertproblem; d. h. dadurch, daß wir zum Verfallzeitpunkt t* den funktionalen Zusammenhang zwischen Optionswert und Aktienkurs kennen (Randverhalten), sind wir in der Lage, die Lösung der Differentialgleichung exakt zu bestimmen. Da eine amerikanische Option vorzeitig ausgeübt wird, wenn der kritische Aktienkurs S* erreicht ist, ist uns das Randverhalten der amerikanischen Option nicht bekannt, da wir keine Information darüber besitzen, ob bzw. wann S* erreicht wird. Zusätzlich haben wir also beim amerikanischen Optionsproblem noch den „Rand" (den kritischen Aktienkurs in Abhängigkeit von der Zeit) zu bestimmen (freies Randwertproblem).

Analytische Lösung nicht bekannt; daher...

...zwei numerische Methoden

Da eine analytische Lösung für dieses Problem nicht bekannt ist, muß man bei der Berechnung numerische Verfahren anwenden, was den Rechenaufwand im Vergleich zu den europäischen Werten deutlich erhöht. Weil ein wesentlicher Nachteil numerischer Verfahren darin besteht, daß mit zunehmender Rechengenauigkeit die benötigte Rechenzeit sprunghaft ansteigt, ist es nicht möglich, ein einziges für die Praxis optimales Verfahren anzugeben. Wir wollen daher zwei Methoden beschreiben. Unter a) geben wir ein Approximationsverfahren an, das zwar kurze Rechenzeiten aufweist, aber stetige

Bestandshaltekosten voraussetzt. Unter b) leiten wir ein zeitdiskretes Verfahren her (Binomialmodell), das zwar mehr Rechenzeit beansprucht, jedoch die Verarbeitung von Erträgen gestattet, die zu bestimmten Zeitpunkten anfallen.

a. Die analytische Approximation nach McMillan[1)]

Verfahren nach McMillan ...

Beachtet man, daß die Differentialgleichung von Black/Scholes linear ist, ergibt sich, daß auch die Differenz der Optionswerte

$Z(S,t) = C(S,t) - c(S,t)$ bzw. $Z(S,t) = P(S,t) - p(S,t)$

eine Lösung der Differentialgleichung ist.

... berechnet Zusatzterm

Z beschreibt, wie groß der Unterschied zwischen amerikanischer und europäischer Option ist, gibt also genau den Wert an, den das Recht zur vorzeitigen Ausübung hat. Wenn es gelingt, $Z(S,t)$ zu bestimmen, ergibt sich der amerikanische Wert der Option, indem wir den Zusatzterm $Z(S,t)$ zum europäischen Wert addieren.

Mit $g(t) = 1 - e^{-i_d \cdot T}$ und $T = t^* - t$ machen wir nun den Ansatz

(IX.E.10) $Z(S,t) = g(t) \cdot f(S,g(t))$.[2)]

Dann gilt

$\delta Z/\delta S = g \cdot \delta f/\delta S$, $\delta^2 Z/\delta S^2 = g \cdot \delta^2 f/\delta S^2$, $\delta g/\delta t = i_d \cdot (g - 1)$ und $\delta Z/\delta t = \delta g/\delta t \cdot f + g \cdot \delta g/\delta t \cdot \delta f/\delta g$.

Setzt man dies in die Differentialgleichung ein, ergibt sich

$$\alpha \cdot (\delta f/\delta g) \cdot (g - 1) - (\alpha f)/g + \beta \cdot S(\delta f/\delta S) + S^2 \cdot (\delta^2 f/\delta S^2) = 0.$$

Der Übersichtlichkeit halber wurde dabei $2i_d/\sigma^2 = \alpha$ und $2i_c/\sigma^2 = \beta$ gesetzt.

---

1) Advances in Futures and Options Research, Vol. 1, 1986, S. 119. McMillan beschreibt das Verfahren nur für amerikanische Puts; es läßt sich jedoch vollkommen analog auch für Calls formulieren. Siehe dazu STOLL/WHALEY a. a. O., S. 25 und BARONE-ADESI/WHALEY: Efficient Analytic Approximation of American Option Values. The Journal of finance, Vol. XLII (1987), S. 301–320.

2) Dies erscheint plausibel, da $\lim_{t \to t^*} Z(S,t) = 0$ gelten muß.

Bis hierhin haben wir die Black/Scholes-Differentialgleichung nur umgeschrieben. Die Idee von MacMillan besteht nun darin, den Term $\alpha \cdot (g-1) \cdot \delta f/\delta g$ zu vernachlässigen, weil für große Laufzeiten $g-1$ und für kleine Laufzeiten $\delta f/\delta g$ annähernd 0 ist.

Es resultiert dann die gewöhnliche Differentialgleichung[1] zweiter Ordnung

$$S^2 \cdot (\delta^2 f/\delta S^2) + \beta \cdot S \cdot (\delta f/\delta S) - \alpha \cdot f/g = 0,$$

die die allgemeine Lösung

(IX.E.11) $\quad f(S) = a_1 \cdot S^{q_1} + a_2 \cdot S^{q_2}$

besitzt; hierbei haben q_1 und q_2 folgendes Aussehen:

$$q_1 = [1 - \beta - \sqrt{(1-\beta)^2 + 4 \cdot \alpha/g}]/2 < 0$$

$$q_2 = [1 - \beta + \sqrt{(1-\beta)^2 + 4 \cdot \alpha/g}]/2 > 0.$$

Daher lautet der Zusatzterm Z nach (IX.E.10 und IX.E.11):

$$Z(S,t) = g(t) \cdot f(S) = g(t) \cdot (a_1 \cdot S^{q_1} + a_2 \cdot S^{q_2}).$$

Da $\lim_{S \to 0} Z(S,t) = 0$ bei Calls (bzw. $\lim_{S \to \infty} Z(S,t) = 0$ bei Puts)

gelten muß, ergibt sich der Zusatzterm zu[2]

$Z(S,t) = g(t) \cdot a_2 \cdot S^{q_2}$ bei amerikanischen Calls und
$Z(S,t) = g(t) \cdot a_1 \cdot S^{q_1}$ bei amerikanischen Puts.

Die noch fehlenden Größen a_1 bzw. a_2 lassen sich dadurch bestimmen, daß man den kritischen Kurs S^* berechnet. Dies geschieht folgendermaßen:
Im Punkt S^* (bzw. S^{**} für Puts) ist der Optionswert gleich dem inneren Wert, und die Steigung (in Abhängigkeit von S) ist gleich 1 (bzw. -1 bei Puts). Dies liefert die Gleichungen

---

[1] „Gewöhnlich", weil nur noch Ableitungen einer Variablen auftauchen und die Lösungstheorie derartiger Differentialgleichungen sehr gut ausgearbeitet ist.

[2] Dies folgt aus $q_1 < 0$ bzw. $q_2 > 0$.

$$(1)\quad S^* - K = c(S^*,T) + g \cdot a_2 \cdot S^{*q_2}$$
$$(2)\quad 1 = \delta c/\delta S(S^*,T) + g \cdot q_2 \cdot a_2 \cdot S^{*q_2 - 1} \quad \text{für Calls}$$

bzw.

$$(1')\quad K - S^{**} = p(S^{**},T) + g \cdot a_1 \cdot S^{**q_1}$$
$$(2')\quad -1 = \delta p/\delta S(S^{**},T) + g \cdot q_1 \cdot a_1 \cdot S^{**q_1 - 1} \quad \text{für Puts.}$$

Beachtet man nun noch, daß nach Kapitel IX.G

$$\delta c/\delta S = e^{(i_c - i_d) \cdot T} \cdot N(y + \sigma \cdot \sqrt{T}) \quad \text{bzw.}$$
$$\delta p/\delta S = e^{(i_c - i_d) \cdot T} \cdot N(-y - \sigma \cdot \sqrt{T})$$

gilt, ergibt sich [aus Gleichung (2) bzw. (2')]

$$a_2 = (1 - e^{(i_c - i_d) \cdot T} \cdot N[y(S^*) + \sigma \cdot \sqrt{T}])/(g \cdot q_2 \cdot S^{*q_2 - 1}) \quad \text{bzw.}$$
$$a_1 = -(1 - e^{(i_c - i_d) \cdot T} \cdot N[-y(S^{**}) - \sigma \cdot \sqrt{T}])/(g \cdot q_1 \cdot S^{**q_1 - 1}).$$

Berechnung von S und S** als kritische Ausübungskurse*

S^* (bzw. S^{**}) errechnet sich [aus Gleichung (1) bzw. (1')] als Nullstelle der Funktion:

(IX.E.12) $F_2(S^*) =$
$$c(S^*,T) + (1 - e^{(i_c - i_d) \cdot T} \cdot N[y(S^*) + \sigma \cdot \sqrt{T}]) \cdot S^*/q_2 + K - S^*$$
bzw.

(IX.E.13) $F_1(S^{**}) =$
$$p(S^{**},T) + (1 - e^{(i_c - i_d) \cdot T} \cdot N[y(S^{**}) - \sigma \cdot \sqrt{T}]) \cdot S^{**}/q_1 - K + S^{**}.$$

Faktoren der Zusatzterme

Mit der Bezeichnung

(IX.E.14) $A_2 = (1 - e^{(i_c - i_d) \cdot T} \cdot N[y(S^*) + \sigma \cdot \sqrt{T}]) \cdot S^*/q_2$

bzw.

(IX.E.15) $A_1 = -(1 - e^{(i_c - i_d) \cdot T} \cdot N[-y(S^{**}) - \sigma \cdot \sqrt{T}]) \cdot S^{**}/q_1$

lautet die Lösung für die amerikanische Kauf- bzw. Verkaufsoption daher:

Lösungen für den Call und...

(IX.E.16) $$C(S,T) = \begin{cases} c(S,T) + A_2 \cdot (S/S^*)^{q_2} & \text{falls } S < S^* \\ S - K & \text{falls } S \geq S^* \end{cases}$$

... den Put

(IX.E.17) $$P(S,T) = \begin{cases} p(S,T) + A_1 \cdot (S/S^{**})^{q_1} & \text{falls } S > S^{**} \\ K - S & \text{falls } S \leq S^{**}. \end{cases}$$

Die Berechnung der Größen S* bzw. S** aus Gleichung (IX.E.12) bzw. (IX.E.13) erfolgt am einfachsten mit Hilfe des Newton-Verfahrens.[1]

b. Näherungslösung mit Hilfe des Binomialmodells[2]

Verfahren mit Hilfe des Binomialmodells

Die Grundidee des Binomialmodells besteht darin, die vorgegebene geometrische Brownsche Bewegung des zugrundeliegenden Kurses S durch einen zeitdiskreten stochastischen Prozeß zu approximieren, um damit den gesuchten Optionspreis näherungsweise zu berechnen.

Beschreibung des Binomialprozesses

Hierzu zerlegt man die Restlaufzeit $T = t^* - t$ der Option in n gleichgroße Zeitintervalle der Länge Δt (so daß $\Delta t = T/n$ gilt) und schreibt vor, daß Kursänderungen nur zu den Zeitpunkten $t_1 = t + \Delta t, t_2 = t + 2 \cdot \Delta t, \ldots, t_n = t + n \cdot \Delta t = t^*$ stattfinden. Typisch für das Binomialmodell ist, daß man zu jedem Änderungszeitpunkt immer nur zwei Kursbewegungen zuläßt; entweder bewegt sich der Kurs mit der Wahrscheinlichkeit p und der Änderungsrate u nach oben (= up) oder mit der Wahrscheinlichkeit $1 - p$ und der Änderungsrate d nach unten (= down).

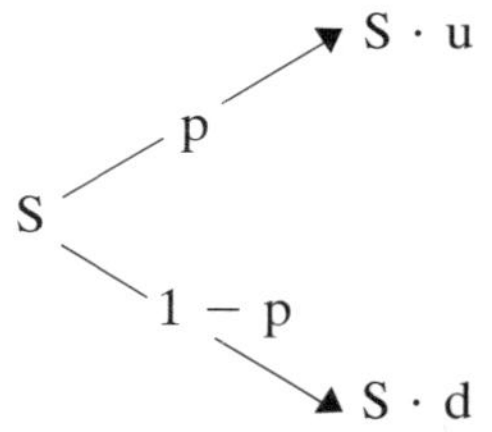

Wahl der Parameter u, d und p

Die Größen u,d und p müssen dabei so gewählt werden, daß im Grenzübergang $\Delta t \rightarrow 0$ (und damit $n \rightarrow \infty$) eine geometrische Brownsche Bewegung (mit Drift-Rate μ und Volatilität σ) entsteht. Wie wir in Kapitel IX.B (Anwendung i von Itô's Lemma) gesehen haben, ist $\ln(S)$ bei einem Ausgangskurs S_0 für einen Zeitraum Δt (sofern Δt hinreichend klein ist) normalverteilt mit Erwartungswert $\ln(S_0) + (\mu - \sigma^2/2) \cdot \Delta t$ und Varianz $\sigma^2 \cdot \Delta t$.

Verbindung der Binomialverteilung mit der Normalverteilung

---

1) Für die genaue Vorgehensweise sei auf BARONE-ADESI/WHALEY: Efficient Analytic Approximation of American Option Values. In: The Journal of Finance, Vol. XLII (1987), S. 301–320 verwiesen.

2) Die Vorgehensweise folgt COX/ROSS/RUBINSTEIN: Option Pricing: A Simplified Approach, Journal of Financial Economics, Vol. 7 (1979), S. 229–263.

Das Binomialmodell liefert in dieser Situation für ln(S) den *Erwartungswert*[1]

$E = p \cdot \ln(S_0 \cdot u) + (1 - p) \cdot \ln(S_0 \cdot d)$
$\quad = p \cdot \ln(u/d) + \ln(d) + \ln(S_0)$

und die *Varianz*[2]

$p \cdot (\ln(S_0 \cdot u) - E)^2 + (1 - p) \cdot (\ln(S_0 \cdot d) - E)^2 =$
$p \cdot (1 - p)^2 \cdot (\ln(u/d))^2 + p^2 \cdot (1 - p) \cdot (\ln(u/d))^2 =$
$p \cdot (1 - p) \cdot (\ln(u/d))^2.$

Es resultieren die Gleichungen

$p \cdot \ln(u/d) + \ln(d) = (\mu - \sigma^2/2) \cdot \Delta t$

und

$p \cdot (1 - p) \cdot (\ln(u/d))^2 = \sigma^2 \cdot \Delta t.$

Die Gleichung $u \cdot d = 1$
nimmt man üblicherweise noch hinzu.[3]
Man erhält

$$u = e^{\sigma \cdot \sqrt{t}}, \quad d = e^{-\sigma \cdot \sqrt{t}}, \quad p = 1/2 + 1/2 \cdot (\mu - \sigma^2/2) \cdot \sqrt{\Delta t}/\sigma.$$

Hieraus resultiert der zukünftige mögliche Aktienkursverkauf in Form eines binären Baumes und daraus wiederum der Optionspreis.

i. Die Entwicklung des Aktienkurses als diskreter stochastischer Prozeß ohne Dividenden

Zusammenhang zwischen u, d und der Standardabweichung der Normalverteilung

Zum besseren Verständnis setzen wir zunächst voraus, daß keine Dividendenerträge während der Laufzeit der Option anfallen. Beachtet man, daß wir (nach Kapitel IX.C) annehmen können, in einer risikoneutralen Welt zu leben, erhält man $\mu = i_d$ (da keine Dividenden anfallen), und eine Lösung für u, p und d lautet[4]:

$$u = e^{\sigma \cdot \sqrt{\Delta t}}, \quad d = e^{-\sigma \cdot \sqrt{\Delta t}}, \quad p = 1/2 + 1/2 \cdot (i_d - \sigma^2/2) \cdot \sqrt{\Delta t}/\sigma.$$

Dadurch ergibt sich der in Abbildung 9.4 dargestellte Baum von Kursverläufen (mit n = 5):

---

[1] Dies ist hier die mit den Wahrscheinlichkeiten gewichtete Summe.

[2] Erwartungswert der Quadrate der um den Mittelwert verminderten Kursbewegungen.

[3] Sie garantiert, daß eine Auf- und eine Abwärtsbewegung wieder zum Ausgangskurs führt; d. h., daß Sud = Sdu = S gilt.

[4] Immer unter der Voraussetzung, daß Δt hinreichend klein ist.

Kursbaum eines Binomialprozesses

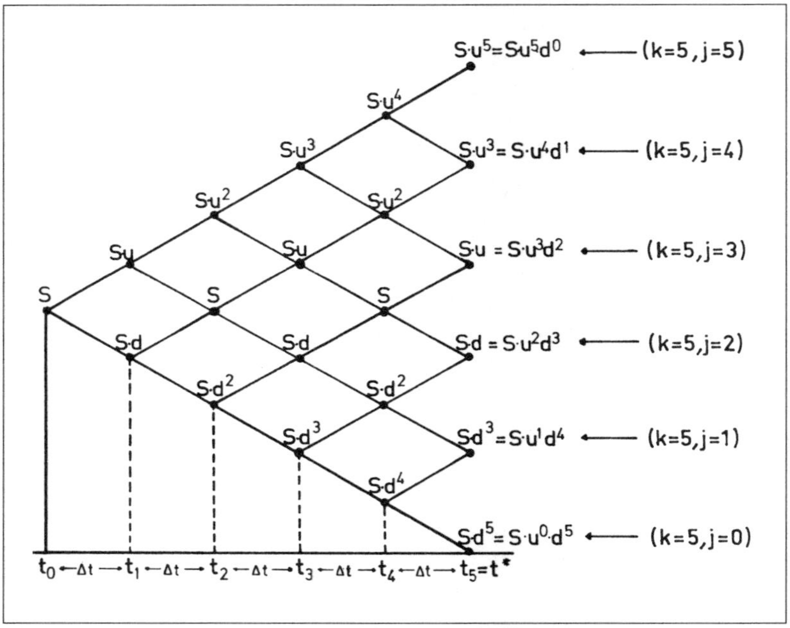

Abb. 9.4: Kursbaum eines Binomialprozesses mit gegebenem Kurssteigerungsfaktor u und Kurssenkungsfaktor d

Wie man sieht, werden auf diese Art und Weise zum Zeitpunkt $t_k = t + k \cdot \Delta t$ die Kurse $S_{k,j} := S \cdot u^j \cdot d^{k-j}$ für $j = 0, 1, 2, \ldots, k$ erzeugt (d. h. $S \cdot d^k$, $S \cdot d^{k-1} \cdot u$, $S \cdot d^{k-2} \cdot u^2, \ldots, S \cdot d \cdot u^{k-1}$, $S \cdot u^k$).

Der Index k gibt also im Kursbaum der Abbildung 9.5 die Spaltennummer an (mit 0 von links beginnend bis n) und j die Zeilennummer in der Spalte k (mit 0 von unten beginnend bis k).

Kursbaum eines Binomialprozesses mit Zeilen- und Spaltenindizierung

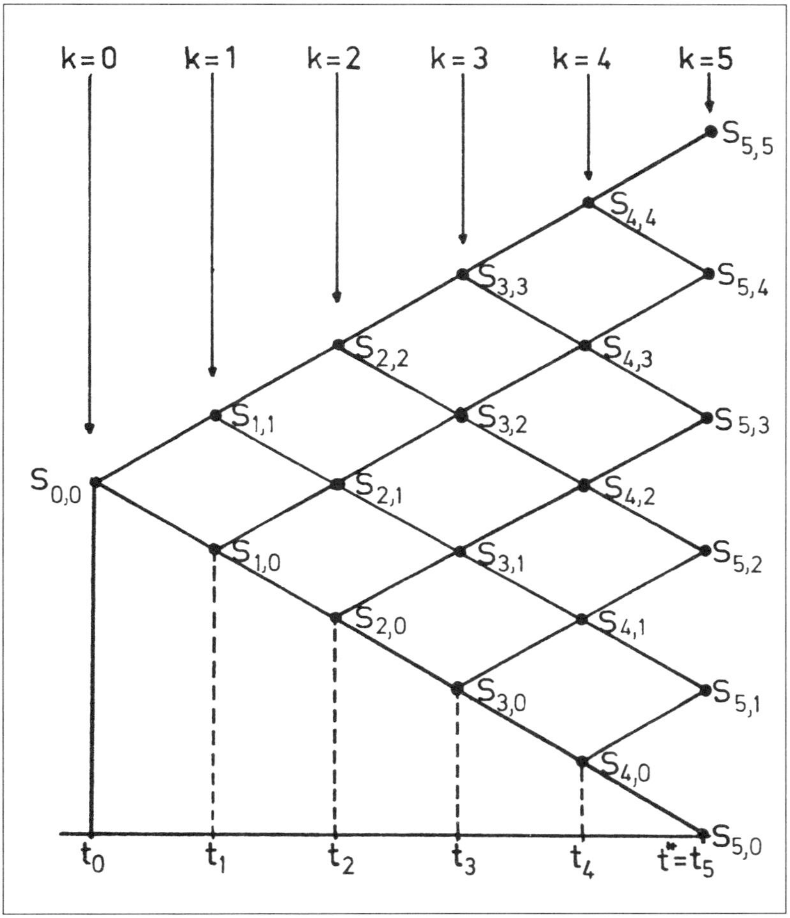

Abb. 9.5: Kursbaum eines Binomialprozesses mit Zeilen- und Spaltenindizierung: sechs Spalten S_0 bis S_5 und sechs Zeilen $S_{5,0}$ bis $S_{5,5}$ in der sechsten Spalte S_5

Zahlenbeispiel eines Binomialprozesses

Beispiel IX.1 für die Berechnung eines Aktienkursbaumes, falls keine Dividenden anfallen:
Betrachten wir einen Aktienkurs von 100 DM zum Zeitpunkt t_0, eine Jahresvolatilität der Aktie von 30 % und einen stetigen Jahreszinssatz von 10 %. Wählt man die Schrittweite $\Delta t = 0{,}01$ Jahre ($\approx$ 4 Tage) und $n = 4$, ergibt sich zunächst $u = e^{0{,}3 \cdot \sqrt{0{,}01}} = 1{,}0305$, $d = 1/u = 0{,}9704$, $p = 0{,}5 + 0{,}5 \cdot \langle 0{,}1 - 0{,}045 \rangle \cdot \sqrt{0{,}01}/0{,}3 = 0{,}5092$ und $1 - p = 0{,}4908$.

Zahlenbeispiel eines Aktienkursbaumes

Dies liefert folgenden Kursbaum für 16 Tage:

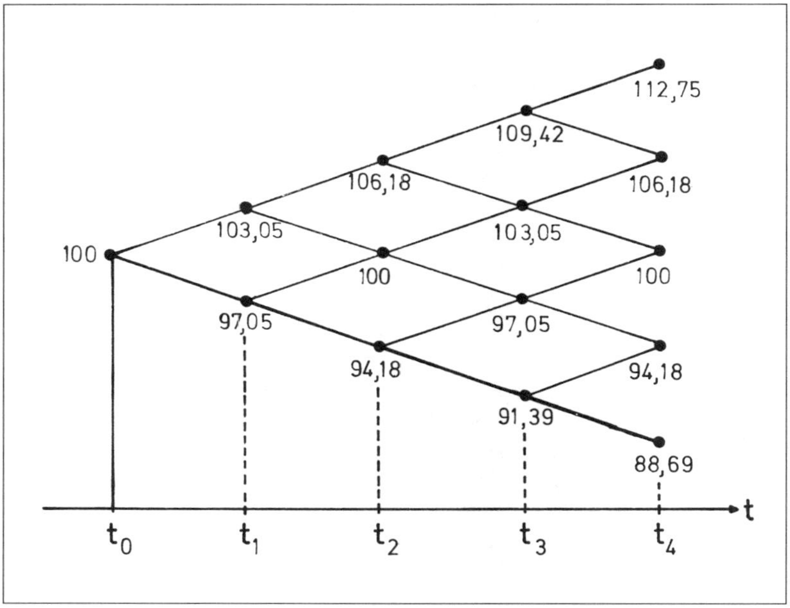

Abb. 9.6: Zahlenbeispiel zum Kursbaum

Wir wollen uns nun überlegen, wie man mit Hilfe dieses Kursbaumes den Wert der vorgegebenen amerikanischen Option berechnet.

Mit $O_{k,j}$ bezeichnen wir den Preis der Option beim Eintreten des Kurses

$S_{k,j} = S \cdot u^j \cdot d^{k-j}$ (zum Zeitpunkt $t_k = t + k \cdot \Delta t$).

Optionswerte als abgezinste Erwartungswerte am Ende der Laufzeit der Option

Da wir angenommen haben, in einer risikoneutralen Welt zu leben, ergibt sich der Wert $O_{k,j}$ der Option als der abgezinste Erwartungswert der in der Zukunft möglichen Optionspreise $O_{k+1,j}$ und $O_{k+1,j+1}$. Dies gilt jedoch nur, solange dieser Erwartungswert oberhalb des inneren Werts $I_{k,j}$ der Option liegt, andernfalls gilt $O_{k,j} = I_{k,j}$ (sonst wären risikolose Arbitragegewinne möglich).

Bei der Berechnung des gesuchten Erwartungswerts zeigt sich der Vorteil des Binomialmodells; ausgehend vom Kurs $S_{k,j}$ sind zum nächstmöglichen Zeitpunkt t_{k+1} nur zwei Kurse ($S_{k+1,j+1}$; $S_{k+1,j}$) und

Kursbäume für Aktien und Optionen mit Spaltenindex k und Zahlenindex j, j = 0,1 . . . , k − 1, k

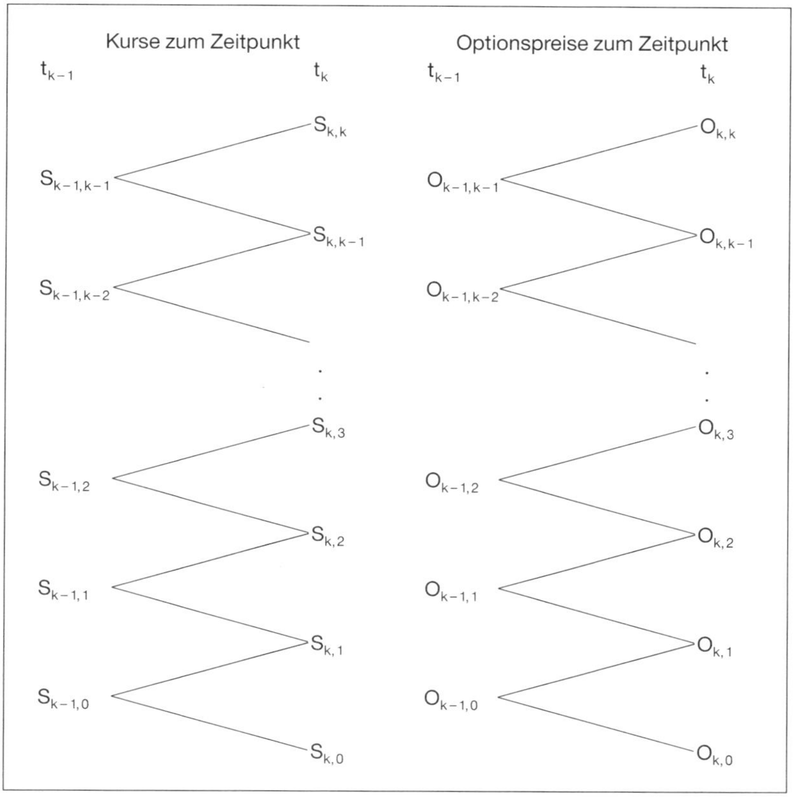

Abb. 9.7: Kursbäume für Aktien und Optionen

damit nur die zwei Optionswerte $O_{k+1,j+1}$ und $O_{k+1,j}$ möglich. Da diese mit den Wahrscheinlichkeiten p bzw. $1 - p$ eintreten, ist $p \cdot O_{k+1,j+1} + (1 - p) \cdot O_{k+1,j}$ der gesuchte Erwartungswert.

Für jeden beliebigen Optionswert $O_{k,j}$ des Kursbaumes gilt:

$$O_{k,j} = \max(I_{k,j;}\ e^{-i_d \cdot \Delta t} \cdot [p \cdot O_{k+1,j+1} + (1-p) \cdot O_{k+1,j}]).$$

Da zum Zeitpunkt $t^* = t_n = t + n \cdot \Delta t$ die Option verfällt, sind die Optionswerte $O_{n,j}$ gleich dem inneren Wert $I_{n,j}$.

Ausgehend von den Werten $O_{n,j}$ am Ende der Laufzeit, lassen sich in endlich vielen Schritten alle früheren Optionswerte berechnen (zuerst für j = 0 bis k = n − 1 alle Werte $O_{n-1,j}$, dann für j = 0 bis k = n − 2 alle Werte $O_{n-2,j}$ usw.), insbesondere auch der Wert der Option zum heutigen Zeitpunkt $t = t_0$ (in unserer Notation $0_{0,0}$).

Wie man auch in den Abbildungen 9.5 und 9.8 sehen kann, bedeutet dies, daß die Zahl der Zeilen immer um eins größer ist als der Spaltenindex: in der nullten Spalte gibt es eine Zeile, in der ersten Spalte zwei, ... in der (n − 1)-ten Spalte n Zeilen.

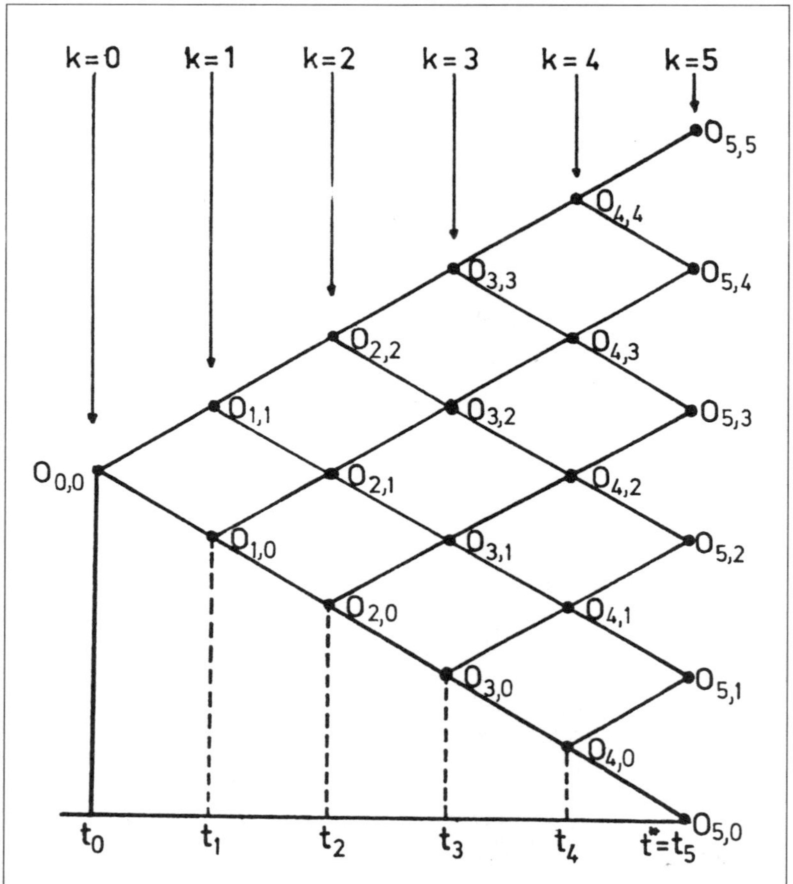

Abb. 9.8: Baum der Optionswerte mit sechs Spalten (k = 5) und in der k-ten Spalte sechs (k + 1) Zeilen.

Die Berechnung des gesuchten Optionspreises erfolgt also in zwei Schritten:

1. Erzeugung des Aktienkursbaumes
2. Ermittlung des Optionskursbaumes durch „Rückwärtsrechnen" mit Hilfe des Aktienkursbaumes.

Beispiel IX.2 für die Ermittlung des Optionskursbaumes aus dem Aktienkursbaum von Beispiel IX.1:
Setzen wir den Kursbaum des letzten Beispiels voraus und betrachten wir eine Verkaufsoption auf diese Aktie mit Ausübungskurs K = 100. Die Laufzeit der Option betrage 0,04 Jahre; Dividenden mögen während der Laufzeit nicht anfallen und i_d betrage 10% p.a. (stetig). Bei n = 4 Teilintervallen ist $\Delta t = 0{,}01$ und der Abzinsungsfaktor $e^{-i_d \cdot \Delta t} = e^{-0{,}1 \cdot 0{,}01} = 0{,}999$, und es ergibt sich für die Werte der Option folgender Binomialbaum (hierbei wurde $t_0 = 0$ und $t^* = 0{,}04$ gewählt):

Binomialbaum eines Put mit vorzeitiger Ausübung

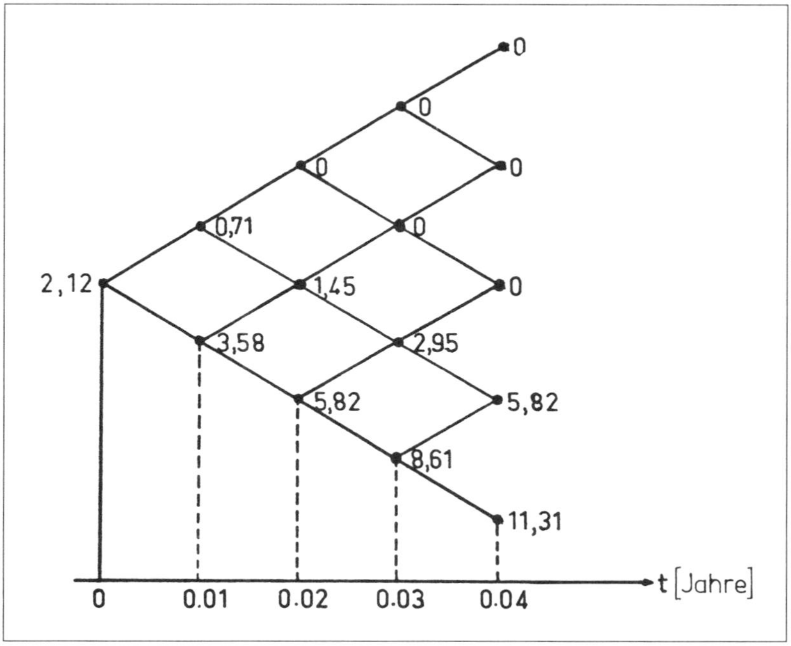

Abb. 9.9: Binomialbaum eines Put mit vorzeitiger Ausübung (innerer Wert 8.61 in Spalte 4)

Da zum Zeitpunkt $t^* = 0{,}04$ die Option verfällt, stehen in der letzten Spalte die inneren Werte des Put, die sich aus den Kursen 112,75; 106,18; 100; 94,18; 88,69 des Binomialmodells ergeben (Abbildung 9.6).

Berechnung einzelner Optionswerte des Binomialbaumes...

Die Berechnung der vorletzten Spalte wollen wir anhand der Werte $O_{3,0} = 8{,}61$ und $O_{2,1} = 1{,}45$ demonstrieren.

Der innere Wert der Option beim Kurs $S_{3,0} = 91{,}39$ ist 8,61; der abgezinste Erwartungswert errechnet sich zu

... mit vorzeitiger Ausübung und...

$$e^{-i_d \cdot \Delta t} \cdot (p \cdot O_{4,1} + (1-p) \cdot O_{4,0})$$
$$= 0{,}999 \cdot (0{,}5092 \cdot 5{,}82 + 0{,}4908 \cdot 11{,}31) = 8{,}51.$$

Das Maximum dieser beiden Werte ist 8,61 (d. h. es erfolgt eine vorzeitige Ausübung).

Der innere Wert der Option beim Kurs $S_{2,1} = 100$ ist 0; der abgezinste Erwartungswert errechnet sich zu

... ohne vorzeitige Ausübung

$$e^{-i_d \cdot \Delta t} \cdot (p \cdot O_{3,2} + (1-p) \cdot O_{3,1})$$
$$= 0{,}999 \cdot (0{,}5092 \cdot 0 + 0{,}4908 \cdot 2{,}95) = 1{,}45.$$

Das Maximum dieser beiden Werte ist 1,45 (d. h. es erfolgt keine vorzeitige Ausübung).

Zur genauen Berechnung der Optionswerte braucht man hinreichend viele Teilschnitte, ...

Zu beachten ist, daß der berechnete Optionswert $O_{0,0} = 2{,}12$ ungenau ist, weil die bei der Approximation gewählte Schrittweite (im Verhältnis zur Laufzeit) zu groß ist. Der genaue Wert (für großes n) liegt bei 2,32. Erfahrungsgemäß sollte Δt so klein gewählt werden, daß die Restlaufzeit T in mindestens $T/\Delta t = 25$ Teilintervalle zerlegt wird.

... besonders zur Berechnung der Ableitungen

Auch die für Hedge-Prozesse benötigten Parameter wie z. B. $\Delta = \delta C/\delta S$ oder $\Gamma = \delta^2 C/\delta S^2$ lassen sich mit Hilfe des Kursbaumes approximieren, indem man den Differentialquotienten durch den entsprechenden Differenzenquotienten ersetzt. So gilt z. B.

$$\delta C/\delta S = (O_{1,1} - O_{1,0})/(S_{1,1} - S_{1,0})$$
$$= (O_{1,1} - O_{1,0})/(Su - Sd).$$

Die Berechnung der Ableitungswerte erfordert jedoch (da sonst die Werte zu ungenau sind) ein wesentlich größeres n als die Berechnung der Optionswerte.

Zu klären bleibt noch die Frage, wie Dividenden in das Modell eingearbeitet werden können.

Hierzu unterscheiden wir zwischen stetigen und diskreten Dividenden.

ii. Die Entwicklung des Aktienkurses als diskreter stochastischer Prozeß mit stetigem Dividendenertrag

Liegt ein stetiger Dividendenertrag des Objekts vor, so läßt sich dieser Fall genauso behandeln wie vorher, wo wir angenommen hatten, daß keine Dividenden anfallen. Zu beachten ist nur, daß in den drei Ausgangsgleichungen des Binomialmodells die zu erwartende Rendite μ des Objekts durch i_c zu ersetzen ist. Man erhält:

$$u = e^{\sigma \cdot \sqrt{\Delta t}}, \quad d = e^{-\sigma \cdot \sqrt{\Delta t}}, \quad p = 1/2 + 1/2 \cdot (i_c - \sigma^2/2) \cdot \sqrt{\Delta t}/\sigma.$$

Zahlenbeispiel zur Berechnung des Werts einer Kaufoption bei stetigen Erträgen des optierbaren Objekts (Devisenoption)

Beispiel IX.3 für die Berechnung des Werts einer Kaufoption beim Vorliegen eines stetigen Dividendenertrages:
Betrachten wir eine \$-Kaufoption mit einer Restlaufzeit von 1/3 Jahr, $\sigma = 20\%$, K = 1,50 DM/\$, S = 1,50 DM/\$, $i_d = 9\%$ p. a. (stetig) und $i_f = 8\%$ p. a. (stetig). Zunächst ist $i_c = i_d - i_f = 1\%$ p. a.

Wählt man im Binomialmodell n = 4, ergibt sich $\Delta t = T/n = 1/3$ Jahr/4 = 0,0833 (= 1 Monat) und

$$u = 1{,}0594 = 1/d; \; p = 0{,}5 + 0{,}5 \cdot (0{,}01 - 0{,}02) \cdot \sqrt{0{,}0833}/0{,}2 = 0{,}4928.$$

Der Kursbaum hat folgendes Aussehen (zugehörige Optionswerte in Klammern):

Kursbaum einer Devisenkaufoption

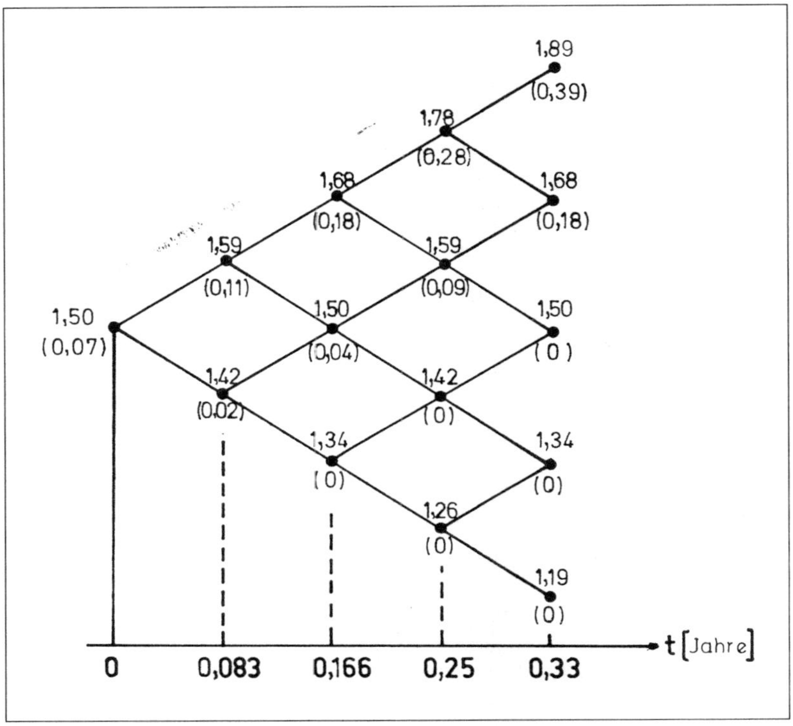

Abb. 9.10: Kursbaum der $-Kurse und der $-Calls

iii. Die Entwicklung des Aktienkurses als diskreter stochastischer Prozeß mit diskreten, festen Dividenden

(1) Dividenden als fester Prozentsatz des Aktienkurses

Zu einem festen Zeitpunkt t_x während der Laufzeit der Option wird ein bekannter Dividendenertrag δ gezahlt.

Nehmen wir an, daß $t_{k-1} < t_x \leq t_k$ gilt. Die Berechnung des Binomialbaumes erfolgt wie zu Beginn dieses Abschnitts mit

$$u = e^{\sigma \cdot \sqrt{\Delta t}}, \quad d = e^{-\sigma \cdot \sqrt{\Delta t}}, \quad p = 1/2 + 1/2 \cdot (i_c - \sigma^2/2) \cdot \sqrt{\Delta t}/\sigma.$$

Ab dem Zeitpunkt t_k (und damit auch zu jedem späteren Zeitpunkt) fällt jeder mögliche Kurs in seinem Wert um $\delta \cdot S$. Mit dem dadurch entstehenden Binomialbaum (hier mit $n = 5$ und $t_1 < t_x \leq t_2$) werden die Optionswerte wie vorher berechnet (Abbildung 9.11).

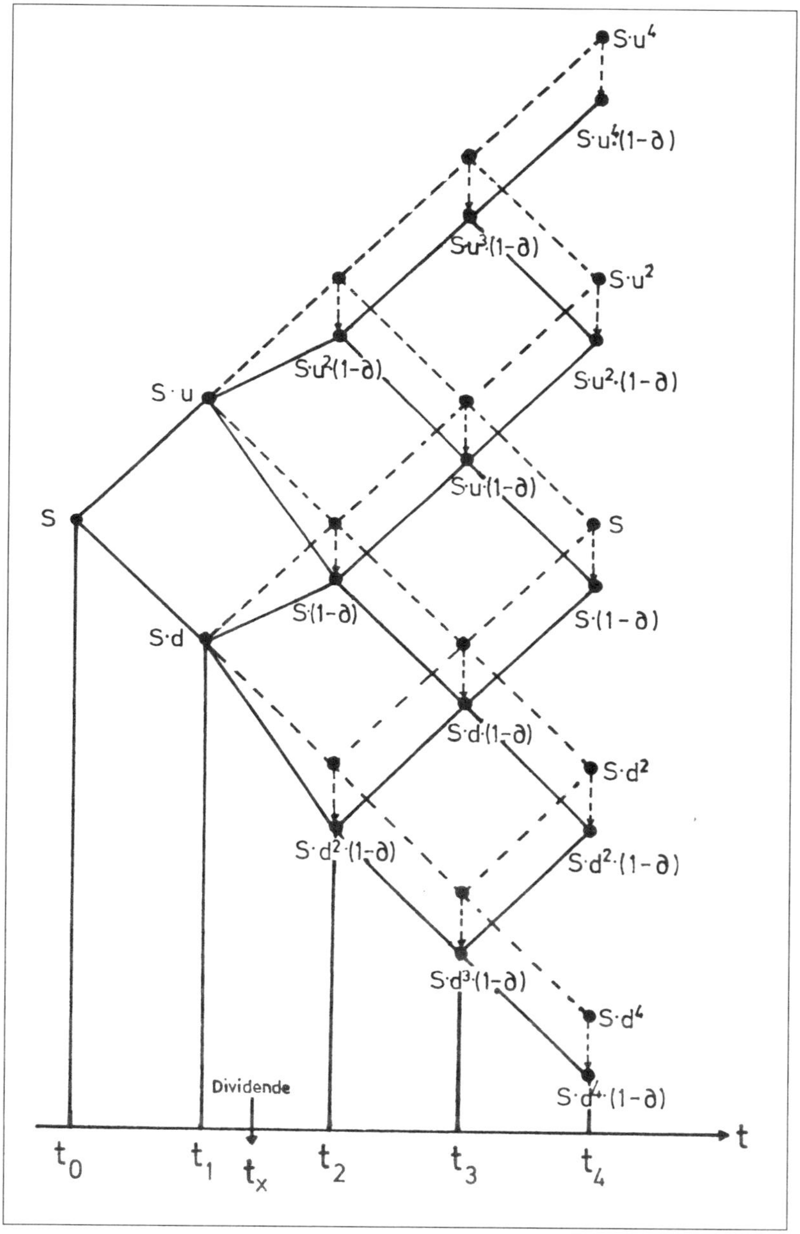

Schematischer Kursbaum der Aktienkurse mit diskreten Dividenden als Prozentsatz der jeweiligen Aktienkurse des Kursbaums

Abb. 9.11: Schematisierter Kursbaum der Aktienkurse mit diskreten Dividenden als fester Prozentsatz des jeweiligen Aktienkurses

Beispiel eines Aktienkursbaums mit diskreten Dividenden als Prozentsatz des jeweiligen Aktienkurses

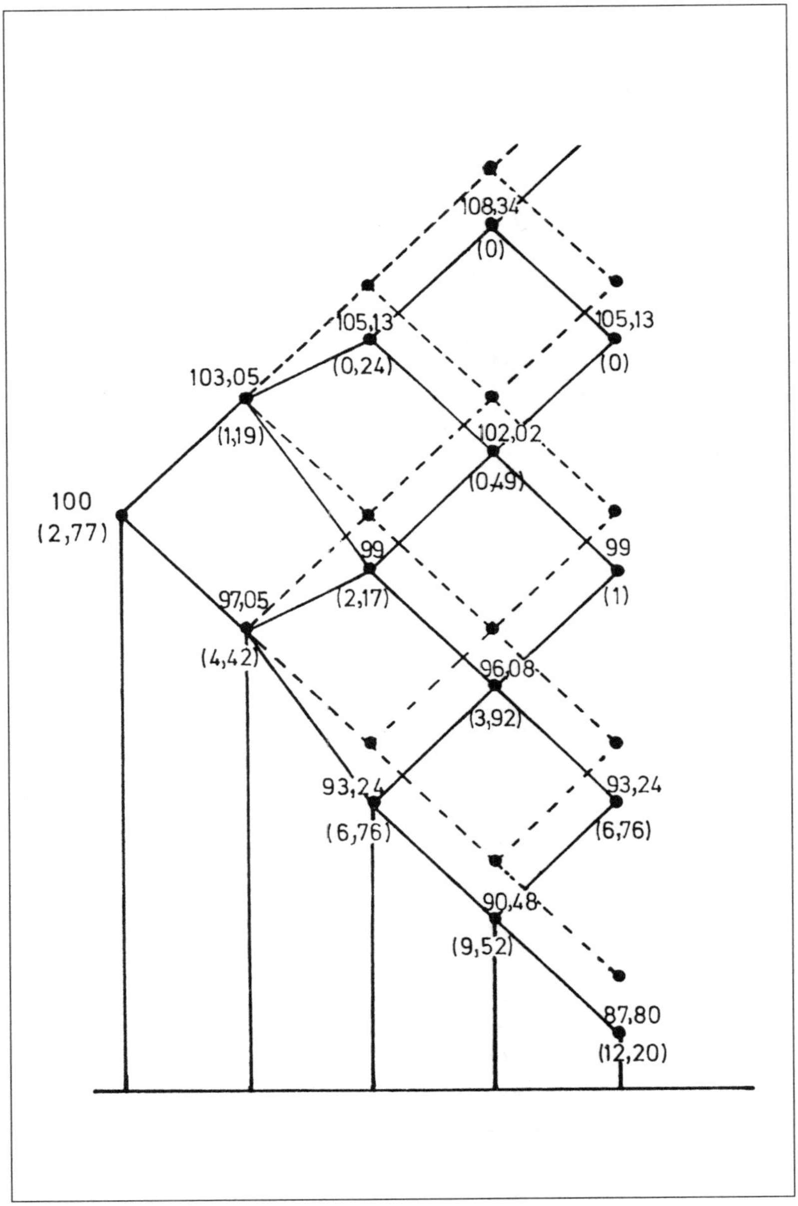

Abb. 9.12: Zahlenbeispiel eines Aktienkursbaums mit Werten von Verkaufsoptionen (in Klammern) und diskreten Dividenden als fester Prozentsatz des jeweiligen Aktienkurses

Kursbaum mit Dividenden als feste, absolute Beträge führt zu vielen Kursen

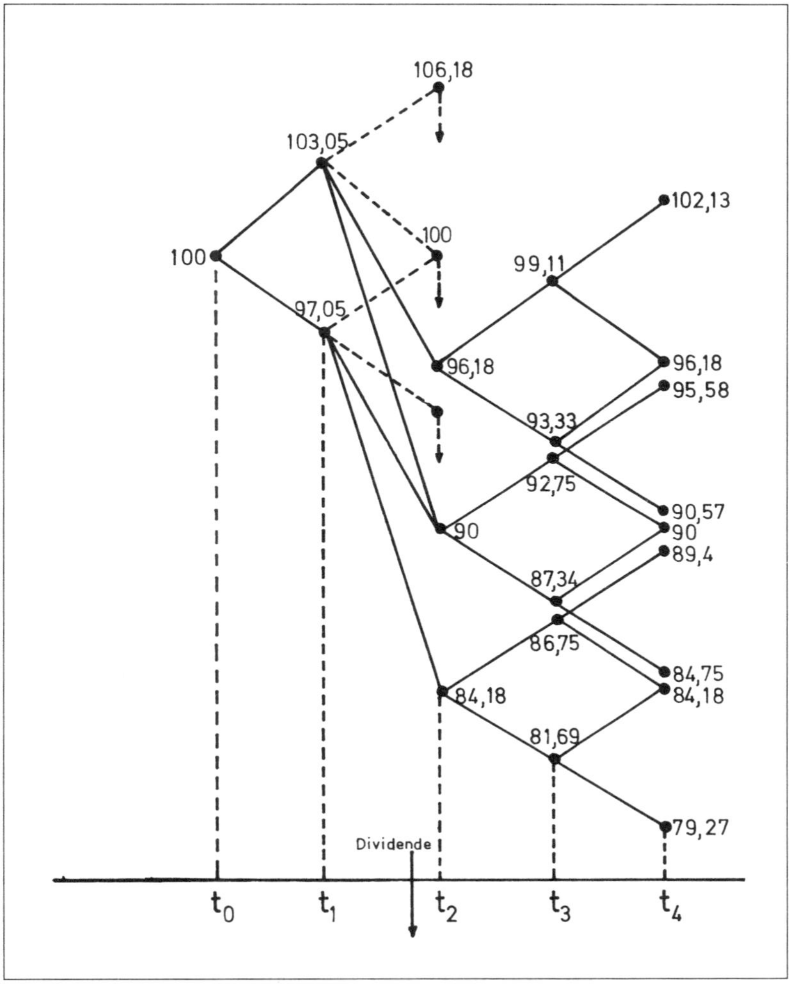

Abb. 9.13: Der Kursbaum mit Dividenden als feste, absolute Beträge (z.B.: 10 DM)

Beispiel IX.4 für die Berechnung des Werts einer Verkaufsoption, wenn die Dividende als fester Prozentsatz des Aktienkurses bekannt ist: Betrachten wir Beispiel IX.2 (Abbildung 9.9), jetzt zusätzlich mit einer Dividendenzahlung von $\delta = 1\,\%$ des jeweiligen Aktienkurses des Binomialbaums zwischen t_1 und t_2. Die Verkaufsoption ist wegen der Dividendenzahlung wertvoller als in Beispiel IX.2 ohne Dividendenzahlung. Der Kursbaum hat folgendes Aussehen (in Klammern wieder die zugehörigen Optionswerte) (Abbildung 9.12).

Dividenden als feste, absolute Beträge führen im Binomialbaum zu negativen Kursen und…

(2) Dividenden als feste Beträge

Während der Laufzeit der Option fallen eine oder mehrere Dividenden an, deren Höhe und deren Fälligkeitszeitpunkte bekannt sind. Die bisherige Vorgehensweise, die Dividende zu subtrahieren, scheitert hier aus zwei Gründen. Erstens muß damit gerechnet werden, daß zu einem exD-Datum im Binomialmodell Kurse eintreten, die kleiner als der Dividendenbetrag sind, so daß nach Subtraktion der Dividende negative Kurse im Binomialbaum auftreten (dies ist vor allem bei großem n und damit kleiner Schrittweite t zu erwarten).

… zu einem Anschwellen der Zahl der Kurse

Zweitens laufen die Kurse nach dem exD-Zeitpunkt nicht mehr zusammen, was die Anzahl der Kurse im Binomialmodell (vor allem beim Auftreten mehrerer Dividenden) enorm in die Höhe treibt (Abbildung 9.13).

Der Kursbaum in Abbildung 9.13 führt zu sehr vielen Kursen, da eine Auf- und eine Abwärtsbewegung von einem Kurs der dritten Spalte aus nicht wieder zu diesem Kurs zurückführen.

Erläuterung des Kursbaums und…

So ergibt im Beispiel IX.3 eine Dividende von 10 DM zu einem Dividendenzeitpunkt zwischen t_1 und t_2 nicht den Kursbaum der Abbildung 9.6 mit den um 10 DM verminderten Kursen, sondern den Kursbaum der Abbildung 9.13. Wie man sieht, erhält man in der fünften Spalte ($n = 4$) von Abbildung 9.13 neun Kurse gegenüber fünf in Abbildung 9.6, in der sechsten Spalte 14 gegenüber 6 und in der siebten Spalte 23 gegenüber 7 usw. Diese Schwierigkeiten lassen sich umgehen, wenn wir annehmen, daß der zugrundeliegende Prozeß S_t aus der Summe einer Zufallsgröße $\tilde{S}_t$ und einer risikolose Komponente D_t besteht. Die risikolose Komponente dient dazu, die während der Laufzeit der Option anfallenden Dividenden zu zahlen, so daß D_t dem Barwert (zum Zeitpunkt t) dieser Dividenden entspricht.

… des Barwerts der Dividenden

Fallen z. B. während der Laufzeit der Option die Dividenden d_1 und d_2 zu den Zeitpunkten τ_1 und τ_2 an ($\tau_1 < \tau_2$), so gilt

$$D_t = \begin{cases} d_1 \cdot e^{-i_d(\tau_1 - t)} + d_2 \cdot e^{-i_d(\tau_2 - t)}, & \text{falls } t \leq \tau_1 \\ d_2 \cdot e^{-i_d(\tau_2 - t)}, & \text{falls } \tau_1 < t \leq \tau_2 \\ 0, & \text{falls } \tau_2 < t \leq t^* \end{cases}$$

und $S_t = \tilde{S}_t + D_t$.

Wie man sieht, zeigt S_t die gewünschten Eigenschaften:

- zu den exD-Zeitpunkten fällt der Kurs um den Dividendenbetrag und
- S_t wird nie negativ, da $\tilde{S}_t$ nie negativ ist.

Subtraktion des Barwerts der Dividenden liefert die Risikokomponente des Aktienkurses

Bei der Berechnung erzeugen wir zunächst den Binomialbaum der Zufallskomponente $\tilde{S}$ von S, ausgehend von
$\tilde{S}_0 = S_0 - D_0$,
wobei D_0, wie oben ausgeführt, der Barwert *aller* Dividenden ist (Ausgangspunkt des Kursbaums Abbildung 9.14).

Dies ergibt die weiter rechts liegenden Punkte des Binomialbaums $\tilde{S}_{j,k}$ (Abbildung 9.14) und anschließend durch Addition von D_{tj} den Binomialbaum von S (Abbildung 9.15), d. h. es ist
$S_{j,k} = \tilde{S}_{j,k} + D_{tj}$.

Addition der Risikokomponente $\tilde{S}_{j,k}$ und der Dividende ergibt den Binomialbaum von S

Zu beachten ist, daß der Binomialbaum in Abbildung 9.15 sich nicht durch Multiplikation des Ausgangskurses von 100 mit u und d und anschließende Subtraktion der Dividende ergibt.

Beispiel IX.5 für die Berechnung des Werts einer Verkaufsoption beim Vorliegen von zwei bekannten, festen Dividendenbeträgen:
Betrachten wir einen amerikanischen Put mit K = 100 und einer Laufzeit von einem Jahr auf eine Aktie mit dem heutigen Kurs S_0 = 100 DM (d. h. es ist $t_0 = 0$). Auf die Aktie entfallen in 3 und 9 Monaten Dividenden jeweils in Höhe von 1 DM, so daß τ_1 = 0,25 Jahre und τ_2 = 0,75 Jahre. Weiter seien i_d = 10% p. a. und eine Jahresvolatilität von 30% vorausgesetzt.[1)]

Rechenbeispiel zu absoluten, festen Dividenden

Der Barwert der ersten bzw. zweiten Dividende ist
$1\ \text{DM} \cdot e^{(-0,1 \cdot 0,25)} = 0,9753$ DM bzw.
$1\ \text{DM} \cdot e^{(-0,1 \cdot 0,75)} = 0,9277$ DM.

Barwert der Dividenden

Folglich gilt
$\tilde{S}_0 = 100 - 0,9753 - 0,9277 = 98,1$.

---

1) Genaugenommen ist zwischen den Volatilitäten von S_t und $\tilde{S}_t$ zu unterscheiden. Theoretisch ergibt sich hier für $\tilde{S}_t$ eine Jahresvolatilität von ≈ 30,5.

Kursbaum der Zufallskomponente des Aktienkurses...

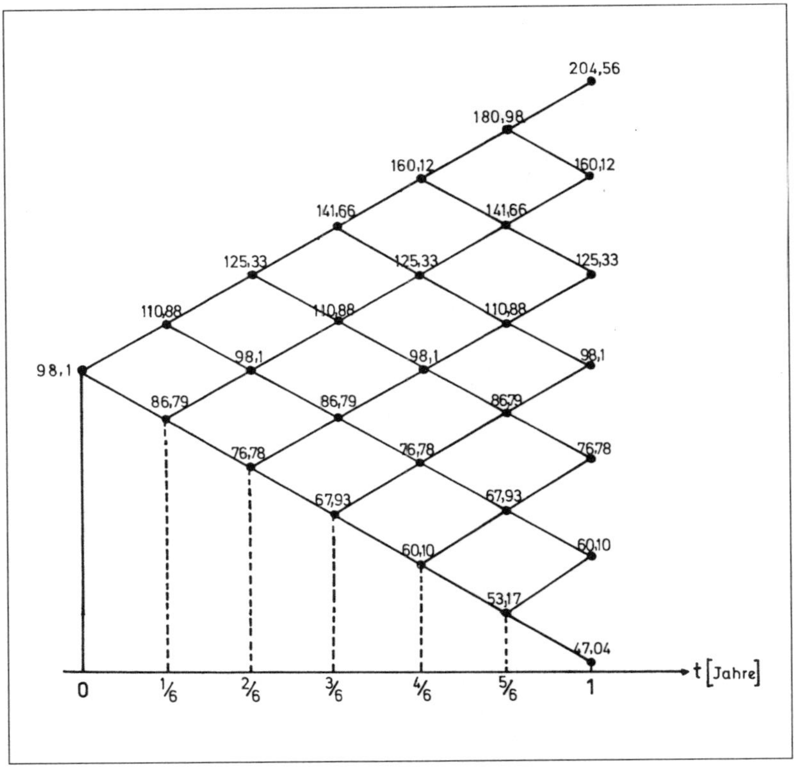

Abb. 9.14: Aktienkursbaum der Zufallskomponente (bei festen, absoluten Dividenden)

Ausgangskurs der Zufallskomponente des Aktienkurses

Wählt man n = 6, so ergibt sich $\Delta t = 1/6$, u = 1,1303, p = 0,5374, der Abzinsungsfaktor $e^{-i_d \cdot \Delta t} = 0{,}98347$, und man erhält folgenden Binomialbaum für $\tilde{S}$:

... plus Dividendenwert...

Damit man den Binomialbaum von S, Abbildung 9.15, erhält, muß man zu den Werten des Binomialbaums, Abbildung 9.14 zu den Zeitpunkten t_0, t_1, t_2, t_3, t_4, t_5, t_6 jeweils die Dividenden Dt_0, Dt_1, Dt_2, Dt_3, Dt_4, Dt_5, Dt_6 addieren.

Es ergibt sich
$Dt_0 = 1{,}90$, $Dt_1 = 1{,}94$, $Dt_2 = 0{,}96$, $Dt_3 = 0{,}98$, $Dt_4 = 0{,}99$,
$Dt_5 = Dt_6 = 0$.

... ergibt Kursbaum der Aktie

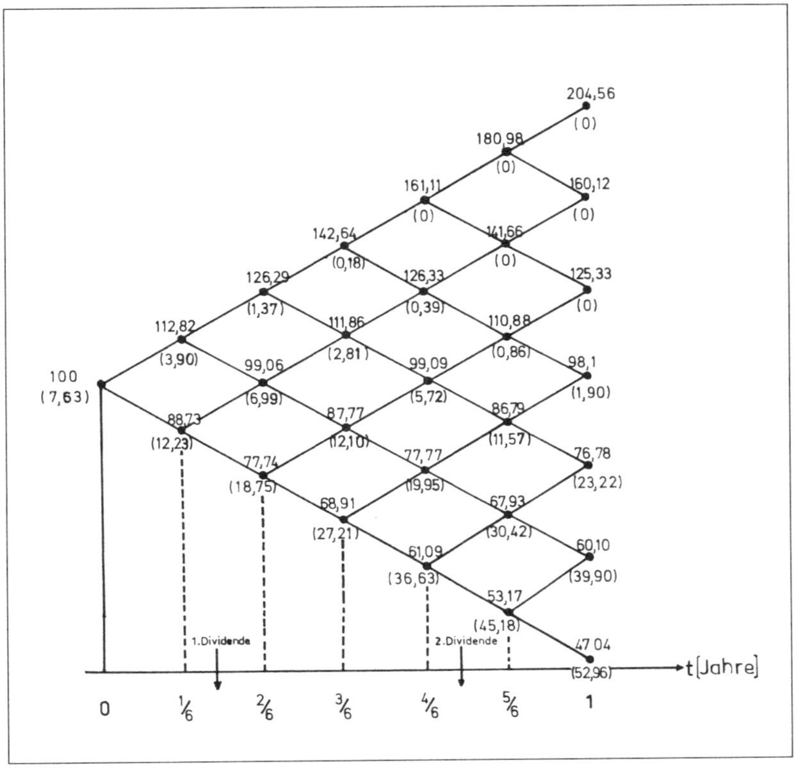

Abb. 9.15: Binomialbaum der Aktienkurse und der Putwerte, wenn während der Laufzeit der Option zwei diskrete Dividenden als absolute, feste Beträge (z. B. jeweils 1 DM) anfallen.

Dies liefert für S den folgenden Binomialbaum in Abbildung 9.15. Die Optionswerte (in Klammern) berechnen sich wieder wie vorher in Beispiel IX.2.

F. Überblick über Delta-Hedge-Operationen für unterschiedliche Risikopositionen: Käufer und Stillhalter von Kauf- und Verkaufsoptionen

Delta-Hedge-Positionen für die verschiedenen bei Optionen denkbaren Risikopositionen und deren Anpassung bei Kursänderungen zeigt folgende Tabelle 9.2:

Delta-Hedge bei unterschiedlichen Risikopositionen

Tabelle 9.2: Kombination von Käufen und Leerverkäufen von Aktien und Käufen und Verkäufen von Bonds, die den in der Tabelle aufgeführten Optionspositionen äquivalent sind und Regeln für die Anpassung des Hedge-Portefeuilles

Ursprüngliche Position	Verkauf einer Kaufoption	Kauf einer Kaufoption	Verkauf einer Verkaufsoption	Kauf einer Verkaufsoption
Hedge	Käufer einer Kaufoption	Verkäufer einer Kaufoption	Käufer einer Verkaufsoption	Verkäufer einer Verkaufsoption
Äquivalente Hedge-Position in Aktien	Halten von $\delta c/\delta S$ Aktien Verschuldung	Leerverkauf von $\delta c/\delta S$ Aktien Bonds halten	Leerverkauf von $\delta p/\delta S$ Aktien Bonds halten	Halten von $\delta p/\delta S$ Aktien Verschuldung
Anpassung des Hedge-Portefeuilles bei: – steigenden Aktienkursen	Aktien kaufen Bonds verkaufen (Verschuldung)	Aktien verkaufen Bonds kaufen	Aktien kaufen Bonds verkaufen (Verschuldung)	Aktien verkaufen Bonds kaufen
– fallenden Aktienkursen	Aktien verkaufen Bonds kaufen	Aktien kaufen Bonds verkaufen (Verschuldung)	Aktien verkaufen Bonds kaufen	Aktien kaufen Bonds verkaufen (Verschuldung)

G. Die partiellen Ableitungen der Black/Scholes-Gleichung

Erste Ableitungen sind wichtig für Hedge-Operationen

Aus den Black/Scholes-Formeln, die hier noch einmal wiedergegeben werden, lassen sich die ersten Ableitungen nach den einzelnen preisbestimmenden Faktoren bilden. Diese werden im folgenden angegeben. Sie sind z. B. für δc/δS interessant für jeden, der Optionen nach der unter Punkt IX.F beschriebenen Art und Weise Delta-Hedgen will. Die Ableitungen gelten für europäische Optionen. Für amerikanische Optionen werden nur die Ableitungen δC/δS und δP/δS angegeben. Die anderen Ableitungen sind so umfangreiche Ausdrücke, daß hier auf die Wiedergabe verzichtet werden soll. In Abbildung 9.16 wird die typische Höhe dieser wichtigen Kennziffer in einem standardisierten Diagramm des Wertes einer Kaufoption in Abhängigkeit vom Aktienkurs dargestellt.

DELTA bei aus dem Geld, am Geld und im Geld stehenden Kaufoptionen

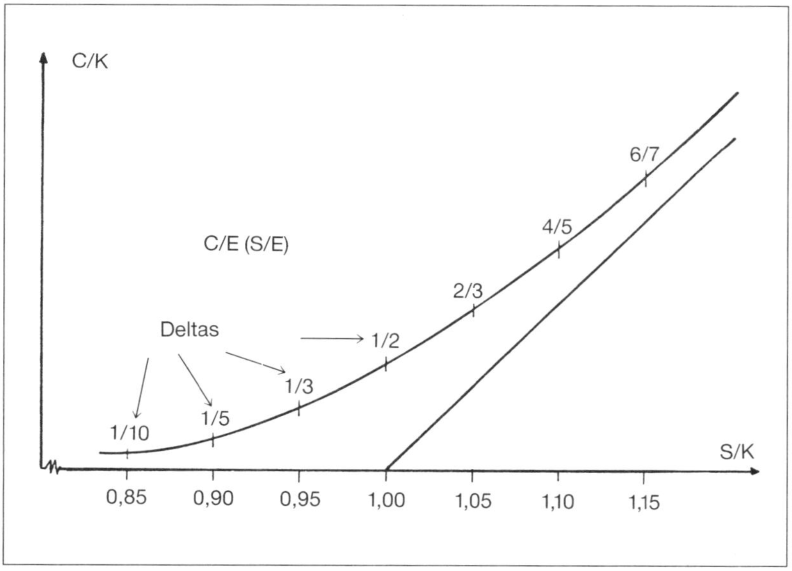

Abb. 9.16: Überblick über typische Delta-Werte in Abhängigkeit von S/K. Die Abbildung zeigt, wie sich die Deltas im C/K-S/K-Diagramm verändern. Sie gibt nur einen groben Überblick, da die Deltas bei jeder Parameterkonstellation anders sind. Mit steigendem S/K gehen die Deltas gegen 1. Die 45°-Linie hätte, wie auch die Aktie, ein Delta von 1.

Überblick über typische Delta-Werte in Abhängigkeit von S/K

Die Veränderung des Optionswerts bei Änderung der einzelnen preisbestimmenden Faktoren ergibt sich wegen

$$c = c(S, T, K) = S \cdot e^{(i_c - i_d)T} \cdot N(y + \sigma\sqrt{T}) - K \cdot e^{-i_d T} \cdot N(y)$$
$$p = p(S, T, K) = K \cdot e^{-i_d T} \cdot N(-y) - S \cdot e^{(i_c - i_d)T} \cdot N(-y - \sigma\sqrt{T})$$

mit

$$y = [\ln(S/K) + (i_c - 0{,}5\,\sigma^2) \cdot T]/(\sigma\sqrt{T}) \text{ und}$$

$$N(y) = 1/\sqrt{(2\pi)} \cdot \int_{-\infty}^{y} e^{-t^2/2} dt$$

zu

Erste Ableitungen für europäische Kaufoptionen

$$\delta c/\delta S = e^{(i_c - i_d)T} \cdot N(y + \sigma\sqrt{T});$$

$$\delta c/\delta K = -e^{-i_d T} \cdot N(y);$$

$$\delta c/\delta\sigma = -e^{-i_d T} \cdot K \cdot \sqrt{T} \cdot N'(y);$$

wobei $N'(y) = 1/\sqrt{(2\pi)} \cdot e^{-y^2/2}$

$$\delta c/\delta i_d = T \cdot e^{-i_d T} \cdot K \cdot N(y);$$

$$\delta c/\delta i_c = T \cdot e^{(i_c - i_d)T} \cdot S \cdot N(y + \sigma\sqrt{T});$$

$$\delta c/\delta T = (i_c - i_d) \cdot e^{(i_c - i_d)T} \cdot S \cdot N(y + \sigma\sqrt{T}) +$$
$$i_d \cdot e^{-i_d T} \cdot K \cdot N(y) + e^{-i_d T} \cdot \sigma \cdot K \cdot N'(y)/2\sqrt{T}.$$

Aus der Put-Call-Parität folgt

$$p = c + K \cdot e^{-i_d T} - S \cdot e^{(i_c - i_d)T}$$

wegen $N(-x) = 1 - N(x)$:

Erste Ableitungen für europäische Verkaufsoptionen

$$\delta p/\delta S = \delta c/\delta S - e^{(i_c - i_d)T} = -e^{(i_c - i_d)T} \cdot N(-y - \sigma\sqrt{T});$$

$$\delta p/\delta K = \delta c/\delta K + e^{-i_d T} = e^{-i_d T} \cdot N(-y);$$

$$\delta p/\delta\sigma = \delta c/\delta\sigma;$$

$$\delta p/\delta i_d = -T \cdot K \cdot e^{-i_d T} \cdot N(-y) + S \cdot T \cdot e^{(i_c - i_d)T};$$

$$\delta p/\delta i_c = -S \cdot T \cdot e^{-(i_c - i_d)T} \cdot N(-y - \sigma\sqrt{T});$$

$$\delta p/\delta T = -(i_c - i_d) \cdot e^{(i_c - i_d)T} \cdot S \cdot N(-y - \sigma\sqrt{T}) -$$
$$i_d \cdot e^{-i_d T} \cdot K \cdot N(-y) + e^{-i_d T} \cdot \sigma \cdot K \cdot N'(y)/2\sqrt{T}.$$

Für amerikanische Optionen lautet die erste Ableitung nach dem Aktienkurs:

Erste Ableitungen nach dem Aktienkurs für amerikanische Calls und Puts

$$\delta C/\delta S \approx \begin{cases} \delta c/\delta S + A_2 \cdot q_2 \cdot (S/S^*)^{q_2-1} \cdot 1/S^*, & \text{falls } S < S^* \\ 1, & \text{falls } S \geq S^* \end{cases}$$

$$\delta P/\delta S \approx \begin{cases} \delta p/\delta S + A_1 \cdot q_1 \cdot (S/S^{**})^{q_1-1} \cdot 1/S^{**}, & \text{falls } S > S^{**} \\ -1, & \text{falls } S \leq S^{**}. \end{cases}$$

X. Beispielrechnungen zur Bewertung von Optionen

A. Beispielrechnungen für europäische Optionen

1. Die Bewertungsformeln in ihrer allgemeinen Form

a. Erläuterung der Formeln

Symbole

Wir verwenden die folgenden Symbole:

c	=	Wert der europäischen Kaufoption (call)
p	=	Wert der europäischen Verkaufsoption (put)
S	=	Kurs des optierbaren Objekts
K	=	Ausübungskurs des optierbaren Objekts (Basiskurs, exercise price)
T	=	Laufzeit der Option in Jahren
σ	=	Standardabweichung der Logarithmen der Kursveränderungsfaktoren als Maß für die Kursvariabilität des Objekts (Volatilität)
i_d	=	stetiger risikofreier inländischer Zinssatz (riskless domestic interest rate) für Darlehen mit der Laufzeit der Option
i_c	=	stetige Bestandshaltekosten (cost of carry) des optierbaren Objekts in % des Kurses (Summe aus Zins- und Lagerkosten)
e^{i_d}	=	$r_d = 1 + i_d^*$ = Aufzinsungsfaktor für den kurzfristigen inländischen Zinssatz i_d [1]
e^{i_c}	=	$r_c = 1 + i_c^*$ = Aufzinsungsfaktor für die Bestandshaltekosten i_c [1]
ln(.)	=	natürlicher Logarithmus (Logarithmus zur Basis e)
N(.)	=	Wert der kumulierten Standardnormalverteilung
e	=	2,71828 . . . = Basis von ln.

[1] Mit dem Superscript „*“ werden dekursive Zinssätze bezeichnet, Zinssätze ohne „*“ sind stetige Zinssätze.

Black/Scholes-Formeln mit stetiger Verzinsung

Unter den Annahmen von Kapitel IX kann man den Wert einer Kaufoption mit Hilfe der folgenden Formel berechnen:[1)]

$$\text{(X.1)}\quad c = S \cdot e^{(i_c - i_d) \cdot T} \cdot N(y + \sigma \cdot \sqrt{T}) - K \cdot e^{-i_d \cdot T} \cdot N(y),$$

wobei

$$\text{(X.2)}\quad y = [\ln(S/K) + (i_c - 0{,}5\sigma^2) \cdot T]/[\sigma \cdot \sqrt{T}].$$

Die Formel zur Berechnung der Verkaufsoption lautet in ihrer allgemeinen Form:

$$\text{(X.3)}\quad p = K \cdot e^{-i_d \cdot T} \cdot N(-y) - S \cdot e^{(i_c - i_d) \cdot T} \cdot N(-y - \sigma \cdot \sqrt{T}).$$

Stetige Verzinsung

Rechnen mit stetiger Verzinsung

In den Formeln wird mit stetiger Verzinsung gerechnet. Im Vergleich zu einem äquivalenten dekursiven Zinssatz ist der stetige Zinssatz etwas niedriger. Es gilt:

$$\text{(X.4)}\quad (1 + i^*)^T = e^{\ln(1 + i^*) \cdot T},$$

also z. B.

$$1{,}05^T = e^{\ln(1{,}05) \cdot T} = e^{0{,}04879 \cdot T}.$$

Dem dekursiven Zinssatz von 5 % entspricht demnach ein stetiger Zinssatz von 4,879 %. Da der Zinssatz i den stetigen Zinssatz darstellt, wird mit i* der etwas höhere dekursive Zinssatz bezeichnet.

Black/Scholes-Formeln mit diskreter Verzinsung

Geht man nun vom Fall der stetigen Verzinsung (wie in (X.1) und (X.3)) zum Fall der diskreten Verzinsung über, so lautet Formel (X.1):

$$\text{(X.5)}\quad c = S \cdot \frac{(1 + i_c^*)^T}{(1 + i_d^*)^T} \cdot N(y + \sigma \cdot \sqrt{t}) - K \cdot \frac{1}{(1 + i_d^*)^T} \cdot N(y)$$

1) Vgl. STOLL, H. R.; WHALEY, R. E.: New Option Instruments: Arbitrageable Linkages and Valuation. Paper of the Vanderbilt University. Owen Graduate School of Management, WP 85-126. Nashville, Tennessee 1985, S. 18/9. Auch in: Fabozzi: Frank J. (Hrsg.): Advances in Futures and Options Research, Volume 1. Part A. Greenwich, Conn., London 1986. S. 25–62.

und Formel (X.3):

(X.6)

$$p = K \cdot \frac{1}{(1 + i_d^*)^T} \cdot N(-y) - S \cdot \frac{(1 + i_c^*)^T}{(1 + i_d^*)^T} \cdot N(-y - \sigma \cdot \sqrt{T})$$

mit

(X.6a) $y = (\ln (S/K) + [\ln (1 + i_c^*) - 0{,}5\sigma^2] \cdot T)/(\sigma \cdot \sqrt{T})$.

Rechnen mit der Normalverteilung

Approximation der Normalverteilung nach Hastings

Die Werte für die Normalverteilung müssen einer Tafel entnommen oder mit einem Taschenrechner berechnet werden (etwa mit dem HP 41 CV – Statistikpaket). Dabei gilt

(X.7) $N(-y) = 1 - N(y)$.

Für die Berechnungen mit einem Computer eignet sich die Approximationsformel nach Hastings für $y > 0$:[1)]

$$N(y) \approx 1 - \frac{1}{\sqrt{2 \cdot \pi}} \cdot e^{-\frac{y^2}{2}} \cdot (a_1 t + a_2 t^2 + a_3 t^3 + a_4 t^4 + a_5 t^5)$$

mit

$$t = \frac{1}{1 + b \cdot y} \text{ und}$$

$b = 0{,}2316419$
$a_1 = 0{,}31938153$
$a_2 = -0{,}356563782$
$a_3 = 1{,}781477937$
$a_4 = -1{,}821255978$
$a_5 = 1{,}330274429$.

1) HARTUNG, Joachim u. a.: Statistik: Lehr- und Handbuch der angewandten Statistik. 3. Aufl., München, Wien 1985, S. 734.

b. Wie gewinnt man die Parameter?

Kurs des optierbaren Objekts

i. Der Kurs des optierbaren Objekts S
Der Kurs ist je nach zugrundeliegendem Objekt der Aktienkurs, der Anleihekurs, der Devisenkurs, der Warenkurs oder der Terminkurs. Er kann einer Zeitung entnommen werden.

Die aufgrund der veröffentlichten Kurse der optierbaren Objekte berechneten Optionskurse können von den veröffentlichten Optionskursen allerdings schon deshalb abweichen, weil die veröffentlichten Kurse des optierbaren Objekts zu einer anderen Zeit gemessen worden sind als die Kurse der Optionen.

ii. Der Ausübungskurs K
Nicht erläuterungsbedürftig ist die Bestimmung des relevanten Ausübungskurses. Zur Staffelung der Ausübungskurse siehe unter III.B.3.

iii. Die Laufzeit T

Laufzeit der Option

Die Laufzeit bzw. Restlaufzeit einer Option wird für Zwecke der Formel grundsätzlich in Jahren angegeben, d. h. die entsprechende Laufzeit der Option ist durch 365 Tage/Jahr zu dividieren, sofern sie in Tagen gemessen wird.

iv. Der inländische Zinssatz i_d

i_d ist Zinssatz der Alternativanlage

Gesucht wird der risikofreie Zinssatz für inländische Geldanlagen mit etwa gleich langer Laufzeit wie die zu bewertende Option. In vielen Fällen wird es nicht gelingen, eine Alternativanlage zu finden, deren Laufzeit mit der der Option übereinstimmt. Man kann sich an den von der Deutschen Bundesbank mitgeteilten Geldmarktsätzen für Ausleihungen unter Banken oder an den Sätzen für Schatzwechsel und U-Schätze orientieren. Diese werden in den Monatsberichten der Deutschen Bundesbank veröffentlicht. Für Optionen mit längeren Laufzeiten kommen die Zinssätze für Staatsanleihen in Betracht.

In den Veröffentlichungen der Deutschen Bundesbank wird der jährliche Zinssatz i* mitgeteilt. Für die Zwecke der Bewertungsformel muß der zu i* gehörende stetige Zinssatz i ermittelt werden.

Die Rechenvorschrift lautet:

(X.7c) $i = \ln(1 + i^*)$.

v. Die Bestandshaltekosten (cost of carry) i_c

Bestandshaltekosten i_c sind Summe aus i_d plus Lagerkosten minus Erträge des optierbaren Objekts

Die Bestandshaltekosten sind die Kosten des Haltens des optierbaren Objekts. Sie setzen sich zusammen aus den Opportunitätskosten und den Lager- sowie sonstigen Bestandshaltekosten des optierbaren Objekts. Die Opportunitätskosten sind die Erträge der Alternativanlage des optierbaren Objekts im Vergleich zum Kauf der Option. Dies werden in der Regel Zinskosten sein. Die sonstigen Bestandshaltekosten sind z. B. Schwund und Depotgebühren. Die cost of carry werden bei den jeweiligen Optionspreisformeln gesondert spezifiziert und erläutert.

Erfordert die Bestandshaltung keine Kosten, sondern wirft sie Erträge ab, so werden diese als negative Komponente von i_c berücksichtigt.

Zur Deckung der Bestandshaltekosten werden Teile des optierbaren Objekts verkauft; Erträge aus dem Halten des Objekts werden im Objekt investiert. Die Größe i_c gibt damit die Verminderung (im Falle von Bestandshaltekosten) oder die Vermehrung (im Falle von Erträgen) des optierbaren Objekts während der Laufzeit der Option an.[1] Sie ist der Eigenzins des Objekts.

vi. Die Volatilität σ

Das Ergebnis der Bewertung von Optionen mittels der Black/Scholes-Formel steht und fällt mit der Spezifizierung der Volatilität. Die Volatilität ist ein Maß für die Flatterhaftigkeit der Kurse oder die Kursbeweglichkeit.

In der Literatur existieren verschiedene Varianten der Berechnung von σ, die im folgenden mit ihren Vor- und Nachteilen dargestellt werden sollen.

Historische Volatilität

(1) Volatilität als Standardabweichung der Logarithmen der Kursveränderungsfaktoren S_t / S_{t-1}[2]

[1] Vgl. STOLL; WHALEY (1986), S. 60, Fußnote 3.

[2] In Anlehnung an COX; RUBINSTEIN (1985), S. 255–260.

Gemäß den Modellannahmen sind die Erwartungen hinsichtlich zukünftiger Kurse logarithmisch normalverteilt. Dies bedeutet: Die Logarithmen der Veränderungsfaktoren sind normalverteilt. Faßt man also $\ln(S_t/S_{t-1})$ für alle beobachteten t als unabhängige Stichprobe einer normalverteilten Grundgesamtheit auf, so läßt sich deren Standardabweichung als Volatilität des jeweiligen Kurses interpretieren.

Bezeichnet t die Ordnungszahl der Wochen, so erhält man für σ die Volatilität auf Wochenbasis, bezeichnet t die Ordnungszahl der Tage, so resultiert für σ die Volatilität auf Tagesbasis. Da in jedem Fall in den Formeln mit der Volatilität auf Jahresbasis gerechnet wird, muß der Wert für σ im ersten Fall mit der Anzahl der Wochen/Jahr, im zweiten Fall mit der Anzahl der Börsentage/Jahr multipliziert werden.

Die korrigierte Formel für die Varianz einer Stichprobe ist

Varianz

$$\sigma^2 = \frac{n}{n-1} \cdot \frac{1}{n} \cdot \sum_{t=1}^{n} [\ln(S_t/S_{t-1}) - \mu]^2,$$

wobei

$\frac{n}{n-1}$ der Korrekturfaktor ist[1)],

n die Anzahl der Kursveränderungsfaktoren und

Mittelwert

$\mu = \frac{1}{n} \cdot \sum_{t=1}^{n} \ln(S_t/S_{t-1})$ der Mittelwert der Kursveränderungsfaktoren der Stichprobe.

Die Kursvolatilität der Aktie BASF soll am Beispiel der täglichen Kassakurse am Börsenplatz Frankfurt für den Monat Juli 1986 ermittelt werden. Dazu wird das folgende Arbeitsblatt angelegt:

---

1) Die unkorrigierte Formel der Varianz, die man bei einem großen Umfang der Stichprobe verwenden kann, ist:

$$\sigma^2 = \frac{1}{n} \cdot \sum_{t=1}^{n} [\ln(S_t/S_{t-1}) - \mu]^2$$

Tabelle 10.1: Arbeitsblatt zur Bestimmung der Volatilität

(1) Datum	(2) S_t	(3) S_t/S_{t-1}	(4) $\ln(S_t/S_{t-1})$	(5) $\ln(S_t/S_{t-1}) - \mu$	(6) $[\ln(S_t/S_{t-1}) - \mu]^2$
01.07.86	255,00				
02.07.86	262,00	1,02745	0,02708	0,02927	0,0008568
03.07.86	261,00	0,99618	−0,00382	−0,00163	0,0000027
04.07.86	258,00	0,98851	−0,01156	−0,00937	0,0000878
07.07.86	249,50	0,96705	−0,03350	−0,03131	0,0009803
08.07.86	248,50	0,99599	−0,00402	−0,00183	0,0000033
09.07.86	248,50	1,00000	0,00000	0,00219	0,0000048
10.07.86	253,00	1,01811	0,01795	0,02014	0,0004055
11.07.86	259,00	1,02372	0,02344	0,02563	0,0006569
14.07.86	257,50	0,99421	−0,00581	−0,00362	0,0000131
15.07.86	252,00	0,97864	−0,02159	−0,01940	0,0003763
16.07.86	244,50	0,97024	−0,03021	−0,02802	0,0007853
17.07.86	247,00	1,01022	0,01017	0,01236	0,0001529
18.07.86	246,00	0,99595	−0,00406	−0,00187	0,0000035
21.07.86	242,00	0,98374	−0,01639	−0,01420	0,0002017
22.07.86	239,00	0,98760	−0,01247	−0,01028	0,0001057
23.07.86	243,00	1,01674	0,01660	0,01879	0,0003530
24.07.86	249,50	1,02675	0,02640	0,02859	0,0008173
25.07.86	250,00	1,00200	0,00200	0,00419	0,0000176
28.07.86	248,50	0,99400	−0,00602	−0,00383	0,0000146
29.07.86	243,50	0,97988	−0,02033	−0,01813	0,0003289
30.07.86	244,00	1,00205	0,00205	0,00424	0,0000180
31.07.86	243,00	0,99590	−0,00411	−0,00192	0,0000037
Summe			−0,04820		0,0061897
Mittelwert μ			−0,00219		

Anzahl der Aktienkurse (S_t) = 23
Anzahl der Kursveränderungsfaktoren (S_t/S_{t-1}) = 22
Mittelwert (μ) = −0,04820/22 = −0,00219
Varianz (σ^2) = (0,0061897/22) · 22/21 = 0,00029475
Jährliche Varianz = 0,00029475 · 250 = 0,073688
Jährliche Standardabweichung = $\sqrt{0,073688}$ = 0,27145

Rechentabelle zur Bestimmung der Varianz

Die Summe aus Spalte (6), dividiert durch die Anzahl n der Kursveränderungsfaktoren und multipliziert mit dem Korrekturfaktor n/(n − 1), ergibt die Varianz der Stichprobe:

$\sigma^2 = 0{,}00061897/22 \cdot 22/21 = 0{,}00029475.$

Periodisierung der Varianz

Das Ergebnis ist die Varianz auf Basis von täglichen Kursveränderungen. Gesucht wird jedoch die Standardabweichung auf Jahresbasis (J) als Schätzung für die Volatilität. Hierzu wird zunächst das obige

Standardabweichung auf Jahresbasis

Ergebnis mit der Anzahl der Börsentage pro Jahr (ca. 250) multipliziert und hieraus die Quadratwurzel gezogen:

$$\sigma_J = \sqrt{0{,}00029475 \cdot 250} = 0{,}27145.$$

Bei Dividendenzahlungen und der Gewährung von Bezugsrechten entsteht ein Korrekturbedarf.

Dividenden und Bezugsrechtsabschläge

Berichtigung der Dividenden- und Bezugsrechtsabschläge[1)]
Dies geschieht, indem man den Kurs am exD-Tag bzw. am exB-Tag um die Dividendenzahlung bzw. den Kurs des Bezugsrechts erhöht.

Beispiel:

	1. Tag	2. Tag	3. Tag	4. Tag	5. Tag
Kurs:	450	455	440	447	445

Am 3. Tag wird eine Bruttodividende ohne Steuergutschrift von DM 10 ausgeschüttet.

Die bereinigten Kursveränderungsfaktoren lauten:

$$\frac{455}{450}, \quad \frac{440 + 10}{455}, \quad \frac{447}{440}, \quad \frac{445}{447}.$$

Abschläge für Gratisaktien

Gratisaktien (Split)[2)]
Würde man die Kursreihe nicht um den Splitting-Effekt bereinigen, so würde man bei der Berechnung der Volatilität nach der oben dargestellten Methode einen Fehler machen, indem man den Split als Kursveränderung interpretieren würde.

Beispiel:

	1. Tag	2. Tag	3. Tag	4. Tag	5. Tag
Kurs:	410	400	305	310	290

Am 3. Tag werden Gratisaktien im Verhältnis 1 zusätzliche Aktie/3 alte Aktien gewährt, d. h. pro drei alte Aktien erhält der Aktionär eine junge Aktie ohne Zuzahlung. Das Verhältnis von Aktien nach Splitting zu alten Aktien, der Splittingfaktor, beträgt 4/3.

---

1) COX; RUBINSTEIN, (1985), S. 260.
2) COX; RUBINSTEIN, (1985), S. 260.

Die Veränderungsfaktoren zur Berechnung von σ lauten dann:

$$\frac{400}{410}, \quad \frac{4/3 \cdot 305}{400}, \quad \frac{310}{305}, \quad \frac{290}{310}.$$

Implizite Volatilität

(2) Implizite Volatilität aus den Formeln
Setzt man den Marktpreis der Option in die Formeln ein und rechnet σ aus der Formel aus, so kann man die Volatilität implizit aus der Formel bestimmen.[1)]

Historische Volatilität kann variieren ...

(3) Probleme der Bestimmung von σ
Bei der Bestimmung von σ aus den Logarithmen der Kursveränderungsfaktoren besteht das Problem, daß

... je nach Zahl der zugrunde gelegten Kurse und ...

- die Anzahl der zugrunde gelegten Kurse und
- das Zeitintervall bei den Kursveränderungen

bestimmt werden müssen. Für die Wahl dieser Größen gibt es einen weiten Bereich der a priori Plausibilität.

... je nach dem Zeitintervall der Kursveränderungen

Auch im Fall der impliziten Berechnung der Volatilität ergeben sich nicht minder schwierige Probleme:

Die der Berechnung zugrunde gelegten Optionswerte können sich nach

- Ausübungskurs,
- Laufzeit und
- Optionstyp (Put oder Call)

unterscheiden. Die Berechnung von σ aus der Formel kann letztlich nur durch Iteration (Näherungsverfahren) erfolgen, da eine Auflösung der Formel nach σ nicht möglich ist.

Die Frage, ob z.B. eine Währungsoption relativ billig oder relativ teuer ist, kann mit der Formel nicht ohne weiteres beantwortet werden. Sie verlagert sich auf die Schätzung der Standardabweichung σ.

So differieren Schätzungen für σ auf Jahresbasis zwischen

---

1) LATANÉ, Henry A.; RENDLEMAN, Richard J.: Standard Deviations of Stock Price Ratios Implied in Option Prices. In: The Journal of Finance, Vol. XXXI, No. 2 (May 1976), S. 369 – 381, halten diese Methode gegenüber der Bestimmung der Standardabweichung aus Kursveränderungsfaktoren für überlegen.

Implizite Volatilität kann variieren ...
... je nach Ausübungskurs,
... Laufzeit und ...
... Optionstyp

- 0,154, wenn man die täglichen Schwankungen des $-Kurses (mal Zahl der täglichen Kursveränderungen/Jahr) und
- 0,173, wenn man die wöchentlichen Schwankungen des $-Kurses (mal Zahl der wöchentlichen Kursveränderungen/Jahr) zugrunde legt und
- 0,074 bis 0,175, wenn man sie implizit mit Hilfe der Formel aus den Optionspreisen an der Philadelphia Exchange z. B. vom 22. 11. 1985 bestimmt.

Macbeth/Merville empfehlen für implizite σ die Wahl von Kursen von Optionen, die am Geld liegen und mindestens 90 Tage Restlaufzeit haben.[1] Da Kurse für am Geld liegende Optionen nicht immer verfügbar sind, schlagen sie die Bestimmung von σ aus den σ-Werten anderer Optionen mit Hilfe der Regressionsanalyse vor. Fischer Black schlägt im Bemühen um ein „wahres" σ vor, verschiedene σ-Werte der Vergangenheit zu mitteln, wobei die jüngeren Werte stärker gewichtet werden.[2]

2. Die Optionspreisformeln für Aktienoptionen

a. Erläuterung der Formeln

Um die allgemeinen Optionspreisformeln auf Aktienoptionen zu übertragen, müssen die Bestandshaltekosten bestimmt werden. Die Bestandshaltekosten von Aktien sind der Zinsausfall der in den Aktien gebundenen Geldmittel. Diese könnten ansonsten zum risikolosen Zinssatz i_d (mit der Laufzeit der Option) angelegt werden. Von Depotgebühren wird wegen der geringen Höhe abgesehen. Weiter wird zunächst angenommen, daß keine Dividenden gezahlt werden.

Unter den genannten Voraussetzungen sind die Bestandshaltekosten gleich den Zinskosten, $i_c = i_d$. Wird dies in Gleichung (X.1) und (X.2) eingesetzt, so ergibt sich die Bewertungsformel für Kaufoptionen auf Aktien:

---

[1] MACBETH, James D.; MERVILLE, Larry J.: An Empirical Examination of the Black-Scholes Call Option Pricing Model. In: The Journal of Finance, Vol. XXXIV, No. 6 (December 1979), S. 1175–1186, bes. S. 1173–1177.

[2] BLACK, Fischer: Fact and Fantasy In the Use of Options. In: Financial Analysts Journal, July–August 1975, S. 36 – 72. Siehe bes. S. 40 f.

$$(X.8) \quad c_A = S \cdot N(y_A + \sigma \cdot \sqrt{T}) - K \cdot e^{-i_d \cdot T} \cdot N(y_A)$$

Black/Scholes-Formeln für Aktien ohne Dividendenzahlungen...

mit

$$(X.9) \quad y_A = [\ln(S/K) + (i_d - 0{,}5\sigma^2) \cdot T]/[\sigma \cdot \sqrt{T}].$$

Der Index A steht für „Aktie". Setzt man in Gleichung (X.3) i_c gleich i_d, so resultiert daraus der Wert der Verkaufsoption auf Aktien:

$$(X.10) \quad p_A = K \cdot e^{-i_d \cdot T} \cdot N(-y_A) - S \cdot N(-y_A - \sigma \cdot \sqrt{T}).$$

b. Annahmen und Differenzierungen

i. Dividendengeschützte Optionen

Sind Optionen dividendengeschützt, so vermindern sich am exD-Tag der Ausübungskurs der Kaufoption und der der Verkaufsoption um den Dividendenbetrag. In diesem Falle sind Dividendenzahlungen für den inneren Wert einer sofort auszuübenden Option irrelevant. Hat die Option noch eine gewisse Restlaufzeit, so sind Dividenden für den Wert der Option dennoch dann nahezu irrelevant, wenn der Dividendenbetrag relativ zum Kurs klein ist.

... können auch auf dividendengeschützte Optionen angewendet werden

Die Bewertungsformeln unter (X.8) und (X.10) für Optionen auf Aktien, die keine Dividenden abwerfen, sind damit anwendbar. Derzeit existieren weder in der Bundesrepublik Deutschland noch in den USA an der NYSE oder der ASE, sondern lediglich in den USA am OTC-Markt dividendengeschützte Optionen.

ii. Nicht dividendengeschützte Optionen

Im Falle nicht dividendengeschützter Optionen tritt keine Verminderung des Ausübungskurses am exD-Tag ein. Eine Dividendenausschüttung mindert den inneren Wert der Kaufoption und erhöht den inneren Wert der Verkaufsoption.

Unterstellt man eine konstante, kontinuierliche Dividendenrendite d, so belaufen sich die Bestandshaltekosten i_c auf $i_d - d$. Ersetzt man in den Gleichungen (X.1), (X.2), (X.3) i_c durch $i_d - d$, erhält man die Bewertungsformeln für Optionen auf Aktien mit konstanter Dividendenrendite:

Black/Scholes-Formeln für nicht dividendengeschützte Optionen

(X.11)
$$c_{A^*} = S \cdot e^{-d \cdot T} N(y_{A^*} + \sigma \cdot \sqrt{T}) - K \cdot e^{-i_d \cdot T} \cdot N(y_{A^*})$$

mit

(X.12) $$y_{A^*} = [\ln(S/K) + (i_d - d - 0{,}5\sigma^2) \cdot T]/[\sigma \cdot \sqrt{T}]$$

und

(X.13)
$$p_{A^*} = K \cdot e^{-i_d \cdot T} \cdot N(-y_{A^*}) - S \cdot e^{-d \cdot T} \cdot N(-y_{A^*} - \sigma \cdot \sqrt{T}).$$

Die Dividendenrendite d ist auf Jahresbasis definiert, d. h. eine Quartalsdividende muß mit vier multipliziert werden. Zahlungen zu diskreten Zeitpunkten müssen in einen stetigen Zinssatz umgerechnet werden (vgl. Gleichung X.4 bzw. X.7c). Da die Bestandshaltekosten i_c, wie in Abschnitt 1.b.*v.* ausgeführt worden ist, als Eigenzins definiert sind, muß auch die Dividendenrendite d als Eigenzins ausgedrückt werden. Wir fragen, wie viele Aktien man kaufen könnte, wenn man die gesamte Dividende in Aktien anlegte.

Man kann die geschätzte Dividende D sofort zum Terminkurs F per Termin der Dividendenzahlung in Aktien anlegen. Man hat dann nach Dividendenzahlung

(X.14) $$(1 + D/F) = (1 + d^*)$$

Aktien.

Beziehung zwischen Termin- und Kassakurs

Fehlt ein Wert für F, so ersetzen wir diesen durch den Kassakurs S. Wir nutzen die Beziehung

(X.15) $$F = S \cdot e^{i_c \cdot t},$$

was im Falle von Aktien, die keine Dividende abwerfen, zu

(X.15a) $$F = S \cdot e^{i_d \cdot t}$$

wird. Wirft die Aktie eine Dividende ab, so wird dies zu

(X.15b) $$F = S \cdot e^{(i_d - d) \cdot t}$$

im Falle einer stetigen Dividendenzahlung oder zu

(X.15c) $$F = S \cdot \frac{(1 + i_d^*)^t}{(1 + d^*)^t}$$

im Falle einer einmaligen Dividendenzahlung, wofür man bei kleinen Werten von d* und für t = 1 auch

$$\text{(X.15d)} \quad F = S \cdot (1 + i_d^*) - D$$

schreiben kann.

Arbitrage sichert Beziehung zwischen Termin- und Kassakurs

Beziehung (X.15a) und mit analoger Argumentation auch (X.15b) bis (X.15d) ist durch Arbitrage gesichert. Wäre $F < S \cdot e^{i_d \cdot t}$, so würde der Aktieninhaber die Aktien per Kasse verkaufen, den Erlös zum Zinssatz i_d anlegen und das Wertpapier per Termin zurückkaufen. Dadurch hat er nach wie vor das Wertpapier und zusätzlich einen risikolosen Gewinn. F steigt und S sinkt durch diese Transaktionen, bis Gleichung (X.15a) erfüllt ist. $S \cdot e^{i_d \cdot t}$ ist daher eine Untergrenze für den Terminkurs. Eventueller nicht-pekuniärer Bestandshaltenutzen, etwa in Form von Stimmrechten, muß als negative Komponente von i_d quantifiziert werden.

Wäre $F > S \cdot e^{i_d \cdot t}$, so würde eine Darlehensaufnahme in Höhe von $F \cdot e^{-i_d \cdot t}$, ein Kassakauf einer Aktie und ein Verkauf der Aktie per Termin einen risikolosen Gewinn bringen. Bei Fälligkeit des Terminkontrakts erlösen wir F und tilgen damit den Kredit, der inzwischen auf denselben Betrag angewachsen ist. F fällt und S steigt durch diese Transaktionen, bis Gleichung (X.15a) erfüllt ist. $S \cdot e^{i_d \cdot t}$ ist daher auch eine Obergrenze für den Terminkurs.

Ersetzt man in (X.14) den Terminkurs durch (X.15d), so ergibt sich

$$(1 + d^*) = (1 + D/F) = S \cdot (1 + i_d^*)/(S \cdot (1 + i_d^*) - D).$$

Formel (X.11), in der der Aktienkurs multiplikativ mit der Dividende verknüpft ist, ist dann identisch mit der Formulierung des Problems bei Jarrow; Rudd[1]), bei denen der Wert einer Option auf Aktien mit bekannten Dividenden u.a. als abhängig von der Differenz $S - D \cdot e^{-i_d \cdot T}$ betrachtet wird, wenn T = 1 ist; d.h., daß der Zins für die Periode definiert wird, die gleich der Laufzeit des Options- bzw. Terminkontrakts ist. Wird während der Laufzeit eines Terminkontrakts eine Dividende auf das Kassainstrument gezahlt, so ist der Ter-

---

1) Vgl. JARROW, Robert A.; RUDD, Andrew: Option Pricing, Homewood, Ill. 1983, S. 124.

minkurs eines nicht dividendengeschützten Terminkontrakts nach (X.15d)

$$\text{(X.16)} \quad F = S \cdot e^{i_d} - D.$$

Wann sollte man mit stetigen, wann mit einmaligen Dividenden rechnen?

Wird dies in Gleichung (X.11) in den Ausdruck $S \cdot e^{-d} = S \cdot e^{-\ln(1+D/F)}$ eingesetzt, so ergibt sich $S \cdot e^{-d} = S - D \cdot e^{-i_d}$.

Wenn die Dividenden während der Laufzeit der Option bekannt sind, was der Fall sein dürfte, wenn die Option nur kurze Zeit läuft (etwa 1 Jahr), so dürfte die Vorgehensweise von Jarrow/Rudd vorzuziehen sein. Wenn hingegen die Laufzeit der Option mehrere Jahre beträgt, so daß die zukünftigen Dividenden sehr ungewiß sind, so dürfte sich auf jeden Fall eine Vorgehensweise entsprechend den Formeln (X.11) bis (X.13) empfehlen. Die Dividende als konstanten Prozentsatz des Aktienkurses zu schätzen, ist gerechtfertigt, weil der Aktienkurs mit steigender Dividende steigen und mit fallender Dividende fallen wird. In Beispielrechnung 2 (vgl. S. 192) würde man bei einer Laufzeit der Option von weniger als einem Jahr ein exakteres Ergebnis erhalten, wenn man in Zeile (8) T = 1 setzte. Durch T = 0,5 wird unterstellt, daß nur die halbe Jahresdividende anfällt. Je kleiner die Laufzeit der Option ist, während der die Dividende anfällt, desto eher empfiehlt sich dieses Vorgehen.

Geltungsbereich der Formeln mit Dividendenzahlungen

Die Formeln (X.11) – (X.13) gelten für die sowohl an deutschen als auch an US-Börsen gehandelten Optionen sowie für Optionsscheine, die von Aktiengesellschaften ermittiert worden sind. Bei letzteren muß die durchschnittliche jährliche Dividende während der Laufzeit des Optionsscheins geschätzt werden. Einen konstanten Dividendenprozentsatz (in % des Aktienkurses) zu schätzen, ist nicht so unrealistisch wie es zunächst scheinen mag, da mit steigenden oder fallenden Dividenden auch die Kurse steigen oder fallen werden.

Beispiel von Optionen ohne Dividendenzahlungen

c. Beispielrechnungen

Die zunächst kompliziert anmutenden Formeln lassen sich in Wirklichkeit einfach handhaben, wenn man die Berechnung Schritt für Schritt ausführt.

Beispiel 1:
Berechnung des Werts einer Kaufoption und einer Verkaufsoption auf Aktien (ohne Dividendenzahlung bzw. für dividendengeschützte Optionen)

Aktienkurs	$S = 230$ DM/Aktie	
Ausübungskurs	$K = 210$ DM/Aktie	
Laufzeit der Option	$T = 0{,}5$ Jahre	
Standardabweichung der Logarithmen der Kursveränderungsfaktoren	$\sigma = 0{,}25$ auf Jahresbasis	*Berechnung...*
Risikoloser inländischer dekursiver Zinssatz für Darlehen mit der Laufzeit der Option	$i_d^* = 4{,}65$ % p. a.	

... des stetigen Zinssatzes, ...

Zuerst bestimmt man zu dem dekursiven Zins i_d^* den stetigen Zinssatz i_d:
$i_d = \ln(1 + 0{,}0465) = 0{,}04545.$

Im zweiten Schritt berechnet man y_A aus Formel (X.9):

... des Werts von y aus (X.9), ...

(1)	$\ln(S/K)$	$= \ln(230/210)$	$= 0{,}09097$
(2)	$(i_d - 0{,}5\sigma^2) \cdot T$	$= (0{,}04545 - 0{,}5 \cdot 0{,}25^2) \cdot 0{,}5$	$= 0{,}00710$
(3)	$\sigma \cdot \sqrt{T}$	$= 0{,}25 \cdot \sqrt{0{,}5}$	$= 0{,}17678$
(4)	$[(1) + (2)]/(3)$	$= [0{,}09097 + 0{,}00710]/0{,}17678$	$= 0{,}55476$

Zur Berechnung des Werts der Kaufoption auf Aktien fährt man im dritten Schritt fort mit Formel (X.8):

... der Werte von N(y)...

(5)	$N[(4) + (3)]$	$= N(0{,}55476 + 0{,}17678)$	$= 0{,}76778$
(6)	$N[(4)]$	$= N(0{,}55476)$	$= 0{,}71047$
(7)	$e^{-i_d \cdot T}$	$= e^{-0{,}04545 \cdot 0{,}5}$	$= 0{,}97753$
(8)	$S \cdot (5)$	$= 230 \cdot 0{,}76778$	$= 176{,}58940$
(9)	$K \cdot (7) \cdot (6)$	$= 210 \cdot 0{,}97753 \cdot 0{,}71047$	$= 145{,}84621$
(10)	$(8) - (9)$	$= 176{,}58940 - 145{,}84621$	$= 30{,}74319$

... des Callwerts und...

Der Wert der Kaufoption (Basis 210, Laufzeit 6 Monate) bei einem Aktienkurs von 230 ist das Ergebnis von Zeile (10), 30,74 DM/Option auf eine Aktie oder 1537,– DM/Option auf 50 Aktien.

Zur Berechnung der Verkaufsoption setzt man in Schritt vier (X.10) an:

... des Putwerts aus (X.8) und (X.10)

(11)	$1 - (6)$[1]	$= 1 - 0{,}71047$	$= 0{,}28953$
(12)	$1 - (5)$[1]	$= 1 - 0{,}76778$	$= 0{,}23222$
(13)	$K \cdot (7) \cdot (11)$	$= 210 \cdot 0{,}97753 \cdot 0{,}28953$	$= 59{,}43509$
(14)	$S \cdot (12)$	$= 230 \cdot 0{,}23222$	$= 53{,}41060$
(15)	$(13) - (14)$	$= 59{,}43509 - 53{,}41060$	$= 6{,}02449$

Der Wert der Verkaufsoption (Basis 210, Laufzeit 6 Monate) bei einem Aktienkurs von 230 ist das Ergebnis von Zeile (15), 6,02 DM/Option auf eine Aktie oder 301,– DM/Option auf 50 Aktien.

Beispiel 2:
Berechnung des Werts von Kauf- und Verkaufsoptionen auf Aktien (mit Berücksichtigung der Dividendenausschüttung)

[1] Siehe hierzu Formel (X.7).

Beispiel von Optionen auf Aktien mit Dividendenzahlungen

Es seien:

Aktienkurs	$S = 230$ DM/Aktie
Ausübungskurs	$K = 210$ DM/Aktie
Laufzeit der Option	$T = 0{,}5$ Jahre
Standardabweichung der Logarithmen der Kursveränderungsfaktoren	$\sigma = 0{,}25$ auf Jahresbasis
Dividendenbetrag während der Laufzeit der Option	$D = 6$ DM/Aktie und Jahr
Risikoloser inländischer dekursiver Zinssatz für Darlehen mit der Laufzeit der Option	$i_d^* = 4{,}65\ \%$ p. a.

Berechnung des stetigen Zinssatzes i_d:
$i_d = \ln(1 + 0{,}0465) = 0{,}04545.$

Berechnung des Dividendensatzes

Es folgt die Berechnung des dekursiven Dividendensatzes d* gemäß

$$\text{(X.14a)}\quad d^* = S \cdot (1 + i_d^*)/[S \cdot (1 + i_d^*) - D] - 1$$
$$= (230 \cdot 1{,}0465)/[(230 \cdot 1{,}0465) - 6] - 1$$
$$= 0{,}02557.$$

Dabei wurde unterstellt, daß die Dividende am Ende der Laufzeit der Option anfällt.

Der stetige Dividendensatz d beträgt
$d = \ln(1 + 0{,}02557) = 0{,}02525.$

Die Berechnung von y_{A^*} aus Formel (X.12):

Berechnung von y aus (X.12)...

(1)	$\ln(S/K)$	$= \ln(230/210)$	$= 0{,}09097$
(2)	$(i_d - d - 0{,}5\sigma^2) \cdot T$	$= (0{,}04545 - 0{,}02525 - 0{,}5 \cdot 0{,}25^2) \cdot 0{,}5$	$= -0{,}00553$
(3)	$\sigma \cdot \sqrt{T}$	$= 0{,}25 \cdot \sqrt{0{,}5}$	$= 0{,}17678$
(4)	$[(1) + (2)]/(3)$	$= [0{,}09097 + (-0{,}00553)]/0{,}17678$	$= 0{,}48331$

c_{A*} erhält man durch Zerlegung von Formel (X.11):

... der Werte von N (y), ...

... des Callwerts aus (X.11) und ...

(5)	N [(4) + (3)]	= N (0,48331 + 0,17678)	=	0,74540
(6)	N [(4)]	= N (0,48331)	=	0,68556
(7)	$e^{-i_d \cdot T}$	= $e^{-0,04545 \cdot 0,5}$	=	0,97753
(8)	$e^{-d \cdot T}$	= $e^{-0,02525 \cdot 0,5}$	=	0,98745
(9)	S · (8) · (5)	= 230 · 0,98745 · 0,74540	=	169,29040
(10)	K · (7) · (6)	= 210 · 0,97753 · 0,68556	=	140,73265
(11)	(9) − (10)	= 169,29040 − 140,74907	=	28,54133

Der Wert der Kaufoption (Basis 210, Laufzeit 6 Monate) auf eine Aktie, auf die während der Laufzeit eine Dividende ausgeschüttet wird, beträgt bei einem Aktienkurs von 230 DM/Aktie 28,54 DM.

Analog erhält man p_{A*} durch Zerlegen von (X.13):

... des Putwerts aus (X.13)

(12)	1 − (6)[1]	= 1 − 0,68556	=	0,31444
(13)	1 − (5)[1]	= 1 − 0,74540	=	0,25460
(14)	K · (7) · (12)	= 210 · 0,97753 · 0,31444	=	64,54865
(15)	S · (8) · (13)	= 230 · 0,98745 · 0,25460	=	57,82310
(16)	(14) − (15)	= 64,53223 − 57,80727	=	6,72555

Wert dividendengeschützter Kaufoptionen ist größer als der nicht dividendengeschützter, ...

Der Wert der Verkaufsoption (Basis 210, Laufzeit 6 Monate) auf eine Aktie, auf die während der Laufzeit der Option eine Dividende ausgeschüttet wird, beträgt bei einem Aktienkurs von 230 DM/Aktie 6,73 DM.

[1] Siehe Formel (X.7).

Als Ergebnis ist festzuhalten, daß

- bei nicht dividendengeschützten Optionen der Wert der Kaufoption cet. par. niedriger ist als bei dividendengeschützten Optionen ($c_{A*} < c_A$) und
- bei nicht dividendengeschützten Optionen der Wert der Verkaufsoption cet. par. größer ist als bei dividendengeschützten Optionen ($p_{A*} > p_A$).

... bei Verkaufsoptionen ist es umgekehrt

Zu beachten ist, daß in der Formel mit einer stetigen Dividendenrendite d gerechnet wird. Dadurch wird unterstellt, daß in einem halben Jahr nicht die tatsächliche Dividende von 6 DM anfällt, sondern nur die Hälfte. Ein genaueres Ergebnis würde sich ergeben, wenn überall, wo „S" vorkommt, „$S - D \cdot e^{-i_d \cdot T}$" eingesetzt würde und „d" unberücksichtigt bliebe. Der Fehler macht im vorliegenden Fall bei der Kaufoption 1,85 DM aus. Die Rechnung dient zur Erläuterung des Umgangs mit der Formel. Auf die Ausführungen S. 188 wird verwiesen.

Fehler durch Annualisierung der Dividende

Das hier vorliegende Ergebnis ist richtig, wenn nicht eine Jahresdividende von 6 DM/Aktie im ersten Halbjahr anfällt, sondern wenn im ersten Halbjahr zwei Quartalsdividenden von 1,5 DM/Aktie anfallen.

3. Die Optionspreisformeln für Rentenoptionen

a. Erläuterung der Formeln

Um die allgemeinen Formeln (X.1) bis (X.3) auf Rentenoptionen zu übertragen, müssen die Bestandshaltekosten von Rentenwerten spezifiziert werden. Diese setzen sich zusammen aus einer positiven Komponente i_d, dem Zinssatz für Darlehen mit der Laufzeit der Option. Von dieser abgezogen wird als negative Komponente der Bestandshaltekosten der Ertrag, den die Anleihe abwirft, i_a.

Die gesamten Bestandshaltekosten der Anleihe betragen demnach $i_d - i_a$. Setzt man für i_c in Formel (X.1), (X.2) und (X.3) $i_d - i_a$ ein, so erhält man die Bewertungsformeln für Optionen auf festverzinsliche Wertpapiere. Für die Kaufoption gilt:

(X.17)
$$c_R = S \cdot e^{-i_a \cdot T} \cdot N(y_R + \sigma \cdot \sqrt{T}) - K \cdot e^{-i_d \cdot T} \cdot N(y_R)$$

mit

(X.18) $y_R = [\ln(S/K) + (i_d - i_a - 0{,}5\sigma^2) \cdot T]/[\sigma \cdot \sqrt{T}]$

und für die Verkaufsoption:

(X.19)
$$p_R = K \cdot e^{-i_d \cdot T} \cdot N(-y_R) - S \cdot e^{-i_a \cdot T} \cdot N(-y_R - \sigma \cdot \sqrt{T}).$$

Der Index R steht für „Rententitel".

i_a ist analog zu nicht dividendengeschützten Optionen als Eigenzinsfaktor der Anleihe entsprechend Formel (X.14) in Verbindung mit (X.15) anzusetzen, wobei anstelle der Dividende D der Coupon $\bar{C}$ tritt.

Eigenzins der Anleihe

Gibt es einen Terminhandel in Anleihen, so ist der Eigenzins $(1 + i_a^*) = (1 + \bar{C}/F)$, wobei F der Terminkurs für den Zeitpunkt ist, in dem die Optionsfrist abläuft. Gibt es hingegen keinen Terminhandel, so müssen i_a^*und F gleichzeitig aus der Gleichung

(X.20) $e^{i_d \cdot T}/e^{i_a \cdot T} = F/S$

bestimmt werden, da es eine Gleichung mit zwei Unbekannten ist. Diese Gleichung resultiert daraus, daß 100 DM zum kurzfristigen Zinssatz i_d angelegt genausoviel Ertrag abwerfen müssen, wie wenn man für 100 DM Anleihen kauft, während des Haltens der Anleihe die aus dieser fließenden Zinsen kassiert und die Anleihe gleichzeitig per Termin verkauft. Die Gleichung ist durch Arbitrage gesichert (zur Argumentation vgl. S. 187/188).

Wie rechnet man, wenn kein Terminhandel stattfindet?

Für praktische Zwecke kann man statt des Terminkurses F den Kassakurs nehmen, der sich bei Fälligkeit des Optionskontrakts ergeben würde, wenn die Effektivverzinsung der Anleihe konstant bliebe. Der Terminkurs dürfte zu dem so bestimmten Kassakurs tendieren, wenngleich er tatsächlich durch (X.20) bestimmt wird. Bei fallender Zinsstruktur und weit über pari notierenden Anleihen müßte allerdings der nach (X.20) bestimmte Terminkurs größer sein als der Kassakurs, während der zukünftige Kassakurs bei unveränderter Effektivverzinsung immer kleiner ist als der gegenwärtige Kassakurs. Den zukünftigen

Kassakurs bei unveränderter Effektivverzinsung kann man zwar auch nur durch Iterationsrechnung bestimmen; hierfür stehen aber Tabellen bzw. Taschenrechner zur Verfügung.

b. Problematik der Anwendung der Formel auf Rentenoptionen

Kurs des optierbaren Objekts und Zinssatz sind nicht unabhängig

Eine der Voraussetzungen des Black/Scholes-Modells ist die *Unabhängigkeit von Kurs des optierbaren Objekts und risikolosem inländischen Zinssatz*. Für Aktien legen empirische Untersuchungen auch eine Unabhängigkeit der Kursentwicklung von der Zinsentwicklung nahe. Allerdings könnten sich bereits bei Aktien für Versorgungsunternehmen mit relativ konstanten Dividenden Zweifel an der Unabhängigkeit von Kursen und Zinsen ergeben. Bei Rentenwerten, deren Kursentwicklung nichts anderes als das Spiegelbild der Zinsentwicklung ist, kann diese Annahme allerdings nicht länger aufrechterhalten werden. Selbst daß es sich bei dem Zinssatz i_d nur um den kurzfristigen Zinssatz handelt und nicht um den langfristigen, ändert nichts an dieser Tatsache, da kurz- und langfristige Zinsen in einem engen Zusammenhang stehen.[1)]

Allein aus diesem Grund ist eine Bewertung von Rentenoptionen mit dem Black/Scholes-Modell sehr problematisch.

Kurse von Rentenwerten können nie unendlich werden

Es kommt noch hinzu, daß die Kurse von festverzinslichen Wertpapieren *nicht gegen unendlich streben können*. Vielmehr ist der Kurs nach oben durch die Summe aus
1. Rückzahlungskurs
2. Summe aller Zinszahlungen

begrenzt. Er kann also nie gegen unendlich gehen. Genau das aber wird durch die Annahme, daß die Kursveränderungsfaktoren logarithmisch normalverteilt seien, unterstellt.

Anders als bei Aktien wird bei Anleihen allein durch die ablaufende Zeit bis zum Rückzahlungstermin eine *Bewegung der Anleihekurse zum Rückzahlungskurs hin erzwungen*. Das heißt: Wird die Anleihe

---

1) Zur Problematik der Bewertung von festverzinslichen Wertpapieren vgl. auch BURTON, Edwin T.: Observations on the Theory of Option Pricing on Debt Instruments. In: BRENNER, Menachem (Ed.): Option Pricing. Massachusetts, Toronto 1983, S. 35 – 44. Siehe auch: LABUSZEWSKI, John; SINQUEFIELD, Jeanne Cairns: Inside the Commodity Option Markets. New York u. a. O. 1985, S. 115.

Bei Fälligkeit der Anleihe steht ihr Kurs sicher pari, wodurch die Voraussetzung zufälliger Kursbewegungen verletzt ist

zu pari zurückgezahlt und notiert die Anleihe unter pari, so muß der Kurs bis zum Rückzahlungstermin zwangsläufig steigen; notiert die Anleihe über pari, so muß der Kurs im Zeitverlauf fallen. Er muß sich nicht nur dem Rückzahlungskurs annähern, sondern auch seine *Standardabweichung muß mit der Annäherung an den Rückzahlungszeitpunkt sinken*. Das widerspricht der Annahme einer konstanten Standardabweichung.

Mit der Annäherung der Kurse an den Rückzahlungskurs sind auch die zukünftigen *Kursveränderungen nicht mehr unabhängig von vergangenen Kursen*. Diese Unabhängigkeit wird im Black/Scholes-Modell durch die Verteilungsannahme aber gefordert.

Aus diesen vier Gründen ist der Gebrauch der hier angeführten Rentenoptionsformel mit schwerwiegenden Problemen behaftet. Die Arbeit von Bühler zeigt, daß bei einer Laufzeit der Option von mehr als 10% der Laufzeit der Anleihe Black/Scholes-Formeln nur mit großer Vorsicht zur Bestimmung der Optionswerte verwendet werden sollten.[1]

Daten zur Rentenoption

c. Beispielrechnungen

Folgende Daten sind gegeben:

Restlaufzeit der Anleihe			10 Jahre
Kurs der Anleihe	S	=	107,10 DM/Anleihe
Ausübungskurs	K	=	108,00 DM/Anleihe
Laufzeit der Option	T	=	130 Tage 0,35616 Jahre
Standardabweichung der Logarithmen der Kursveränderungsfaktoren	σ	=	0,065 auf Jahresbasis
Risikoloser inländischer dekursiver Zinssatz für Darlehen mit der Laufzeit der Option	i_d^*	=	4,65 % p.a.
Coupon der Anleihe	$\bar{C}$	=	6,75 % p.a.
Effektivverzinsung der Anleihe			5,80 % p.a.

[1] BÜHLER, H. W.: Rationale Bewertung von Optionsrechten auf Anleihen. In: ZfbF, 40. Jg. (10/1988), S. 851 – 883.

Der stetige kurzfristige Zinssatz i_d beträgt:
$i_d = \ln(1 + 0{,}0465) = 0{,}04545.$

Zur Bestimmung des Eigenzinses schätzen wir zuerst den Terminkurs nach 130 Tagen. Bei unveränderter Effektivverzinsung ist der Kassakurs einer Anleihe mit 10 Jahre – 130 Tage Laufzeit und einem Coupon von 6,75 % p. a. 106,93. Der Eigenzinsfaktor beträgt damit nach Gleichung (X.14)

Bestimmung des Eigenzinses

$1 + \bar{C}/F = 1 + 6{,}75/106{,}93 = 1{,}063 \mathrel{\hat{=}} 6{,}3\,\%$ p. a.

Verstetigt beträgt er

$i_a = \ln(1{,}063) = 0{,}06110.$

y_R bestimmt man durch die folgende Zerlegung von Formel (X.18):

Rentenoptionen:

Berechnung von y nach Formel (X.18), ...

(1)	$\ln(S/K)$	$= \ln(107{,}1/108)$	$= -0{,}00837$
(2)	$(i_d - i_a - 0{,}5\,\sigma^2) \cdot T$	$= (0{,}04545 - 0{,}06110$ $- 0{,}5 \cdot 0{,}065^2) \cdot 0{,}35616$	$= -0{,}00633$
(3)	$\sigma \cdot \sqrt{T}$	$= 0{,}065 \cdot \sqrt{0{,}35616}$	$= 0{,}03879$
(4)	$[(1) + (2)]/(3)$	$= (-0{,}00837 - 0{,}00633)/$ $0{,}03879$	$= -0{,}37896$

Den Wert der Kaufoption auf Anleihen erhält man durch Zerlegung der Formel (X.17):

... der Werte von N(y), ...

... des Callwerts aus (X.17) und ...

(5)	$N[(4) + (3)]$	$= N(-0{,}37896 + 0{,}03879)$ $= N(-0{,}34017) =$ $1 - N(0{,}34017)$	$= 0{,}36686$
(6)	$N[(4)]$	$= N(-0{,}37896) =$ $1 - N(0{,}37896)$	$= 0{,}35236$
(7)	$e^{-i_d \cdot T}$	$= e^{-0{,}04545 \cdot 0{,}35616}$	$= 0{,}98394$
(8)	$e^{-i_a \cdot T}$	$= e^{-0{,}06110 \cdot 0{,}35616}$	$= 0{,}97847$

(9) S · (8) · (5)	= 107,1 · 0,97847 · 0,36686	= 38,44478
(10) K · (7) · (6)	= 108 · 0,98394 · 0,35236	= 37,44372
(11) (9) − (10)	= 38,44478 − 37,44372	= 1,00106

Der Wert der Kaufoption (Basis 108, Laufzeit 130 Tage) bei einem Anleihekurs von 107,10 beträgt also 1,00 DM pro 1 Anleihe von 100 DM nominal.

Zur Berechnung der Verkaufsoption zerlegt man Formel (X.19):

... des Putwerts aus (X.19)

(12) 1 − (6)[1]	= 1 − 0,35236	= 0,64764
(13) 1 − (5)[1]	= 1 − 0,36686	= 0,63314
(14) K · (7) · (12)	= 108 · 0,98394 · 0,64764	= 68,82180
(15) S · (8) · (13)	= 107,1 · 0,97847 · 0,63314	= 66,34936
(16) (14) − (15)	= 68,82180 − 66,34936	= 2,47244

Der Wert der Verkaufsoption (Basis 108, Laufzeit 130 Tage) bei einem Anleihekurs von 107,10 beträgt 2,47 DM pro 1 Anleihe zu 100 DM nominal. Da der Zinsanspruch laufend entsteht, ergeben sich die Probleme nicht, die aus unstetigen Dividendenzahlungen resultieren!

4. Die Optionspreisformeln für Devisenoptionen

a. Erläuterung der Formeln

Bestandshaltekosten für Devisenoptionen

Eine Anlage in Devisen bringt den ausländischen Zinssatz i_f. Dafür verzichtet man auf die Anlage des Geldes im Inland und damit auf den inländischen Zinssatz i_d. Die Bestandshaltekosten einer Geldanlage in ausländischer Währung belaufen sich daher auf die Differenz $i_d - i_f$.

[1] Siehe hierzu Formel (X.7).

Setzen wir nun die Gleichungen (X.1) und (X.2) für $i_c = i_d - i_f$ ein, so resultieren daraus die Bewertungsformeln für die Kaufoption auf Devisen:[1)]

Black/Scholes-Formeln für Devisenoptionen

$$(X.21) \quad c_D = S \cdot e^{-i_f \cdot T} \cdot N(y_D + \sigma \cdot \sqrt{T}) - K \cdot e^{-i_d \cdot T} \cdot N(y_D)$$

mit

$$(X.22) \quad y_D = [\ln(S/K) + (i_d - i_f - 0{,}5\sigma^2) \cdot T]/[\sigma \cdot \sqrt{T}].$$

Wird $i_c = i_d - i_f$ in Gleichung (X.3) eingesetzt, so erhält man die Formel für Verkaufsoptionen auf Devisen:

$$(X.23) \quad p_D = K \cdot e^{-i_d \cdot T} \cdot N(-y_D) - S \cdot e^{-i_f \cdot T} \cdot N(-y_D - \sigma \cdot \sqrt{T}).$$

Der Index D steht für „Devisen".

Die Bestimmung des Eigenzinses der Fremdwährung und des Terminkurses entfällt, da beide durch den Markt bestimmt werden. Der ausländische Zinssatz ist gleichzeitig auch der Eigenzins der Fremdwährung.

Europäische Optionen werden an der Chicago Board Options Exchange (CBOE) gehandelt.[2)]

b. Annahmen

Das Black/Scholes-Modell unterstellt, wie schon erwähnt, die Unabhängigkeit von
1. Kurs des optierbaren Objekts einerseits und
2. Zinssatz andererseits.

Internationales Zinsdifferenzarbitrage-Gleichgewicht

Im konkreten Fall der Devisenoptionen bedeutet das, daß der Devisenkurs unabhängig vom inländischen und vom ausländischen Zinssatz ist. Nach der (gesicherten) Theorie der internationalen Zinsdifferenzarbitrage gilt:

---

1) Diese Formeln wurden entwickelt von GARMAN, Mark B.; KOHLHAGEN, Steven W.: Foreign Currency Option Values. In: Journal of International Money and Finance, 1983,2, S. 231–237.

2) KLOY, Jörg; WELCKER, Johannes: Drei Arten von Währungsoptionen. In: Die Bank 6/86, S. 298–302.

(X.24) $S/F = (1 + i_f)^T/(1 + i_d)^T$ bzw.

(X.24a) $S = F \cdot (1 + i_f)^T/(1 + i_d)^T$,

wobei F der Terminkurs ist.

Wie man sieht, ist der Devisenkurs S nicht nur eine Funktion des Terminkurses F, sondern auch des Verhältnisses zwischen dem Zinsfaktor des Auslandszinses und dem Zinsfaktor des Inlandszinses. Obwohl zwischen den vier Größen der Gleichung der durch Formel (X.24a) beschriebene strenge Zusammenhang besteht, ist es dennoch nicht möglich, zwischen *einzelnen* der auf der rechten Seite der Gleichung stehenden Größen und dem Devisenkurs S eine eindeutige Beziehung nachzuweisen. Das gilt auch, wenn eine andere der vier Größen isoliert wird. Die Annahme der Unabhängigkeit der in den Gleichungen (X.21) bis (X.23) vorkommenden Größen ist daher bei Devisenoptionen weniger problematisch als bei Optionen auf Anleihen.

c. Beispielrechnungen

Daten zur Devisenoption

Die Zerlegung der Bewertungsformeln für Devisenoptionen erfolgt analog zu der der Rentenoptionen. Die Handhabung der Formeln soll an Optionen auf Deutsche Mark (notiert in New York) demonstriert werden. Der inländische Zinssatz ist dabei der amerikanische Zins, und der ausländische Zinssatz ist der deutsche Zins.

Dabei sind:

Devisenkurs in New York	S	= 0,48310 $/DM
Ausübungskurs	K	= 0,49 $/DM
Laufzeit der Option	T	= 0,25 Jahre
Standardabweichung der Logarithmen der Kursveränderungsfaktoren	σ	= 0,2 auf Jahresbasis
Risikoloser inländischer dekursiver Zinssatz	i_d^*	= 6,00 % p. a.
Risikoloser ausländischer dekursiver Zinssatz	i_f^*	= 4,65 % p. a.

Devisenoptionen:

Zunächst werden die stetigen Zinssätze berechnet:

$i_d = \ln(1 + 0{,}06) = 0{,}05827$ oder 5,827 % p. a. und

$i_f = \ln(1 + 0{,}0465) = 0{,}04545$ oder 4,545 % p. a.

Wir beginnen mit der Zerlegung wiederum bei y_D (X.22):

Berechnung von y nach Formel (X.22), ...

(1)	$\ln(S/K)$	$= \ln(0{,}4831/0{,}49)$	$= -0{,}01418$
(2)	$(i_d - i_f - 0{,}5\sigma^2) \cdot T$	$= (0{,}05827 - 0{,}04545 - 0{,}5 \cdot 0{,}2^2) \cdot 0{,}25$	$= -0{,}00180$
(3)	$\sigma \cdot \sqrt{T}$	$= 0{,}2 \cdot \sqrt{0{,}25}$	$= 0{,}10000$
(4)	$[(1) + (2)]/(3)$	$= (-0{,}01418 - 0{,}0018)/0{,}1$	$= -0{,}15980$

Den Wert der Kaufoption auf Devisen erhält man durch Zerlegung von (X.21):

... der Werte von N(y), ...

... des Callwerts aus (X.21) und...

(5)	$N[(4) + (3)]$	$= N(-0{,}15980 + 0{,}1) = N(-0{,}0598) = 1 - N(0{,}0598)$	$= 0{,}47616$
(6)	$N[(4)]$	$= N(-0{,}15980) = 1 - N(0{,}15980)$	$= 0{,}43652$
(7)	$e^{-i_d \cdot T}$	$= e^{-0{,}05827 \cdot 0{,}25}$	$= 0{,}98554$
(8)	$e^{-i_f \cdot T}$	$= e^{-0{,}04545 \cdot 0{,}25}$	$= 0{,}98870$
(9)	$S \cdot (8) \cdot (5)$	$= 0{,}4831 \cdot 0{,}98870 \cdot 0{,}47616$	$= 0{,}22743$
(10)	$K \cdot (7) \cdot (6)$	$= 0{,}49 \cdot 0{,}98554 \cdot 0{,}43652$	$= 0{,}21080$
(11)	$(9) - (10)$	$= 0{,}22743 - 0{,}21080$	$= 0{,}01663$

Die Kaufoption auf 1 DM (Basis 0,49, Laufzeit 3 Monate) bei einem Devisenkurs von 0,48310 \$/DM kostet 0,01663 \$ oder 2.078,75 \$/125.000 DM.

Für den Wert der Verkaufsoption zerlegt man (X.23):

... des Putwerts aus (X.23)

(12) 1 − (6)[1]	= 1 − 0,43652	= 0,56348
(13) 1 − (5)[1]	= 1 − 0,47616	= 0,52384
(14) K · (7) · (12)	= 0,49 · 0,98554 · 0,56348	= 0,27211
(15) S · (8) · (13)	= 0,4831 · 0,98870 · 0,52384	= 0,25021
(16) (14) − (15)	= 0,27211 − 0,25021	= 0,02190

Die Verkaufsoption auf 1 DM (Basis 0,49, Laufzeit 3 Monate) bei einem Devisenkurs von 0,48310 $/DM kostet 0,02190 $ oder 2.737,50 $/125.000 DM.

5. Die Optionspreisformeln für Warenoptionen

a. Erläuterung der Formeln

Bestandshaltekosten bei Warenoptionen

Das Halten von Waren (z. B. Weizen) verursacht Kosten in Form von Lagermiete, Schwund etc. Außerdem entfällt die Möglichkeit, das für die Ware verausgabte Geld zum kurzfristigen Zinssatz i_d anzulegen und Zinserträge zu erzielen.

Bezeichnen wir die Kosten für die Lagerung in % des Warenwerts mit i_l p. a., so sind die Bestandshaltekosten für Waren $i_c = i_d + i_l$.

Wir setzen wiederum für i_c in Gleichung (X.1), (X.2) und (X.3) $i_d + i_l$ ein und erhalten die Bewertungsformeln für Optionen auf Waren:

Black/Scholes-Formeln für Warenoptionen

(X.25) $c_W = S \cdot e^{i_l \cdot T} \cdot N(y_W + \sigma \cdot \sqrt{T}) - K \cdot e^{-i_d \cdot T} \cdot N(y_W)$

mit

(X.26) $y_W = [\ln(S/K) - (i_d + i_l - 0{,}5\sigma^2) \cdot T]/[\sigma \cdot \sqrt{T}]$

für die Kaufoption und

(X.27) $p_W = K \cdot e^{-i_d \cdot T} \cdot N(-y_W) - S \cdot e^{i_l \cdot T} \cdot N(-y_W - \sigma \cdot \sqrt{T})$

für die Verkaufsoption.

[1] Siehe hierzu Formel (X.7).

Der Index W steht für „Waren“.

Der Lagerkostensatz i_l setzt sich aus verschiedenen Komponenten zusammen, die hier nicht näher spezifiziert werden. Er ist der Prozentsatz, um den sich der Warenbestand am Ende der Optionsfrist verringert hat (sei es, daß Schwund eingetreten ist oder daß für Lagermiete Teile des Warenbestandes verkauft werden mußten).

b. Beispielrechnungen

Daten zur Warenoption

Der Gebrauch der Bewertungsformeln für Warenoptionen soll am Beispiel einer Kauf- und Verkaufsoption auf Weizen gezeigt werden.

Wir nehmen an, daß

der Kassapreis des Weizens	$S = 250$ cents/bushel
der Ausübungskurs	$K = 240$ cents/bushel
die Laufzeit der Option	$T = 30$ Tage $= 0{,}08219$ Jahre
die Standardabweichung der Logarithmen der Kursveränderungsfaktoren	$\sigma = 0{,}15$ auf Jahresbasis
der risikolose inländische dekursive Zinssatz	$i_d^* = 6{,}00\ \%$ p. a.
der dekursive Lagerkostensatz	$i_l^* = 14{,}00\ \%$ p. a.[1]

betragen.

Der stetige Inlandszinssatz i_d beträgt $\ln(1 + 0{,}06) = 0{,}05827$ p. a.
Der stetige Lagerkostensatz i_l beträgt $\ln(1 + 0{,}14) = 0{,}13103$ p. a.

Es folgt die Zerlegung und Berechnung von y_W (X.26):

[1] Die Lagerkostensätze für verschiedene Waren sind sehr unterschiedlich, z. B. in der Bundesrepublik Deutschland im August 1986 3,52 DM/t Weizen und Monat oder 43 DM/t Kaffee und Monat. Das entspricht bei Weltmarktpreisen etwa 14 % bzw. 6 % p. a. Weitere Lagerkosten in: Der Commodity Investment Analyst, lfd. Veröffentlichung der Richard Ebert GmbH, Schloßstr. 40, 6419 Burghaun.

Warenoption:

Berechnung von y nach Formel (X.26), ...

(1)	$\ln(S/K)$	$= \ln(250/240)$	$= 0{,}04082$
(2)	$(i_d + i_l - 0{,}5\,\sigma^2) \cdot T$	$= (0{,}05827 + 0{,}13103 - 0{,}5 \cdot 0{,}15^2) \cdot 0{,}08219$	$= 0{,}01463$
(3)	$\sigma \cdot \sqrt{T}$	$= 0{,}15 \cdot \sqrt{0{,}08219}$	$= 0{,}04300$
(4)	$[(1) + (2)]/(3)$	$= (0{,}04082 + 0{,}01463)/0{,}04300$	$= 1{,}28953$

Es folgt die Berechnung von c_W (X.25):

... der Werte von N(y), ...

... des Callwerts aus (X.25) und ...

(5)	$N[(4) + (3)]$	$= N(1{,}28953 + 0{,}04300)$	$= 0{,}90866$
(6)	$N[(4)]$	$= N(1{,}28953)$	$= 0{,}90139$
(7)	$e^{-i_d \cdot T}$	$= e^{-0{,}05827 \cdot 0{,}08219}$	$= 0{,}99522$
(8)	$e^{i_l \cdot T}$	$= e^{0{,}13103 \cdot 0{,}08219}$	$= 1{,}01083$
(9)	$S \cdot (8) \cdot (5)$	$= 250 \cdot 1{,}01083 \cdot 0{,}90866$	$= 229{,}62520$
(10)	$K \cdot (7) \cdot (6)$	$= 240 \cdot 0{,}99522 \cdot 0{,}90139$	$= 215{,}29953$
(11)	$(9) - (10)$	$= 229{,}62520 - 215{,}29953$	$= 14{,}32567$

Eine Kaufoption auf 1 bushel Weizen (Basis 240, Laufzeit 30 Tage) bei einem Kassapreis von 250 ¢/b kostet demnach 14,33 cents.

Die Berechnung von p_W (X.27):

(12) 1 − (6)[1]	= 1 − 0,90139	= 0,09861	*... des Putwerts aus (X.27)*
(13) 1 − (5)[1]	= 1 − 0,90866	= 0,09134	
(14) K · (7) · (12)	= 240 · 0,99522 · 0,09861	= 23,55327	
(15) S · (8) · (13)	= 250 · 1,01083 · 0,09134	= 23,08230	
(16) (14) − (15)	= 33,61614 − 32,89353	= 0,47097	

Die Verkaufsoption auf 1 bushel Weizen (Basis 240, Laufzeit 30 Tage) bei einem Kassapreis von 250 ¢/b kostet 0,47 cents.

6. Die Optionspreisformeln für Optionen auf Terminkontrakte

a. Erläuterung der Formeln

Terminkurs im Verhältnis zum Kassakurs

Die allgemeine Arbitragebedingung zwischen Kassakurs S und Terminkurs F lautet gemäß (X.15)

$S = F \cdot e^{-i_c \cdot T}$,

da die Kosten eines Kassakaufs zuzüglich der Bestandshaltekosten der Waren gleich den Kosten eines Terminkaufs sein müssen. Bei der Terminposition fallen keine Bestandshaltekosten an.

Setzt man (X.15) in (X.1) und (X.2) ein, so ergibt sich die Formel zur Bewertung von Kaufoptionen auf Terminkontrakte, wobei der Gegenstand des Terminkontrakts unerheblich ist:

Black/Scholes-Formeln für Devisenoptionen

(X.28) $c_F = F \cdot e^{-i_d \cdot T} \cdot N(y_F + \sigma \cdot \sqrt{T}) - K \cdot e^{-i_d \cdot T} \cdot N(y_F)$

mit

(X.29) $y_F = [\ln(F/K) - 0{,}5\sigma^2 \cdot T]/[\sigma \cdot \sqrt{T}]$.

Analog ergibt (X.15) in (X.3) eingesetzt den Wert der Verkaufsoption auf Terminkontrakte, wobei wiederum der Gegenstand des Terminkontrakts unerheblich ist:

[1] Siehe hierzu Formel (X.7).

$$(X.30) \quad P_F = K \cdot e^{-i_d \cdot T} \cdot N(-y_F) - F \cdot e^{-i_d \cdot T} \cdot N(-y_F - \sigma \cdot \sqrt{T}).$$

Der Index F steht für „Futures".

b. Gültigkeit für alle Terminkontrakte

Da die Bestandshaltekosten des optierbaren Objekts i_c in den Formeln zur Bewertung von Optionen auf Terminkontrakte [(X.28) bis (X.30)] nicht mehr vorkommen, können diese Formeln zur Bewertung aller Terminkontrakte verwendet werden, gleichgültig, ob es sich um Optionen auf Devisen, Waren, Anleihen, Aktien oder Indices handelt. Derzeit gibt es Optionen auf Devisenterminkontrakte an der Chicago Mercantile Exchange (CME) und an der London International Financial Futures Exchange (LIFFE), auf Anleiheterminkontrakte (financial futures) am Chicago Board of Trade (CBT), auf Aktienindex (SP 500)-Futures an der Chicago Mercantile Exchange sowie Goldterminkontrakte an verschiedenen Börsen, allerdings stets amerikanische Optionen. An der DTB werden Optionen auf den DAX und den Bund-Future gehandelt.

Formeln für Terminkontrakte ergeben sich bei Spezifizierung der Bestandshaltekosten für alle Objekte gleich

Setzt man in den Bewertungsformeln für Aktienoptionen, Rentenoptionen, Devisenoptionen und Warenoptionen S gleich $F \cdot e^{-i_c \cdot T}$, so erhält man in allen vier Fällen wieder die oben abgeleitete Formel für Optionen auf Terminkontrakte. Um die Spezifizierung der Bestandshaltekosten braucht man sich nicht zu kümmern, da sie implizit im Unterschied zwischen Kassa- und Terminkurs des optierbaren Objekts zum Ausdruck kommen.

Bei Ausübung werden Futures geliefert

Bei den derzeit gehandelten Optionen auf Terminkontrakte ist die Laufzeit der Option gleich der Laufzeit des Terminkontrakts (obwohl prinzipiell auch unterschiedliche Laufzeiten von Option und Terminkontrakt denkbar sind). Da die gehandelten Optionen auf Terminkontrakte stets amerikanische Optionen sind, erhebt sich die Frage, welches Objekt bezogen bzw. geliefert werden muß, wenn die Option vorzeitig ausgeübt wird. Bei Ausübung am Ende der Laufzeit der Option sind Kassa- und Terminkurs gleich, und es wird das Objekt selbst bezogen bzw. geliefert, weil die Laufzeit des Terminkontrakts und die Laufzeit des Optionskontrakts identisch sind. Bei vorzeitiger Ausübung der Kaufoption erhält der Ausübende eine Futures-Long-Position, woraus dem Stillhalter die Verpflichtung erwächst, das

Objekt der Option zum Termin zu liefern. Bei vorzeitiger Ausübung der Verkaufsoption erhält der Ausübende eine Futures-Short-Position, woraus dem Stillhalter die Verpflichtung erwächst, das Objekt der Option zum Termin abzunehmen.

c. Beispielrechnungen

Daten zu Terminkontrakten

Die Bewertung von Optionen auf Terminkontrakte soll am Beispiel einer Kauf- und Verkaufsoption auf einen Goldterminkontrakt gezeigt werden.

Anmerkung:
Beim Ausüben der Kaufoption erhält der Optionskäufer eine Long-Position in Gold, bei Ausüben der Verkaufsoption erhält er eine Short-Position in Gold.

Es sollen folgende Daten gelten:

Terminkurs Dezember 1986	F	=	380 US-$/Feinunze
Ausübungskurs	K	=	380 US-$/Feinunze
Laufzeit der Option	T	=	90 Tage = 0,24658 Jahre
Standardabweichung der Logarithmen der Kursveränderungsfaktoren	σ	=	0,13 auf Jahresbasis
Risikoloser inländischer dekursiver Zinssatz	i_d^*	=	6,00 % p.a.

Der stetige inländische Zinssatz ist $i_d = \ln(1 + 0{,}06) = 0{,}05827$ p.a.

y_F ergibt sich bekanntermaßen durch Zerlegung von (X.29):

Optionen auf Terminkontrakte:

Berechnung von y nach Formel (X.29), ...

(1)	$\ln(F/K)$	$= \ln(380/380)$	=	0,00000
(2)	$-0{,}5\sigma^2 \cdot T$	$= -0{,}5 \cdot 0{,}13^2 \cdot 0{,}24658$	=	−0,00208
(3)	$\sigma \cdot \sqrt{T}$	$= 0{,}13 \cdot \sqrt{0{,}24658}$	=	0,06455
(4)	$[(1) + (2)]/(3)$	$= (0 - 0{,}00208)/0{,}06455$	=	−0,03222

Zur Berechnung der Kaufoption C_F fährt man fort mit (X.28):

... der Werte von N(y), ...

... des Call-werts aus Formel (X.28) und ...

(5)	$N[(4) + (3)]$	$= N(-0{,}03222 + 0{,}06455)$	$= 0{,}51290$
(6)	$N[(4)]$	$= N(-0{,}03222)$	$= 0{,}48715$
(7)	$e^{-i_d \cdot T}$	$= e^{-0{,}05827 \cdot 0{,}24658}$	$= 0{,}98573$
(8)	$F \cdot (7) \cdot (5)$	$= 380 \cdot 0{,}98573 \cdot 0{,}51290$	$= 192{,}12075$
(9)	$K \cdot (7) \cdot (6)$	$= 380 \cdot 0{,}98573 \cdot 0{,}48715$	$= 182{,}47538$
(10)	$(8) - (9)$	$= 192{,}12075 - 182{,}47538$	$= 9{,}64537$

Der Wert der Kaufoption auf 1 Feinunze Gold (Basis 380, Laufzeit 3 Monate) bei einem Terminkurs von 380 $/oz. beträgt 9,65 US-$.

Es folgt die Berechnung der Verkaufsoption P_F (X.30):

... des Put-werts aus Formel (X.30)

(11)	$1 - (6)$[1]	$= 1 - 0{,}48715$	$= 0{,}51285$
(12)	$1 - (5)$[1]	$= 1 - 0{,}51290$	$= 0{,}48710$
(13)	$K \cdot (7) \cdot (11)$	$= 380 \cdot 0{,}98573 \cdot 0{,}51285$	$= 192{,}10202$
(14)	$F \cdot (7) \cdot (12)$	$= 380 \cdot 0{,}98573 \cdot 0{,}48710$	$= 182{,}45665$
(15)	$(13) - (14)$	$= 192{,}10202 - 182{,}45665$	$= 9{,}64537$

Der Wert der Verkaufsoption auf 1 Feinunze Gold (Basis 380, Laufzeit 3 Monate) bei einem Terminkurs von 380 $/oz. beträgt 9,65 US-$.

Wie man sieht, ist für am Geld stehende Optionen auf Terminkontrakte ($F = K$) der Wert des Call gleich dem Wert des Put ($C_F = P_F$). Wie man die Put-Call-Parität bestimmt und wie sie für die einzelnen optierbaren Objekte aussieht, wird im nächsten Kapitel beschrieben.

[1] Siehe hierzu Formel (X.7).

B. Beispielrechnung für amerikanische Optionen

1. Prinzipielle Vorgehensweise

Beispielrechnung für amerikanische Optionen: Ablauf

i. Bestimmung der zur Bewertung notwendigen Parameter i_c, i_d usw.
ii. Berechnung des Werts der europäischen Option.
iii. Berechnung des kritischen Kurses S* bzs. S**.
iv. Berechnung des Zusatzterms für amerikanische Optionen.

2. Beispiel

Da die Bestimmung der Parameter in (X.A.1.b) ausreichend erläutert worden ist, genügt es, die Bewertung amerikanischer Optionen anhand eines Beispiels zu erläutern. Wir betrachten hierzu eine amerikanische Devisenkauf- und Verkaufsoption auf Dollar.

Daten des Beispiels

Dabei sei:

Ausübungskurs	$K = 1{,}70$ DM/$
Laufzeit der Option	$T = 1$ Jahr
Volatilität	$\sigma = 20\,\%$ p. a.
Risikoloser inländischer stetiger Zinssatz (= 9,5 % p. a. dekursiv)	$i_d = 9{,}08\,\%$ p. a.
Risikoloser ausländischer stetiger Zinssatz (= 7,5 % p. a. dekursiv).	$i_f = 7{,}23\,\%$ p. a.

Die Bestandshaltekosten der ausländischen Währung $i_c = i_d - i_f = 1{,}85\,\%$ p. a. Wegen $i_c < i_d$ sind Put und Call amerikanisch zu bewerten.

Berechnung der europäischen Option wie in X.D

Die Berechnung der europäischen Optionswerte erfolgt nun wie in (X.A.4).

Berechnung der Hilfsgrößen

Zur Bestimmung des kritischen Kurses S* für den Call (bzw. S** für den Put) berechnen wir zunächst die Hilfsgrößen (siehe IX.E.2.).

(1) $\alpha = 2 \cdot i_d/\sigma^2 = 4{,}54$,
(2) $\beta = 2 \cdot i_c/\sigma^2 = 0{,}925$,
(3) $g(T) = 1 - e^{-i_d \cdot T} = 0{,}0868$,

(4) $q_1 = [1 - ß - \sqrt{(1 - ß)^2 + 4\alpha/g}]/2 = -7{,}19477$ und
(5) $q^2 = [1 - ß + \sqrt{(1 - ß)^2 + 4\alpha/g}]/2 = 7{,}26977$

S^* (bzw. S^{**}) ist der Wert, für den die Funktion F_2 (bzw. F_1) den Wert null annimmt (siehe X.E.12, X.E.13).

Probieren liefert

Ermittlung des kritischen Aktienkurses durch Interpolation

$F_2(2{,}50) = 0{,}006 > 0$,
$F_2(2{,}60) = -0{,}004 < 0$
und
$F_1(1{,}30) = -0{,}01 < 0$,
$F_1(1{,}40) = 0{,}03 > 0$.

S^* liegt also zwischen 2,50 und 2,60;
S^{**} liegt zwischen 1,30 und 1,40. Interpolation liefert als erste Näherungswerte für S^* bzw. S^{**} die Werte 2,56 bzw. 1,325. Die exakten Werte (mittels Newton-Verfahren ermittelt) lauten $S^* = 2{,}5589$ bzw. $S^{**} = 1{,}3257$.

Berechnung des Zusatzterms

Die noch fehlenden Größen A_2 bzw. A_1 (siehe IX.E.14, IX.E.15) errechnen sich dann als
(6) $A_2 = [1 - e^{(ic - id) \cdot T} \cdot N(y(S^*) + \sigma\sqrt{T})] \cdot S^*/q_2 = 0{,}0287$
und
(7) $A_1 = -[1 - e^{(ic - id) \cdot T} \cdot N(y(S^{**}) - \sigma\sqrt{T})] \cdot S^{**}/q_1 = 0{,}038$.
Für $S < S^*$ lautet der Zusatzterm Z für den Call also
(8) $Z(S) = A_2 \cdot (S/S^*)^{q_2} = 0{,}0287 \cdot (S/2{,}5589)^{7{,}26977}$
und für den Put
(9) $Z(S) = A_1 \cdot (S/S^{**})^{q_1} = 0{,}038 \cdot (S/1{,}3257)^{7{,}19477}$, sofern $S > S^{**}$.

Betrachten wir als Beispiel noch verschiedene Kurse für S und die zugehörigen Werte für c, Z, C bzw. p, Z, P.

Werte für p, Z und P für verschiedene Kurse von S

$-Kurs [DM/$]	europ. Call c	Zusatzterm Z	amerik. Call C
1,70	0,1398	0,0015	0,1413
1,90	0,2665	0,0033	0,2698
2,10	0,4227	0,0068	0,4295
2,40	0,6852	0,0180	0,7032
2,50	0,7762	0,0242	0,8004
2,60	0,8680	–	0,90

Zu beachten ist, daß bei den Kursen ab 2,40 DM/$ aufwärts der europäische Callwert unterhalb des inneren Werts S – K liegt. Da beim letzten Wert S = 2,60 DM/$ der kritische Ausübungskurs S* überschritten wird, erfolgt vorzeitige Ausübung, und daher ist C = S – K = 0,90.

Für den Put ergibt sich:

Werte für c, Z und C für verschiedene Kurse von S

$-Kurs [DM/$]	europ. Put p	Zusatzterm Z	amerik. Put P
1,30	0,3570	–	0,40
1,40	0,2797	0,0257	0,3054
1,45	0,2446	0,0199	0,2645
1,50	0,2122	0,0156	0,2278
1,60	0,1558	0,0098	0,1656

Auch hier ist zu beachten, daß bei den ersten drei Kursen der Wert des europäischen Put unterhalb des inneren Werts K – S liegt und daß beim ersten Wert S = 1,30 DM/$ der kritische Ausübungskurs S** unterschritten worden ist und daher P = K – S = 0,40 DM ist.

XI. Bewertung von Optionsscheinen und DTB-Optionen und der Einfluß preisbestimmender Faktoren

A. Der Wert von Optionen in Abhängigkeit von den einzelnen preisbestimmenden Faktoren

1. Der Wert der europäischen Kaufoption und der europäischen Verkaufsoption in Abhängigkeit vom Devisenkurs

Wert der Kauf- und der Verkaufsoption in Abhängigkeit vom Devisenkurs

Bankers Trust 91/94 $-Call und $-Put				
Variation des Devisenkurses:			1,50 – 2,00 DM/$	
Ausübungskurs:			1,70 DM/$	
Verfalldatum:			16.03.1994	
aktuelles Datum:			01.01.1992	
Volatilität:			0,13	
DM-Zinssatz:			9 % p.a.	
$-Zinssatz:			6 % p.a.	
Bezugsverhältnis:			100 $/Schein	
Devisenkurs	Call	Put	$\delta c/\delta S$	$\delta p/\delta S$
(1)	(2)	(3)	(4)	(5)
1,50	7	15	0,359	−0,520
1,55	9	13	0,418	−0,462
1,60	11	11	0,475	−0,404
1,65	13	9	0,530	−0,349
1,70	16	7	0,581	−0,298
1,75	19	6	0,628	−0,251
1,80	22	5	0,670	−0,210
1,85	26	4	0,706	−0,173
1,90	30	3	0,738	−0,141
1,95	33	2	0,765	−0,114
2,00	37	2	0,787	−0,092

Bestandshaltekosten bei Devisenoptionen

In diesem Kapitel XI. A gehen wir von Devisenoptionen aus. Der Grund für diese Vorgehenweise ist, daß für Devisenoptionen die Bestandshaltekosten sowohl positiv ($i_d > i_f$) als auch negativ ($i_d < i_f$) und in einem unwahrscheinlichen Grenzfall auch gleich i_d ($i_f = 0$) sein können.

Die Kurve des Call liegt über der 45°-Linie (wegen $i_d > i_f$), die Kurve des Put schneidet sie

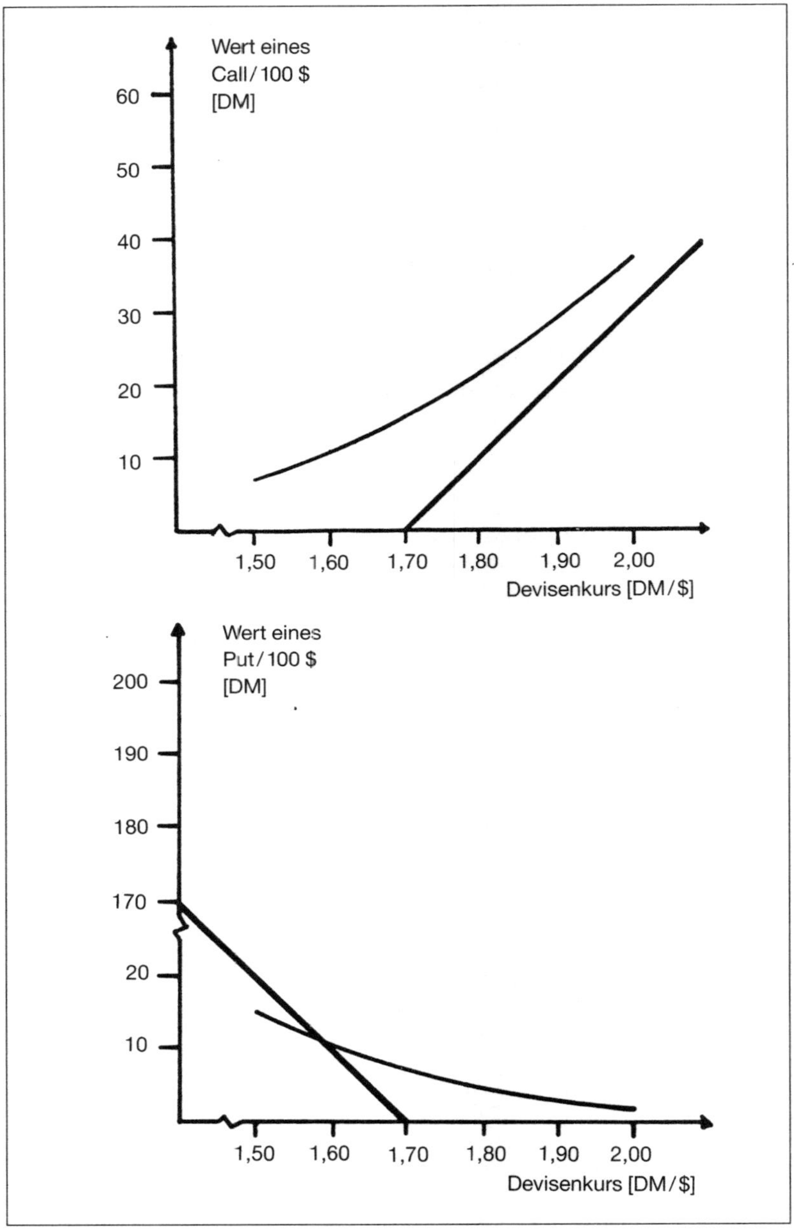

Abb. 11.1: Wert der Kaufoption und der Verkaufsoption in Abhängigkeit vom Devisenkurs (S)

Der Wert der Kaufoption steigt mit steigendem Devisenkurs, der Wert der Verkaufsoption fällt. Der am Geld stehende Call ist wertvoller als der am Geld stehende Put (Devisenkurs 1,70 DM/$), weil der DM-Zins höher ist als der $-Zins. Die Werte $\delta c/\delta S$ und $\delta p/\delta S$ geben die Steigung der Kurven an und sind die für die Delta-Hedge-Prozesse wichtigen Größen. Sie geben ungefähr an, um wieviele Pfennige sich der Wert des Call erhöht bzw. um wieviele Pfennige der Put fällt, wenn der Dollarkurs um einen Pfennig steigt.

Bedeutung der ersten Ableitungen

2. Der Wert der europäischen Kaufoption und der europäischen Verkaufsoption in Abhängigkeit vom Ausübungskurs

Wert der Kauf- und der Verkaufsoption in Abhängigkeit vom Ausübungskurs

Bankers Trust 91/94 $-Call und $-Put				
Variation des Ausübungskurses:	1,50 – 2,00 DM/$			
Devisenkurs:	1,70 DM/$			
Verfalldatum:	16.03.1994			
aktuelles Datum:	01.01.1992			
Volatilität:	0,13			
DM-Zinssatz:	9 % p.a.			
$-Zinssatz:	6 % p.a.			
Bezugsverhältnis:	100 $/Schein			
Ausübungskurs	Call	Put	$\delta c/\delta S$	$\delta p/\delta S$
(1)	(2)	(3)	(4)	(5)
1,50	28	2	0,753	−0,126
1,55	25	3	0,716	−0,163
1,60	22	4	0,675	−0,205
1,65	19	6	0,629	−0,250
1,70	16	7	0,581	−0,298
1,75	14	9	0,532	−0,348
1,80	12	11	0,482	−0,398
1,85	10	13	0,432	−0,447
1,90	8	16	0,384	−0,496
1,95	7	19	0,338	−0,496
2,00	6	22	0,295	−0,585

Der Wert der Kaufoption sinkt und der Wert der Verkaufsoption steigt mit steigendem Ausübungskurs (Abbildung 11.2). Die Berechnung ist nützlich für einen Emittenten von $-Optionsscheinen, der wissen will, welche Werte die Optionen bei verschiedenen Ausübungskursen haben.

Der Wert des Put erreicht den inneren Wert nicht, weil vorzeitige Ausübung lohnend ist

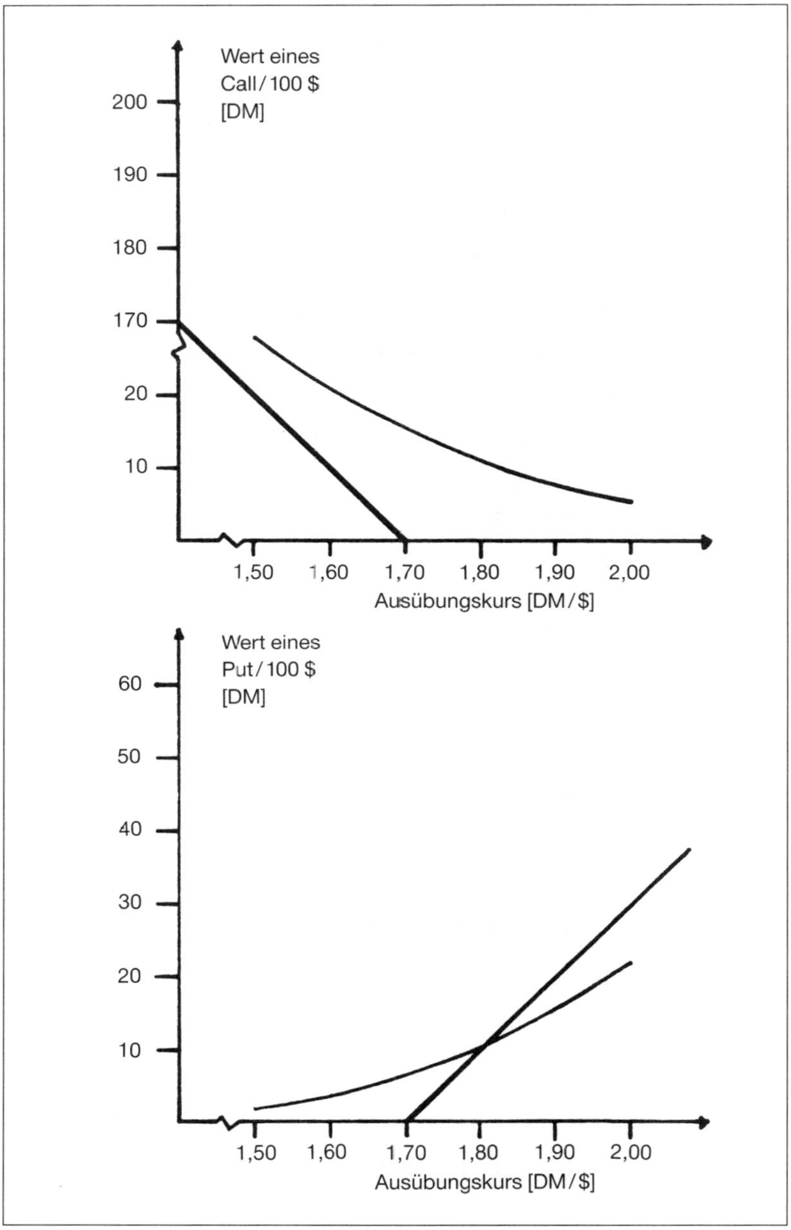

Abb. 11.2: Wert der Kaufoption und der Verkaufsoption in Abhängigkeit vom Ausübungskurs (K)

3. Der Wert der europäischen Kaufoption und der europäischen Verkaufsoption in Abhängigkeit von der Volatilität

Wert der Kauf- und der Verkaufsoption in Abhängigkeit von der Volatilität

Bankers Trust 91/94 $-Call und $-Put				
Variation der Volatilität:	0,10 – 0,65 DM/$			
Devisenkurs:	1,70 DM/$			
Ausübungskurs:	1,70 DM/$			
Verfalldatum:	16.03.1994			
aktuelles Datum:	01.01.1992			
DM-Zinssatz:	9 % p.a.			
$-Zinssatz:	6 % p.a.			
Volatilität	Call	Put	δc/δS	δp/δS
(1)	(2)	(3)	(4)	(5)
0,10	14	5	0,605	−0,275
0,15	18	9	0,572	−0,307
0,20	22	13	0,562	−0,317
0,25	26	17	0,560	−0,319
0,30	30	21	0,564	−0,316
0,35	34	25	0,569	−0,310
0,40	39	30	0,577	−0,303
0,45	43	34	0,585	−0,294
0,50	47	38	0,594	−0,286
0,55	51	42	0,603	−0,276
0,60	55	46	0,613	−0,267
0,65	58	49	0,622	−0,257

Relativ zum Call billige Puts werden von Änderungen der Volatilität stärker beeinflußt als relativ teure und umgekehrt

Die Kauf- und die Verkaufsoption stehen beide am Geld. Mit steigender Volatilität steigt sowohl der Wert des Call als auch der Wert des Put. Das gilt auch für andere Konstellationen der übrigen Parameter als die hier betrachteten. Der starke Einfluß der unbekannten Größe Volatilität auf den Wert der Optionen wird deutlich. Die je nach Zinskonstellation billigere Option wird stärker beeinflußt als die teurere. Hier wird der Satz klar, daß der Kauf von Optionen nicht nur eine Wette auf die Richtung der Kursentwicklung, sondern auch eine Wette auf die Volatilität der Kursentwicklung ist.

Mit steigender Volatilität werden sowohl der Call als auch der Put mehr wert

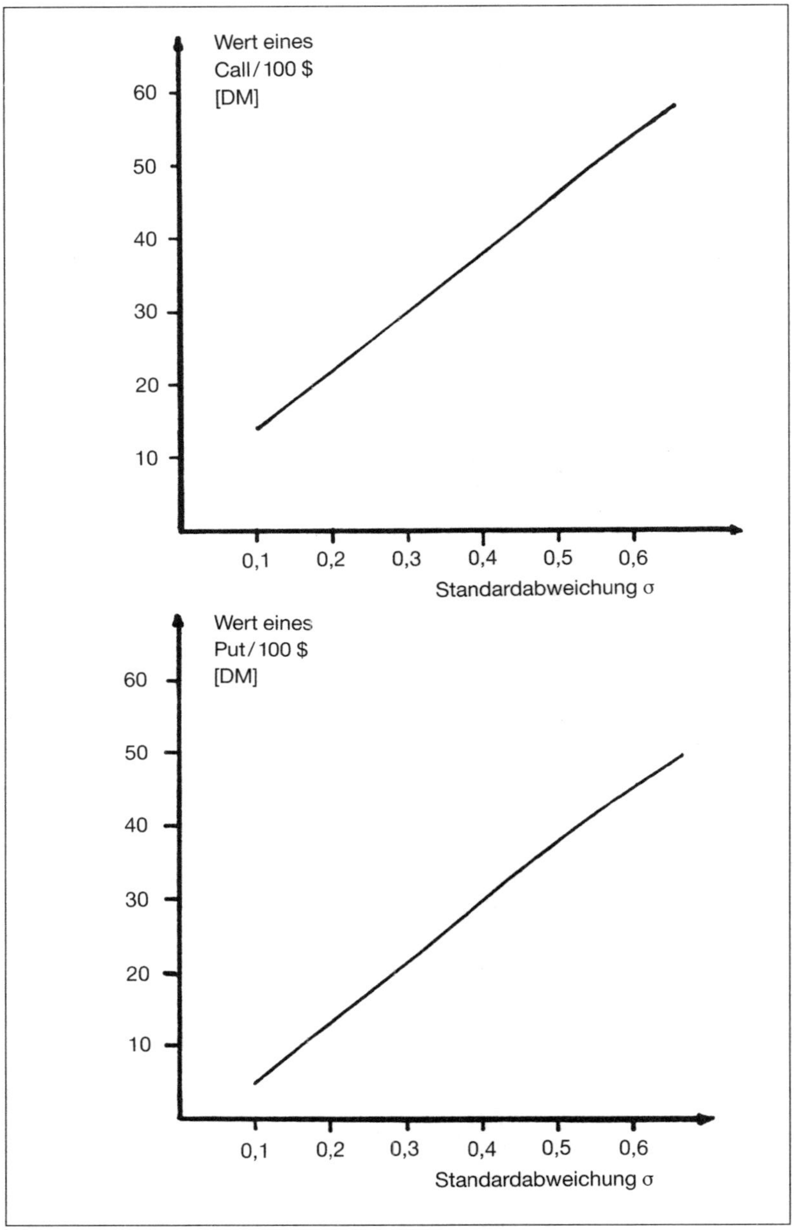

Abb. 11.3: Wert der Kaufoption und der Verkaufsoption in Abhängigkeit von der Volatilität (σ)

4. Der Wert der europäischen Kaufoption und der europäischen Verkaufsoption in Abhängigkeit von der Laufzeit

Wert der Kauf- und der Verkaufsoption in Abhängigkeit von der Laufzeit

Bankers Trust 91/94 $-Call und $-Put				
Laufzeit (Jahre):			0,5 – 40	
Devisenkurs:			1,70 DM/$	
Ausübungskurs:			1,70 DM/$	
Volatilität:			0,13	
DM-Zinssatz:			9 % p.a.	
$-Zinssatz:			6 % p.a.	
Bezugsverhältnis:			100 $/Call	
Laufzeit	Call	Put	δc/δS	δp/δS
(1)	(2)	(3)	(4)	(5)
0,5	7	5	0,562	–0,410
1	11	6	0,576	–0,368
1,5	13	7	0,581	–0,335
2	15	7	0,582	–0,308
4	21	7	0,564	–0,228
6	25	7	0,531	–0,174
12	28	4	0,414	–0,083
18	26	2	0,309	–0,041
40	11	0	0,093	–0,004

Das Verhältnis i_d/i_f bestimmt die Lage des Maximums

Sowohl der Wert der am Geld stehenden europäischen Kaufoption als auch der Wert der am Geld stehenden europäischen Verkaufsoption steigen zunächst und sinken dann wieder (Abbildung 11.4). Der Call erreicht sein Maximum später als der Put, weil $i_d > i_f$ ist. Je größer des Verhältnis von i_d/i_f ist, um so später tritt das Maximum auf. Wird das Verhältnis i_d/i_f unendlich, so wird das Maximum nie erreicht, sondern nur asymptotisch angenähert. Das Verhältnis wird unendlich, wenn $i_f = 0$ wird. Das ist für Devisen unrealistisch, da es bedeuten würde, daß es ein Land ohne Kapitalknappheit gäbe. Bei Aktienoptionen entspricht dem eine dividendenlose Aktie. Für eine solchen würde sich vorzeitige Ausübung nie lohnen.

Der Put erreicht sein Maximum wegen $i_d > i_f$ bei kürzeren Laufzeiten

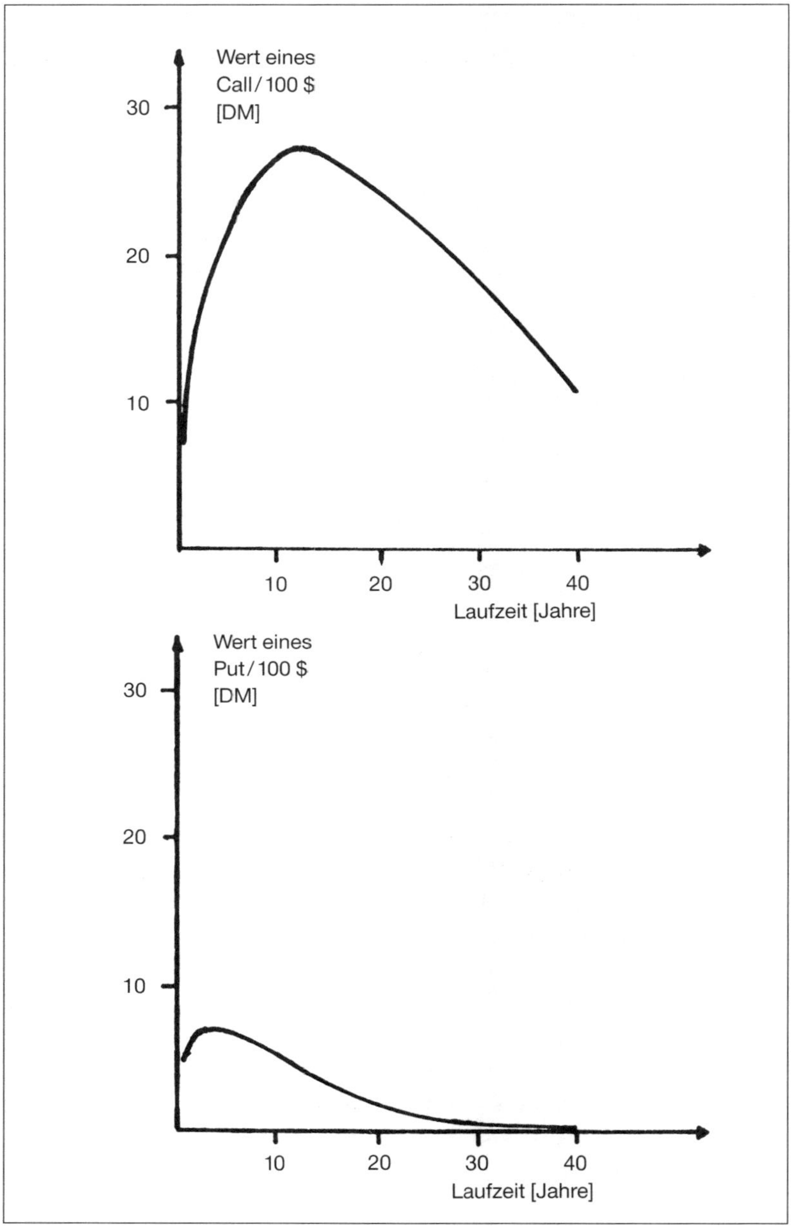

Abb. 11.4: Wert der Kaufoption und der Verkaufsoption in Abhängigkeit von der Laufzeit (T)

5. Der Wert der europäischen Kaufoption und der europäischen Verkaufsoption in Abhängigkeit vom inländischen Zinssatz

Wert der Kauf- und der Verkaufsoption in Abhängigkeit vom inländischen Zinssatz

Bankers Trust 91/94 $-Call und $-Put				
Inländischer Zinssatz: . . . . 3,0 – 13,0 % p. a.				
Devisenkurs: . . . . 1,70 DM/$				
Ausübungskurs: . . . . 1,70 DM/$				
Verfalldatum: 16.03.1994				
aktuelles Datum: 01.01.1992				
Volatilität: 0,13				
$-Zinssatz: . . . . 6 % p. a.				
Bezugsverhältnis: . . . . 100 $/Schein				
Inl. Zins [%]	Call	Put	δc/δS	δp/δS
(1)	(2)	(3)	(4)	(5)
3,00	8	17	0,359	−0,520
4,00	9	15	0,397	−0,482
5,00	10	13	0,436	−0,444
6,00	12	12	0,473	−0,406
7,00	13	10	0,511	−0,369
8,00	15	9	0,547	−0,333
9,00	16	7	0,581	−0,298
10,00	18	6	0,614	−0,265
11,00	20	5	0,645	−0,234
12,00	21	4	0,674	−0,206
13,00	23	4	0,700	−0,179

Abzinsung des Ausübungskurses

Der Wert eines europäischen $-Call steigt mit steigendem inländischen Zinssatz, weil der Barwert des bei Fälligkeit der Kaufoption eventuell zu zahlenden Ausübungspreises mit steigendem Zinssatz immer niedriger wird. Beim $-Put sinkt der Barwert des Ausübungskurses, den der Inhaber einer Verkaufsoption bei Fälligkeit der Verkaufsoption eventuell erhält und damit der Wert des Put.

Kurvenverläufe

Mit steigendem inländischen Zins steigt der Wert des Call und sinkt der Wert des Put

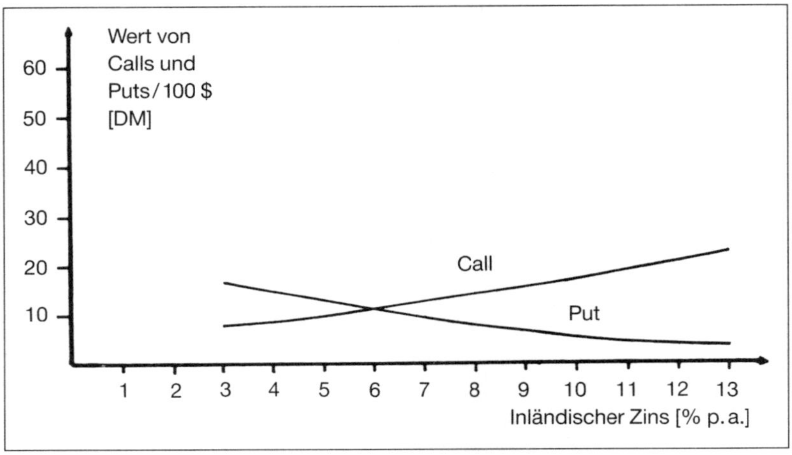

Abb. 11.5: Wert der europäischen Kauf- und Verkaufsoption in Abhängigkeit vom inländischen Zinssatz (i_d)

Wert der Kauf- und der Verkaufsoption in Abhängigkeit vom ausländischen Zinssatz

Bankers Trust 91/94 $-Call und $-Put				
Ausländischer Zinssatz: . . . . . 3,0 – 13,0 % p.a.				
Devisenkurs: . . . . . 1,70 DM/$				
Ausübungskurs: . . . . . 1,70 DM/$				
Verfalldatum: 16.03.1994				
aktuelles Datum: 01.01.1992				
Volatilität: 0,13				
DM-Zinssatz: . . . . . 9 % p.a.				
Bezugsverhältnis: . . . . . 100 $/Schein				
Ausl. Zins [%]	Call	Put	$\delta c/\delta S$	$\delta p/\delta S$
(1)	(2)	(3)	(4)	(5)
3,00	23	4	0,723	−0,214
4,00	21	4	0,676	−0,241
5,00	18	5	0,628	−0,269
6,00	16	6	0,518	−0,298
7,00	14	7	0,535	−0,326
8,00	12	8	0,489	−0,354
9,00	11	10	0,445	−0,382
10,00	9	12	0,403	−0,408
11,00	8	14	0,362	−0,432
12,00	7	15	0,323	−0,455
13,00	6	17	0,287	−0,476

6. Der Wert der europäischen Kaufoption und der europäischen Verkaufsoption in Abhängigkeit vom ausländischen Zinssatz

Mit steigendem ausländischem Zins steigt der Wert des Put und sinkt der Wert des Call, . . .

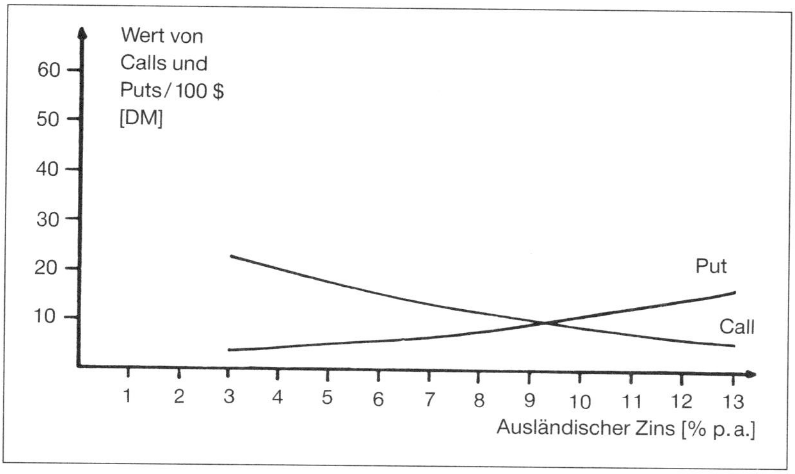

Abb. 11.6: Wert der europäischen Kauf- und Verkaufsoption in Abhängigkeit vom ausländischen Zinssatz (i_f)

. . . weil zum Hedgen des Put die Auslandswährung angelegt, zum Hedgen des Call aufgenommen wird

Der Wert des $-Call sinkt mit steigendem ausländischen Zinssatz, weil der Inhaber des Call sich zum Delta-Hedgen des Call in Höhe von $\delta c / \delta S$ Dollar verschulden muß und damit die Zinskosten des Hedgens steigen. Der $-Put wird wertvoller, weil zum Hedgen Dollar gehalten werden, die einen höheren Zinsertrag abwerfen.

B. Der Vergleich von Optionen bei unterschiedlichem Verhältnis vom Kurs des optierbaren Objekts zum Ausübungskurs: Das standardisierte Optionspreisdiagramm mit (C/K) und (S/K) am Beispiel von Devisenoptionen

1. Die Standardisierung auf den Ausübungskurs K

Zum Vergleich von Optionen bzw. Optionsscheinen, *bei denen Ausübungskurs und/oder Aktienkurs unterschiedlich sind,* ist eine Nor-

Teure und billige Optionsscheine im standardisierten Optionspreisdiagramm

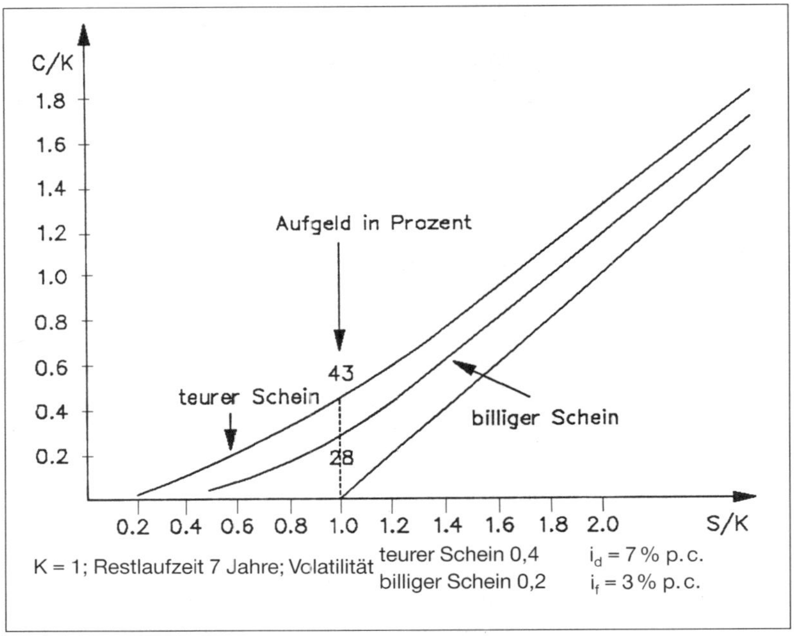

Abb. 11.7: Das auf den Ausübungskurs standardisierte Optionspreisdiagramm C (S):
Werden der Optionswert C und der Aktienkurs S auf den Ausübungskurs K normiert, so werden Optionsscheine mit unterschiedlichem Verhältnis von S/K miteinander vergleichbar. Die 45°-Linie beginnt jetzt auf der Abszisse beim Punkt 1,0 (K/K). Sind alle Parameter zweier Optionsscheine (T, i_d, σ und i_f) gleich, so repräsentiert die obere Kurve einen teuren, die untere Kurve einen billigen Schein. Liegen in dem C/K-S/K-Diagramm zwei Punkte direkt übereinander, dann repräsentieren sie zwei Optionsscheine, bei denen das Verhältnis S/K gleich ist. In diesem – und nur in diesem – Fall kann der Zeitwert als Preiswürdigkeitsmaßstab für die Optionsscheine angesehen werden.

Der preiswertere Schein hat den niedrigeren Zeitwert. Unterscheiden sich die betrachteten Scheine in den Parametern T, i_d, σ oder i_f, muß gefragt werden, ob der höhere Preis und damit der höhere Zeitwert unter Berücksichtigung dieser Parametervariationen gerechtfertigt ist. Aber: Selbst wenn die genannten Parameter bei beiden Scheinen gleich sind, das Verhältnis S/K aber ungleich, so kann aus dem Zeitwert nicht auf die Preiswürdigkeit geschlossen werden. Daten: Amerikanische Option; T = 7 Jahre; i_d = 7 % p. a.; σ = 0,2 für den billigeren und 0,4 für den teureren Schein; ausländischer Zins i_f = 3 % p. a.

mierung des Aktienkurses auf den Ausübungskurs notwendig. Diese Normierung wird erreicht, indem sowohl der Wert der Kaufoption C als auch der Aktienkurs S durch den Ausübungskurs K geteilt werden. Statt eines Diagramms mit den Achsen C und S erhalten wir dann ein Diagramm mit den Achsen C/K und S/K. In Abbildung 11.7 wird ein *gleiches* Verhältnis von S/K durch Punkte repräsentiert, die übereinander liegen.

Standardisierung bei unterschiedlichem Ausübungs- und/oder Devisenkurs

2. Unterschiedliche Laufzeiten der Kaufoption im standardisierten Optionspreisdiagramm

Werte von Optionsscheinen bei unterschiedlichen Volatilitäten, standardisiert auf den Ausübungskurs:

... vier Jahre und ...

Restlaufzeit : 8 Jahre		
Ausübungskurs: . . . . 1,00 DM Restlaufzeit : . . . . 8,00 Jahre Inl. Zinssatz: . . . . 10,00 % p. a. Ausl. Zinssatz: . . . . 6,00 % p. a. Volatilität: 0,20		
Devisenkurs	Black/Scholes-Wert	Delta
(1)	(2)	(3)
0,10	0,00	0,000
0,20	0,00	0,014
0,30	0,00	0,062
0,40	0,01	0,136
0,50	0,03	0,219
0,60	0,06	0,296
0,70	0,09	0,363
0,80	0,13	0,418
0,90	0,17	0,462
1,00	0,22	0,496
1,10	0,27	0,523
1,20	0,33	0,544
1,30	0,38	0,560
1,40	0,44	0,573
1,50	0,50	0,582
1,60	0,55	0,590
1,70	0,61	0,596

... acht Jahre

Restlaufzeit : 4 Jahre		
Devisenkurs	Black/Scholes-Wert	Delta
(1)	(2)	(3)
0,10	0,00	0,000
0,20	0,00	0,000
0,30	0,00	0,006
0,40	0,00	0,036
0,50	0,01	0,101
0,60	0,02	0,196
0,70	0,05	0,303
0,80	0,08	0,407
0,90	0,13	0,497
1,00	0,18	0,571
1,10	0,24	0,629
1,20	0,31	0,672
1,30	0,38	0,704
1,40	0,45	0,728
1,50	0,52	0,745
1,60	0,60	0,757
1,70	0,67	0,765

Werte von Devisenoptionsscheinen bei unterschiedlichen Laufzeiten, standardisiert auf den Ausübungskurs

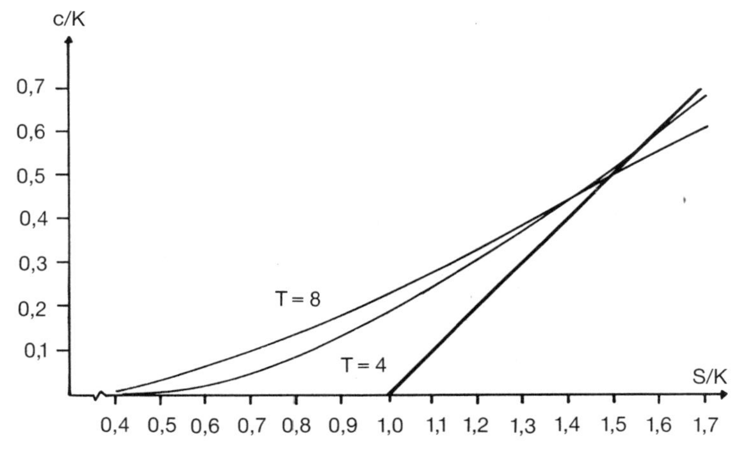

Abb. 11.8: Wert der standardisierten europäischen Kaufoption (c/K) in Abhängigkeit vom standardisierten Devisenkurs (S/K) bei einer Restlaufzeit (T) von vier bzw. acht Jahren

Sowohl die Kurve der vier Jahre als auch die Kurve der acht Jahre laufenden Kaufoption schneidet die 45°-Linie. Wie man sieht, sinkt der Wert der acht Jahre laufenden Kaufoption sogar unter den Wert der vier Jahre laufenden Kaufoption. Dieser Kurvenverlauf im c / K-S / K-Diagramm ist das Spiegelbild des Kurvenverlaufs in Abbildung 11.4.

Kaufoption kann mit längerer Laufzeit weniger wert sein als mit kürzerer

3. Unterschiedliche Volatilitäten im standardisierten Optionspreisdiagramm

Werte von Optionsscheinen bei unterschiedlichen Volatilitäten, standardisiert auf den Ausübungskurs:

... Volatilität = 0,2 und ...

Volatilität : 0,20

Ausübungskurs: . . . . 1,00 DM
Restlaufzeit : . . . . 4,00 Jahre
Inl. Zinssatz: . . . . 10,00 % p. a.
Ausl. Zinssatz: . . . . 6,00 % p. a.
Volatilität: 0,20

Devisenkurs	Black / Scholes-Wert	Delta
(1)	(2)	(3)
0,10	0,00	0,000
0,20	0,00	0,000
0,30	0,00	0,006
0,40	0,00	0,036
0,50	0,01	0,101
0,60	0,02	0,196
0,70	0,05	0,303
0,80	0,08	0,407
0,90	0,13	0,497
1,00	0,18	0,571
1,10	0,24	0,629
1,20	0,31	0,672
1,30	0,38	0,704
1,40	0,45	0,728
1,50	0,52	0,745
1,60	0,60	0,757
1,70	0,67	0,765

... Volatilität = 0,5

Volatilität: 0,50		
Devisenkurs	Black/Scholes-Wert	Delta
(1)	(2)	(3)
0,10	0,00	0,040
0,20	0,01	0,135
0,30	0,03	0,231
0,40	0,06	0,314
0,50	0,09	0,383
0,60	0,13	0,440
0,70	0,18	0,487
0,80	0,23	0,526
0,90	0,28	0,559
1,00	0,34	0,586
1,10	0,40	0,610
1,20	0,46	0,629
1,30	0,53	0,646
1,40	0,59	0,661
1,50	0,66	0,674
1,60	0,73	0,685
1,70	0,80	0,695

Werte von Optionsscheinen bei unterschiedlichen Volatilitäten, standardisiert auf den Ausübungskurs

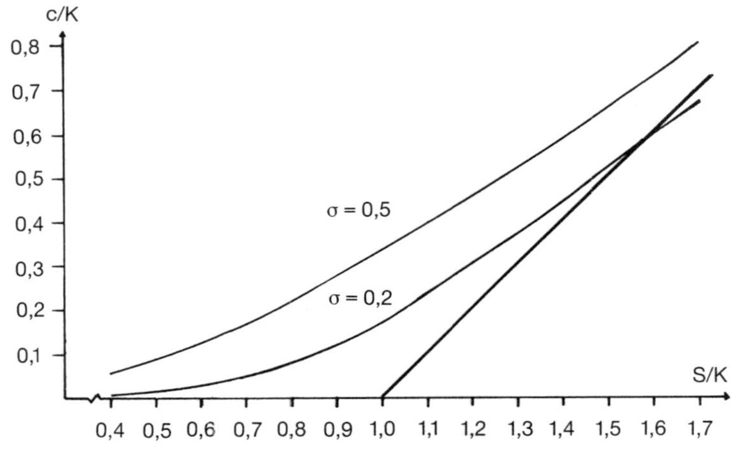

Abb. 11.9: Wert der standardisierten europäischen Kaufoption (c/K) in Abhängigkeit vom standardisierten Devisenkurs (S/K) bei einer Volatilität (σ) von 0,2 bzw. 0,5

Bei niedriger Volatilität 0,2 wäre vorzeitige Ausübung schon sinnvoll, wenn die Kaufoption mehr als 60 % im Geld steht. Je niedriger die Volatilität, desto weniger muß die Option im Geld sein, damit sich vorzeitige Ausübung lohnt (Abbildung 11.9).

Volatilität und vorzeitige Ausübung

4. Unterschiedliche Bestandshaltekosten im standardisierten Optionspreisdiagramm

Werte von Optionsscheinen bei unterschiedlichen Bestandshaltekosten, standardisiert auf den Ausübungskurs:

... Bestandshaltekosten $i_c = +4\,\%$ p. a. und ...

Inländischer Zinssatz: 6,00 % p. a.
Ausländischer Zinssatz: 10,00 % p. a.

Ausübungskurs: . . . . 1,00 DM
Restlaufzeit : . . . . 4,00 Jahre
Inl. Zinssatz: . . . . 6,00 % p. a.
Ausl. Zinssatz: . . . . 10,00 % p. a.
Volatilität: 0,20

Devisenkurs	Black/Scholes-Wert	Delta
(1)	(2)	(3)
0,10	0,00	0,000
0,20	0,00	0,000
0,30	0,00	0,000
0,40	0,00	0,004
0,50	0,00	0,018
0,60	0,00	0,047
0,70	0,01	0,092
0,80	0,02	0,150
0,90	0,04	0,216
1,00	0,07	0,282
1,10	0,10	0,345
1,20	0,14	0,403
1,30	0,18	0,435
1,40	0,23	0,496
1,50	0,28	0,531
1,60	0,33	0,560
1,70	0,39	0,583

Der Wert von Calls sinkt bei negativen Bestandshaltekosten schon unter den inneren Wert, wenn der Call kaum ins Geld gekommen ist. Negative Bestandshaltekosten bedeuten, daß der ausländische Zins höher ist als der inländische. Wie Abbildung 11.10 zeigt, sinkt der Wert der Devisenkaufoption in diesem Fall schon unter den inneren Wert, wenn die Kaufoption 10 % im Geld ist. Unter Punkt C. wird der Unterschied zur amerikanischen Kaufoption noch ausführlich erörtert werden.

... Bestandshaltekosten $i_c = -4\,\%$ p. a.

Inländischer Zinsatz: 10,00 % p. a. Ausländischer Zinssatz: 6,00 % p. a.		
Devisenkurs	Black/Scholes-Wert	Delta
(1)	(2)	(3)
0,10	0,00	0,000
0,20	0,00	0,000
0,30	0,00	0,006
0,40	0,00	0,036
0,50	0,01	0,101
0,60	0,02	0,196
0,70	0,05	0,303
0,80	0,08	0,407
0,90	0,13	0,497
1,00	0,18	0,571
1,10	0,24	0,629
1,20	0,31	0,672
1,30	0,38	0,704
1,40	0,45	0,728
1,50	0,52	0,745
1,60	0,60	0,757
1,70	0,67	0,765

Werte von Optionsscheinen bei unterschiedlichen Bestandshaltekosten, standardisiert auf den Ausübungskurs

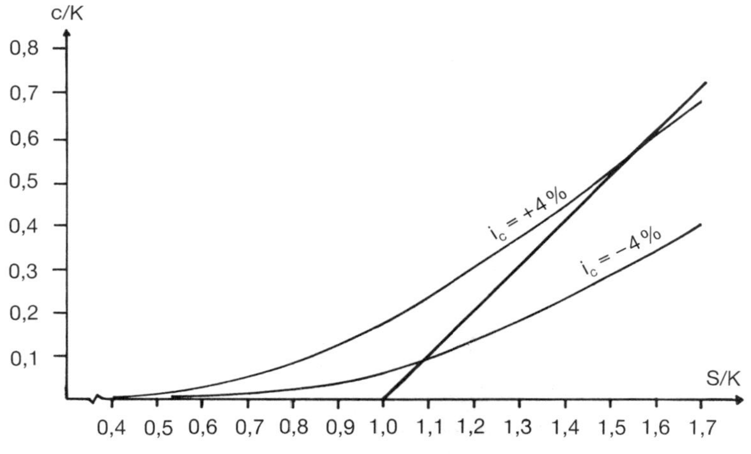

Abb. 11.10: Wert der standardisierten europäischen Kaufoption (c/K) in Abhängigkeit vom standardisierten Devisenkurs (S/K) bei Bestandshaltekosten (i_c) von + 4 % bzw. – 4 % des Devisenkurses

C. Der Wert europäischer und amerikanischer Kaufoptionen in Abhängigkeit von der Laufzeit

In diesem Kapitel werden die Werte europäischer und amerikanischer Kaufoptionen einander gegenübergestellt. Dabei werden die Unterschiede der Abhängigkeit der Call-Werte vom Kurs des optierbaren Objekts für drei Situationen untersucht, nämlich für aus dem Geld, am Geld und im Geld stehende Optionen. Europäische und amerikanische Verkaufsoptionen werden nicht gesondert einander gegenübergestellt, weil der Leser dies unter Berücksichtigung der in Kapitel XI. A dargestellten Zusammenhänge leicht selbst tun kann.

Drei Parameterkonstellationen: aus dem Geld, am Geld und im Geld

1. Bei positiven Bestandshaltekosten und aus dem Geld stehenden Optionen

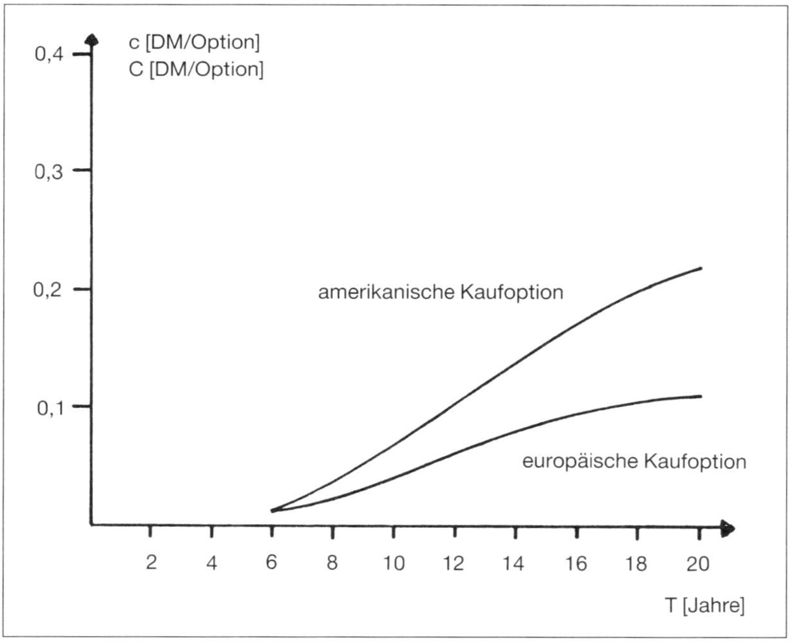

Amerikanische und europäische Werte aus dem Geld stehender Kaufoptionen bei verschiedenen Restlaufzeiten ...

... und positiven Bestandshaltekosten

Abb. 11.11: Amerikanische und europäische out of the money-Optionen in Abhängigkeit von der Laufzeit (T)

Amerikanische Werte aus dem Geld stehender Kaufoptionen bei verschiedenen Restlaufzeiten ...

... und positiven Bestandshaltekosten

Werte für die amerikanische Kaufoption		
Variation der Restlaufzeit von 1 bis 20 Jahre		
Devisenkurs: . . . . 1,00 Ausübungskurs: . . . . 4,00 Volatilität: . . . . 0,20 Inl. Zinssatz: . . . . 14,00 % p. a. Ausl. Zinssatz: . . . . 6,00 % p. a.		
Restlaufzeit	Black/Scholes-Wert	Delta
(1)	(2)	(3)
1,00	0,00	0,000
2,00	0,00	0,000
3,00	0,00	0,001
4,00	0,00	0,008
5,00	0,00	0,024
6,00	0,01	0,050
7,00	0,02	0,084
8,00	0,03	0,122
9,00	0,05	0,161
10,00	0,07	0,199
11,00	0,09	0,233
12,00	0,11	0,264
13,00	0,12	0,291
14,00	0,14	0,314
15,00	0,16	0,332
16,00	0,17	0,347
17,00	0,19	0,359
18,00	0,20	0,368
19,00	0,21	0,374
20,00	0,22	0,379

Europäische Werte aus dem Geld stehender Kaufoptionen bei verschiedenen Restlaufzeiten ...

... und positiven Bestandshaltekosten

Werte für die europäische Kaufoption		
Variation der Restlaufzeit von 1 bis 20 Jahre		
Devisenkurs: . . . . . . 1,00 Ausübungskurs: . . . . . . 4,00 Volatilität: . . . . . . 0,20 Inl. Zinssatz: . . . . . . 14,00 % p. a. Ausl. Zinssatz: . . . . . . 6,00 % p. a.		
Restlaufzeit	Black/Scholes-Wert	Delta
(1)	(2)	(3)
1,00	0,00	0,000
2,00	0,00	0,000
3,00	0,00	0,001
4,00	0,00	0,004
5,00	0,00	0,015
6,00	0,01	0,032
7,00	0,01	0,054
8,00	0,02	0,080
9,00	0,03	0,106
10,00	0,04	0,131
11,00	0,05	0,153
12,00	0,06	0,172
13,00	0,07	0,188
14,00	0,08	0,201
15,00	0,09	0,210
16,00	0,09	0,216
17,00	0,10	0,220
18,00	0,11	0,221
19,00	0,11	0,220
20,00	0,11	0,218

Der Wert sowohl europäischer als auch amerikanischer Kaufoptionen steigt mit der Restlaufzeit, sofern die Kaufoptionen weit aus dem Geld stehen und der ausländische Zinssatz unter dem inländischen Zinssatz liegt. Anders verhält es sich, wenn der ausländische Zinssatz über dem inländischen liegt, wie es in Abbildung 11.12 dargestellt wird.

2. Bei negativen Bestandshaltekosten und am Geld stehenden Optionen

Amerikanische Werte am Geld stehender Kaufoptionen bei verschiedenen Restlaufzeiten ...

... und negativen Bestandshaltekosten

Werte für die am Geld stehende amerikanische Kaufoption		
Variation der Restlaufzeit von 1 bis 20 Jahre		
Devisenkurs: . . . . 3,00 Ausübungskurs: . . . . 3,00 Volatilität: . . . . 0,20 Inl. Zinssatz: . . . . 6,00 % p. a. Ausl. Zinssatz: . . . . 10,00 % p. a.		
Restlaufzeit	Black/Scholes-Wert	Delta
(1)	(2)	(3)
1,00	0,19	0,472
2,00	0,24	0,461
3,00	0,28	0,453
4,00	0,30	0,446
5,00	0,31	0,442
6,00	0,32	0,438
7,00	0,33	0,435
8,00	0,34	0,433
9,00	0,34	0,431
10,00	0,34	0,429
11,00	0,35	0,428
12,00	0,35	0,427
13,00	0,35	0,427
14,00	0,35	0,426
15,00	0,35	0,426
16,00	0,35	0,426
17,00	0,35	0,425
18,00	0,35	0,425
19,00	0,35	0,425
20,00	0,35	0,425

Steht die Kaufoption am Geld und liegt der ausländische Zinssatz über dem inländischen Zinssatz, so steigt der Wert der europäischen Kaufoption zuerst an und fällt dann mit steigender Restlaufzeit. Demgegenüber steigt der Wert der amerikanischen Kaufoption auch bei dieser Parameterkonstellation mit steigender Restlaufzeit an und bleibt dann konstant (Abbildung 11.12).

Wegen der negativen Bestandshaltekosten wird eine vorzeitige Ausübung schon dann lohnend, wenn die Kaufoption erst wenige Pro-

Werte für die am Geld stehende europäische Kaufoption		
Variation der Restlaufzeit von 1 bis 20 Jahre		
Devisenkurs: 3,00		
Ausübungskurs: 3,00		
Volatilität: 0,20		
Inl. Zinssatz: . . . . 6,00 % p.a.		
Ausl. Zinssatz: . . . . 10,00 % p.a.		
Restlaufzeit	Black/Scholes-Wert	Delta
(1)	(2)	(3)
1,00	0,17	0,424
2,00	0,20	0,374
3,00	0,21	0,332
4,00	0,21	0,295
5,00	0,20	0,264
6,00	0,19	0,236
7,00	0,18	0,211
8,00	0,17	0,189
9,00	0,16	0,170
10,00	0,15	0,152
11,00	0,14	0,136
12,00	0,13	0,122
13,00	0,12	0,110
14,00	0,11	0,099
15,00	0,10	0,089
16,00	0,09	0,080
17,00	0,08	0,072
18,00	0,07	0,065
19,00	0,07	0,058
20,00	0,06	0,052

Europäische Werte im Geld stehender Kaufoptionen bei verschiedenen Restlaufzeiten ...

... und negativen Bestandshaltekosten

zente im Geld steht (vgl. Abbildung 11.10). Da die Option am Geld steht, ist erst bei einer gewissen Mindestlaufzeit damit zu rechnen, daß die Option ins Geld kommt. Daher liegt das Maximum des Werts der europäischen Option bei etwa drei Jahren und ist bei 18 Jahren nur noch weniger als ein Viertel des Maximums. Der Wertunterschied zur amerikanischen Kaufoption ist größer als bei aus dem Geld stehenden Kaufoptionen (vgl. Abbildung 11.11). Der Grund hierfür ist, daß bei aus dem Geld stehenden Optionen die vorzeitige Ausübung weniger wahrscheinlich ist als bei am Geld stehenden Optionen, da eine gewisse Mindestlaufzeit erforderlich ist, damit die aus dem Geld stehende Kaufoption überhaupt ins Geld kommt.

Begründung für das Sinken des Werts der europäischen Kaufoption mit steigender Laufzeit

Amerikanische und europäische Werte im Geld stehender Kaufoptionen bei verschiedenen Restlaufzeiten ...

... und negativen Bestandshaltekosten

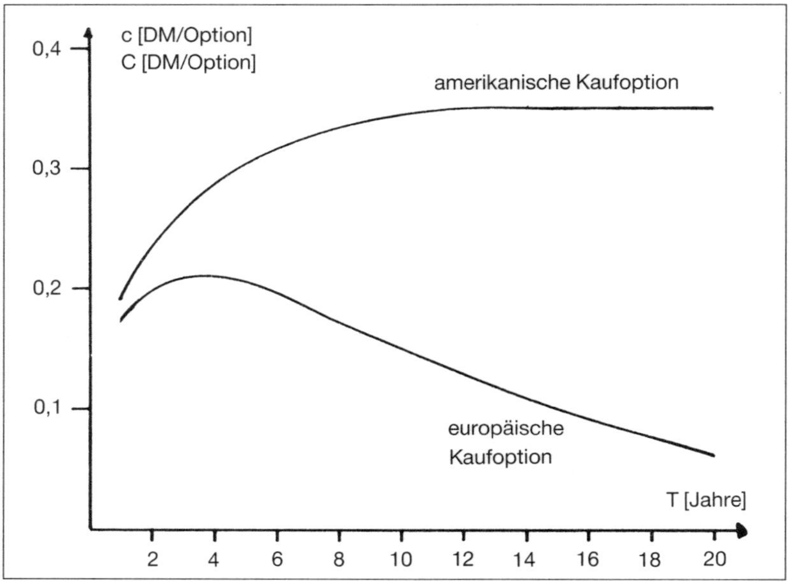

Abb. 11.12: Amerikanische und europäische at the money-Optionen in Abhängigkeit von der Laufzeit (T)

3. Bei negativen Bestandshaltekosten und im Geld stehenden Optionen

Steht die Kaufoption im Geld und liegt der ausländische Zinssatz über dem inländischen Zinssatz, so sinkt mit steigender Restlaufzeit der Wert der europäischen Kaufoption , während sich der Wert der amerikanischen Kaufoption mit zunehmender Restlaufzeit nicht verändert (Abbildung 11.13).

Wieso kann der Wert der Kaufoption unter ihrem inneren Wert liegen?

Bei der Parameterkonstellation $i_f > i_d$ und anhand im Geld stehender Kaufoptionen kann man den Unterschied zwischen einer europäischen und einer amerikanischen Kaufoption am besten erläutern. Eine amerikanische Option mit dem Ausübungskurs von 1,50 DM/$ müßte bei einem Devisenkurs von 2,50 DM/$ einen inneren Wert (S-K) von 1,00 DM haben. Warum ist die europäische Option nur 0,865 DM wert (Tabelle 11.1, Spalte 1, letzte Zeile)? Die europäische Option kann nicht sofort ausgeübt werden. Wer die europäische Kaufoption glattstellen wollte, müßte die Devisen per Termin ein Jahr verkaufen. Der Terminkurs (F) aber wäre nach der Gleichung

Werte für die im Geld stehende amerikanische Kaufoption		
Variation der Restlaufzeit von 1 bis 20 Jahre		
Devisenkurs: . . . . . 3,50 Ausübungskurs: . . . . . 2,00 Volatilität: . . . . . 0,20 Inl. Zinssatz: . . . . . 6,00 % p. a. Ausl. Zinssatz: . . . . . 14,00 % p. a.		
Restlaufzeit	Black/Scholes-Wert	Delta
(1)	(2)	(3)
1,00	1,50	0,239
2,00	1,50	0,239
3,00	1,50	0,239
4,00	1,50	0,239
5,00	1,50	0,239
6,00	1,50	0,239
7,00	1,50	0,239
8,00	1,50	0,239
9,00	1,50	0,239
10,00	1,50	0,239
11,00	1,50	0,239
12,00	1,50	0,239
13,00	1,50	0,239
14,00	1,50	0,239
15,00	1,50	0,239
16,00	1,50	0,239
17,00	1,50	0,239
18,00	1,50	0,239
19,00	1,50	0,239
20,00	1,50	0,239

Amerikanische Werte im Geld stehender Kaufoptionen bei verschiedenen Restlaufzeiten . . .

. . . und negativen Bestandshaltekosten

$F = S \cdot (1 + i_d^*)^T / (1 + i_f)^T$,
die wegen der internationalen Zinsdifferenzarbitrage gilt,
$F = 2{,}50 \cdot 1{,}05^1 / 1{,}09^1 = 2{,}4083.$

Internationales Gleichgewicht der Zinsdifferenzarbitrage

2,4084 − 1,50 aber sind nur 0,9083 DM und mit dem Zinsfaktor 1,05 auf den heutigen Tag abgezinst nur 0,865 DM/$, was haargenau der theoretische Black/Scholes-Wert ist. Der Wert der europäischen Devisenkaufoption geht gegen ihren Wert bei Glattstellung mittels eines Terminverkaufs der Devisen, da die Wahrscheinlichkeit, daß der Devisenkurs während der Laufzeit der Option (ein Jahr) unter 1,50 DM/$ fällt, bei einem Devisenkurs von 2,50 DM/$ gegen null geht (siehe Abbildung 11.13).

Abgezinster Gewinn bei Glattstellung durch Devisen-Terminverkauf

Europäische Werte am Geld stehender Kaufoptionen bei verschiedenen Restlaufzeiten ...

... und negativen Bestandshaltekosten

Werte für die im Geld stehende europäische Kaufoption		
Variation der Restlaufzeit von 1 bis 20 Jahre		
Devisenkurs: . . . 3,50 Ausübungskurs: . . . 2,00 Volatilität: . . . 0,20 Inl. Zinssatz: . . . 6,00 % p. a. Ausl. Zinssatz: . . . 14,00 % p. a.		
Restlaufzeit	Black/Scholes-Wert	Delta
(1)	(2)	(3)
1,00	1,18	0,872
2,00	0,93	0,728
3,00	0,74	0,592
4,00	0,60	0,479
5,00	0,48	0,387
6,00	0,39	0,314
7,00	0,32	0,256
8,00	0,26	0,209
9,00	0,22	0,171
10,00	0,18	0,140
11,00	0,15	0,115
12,00	0,12	0,095
13,00	0,10	0,078
14,00	0,08	0,065
15,00	0,07	0,054
16,00	0,06	0,044
17,00	0,05	0,037
18,00	0,04	0,031
19,00	0,03	0,025
20,00	0,03	0,021

Dasselbe Ergebnis erhält man auch, wenn man sich die Währung leiht, statt sie per Termin zu verkaufen, die geliehene Währung verkauft und die DM-Erlöse anlegt. Der eine Dollar, den man in einem Jahr bekommt, hat einen Barwert von 1/1,09 = 0,9174. Diese 0,9174 $ zu 2,50 DM/$ verkauft ergeben 2,2936 DM, und diese zu 5 % p. a. angelegt ergeben 2,4083 DM, was exakt dem Terminkurs entspricht. Daran erkennt man, daß das Recht zur vorzeitigen Ausübung auf jeden Fall einen Wert hat, wenn die Währung einen Deport hat. Das gilt aber auch, wenn die Währung einen *Re*port hat. Bei einer amerikanischen Kaufoption kann sich vorzeitige Ausübung immer lohnen, wenn der ausländische Zins i_f auch nur minimal positiv ist.

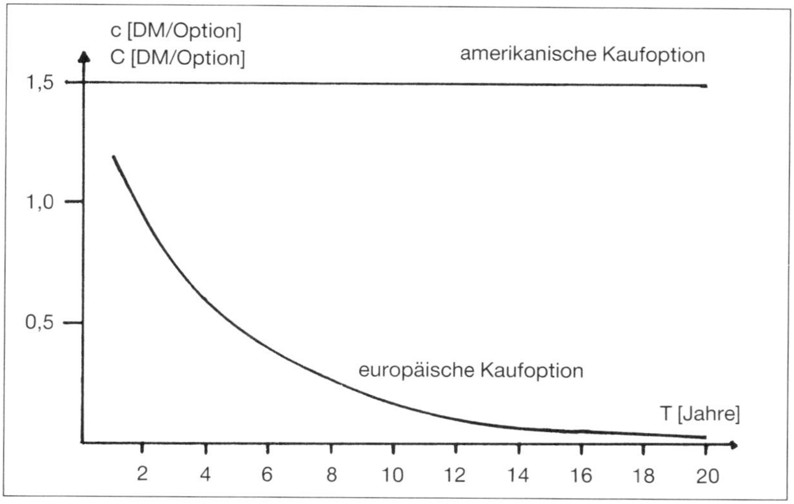

Amerikanische und europäische Werte am Geld stehender Kaufoptionen bei verschiedenen Restlaufzeiten ...

... und negativen Bestandshaltekosten

Abb. 11.13: Amerikanische und europäische in the money-Optionen in Abhängigkeit von der Laufzeit (T)

Tabelle 11.1: Werte europäischer Devisenkaufoptionen bei verschiedenen Devisenkursen (S) und Ausübungskursen (K).
Die unterstrichenen Werte sind jeweils die Werte am Geld stehender Kaufoptionen.[1)]

Werte europäischer Devisenkaufoptionen bei unterschiedlichen Ausübungskursen

Europäische Optionswerte bei verschiedenen Devisenkursen und Ausübungskursen [DM/Optionen auf 1 $]				
Devisenkurs [DM/$]	Ausübungskurs [DM/$]			
	1,50	1,80	2,10	2,50
(1)	(2)	(3)	(4)	(5)
1,50	0,0494	0,0037	0,0001	0,0000
1,60	0,0963	0,0117	0,0006	0,0000
1,70	0,1599	0,0290	0,0024	0,0000
1,80	0,2361	0,0593	0,0073	0,0002
1,90	0,3201	0,1047	0,0181	0,0007
2,00	0,4058	0,1645	0,0387	0,0023
2,10	0,4988	0,2361	0,0692	0,0060
2,20	0,5900	0,3161	0,1136	0,0138
2,30	0,6816	0,4061	0,1705	0,0277
2,40	0,7733	0,4902	0,2382	0,0500
2,50	0,8650	0,5804	0,3145	0,0824
i_d = 5,00 % p.a.; i_f = 9,00 % p.a.; σ = 0,13; T = 1 Jahr.				

1) Die Tabelle ist entnommen: WELCKER, Johannes; SCHINDLER, Klaus: Währungsoptionsscheine und der Rückerstattungswährungsoptionsschein (RWOS – money-back currency warrant) der Nordiska Investeringsbanken (NIB). In: Kredit und Kapital, 22. Jg. (1989), S. 239–266.

D. Mathematischer Erwartungswert versus Aufgeld und Hebel als Preiswürdigkeitsmaßstab

Aufgeld und Hebel als Preiswürdigkeitsmaßstab häufig ungeeignet

Zur Abschätzung der Preiswürdigkeit von Optionsscheinen wird bei der Erstellung von Listen durch Banken häufig auf die beiden Kennziffern Aufgeld und Hebel zurückgegriffen. In diesem Abschnitt soll gezeigt werden, daß diese beiden Kennziffern, so wie sie von der Praxis verwendet werden, nur in Spezialfällen geeignete Näherungen für die mathematischen Erwartungswerte europäischer Optionen nach Black/Scholes (B/S-Werte) bzw. für amerikanische Optionen nach McMillan/Stoll/Whaley (M/S/W-Werte) sind. Für die zahlenmäßig sehr häufigen Situationen aber, in denen Optionen aus dem Geld oder am Geld stehen und in denen die Bewertung nicht schon deshalb evident ist, weil der Kurs der Option nahe dem inneren Wert ist, bieten beide Kennziffern praktisch keine Hilfe.

1. Aufgeld

Definition des Aufgeldes ...

Das Aufgeld (= der Zeitwert) in Prozent des Aktienkurses in der Definition des Praktiker wie auch in den Tabellen dieses Kapitels gibt den Prozentsatz an, den ein Käufer einer Aktie mehr bezahlen muß, wenn er die Aktie durch Zahlung des Preises der Kaufoption und des Ausübungskurses erwirbt, verglichen mit der Alternative, die Aktie direkt zu erwerben. Der Erwerb der Aktie durch Ausübung der Kaufoption kann aber nur sinnvoll sein, wenn die Kaufoption im Geld ist. Dann ist der Aktienkurs S größer als der Ausübungskurs K. Ist die Kaufoption aus dem Geld, ist also $S < K$, so ist die Fragestellung, wieviel der Erwerb einer Aktie über die Kaufoption kostet, nicht sinnvoll, da der potentielle Erwerber einer Aktie dann stets den billigeren Weg des direkten Erwerbs der Aktie wählen wird (vgl. auch Kapitel II.D.3).

... als nicht differenzierbare Funktion

Daher ist das Aufgeld (oder der Zeitwert) eine nicht differenzierbare Funktion, deren Verlauf bei $S > K$ und $S < K$ unterschiedlich ist:

Aufgeld in Prozent vom Aktienkurs

$$= \begin{cases} (C + K - S)/S, & \text{wenn } S > K, \\ 0, & \text{wenn } S < K. \end{cases}$$

Da in der Praxis das Aufgeld (in Prozent des Aktienkurses *immer* mittels (C + K − S)/S berechnet wird (auch wenn die Optionsscheine aus dem Geld sind, wenn also $S < K$ ist), treten hier wesentliche Fehler auf.

Erläuterung am Beispiel eines Optionsscheins der BHF-Bank

So liefert die Praxis beim Optionsschein „BHF-Bank 86/98" mit einem Ausübungskurs von 523 DM/Aktie und einem
– Preis des Scheins von 67 DM/Optionsschein sowie
– einem Aktienkurs von 370 DM/Aktie (29.08.91)
ein Aufgeld in Prozent des Aktienkurses von
$(67 + 523 - 370)/370 = 59\,\%$,
während der Zeitwert in Wirklichkeit nur
$67/370 = 18\,\%$ beträgt.

Aus der Formel wird bereits deutlich, daß die Kennziffer Aufgeld ein sehr unvollkommener Maßstab zur Beurteilung der Preiswürdigkeit eines Optionsscheins sein muß, da in ihr wesentliche wertbestimmende Faktoren, nämlich die Laufzeit der Option (T), die Volatilität der Aktienkurse (σ), der Zins (i_d) oder die Dividendenrendite (δ) gar nicht vorkommen. Trotzdem sind Spezialfälle denkbar, in denen der jedem Anlageberater bekannte Satz gilt: „Eine Option mit niedrigem Aufgeld ist preiswert." Der Satz kann sich
– auf den Vergleich eines Optionsscheins mit dem optierbaren Objekt oder
– auf den Vergleich verschiedener Optionsscheine untereinander
beziehen.

Niedriges Aufgeld kommt vor bei Optionen, ...

... die weit aus dem Geld stehen oder

... die eine kurze Restlaufzeit haben

Optionsscheine sind im **Vergleich zur Aktie** preiswert, wenn ihr Aufgeld gegen null geht. Das ist der **erste Spezialfall**. Ein Aufgeld von null bedeutet bei Optionen im Geld, daß die Option zu ihrem inneren Wert S − K notiert wird. Wer die Aktie in der Erwartung einer Kurssteigerung zu kaufen bereit ist, kann durch den Kauf eines Optionsscheins mit einem Hebel einen Vorteil gegenüber dem Kauf der Aktie erzielen. Allerdings wird das Aufgeld in der Regel nur bei solchen Optionsscheinen gegen null gehen, die auch einen geringeren Zeitwert haben, weil sie
– schon sehr weit im Geld sind oder
– nur noch eine sehr kurze Restlaufzeit haben.

Zum Vergleich von Optionsscheinen, bei denen **Ausübungskurs und/oder Aktienkurs unterschiedlich** sind, ist eine Normierung des Aktienkurses auf den Ausübungskurs notwendig. Diese Normierung wird erreicht, indem sowohl der Wert der Kaufoption C als auch der Aktienkurs S durch den Ausübungskurs K geteilt werden. Statt eines Diagramms mit den Achsen C und S erhalten wir dann ein Diagramm mit den Achsen C/K und S/K. In Abbildung 11.7 wird ein gleiches Verhältnis von S/K durch Punkte repräsentiert, die übereinander liegen.

Aufgeld für teure und billige Optionsscheine bei unterschiedlichem Verhältnis von S/K

Das Aufgeld ist ein Preiswürdigkeitsmaßstab zum Vergleich **verschiedener Optionsscheine, wenn das Verhältnis S/K sowie die übrigen preisbestimmenden Faktoren des Optionsscheins gleich sind**. Das ist der **zweite Spezialfall**. Sind Laufzeit, Volatilität des optierbaren Objekts oder Dividenden nicht gleich, so kann man bei gleichem Verhältnis S/K fragen, ob ein höheres Aufgeld durch eine längere Laufzeit, eine höhere Volatilität oder eine niedrigere Dividenden gerechtfertigt ist.

Das Publikum verwendet aber derzeit in Deutschland das Aufgeld, um Optionsscheine **mit unterschiedlichem Verhältnis von S/K** zu vergleichen. Für solche Vergleiche ist das Aufgeld **völlig ungeeignet** und **irreführend**. Vor allem aus dem Geld stehende Optionen haben stets ein hohes Aufgeld. Der oben als Beispiel angeführte Optionsschein der BHF-Bank hätte beim Aktienkurs von 370 DM/Aktie auch dann ein **Aufgeld von 41 %, wenn sein Preis null wäre**, wenn man ihn somit geschenkt bekäme.

... nicht jedoch bei unterschiedlichem Verhältnis S/K

Beim Preis von null wäre der Optionsschein aber auf jeden Fall preiswert. Der vergängliche Zeitwert wäre null. Dennoch erscheinen bei Orientierungen am Aufgeld alle Scheine, die im Geld stehen, preiswerter, weil sie ein niedrigeres Aufgeld haben, auch wenn ihr vergänglicher Zeitwert erheblich ist. In Abbildung 11.14 sind die Aufgeldwerte in einem auf K normierten Optionspreisdiagramm für im Geld stehende und aus dem Geld stehende Scheine dargestellt. Sind im Geld stehende Scheine teurer, so haben sie zwar ein höheres Aufgeld als billigere Scheine mit gleichem Verhältnis S/K; im Vergleich zu aus dem Geld stehenden Scheinen ist ihr Aufgeld aber stets niedrig. Sind aus dem Geld stehende Scheine billig, so haben sie zwar ein niedrigeres Aufgeld als teurere Scheine mit gleichem Verhältnis S/K; im Vergleich zu im Geld stehenden Scheinen ist ihr Aufgeld aber stets hoch.

2. Hebel

Elastizität des Optionsscheins ...

Das Risiko des Optionsscheins gegenüber der Aktie wird gemessen durch die Elastizität des Preises des Optionsscheins in bezug auf den

Aktienkurs (Hebel). Diese Elastizität ist die prozentuale Kursveränderung des Optionsscheins im Verhältnis zur prozentualen Kursveränderung der Aktie
$(\delta C/C) : (\delta S/S) = (\delta C/\delta S) * (S/C)$.

Aufgeld kann nur bei gleichem Verhältnis S/K zur Beurteilung der Preiswürdigkeit herangezogen werden, ...

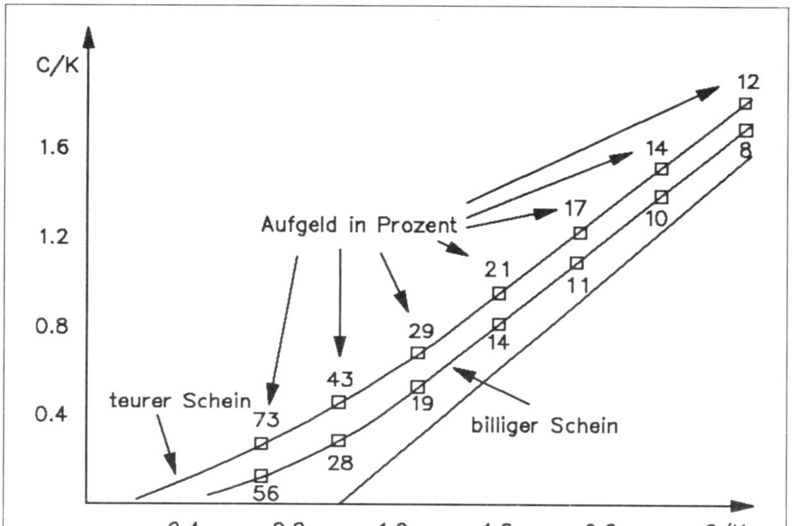

Abb. 11.14: Vergleich von Optionsscheinen mit unterschiedlichem Verhältnis von S/K:
Die obere Kurve C/K (S/K) repräsentiert eine teure Option, die untere eine billige. Soll der Preis des durch die obere Kurve repräsentierten Scheins gerechtfertigt sein, so muß er eine längere Laufzeit haben als der durch die untere Kurve repräsentierte Schein, oder aber der obere Schein muß eine Aktie mit höherer Volatilität oder geringerer Dividendenrendite verkörpern. Das Aufgeld aber ist bei beiden Scheinen niedrig, wenn sie im Geld sind, und hoch, wenn sie aus dem Geld sind. Steht nun der eine Schein im Geld (rechts: 12% Aufgeld) und der andere aus dem Geld (links: 56% Aufgeld), so kann man es dem hohen Aufgeld des aus dem Geld stehenden Scheins im Vergleich zu dem niedrigen Aufgeld des im Geld stehenden Scheins nicht ansehen, daß er der billigere Schein ist.

... Definition und ...

Sie gibt an, um das Wievielfache der prozentualen Kurssteigerung (-senkung) der Aktie ein Optionsschein steigt oder fällt. Beim Kurs einer dividendenlosen Aktie von 1 DM/Aktie und einer Kurssteigerung um 1% (dS = 0,01) könnte der Preis einer am Geld stehenden Option von 0,16 um 4% (d. h. dC = 0,0065) steigen; der Hebel wäre dann:

... Beispielrechnung

(0,0065/0,16) : (0,01/1) = 0,041 : 0,01 = 4,1.

Der Hebel von ca. 4 variiert mit dem Aktienkurs: steigt der Kurs, so sinkt der Hebel; fällt der Kurs, so steigt der Hebel.

Der Hebel ist theoretisch größer eins. Er ist um so größer, je weiter die Option aus dem Geld steht und geht für sehr weit im Geld stehenden Optionen gegen eins.

Aussagen über Hebel setzen Kenntnis des Delta $\delta C/\delta S$ voraus

Eine Aussage über den Hebel setzt allerdings die Kenntnis der in der Elastizität enthaltenen Größen voraus. S/C sind die Kurse von Aktie und Optionsschein, die der Markt liefert. Zur Bestimmung der Preissteigerung des Scheins im Verhältnis zur Preissteigerung der Aktie $\delta C/\delta S$ braucht man eine Theorie über die Reaktion des Scheins auf Aktienkursveränderungen. In Ermangelung einer Theorie setzt man das Verhältnis kurzerhand gleich eins und rechnet vereinfachend mit S/C.[1] Das kommt der Realität nahe, solange die Optionsscheine weit im Geld stehen. Auch bei am Geld stehenden Scheinen ist $\delta C/\delta S$

- bei sehr lang laufenden und
- bei sehr kurz laufenden

Optionsscheinen ungefähr gleich eins. Im Einzelfall kann man aber nicht sagen, wie groß $\delta C/\delta S$ ist, da es zu stark von den übrigen Determinanten des Optionspreises bestimmt wird. Je weiter der Optionsschein aus dem Geld steht, desto größer wird der Fehler des als S/C berechneten Hebels gegenüber $(\delta C/\delta S) * (S/C)$. Vor allen Dingen ist ein großer Hebel nicht unbedingt ein positiver Faktor. Ist der Hebel groß, weil die Restlaufzeit kurz ist, so bedeutet das einen rapiden Verfall des Zeitwerts. Da sich Kursveränderungen in der Zeit vollziehen, muß man damit rechnen, daß die Steigerung des Optionspreises infolge einer Erhöhung des Kurses des optierbaren Objekts durch die Kurssenkung infolge Verstreichens der Zeit kompensiert wird. In Abbildung 11.15 sind der Hebel und die Hilfsgröße S/C für aus dem

---

[1] Eine ausführliche Diskussion verschiedener Hebeldefinitionen, die ohne $\delta C/\delta S$ auszukommen versuchen, liefern WELCKER, Johannes; ULRICH, Joachim: Der Hebel als Maßstab zur Beurteilung der Kurssteigerungschancen von Kauf- und Verkaufsoptionen sowie Optionsscheinen. In: ZBB, 2. Jg. (1/1990), S. 21–28.

Geld und im Geld stehende Optionen am Beispiel eines zwei Jahre laufenden Optionsscheins dargestellt. Auch andere Hilfskonstruktionen, wie etwa ein konstantes prozentuales Aufgeld, liefern keine bessere Annäherung an den Hebel (die Elastizität).

Hebel als Elastizität und als Hilfsgröße der Praxis

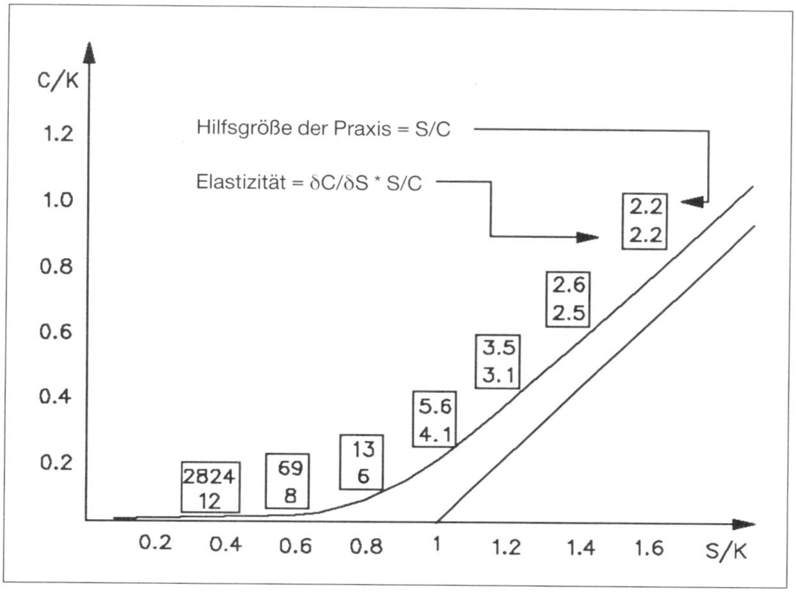

Abb. 11.15: Elastizität bei unterschiedlichem Verhältnis von S/K:
Die Elastizität oder, in der Sprache der Praxis, der Hebel (δC/δS) (S/C) wird durch das Verhältnis S/C nur bei weit im Geld stehenden Scheinen angenähert. Der Hebel hängt entscheidend von den sonstigen Bestimmungsfaktoren des Preises eines Optionsscheins ab. Daten: T = 2 Jahre; i_d = 7 % p. a.; σ = 0,2; Dividende = 0.

3. Kennziffern im Vergleich

In Tabelle 11.2 sind die Kennziffern
- Black/Scholes- bzw. M/S/W-Wert in Spalte 8,
- Hebel in Spalte 10,
- Aufgeld in Spalte 11 und
- Volatilität in Spalte 13

für die Optionsscheine der BHF-Bank, der Metallgesellschaft und des Volkswagenwerkes im Vergleich wiedergegeben (Daten vom 29. 8. 1991).

Vergleich der Kennziffer Aufgeld versus M/S/W-Werte

Tabelle 11.2: Optionsscheindaten mit M/S/W-Werten

Lfd. Nr. [1]	Bezeichnung [2]	Verfalls-datum [3]	Aus-übungs-kurs/Aktie [4]	Bezugs-ver-hältnis [5]	Aktien-kurs [6]	Options-schein-kurs [7]	M/S/W-WERT am./eur. [8]	Diff. (%) [9] = ([7] / [8] – 1) * 100	dC/C / dS/S [10]	Aufgeld (%) [11] = ([7] / [5] + [4] – [6])/[6]	S-Stern [12]	Vol. [13]
21	BHF-BK85	31.07.95	323.00	1.00	370.00	112.20	117	–4	2.4	18	1274	0.24
22	BHF-BK86	30.09.98	523.00	1.00	370.00	67.00	86	–22	2.4	59	2309	0.24
23	BHF-BK89A	25.10.93	440.00	1.00	370.00	63.50	41	53	4.3	36	1590	0.24
24	BHF-BK89B	25.10.96	440.00	1.00	370.00	82.00	86	–4	2.6	41	1823	0.24
66	METALLG86	31.05.96	300.00	1.00	501.00	223.00	269	–17	1.6	4	2098	0.27
67	METALLG87	01.10.97	320.00	1.00	501.00	216.00	273	–21	1.6	7	2375	0.27
68	METALLG91	15.09.95	520.00	1.00	501.00	110.00	148	–26	2.4	26	3511	0.27
89	VW ST86	30.11.95	365.00	1.00	388.90	151.00	126	19	2.3	33	1899	0.26
90	VW ST86/2	01.08.01	448.00	1.00	388.90	143.50	161	–11	1.7	52	2844	0.26
92	VW VZ88	27.10.98	221.00	1.00	330.00	174.40	163	7	1.6	20	984	0.26

Die M/S/W-Werte (Spalte 8) und die Differenz zu den jeweiligen Börsenkursen (Spalte 9: „–" heißt „preiswert") legen andere Kaufentscheidungen nahe als die Aufgelder (Spalte 11). Scheine mit hohen Aufgeldern werden von den Anlageberatern nicht empfohlen und werden daher vom Markt unterbewertet (BHF-Bank 86 und VW 86/2). Lange Laufzeiten werden nicht gewürdigt, da sie in herkömmliche Preiswürdigkeitsmaßstäbe nicht eingehen. Bei Metallgesellschaft nimmt der Markt den niedrigeren Ausübungskurs von Metallg. 86 wahr, nicht aber die längere Laufzeit von Metallg. 87, die die Differenz des Ausübungskurses überkompensieren sollte (Daten vom 29.8.91).

Das Aufgeld ist am niedrigsten bei
- BHF-Bank für Schein Nr. 21,
- Metallgesellschaft für Schein Nr. 66,
- Volkswagen für Schein Nr. 92.

Am preiswertesten, gemessen an M/S/W-Werten, sind jedoch bei
- BHF-Bank Schein Nr. 22,
- Metallgesellschaft Schein Nr. 68,
- Volkswagen Schein Nr. 90.

Worauf ist die unterschiedliche Beurteilung der Preiswürdigkeit nach dem Aufgeld und nach dem M/S/W-Wert zurückzuführen?

Die entscheidenden Merkmale der nach den M/S/W-Werten vom Markt unterbewerteten Optionsscheine sind

– die lange Restlaufzeit und
– der jeweils höhere Ausübungskurs als bei anderen Scheinen derselben Gesellschaft.

Ursachen der unterschiedlichen Bewertung nach den verschiedenen Kennziffern

Die lange Laufzeit wird beim Aufgeld nicht berücksichtigt und kann sich daher in dieser Ziffer auch nicht werterhöhend niederschlagen, obwohl sie unstreitig ein werterhöhender Faktor ist. Der hohe Ausübungskurs führt bei allen preiswerten Scheinen zum jeweils höchsten Aufgeld unter den Scheinen der gleichen Gesellschaft. Daher werden diese Scheine von den Wertpapierberatern nicht empfohlen und von den Kunden nicht gekauft.

Überbewertete Scheine haben überzeichnete Hebel

Zufällig haben auch die nach den M/S/W-Werten am meisten überbewerteten Scheine (Tabelle 11.3) die höchsten Aufgelder (ASKO und Nixdorf bzw. Siemens-Nixdorf, Daten vom 29. 8. 1991). Es ist erklärungsbedürftig, wieso sich immer noch, trotz hohem Aufgeld, Käufer für diese Scheine finden und wieso die Inhaber sie nicht wie heiße

Tabelle 11.3: Optionsscheindaten mit M/S/W-Werten von Asko und Nixdorf

Lfd. Nr. [1]	Bezeichnung [2]	Verfalls-datum [3]	Aus-übungs-kurs/Aktie [4]	Bezugs-ver-hältnis [5]	Aktien-kurs [6]	Options-schein-kurs [7]	M/S/W-WERT am./eur. [8]	Diff. (%) [9] = ([7] / [8] – 1) * 100	dC/C / dS/S [10]	Aufgeld (%) [11] = ([7] / [5] + [4] – [6]) / [6]	S-Stern [12]	Vol. [13]
7	ASKO 86	04.02.93	1106.00	1.00	798.00	141.90	143	–1	2.7	56	7582	0.56
69	NIXDORF 87	30.11.93	702.00	2.00	236.00	46.00	44	5	2.8	207	∞	0.58
69	NIXDORF1 87	30.11.93	702.00	2.00	271.40	46.00	60	–23	2.6	167	∞	0.58

Der Schein von Nixdorf berechtigt zum Bezug einer Stamm- und einer Vorzugsaktie. Die Stammaktie wird noch nicht notiert. Setzt man sie mit dem 1,3fachen Preis der Vorzugsaktie an, so ergibt sich der Kurs zu 236,00 · 1,3 = 306,80, so daß der Durchschnitt aus der Vorzugsaktie und der Stammaktie etwa 271,40 wäre. Auch dieser Kurs erklärt den Kurs des Optionsscheins noch nicht. Der Markt müßte mit wesentlich höheren Volatilitäten rechnen, die knapp unter 0,6 liegen, damit die Kurse mit dem Black/Scholes-Modell übereinstimmen. Bei den Nixdorf-Scheinen ergibt sich ein unendlich großer S-Stern, was darauf zurückzuführen ist, daß auf die Aktie keine Dividenden gezahlt werden und somit eine vorzeitige Ausübung nicht sinnvoll ist, ein kritischer Aktienkurs also nicht existiert. (Daten: 29. 8. 1991).

Kartoffeln fallen lassen. Ein Grund hierfür könnten die von der Hilfsgröße S/C weit überzeichneten Hebel sein. Wie Tabelle 11.3 zeigt, ist der Hebel des Asko-Scheins nur 2,7, wenn man für die Bewertung die Volatilität so hoch wählt, daß der theoretische Wert dem tatsächlichen entspricht. Dagegen ist S/C, der von der Praxis verwendete Hebel, 798/141,90 = 5,6. Auch für Nixdorf sind die als S/C berechneten Hebel 5,1 und 5,9, während sich unter Berücksichtigung von $\delta C/\delta S$ Hebel von nur 2,8 und 2,6 ergeben.

XII. Strategien mit Optionen

A. Optionen als Mittel zur Risikominderung und Ersparnis von Transaktionskosten bei Stop-Loss-Strategien

Stop-Sell und Stop-Buy-Orders

Viele Anleger bedienen sich einer Stop-Loss-Strategie. Das bedeutet, daß man ein Objekt, etwa eine Aktie, für die man eine Preissteigerung erwartet und die man demzufolge gekauft hatte, sofort wieder verkauft, wenn die Kurse um einen bestimmten Prozentsatz, z.B. 10 % oder mehr, unter den Einstandskurs sinken. Umgekehrt würde man bei einer Stop-Loss-Strategie leerverkaufte Aktien sofort durch entsprechende Käufe glattstellen, wenn die Kurse den Einstandskurs um einen bestimmten Prozentsatz, z.B. 10 % oder mehr, überstiegen. Dies kann man durch Stop-Sell-Orders bzw. Stop-Buy-Orders bewerkstelligen. Eine *Stop-Sell-Order* ist ein Auftrag, bei Unterschreiten eines bestimmten Kurses, der Stop-Loss-Marke, eine Bestens-Verkaufsorder in den Markt zu geben. Eine *Stop-Buy-Order* ist ein Auftrag, eine Billigst-Kauforder in den Markt zu geben, wenn die Aktienkurse einen bestimmten Kurs, die Stop-Buy-Marke, übersteigen.

Die Stop-Loss-Strategie kann sowohl von fundamental als auch von technisch operierenden Anlegern angewendet werden. Jeder Techniker weiß, daß die Kursgraphiken auch Fehlsignale zeigen können, und auch der fundamental operierende Anleger wird gelegentlich beobachten, daß die Kurse in eine Richtung laufen, die der Prognose entgegengesetzt ist. Für den Fundamentalisten ist dies allenfalls ein Warnsignal, im Prinzip wird damit aber für ihn die Anlage noch lohnender, wenn die fundamentale Beurteilung der Firma unverändert bleibt. Für den Techniker ist aber die Begrenzung der Verluste und das Laufenlassen der Gewinne ein wichtiger Bestandteil der Anlagestrategie.[1]

[1] Vgl. WELCKER (1991), S. 158/9.

Stop-Loss-Strategie

Wer eine Aktie zu 100 gekauft hat, muß bei Verfolgen einer Stop-Loss-Strategie diese bei einem Absinken des Kurses um 10% auf 90 verkaufen. Er hat dann vielleicht schon nach einer Woche einen Kursverlust von 10 DM und verliert außerdem die Spesen für den Kauf und den Verkauf der Aktie. Der Käufer einer am Geld stehenden Kaufoption mit einem Ausübungskurs von 100 und einer Laufzeit von sechs Monaten hat üblicherweise auch ungefähr 10% des Aktienkurses als Optionspreis bezahlt. Sinkt der Aktienkurs nach einer Woche auf 90 und bleibt er für die restliche Laufzeit der Kaufoption unter diesem Kurs, so hat der Käufer der Kaufoption auch 10% des Aktienkurses verloren. Steigt aber etwa nach einer weiteren Woche der Kurs wieder über 90, so ist für den Aktienkäufer, der bei 10% Verlust verkauft hatte, das Engagement beendet. Der Optionskäufer kann im Gegensatz dazu bis zum Ende der Laufzeit der Option von Kurssteigerungen profitieren. Zwar besteht auch für den Aktienkäufer, der ein Engagement durch einen Verkauf beendet hatte, die Möglichkeit, die Aktie beim Überschreiten des Kurses von 90 zurückzuerwerben. Dann muß er aber jedesmal beim Über- oder Unterschreiten der gesetzten Stop-Loss-Marke erneut Spesen aufwenden. Für den Käufer einer Kaufoption mindert sich gegenüber dem Aktienkäufer der Gewinn um den Optionspreis, wenn ausschließlich Kurssteigerungen zu verzeichnen sind. Dafür hat der Optionskäufer aber das Engagement bei einem vorübergehenden Kursverlust um mehr als 10% des Einstandspreises auch nicht beenden müssen. Legt man statt 100% des Kapitals in Aktien 10% des Kapitals in Optionen und die restlichen 90% des Kapitals in Anleihen an, so hat man ungefähr das gleiche Risiko wie beim Aktienkauf. Anders als beim Aktienkauf kann man aber nicht in Versuchung geraten, die Stop-Loss-Strategie doch nicht anzuwenden, und das Engagement ist nach einem nur vorübergehenden Absacken des Aktienkurses auch noch nicht beendet. Daher ist der Kauf von Optionen mit einem Teilbetrag des für Aktienkäufe zur Verfügung stehenden Kapitals eine Strategie, die das Risiko gegenüber einer Anlage von 100% des Kapitals in Aktien vermindert.

Vergleich der Stop-Loss-Strategie mit dem Optionskauf

In Kapitel XI.D. hatten wir gesehen, daß eine Änderung des Aktienkurses um 1% eine stärkere prozentuale Änderung des Kurses einer Option bewirkt (Abbildung 11.15). Vergleicht man eine Anlage von 100% des Kapitals in Aktien oder Optionen, so sind Optionen riskanter. Aus den Ausführungen dieses Kapitels wird aber deutlich, daß sich Optionen sehr wohl zur Risikoverminderung verwenden lassen, wenn man nur einen Teilbetrag des für Spekulationszwecke zur Verfügung stehenden Kapitals in Optionen investiert und für den Restbetrag ein Objekt erwirbt, dessen Risiko geringer ist als das der Aktie. Bereits hier wird das allgemeine Prinzip deutlich, daß es für die Anlagezwecke eines Investors nicht auf den Risikogehalt eines bestimmten Anlageobjekts ankommt, sondern darauf, wie das Anlageobjekt das Risiko seines Portefeuilles verändert. Dieser Gedanke wird in den folgenden Abschnitten weiterverfolgt, insbesondere unter XII.C.6.: Portfolio Insurance.

B. Optionen als Mittel zur Spekulation mit Hebelwirkung

Prozentualer Ertrag der Aktie im Vergleich zur Option

Selbstverständlich lassen sich Optionen auch als Mittel zur Spekulation verwenden. Wenn man sich einer bestimmten Richtung der Kursbewegung sicher ist oder einer Kursbewegung in eine bestimmte Richtung einen hohen Grad an Wahrscheinlichkeit beimißt, so lassen sich durch den Kauf von Optionen größere prozentuale Kurssteigerungen erzielen als durch den Kauf von Aktien. Zwar mindert sich beim Kauf einer Kaufoption (Verkaufsoption) der Gewinn gegenüber dem Kauf (Leerverkauf) der Aktie um den Optionspreis; bei Anlage eines festen Budgets in Optionen anstatt in Aktien wird man aber bei der Anlage in Optionen und einer größeren Kursbewegung in die erwartete Richtung immer einen höheren Ertrag haben.

Der prozentuale Ertrag der Option wird sich dem prozentualen Ertrag der Aktie um so mehr annähern, je weiter die Option im Geld ist. Umgekehrt wird der prozentuale Ertrag der Option gegenüber dem prozentualen Ertrag der Aktie bei einer bestimmten Kurssteigerung um so höher sein, je weiter die Option aus dem Geld ist.[1]

Elastizität des Werts der Option in bezug auf den Aktienkurs

Das Verhältnis zwischen der prozentualen Veränderung des Optionswerts und der prozentualen Veränderung des Aktienkurses $\frac{\delta C/C}{\delta S/S}$ ist die Hebelwirkung des Kaufs der Option gegenüber dem Kauf der

[1] Vgl. COX; RUBINSTEIN (1985), 228/9 und eigene Untersuchungen.

Aktie oder auch die Elastizität der Kaufoption in bezug auf den Aktienkurs (Leverage-Effekt).

Da $\delta C / \delta S$ der in Kapitel IX. verwendete Ausdruck für Δ ist, kann die Elastizität der Kaufoption in bezug auf den Aktienkurs auch geschrieben werden als $\Delta \cdot S / C$. Die Größe Δ erhält man, wenn man die Formel für die Kaufoption, also etwa Gleichung (IX.D.3) für europäische Kaufoptionen, nach S differenziert. Dabei ergibt sich, daß

$$\delta C / \delta S = N(y_A + \sigma \cdot \sqrt{T})$$ [1]

ist.

In der Beispielrechnung (vgl. Kapitel X.2.a.) ist diese Größe das Ergebnis von Zeile 5. Für die Verkaufsoption ist das Verhältnis

$\delta P / \delta S$ = 1 – Zeile (5) der Beispielrechnung.

Dieses Delta muß dann mit dem Aktienkurs multipliziert und durch den Optionswert geteilt werden, damit man die Elastizität bzw. die jeweilige Größe des Leverage-Effekts erhält. Wie Tabelle 12.1 und Abbildung 12.1 zeigen, ist der Leverage-Effekt einer Option mit einem bestimmten Ausübungskurs bei jedem Aktienkurs anders. Das zeigt sich in Tabelle 12.1 durch die Abnahme der Werte in den Zeilen und in Abbildung 12.1 durch das Sinken der Kurve.

Hedgerate bei verschiedenen Ausübungskursen

Bisher wurde der Leverage-Effekt einer Option in Abhängigkeit vom Aktienkurs untersucht. Im folgenden soll die Höhe des Leverage-Effekts einer Option in Abhängigkeit von dem Verhältnis des Aktienkurses zum Ausübungskurs untersucht werden. Für den Spekulanten ist die Frage interessant, ob der Leverage-Effekt bei im Geld, am Geld oder aus dem Geld stehenden Optionen größer ist. In Abbildung 12.2 sieht man, daß die Steigung der Kurve der Werte der Kaufoptionen bei einem bestimmten Aktienkurs mit steigendem Ausübungskurs abnimmt. Die Hedgerate $\delta C / \delta S$ wird mit steigendem Ausübungskurs kleiner, d. h., um das Risiko einer Kaufoption zu hedgen, sind bei gegebenem Aktienkurs immer weniger Aktien erforderlich, je weiter die Kaufoption aus dem Geld ist. Die Hedgerate $\delta C / \delta S$ wird durch dieSteigung der Tangente an die Kurve C (S) in Abbildung

[1] Das gilt für Aktienoptionen ohne Dividendenzahlungen. Bei anderen Optionstypen ist $\Delta = N(y + \sigma \cdot \sqrt{T}) \cdot e^{(i_c - i_d) \cdot T}$. Für Aktienoptionen wird der zweite Faktor gleich eins, da $i_c = i_d$ ist.

12.2 gemessen. Diese wird bei gegebenem Aktienkurs mit steigendem Ausübungskurs kleiner. In der Formel der Elastizität $\frac{\delta C}{\delta S} \cdot \frac{S}{C}$ sinkt also $\delta C / \delta S$, während S/C steigt, wobei der letztere Effekt überwiegt. Per saldo bedeutet das, daß die *Hebelwirkung der Kaufoption um so größer ist, je höher der Ausübungskurs bei gegebenem Aktienkurs ist* (Tabelle 12.1, Tabelle 14.7 und Abbildung 12.1).

Das gleiche gilt für die Verkaufsoption. Auch hier nimmt die Hedge-Rate ab, und der Leverage-Effekt erhöht sich, je weiter die Verkaufsoption aus dem Geld ist (je niedriger der Ausübungskurs ist). Dieser Sachverhalt ist in Abbildung 12.3 illustriert.

Generell kann man sagen, daß aus dem Geld befindliche Optionen ein höheres Risiko bergen und somit einen höheren Leverage-Effekt haben als am Geld oder im Geld stehende Optionen.

Leverage-Effekt ist bei jedem Kurs des optierbaren Objekts anders

Es muß darauf hingewiesen werden, daß es sich bei der hier dargestellten Methode der Berechnung des Leverage-Effekts um die Berechnung einer Punktelastizität handelt, die streng genommen nur für infinitesimal kleine Aktienkursänderungen definiert ist. Will man wissen, um wieviel Prozent sich der Optionswert verändert, wenn sich der Aktienkurs um 10 Prozent verschiebt, so macht man mit der oben angegebenen Methode einen Fehler, da man die Abnahme des Aufgeldes nicht berücksichtigt. Von Banken und Börsendiensten wird für Optionsscheine eine Hebelwirkung unter der Annahme eines konstanten Aufgeldes mitgeteilt. Diese Annahme ist nicht realistisch. Der Leverage-Effekt wird deshalb tendenziell zu hoch ausgewiesen. Mit den in Kapitel IX. angegebenen Formeln zur Berechnung der Werte von Kauf- und Verkaufsoptionen läßt sich dieser Mangel beheben. Will man die Hebelwirkung einer Kaufoption berechnen, wenn man für den Aktienkurs eine Steigerung von 10% erwartet, dann empfiehlt sich folgendes Vorgehen:

Leverage für diskrete Kursänderungen

Man berechnet den Wert der Kaufoption für den aktuellen Aktienkurs [C (S)] und den Wert für einen Aktienkurs, der 10% höher liegt [C (S · 1,1)]. Das Verhältnis

$$\frac{C(S \cdot 1{,}1) - C(S)}{C(S)} \cdot 100$$

Hebel einer Kaufoption in Abhängigkeit von S für verschiedene Ausübungskurse

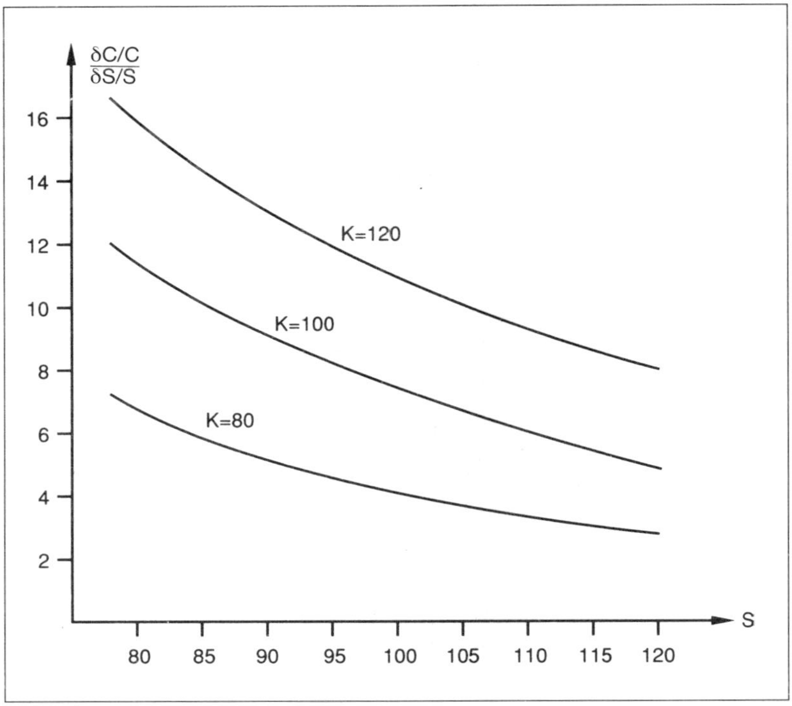

Abb. 12.1: Die Elastizität der Kaufoption in Abhängigkeit vom Kurs des optierbaren Objekts am Beispiel einer dividendenlosen Aktie

gibt dann die prozentuale Wertsteigerung der Kaufoption bei einer 10prozentigen Aktienkurssteigerung an. Der Leverage-Faktor bestimmt sich dann als

$$\frac{C(S \cdot 1{,}1) - C(S)}{(S \cdot 1{,}1) - S} \cdot \frac{S}{C(S)} .$$

In Tabelle 12.1 geben die Spalten typische Werte der Hebelwirkung (Elastizitäten) in Abhängigkeit vom Ausübungskurs an.

Durch dieses Verfahren hat man nun zwar die hypothetische Veränderung des Aufgeldes der Option berücksichtigt, die sich durch eine Änderung des Aktienkurses ergibt, nicht jedoch den Umstand, daß ein Steigen des Aktienkurses um 10 % i. d. R. eine gewisse Zeit beansprucht. Schätzt man aber die für diese Veränderung erforderliche Zeit, so kann man mit dem geschilderten Verfahren zu wesentlich rea-

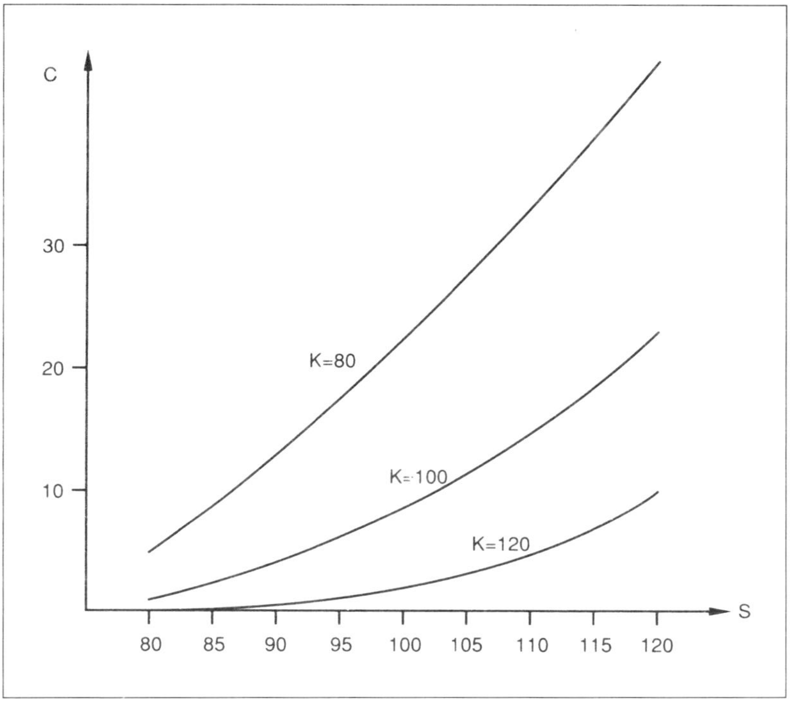

Wert der Kaufoption in Abhängigkeit vom Aktienkurs für verschiedene Ausübungskurse

Abb. 12.2: Werte von Kaufoptionen mit unterschiedlichem Ausübungskurs in Abhängigkeit vom Aktienkurs

listischeren Schätzungen gelangen als mit der Berechnung der Hebelwirkung mit Hilfe der Punktelastizitäten, wie die derzeitige Praxis dies tut.

Tabelle 12.1: Elastizitäten $\frac{\delta C/C}{\delta S/S}$ der Werte von Kaufoptionen mit unterschiedlichen Ausübungskursen in Abhängigkeit vom Aktienkurs; σ = 0,25; t = 182 Tage; i_d = 6 %

Hebel für verschiedene Aktien- und Ausübungskurse

K \ S	80	85	90	95	100	105	110	115	120
80	7,08	6,09	5,28	4,62	4,09	3,66	3,32	3,04	2,82
85	8,19	7,08	6,15	5,37	4,73	4,20	3,78	3,43	3,15
90	9,34	8,12	7,08	6,19	5,45	4,83	4,31	3,89	3,54
95	10,48	9,20	8,06	7,08	6,23	5,52	4,92	4,41	3,99
100	11,63	10,33	9,07	8,00	7,08	6,27	5,58	5,00	4,51
105	12,90	11,38	10,09	8,98	7,96	7,08	6,31	5,65	5,08
110	13,94	12,53	11,18	9,92	8,88	7,92	7,08	6,34	5,71
115	15,16	13,49	12,22	10,94	9,80	8,78	7,88	7,08	6,37
120	16,80	14,71	13,19	11,91	10,74	9,66	8,71	7,85	7,08

Wert der Verkaufsoption in Abhängigkeit vom Aktienkurs für verschiedene Ausübungskurse

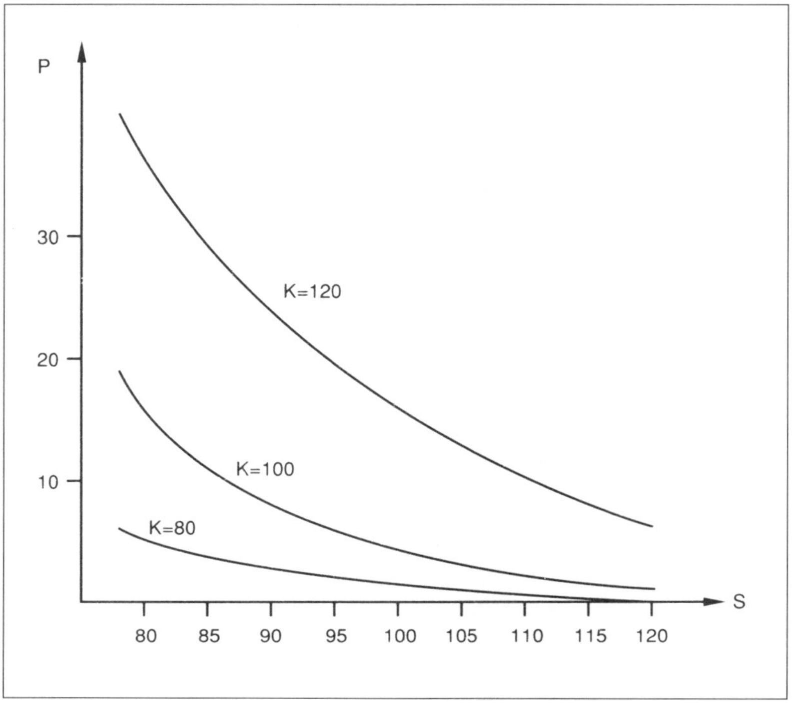

Abb. 12.3: Werte von Verkaufsoptionen mit unterschiedlichem Ausübungskurs in Abhängigkeit vom Aktienkurs

C. Sicherungsgeschäfte (Hedge-Geschäfte)

1. Offene Positionen und geschlossene Positionen

Offene und geschlossene Positionen

Als „offene Positionen" bezeichnet man Teilmengen der gesamten Vermögensposition, durch die man von Änderungen eines bestimmten Preises betroffen wird. Von einer „geschlossenen Position" spricht man, wenn sich die Gewinn- und Verlustwirkungen, die einzelne Preisänderungen auf bestimmte Teilmengen der Gesamtvermögensposition haben, gerade kompensieren. Bei den offenen Positionen spricht man von „Pluspositionen" wenn die Wirkung von Preissteigerungen ein Gewinn und von Preissenkungen ein Verlust ist. Von „Minuspositionen" spricht man, wenn die Wirkungen von Preissenkungen ein Gewinn und von Preissteigerungen ein Verlust sind. Eine offene $-Plusposition kann sich zusammensetzen aus

- $-Banknoten,
- $-Bankguthaben,
- $-Forderungen aus Darlehensgewährungen,
- $-Forderungen aus $-Terminkäufen,
- $-Exportplänen in $-Gebiete, wenn die Produktion der Exportgüter bereits eingeleitet ist.

Beispiel einer offenen $-Position

Eine offene $-Minusposition kann sich zusammensetzen aus
- $-Schulden aus aufgenommenen Darlehen bzw. Einlagen von Kunden,
- $-Schulden aus $-Terminverkäufen,
- Importplänen aus $-Gebieten, wenn die Importe bereits notwendig sind.

Kassa- und Terminpositionen können sich in einer geschlossenen Position ausgleichen

Risikoausgleich durch Hedging und...

... durch Diversifikation

Eine geschlossene Position liegt vor, wenn sich die Plusposition in einem bestimmten Vermögensgegenstand und die Minuspositionen in diesem Vermögensgegenstand gerade ausgleichen. Dabei kommt es nicht darauf an, ob der Vermögensgegenstand, etwa die Ware, physisch greifbar im Besitz des Positionsinhabers ist oder nicht. Eine nicht bilanzierte Forderung aus einem Terminverkauf der Ware ist genauso Bestandteil einer Plusposition wie die Ware selbst. Offene Positionen resultieren auch nicht nur aus dem Terminhandel, sondern können genauso aus dem in einer anderen Währung aufgebauten Forderungs- oder Schuldenportefeuille resultieren. In einer geschlossenen Position kann beispielsweise das Preisänderungsrisiko für einen Warenbestand durch ein entgegengesetztes Preisänderungsrisiko aus einem Terminverkauf der Ware kompensiert werden. Aus diesen Ausführungen resultiert, daß Terminkäufe und Terminverkäufe in keiner Weise riskanter sind als das Halten von Warenbeständen oder das Halten von Forderungen und Verbindlichkeiten. Für die Beurteilung des Risikos ist nie die Risikostruktur eines bestimmten Geschäfts entscheidend, sondern vielmehr die Rolle, die die Risikostruktur dieses Geschäfts im Rahmen des Gesamtportefeuilles eines Wirtschaftssubjekts spielt. Risiken können durch Hedging ausgeglichen werden, wenn die einzelnen Vermögenspositionen im Hinblick auf die Auswirkungen eines bestimmten Ereignisses negativ miteinander korreliert sind. Risiken können durch Diversifikation nahezu zum Verschwinden gebracht werden, wenn die einzelnen Vermögenspositionen im Hinblick auf die Auswirkungen eines bestimmten Ereignisses unabhängig voneinander sind. Risiken können sich aber auch kumulieren, wenn die Auswirkungen eines bestimmten Ereignisses im Hinblick auf einzelne Vermögenspositionen positiv miteinander korreliert sind.[1)]

2. Hedgen durch Optionsgeschäfte bei bedingten offenen Positionen im Grundgeschäft

Hedgen durch Optionsgeschäfte

Da ein Optionsgeschäft ein Kauf oder Verkauf unter der Bedingung ist, daß der Inhaber der Option seinen Willen erklärt, den Kauf oder Verkauf zu tätigen, eignet es sich zum Hedgen besonders dann, wenn ein Wirtschaftssubjekt bei Eintritt einer bestimmten externen Bedingung damit rechnen muß, daß es eine riskante offene Position erlangt. Tritt die externe Bedingung hingegen nicht ein, so erlangt es auch keine riskante offene Position. Solche Situationen kommen im täglichen Leben häufig vor.

a. Beispiel: Grundstücksgeschäfte

Grundstücksoptionen zur Bestandssicherung während der Planungsphase

Plant man ein Bauvorhaben auf einem fremden Grundstück, so ist häufig unsicher, ob für das Bauvorhaben eine Baugenehmigung erteilt wird. Hat man das Grundstück bereits vor Erteilung der Baugenehmigung gekauft und wird diese nicht erteilt, so steht man mit dem Grundstück da und wird bei Wiederverkauf u. U. nur einen Erlös erzielen, der niedriger ist als der Preis, den man bezahlt hat. Kauft man hingegen das Grundstück nicht, so trägt man die Kosten des Planungsaufwandes, ohne sicher zu sein, daß der Grundstücksbesitzer das Grundstück bei Erteilung der Baugenehmigung auch verkauft. In einer solchen Situation bietet es sich an, vom Grundstücksbesitzer eine Kaufoption auf das Grundstück zu erwerben. Für die Zeit zwischen dem Beginn der Planung und dem Erteilen der Baugenehmigung besteht ein eventueller Bedarf nach einem Grundstück, der durch eine Kaufoption abgedeckt wird.

Das Beispiel läßt sich erweitern. Ein Bauträger kann einen Grundstückskaufvertrag unter der Bedingung abschließen, daß ihm die Weiterveräußerung des bebauten Objekts gelingt. Ein Bauträger kann auch ein noch nicht errichtetes Bauwerk unter der Bedingung verkau-

---

1) Vgl. WELCKER, Johannes: Struktur des deutschen Bankwesens, in: Bank- und Börsenwesen, Bd. I: Struktur und Leistungsangebot. München 1981, S. 1 – 70, insbes. S. 9 – 15.

fen, daß es ihm gelingt, das Grundstück zu kaufen, auf dem das Bauwerk errichtet werden soll.

Verdeckte Grundstücksoptionen zur Ausschaltung des Preisrisikos

Solche Optionsgeschäfte werden sich aber bei den Geschäftspartnern kaum oder nur sehr schwer durchsetzen lassen. Gelegentlich werden daher verdeckte Optionsgeschäfte abgeschlossen. Kauft ein Bauträger ein Grundstück zum Zeitpunkt der Erteilung der Baugenehmigung, so ähnelt das einer Option, wenn er den Bauantrag noch gar nicht gestellt hat. Verkauft er gleichzeitig das bebaute Objekt in Teilen unter der Bedingung, daß die Baugenehmigung erteilt wird, so hat er eine nahezu risikolose Position. Sowohl Kauf- als auch Verkaufverträge ähneln Optionen insofern, als er es in der Hand hat, den Antrag zu stellen. Erst wenn er alle Verträge unter Dach und Fach hat, wird er den Bauantrag stellen und übt damit die Optionen aus. Verfährt er so, so hat er im Augenblick der Ausübung der Optionen eine Plusposition erworben, das Grundstück, die durch eine Minusposition, die verkauften Wohnungen, kompensiert wird.

b. Beispiel: Bindende Angebote

$-Optionsgeschäfte zur Absicherung des Preisrisikos von $-Exporten in der Angebotsphase

Eine deutsche Firma, die in die USA exportiert und Dollar-Forderungen aus Lieferantenkrediten hat, kann das Währungsrisiko ausschalten, indem sie Dollar per Termin verkauft. Hat die Firma aber das Exportgeschäft noch nicht getätigt, sondern nur ein bindendes Angebot auf Dollarbasis gemacht, so ist der Kauf einer $-Verkaufsoption (= DM-Kaufoption) das Geschäft, das das Dollarkursänderungsrisiko gerade hedgt. Allerdings bringt die Kaufoption dann einen Gewinn, wenn der $-Kurs steigt und das Geschäft nicht zustande kommt.

Firmen mit vielen Angebotsabgaben verzichten u. U. auf die Absicherung mit DM-Kaufoptionen, weil sie Erfahrungswerte über die Annahme von Angeboten haben. Sie können dann die Dollar direkt per Termin verkaufen.

c. Beispiel: Plazierung von Aktienpaketen beim Publikum

Aktienoptionen bei Plazierungen von Aktienpaketen

Eine Bank, die für einen Großaktionär ein Aktienpaket beim Publikum plazieren will, tut gut daran, dieses nur unter der Bedingung zu erwerben, daß ihr die Plazierung zu einem den Vorstellungen des Verkäufers entsprechenden Kurs gelingt. Sog. „Mondscheingeschäfte"[1], bei denen der Kauf zu dem Termin abgeschlossen wird, zu dem auch der Verkauf geplant ist, befriedigen zwar die Anforderungen der Bankenaufsicht insofern, als keine Risiken in der Bilanz auftauchen; nichtsdestoweniger trägt die Bank in diesem Falle das volle Plazierungsrisiko.[2] Hat die Bank hingegen vom Verkäufer des Aktienpakets eine Kaufoption erworben, so übt sie diese erst dann aus, wenn das Aktienpaket bereits plaziert ist. Diese Art der Vertragsgestaltung setzt die Bank keinem Risiko aus. Die Unsicherheit, die mit dem Verkauf verbunden ist, wird dadurch ausgeglichen, daß die Bank eine Kaufoption erwirbt, statt die Aktien zu kaufen.

d. Beispiel: Versicherung gegen Unterbietungskonkurrenz im internationalen Handel

Optionen als Mittel zur Absicherung gegen Unterbietungskonkurrenz

Bei den folgenden Situationen kann sich der Abschluß von Optionsgeschäften empfehlen:

(1) Ein Exporteur, der einen bestimmten Auslandsabsatz plant, kann sich gegen das Wechselkursänderungsrisiko absichern, indem er die aus dem Absatz erwarteten Dollar per Termin verkauft. Das ist allerdings nicht risikolos. Der Preis im Ausland kann unter Umständen davon abhängen, wie hoch der Wechselkurs ist. Diese Situation ergibt sich dann, wenn die Konkurrenten sich auch hauptsächlich im Inland mit der Ware eindecken und sich ihrerseits nicht absichern. Dann können sie die Ware im Ausland billiger anbieten, wenn der Wechselkurs steigt. Für unseren inländischen Exporteur wird dann der Absatz verloren gehen. Daher tut er gut daran, die Dollar nicht per Termin zu verkaufen, sondern eine Dollarverkaufsoption zu kaufen. Steigt der Dollarkurs, so läßt er die Verkaufsoption verfallen und kann in die niedrigen Dollarpreise seiner Konkurrenten eintreten, die erlösten Dollar zum hohen Dollarkurs in DM umtauschen und hat konstante DM-Erlöse. Sinkt dagegen der Wechselkurs, müssen potentielle Konkurrenten, die sich nicht abgesichert haben, zu einem höheren Dollarpreis verkaufen und fallen als Konkurrenz aus. Andererseits ist man selbst aber durch die Verkaufsoption gegen einen Kursverfall der Auslandswährung gesichert.

---

1) „Mondscheingeschäfte", weil die Aktien nie in der Bilanz erscheinen und nur in einer logischen Sekunde um Mitternacht, bei Mondschein, im Bestand sind.

2) Das wurde nach dem 19.10.1987 bei der Übernahme der BP-Aktien durch Banken vom Staate in Großbritannien deutlich. Die zur Plazierung beim Publikum bestimmten Aktien waren im Herbst 1987 unplazierbar.

Zur Erleichterung des Verständnisses dieser Zusammenhänge dient Tabelle 12.2. Ist der gegenwärtige Wechselkurs 2 DM/$, so läuft der Exporteur bei einem Terminverkauf des Dollars zu 2 DM Gefahr, daß er bei einem Wechselkurs von 4 DM/$ nicht mehr konkurrenzfähig ist. Hat er hingegen eine Dollarverkaufsoption auf Basis 2 DM/$ gekauft, so kann er diese bei einer Dollarkurssteigerung auf 4 DM/$ verfallen lassen und in die günstigen Preise der Konkurrenz einsteigen; bei einem Sinken des Dollarkurses auf 1 DM/$ hat er jedoch einen Vorsprung vor der Konkurrenz, die zu 5 $ anbieten muß, da er durch Ausüben der Verkaufsoption die Dollar zu 2 DM/$ verkaufen kann und damit in die Lage versetzt wird, die Ware zu 2,50 $ anzubieten.

Dollarverkaufsoptionen statt $-Terminverkäufe

Tabelle 12.2: $-Preise der Konkurrenz bei steigendem bzw. fallendem $-Kurs, wenn diese von den Inlandskosten abhängen

Inlandskosten der Exporteure DM	$-Kurs in einem Jahr DM/$	ausländischer Verkaufspreis in einem Jahr $
5	4	1,25
5	2	2,50
5	1	5,00

(2) Umgekehrt ist die Situation bei einem Importeur, der sich auf dem Weltmarkt mit Rohstoffen eindecken muß und diese im Inland absetzen will (Tabelle 12.3). Ist der Auslandspreis gegeben und sinkt der Wechselkurs von 2 DM/$ auf 1 DM/$, so ist er nicht mehr konkurrenzfähig, wenn er sich durch einen Dollarterminkauf zu 2 DM/$ gegen ein Steigen des Dollarkurses abgesichert hatte. Hat er andererseits eine Dollarkaufoption zu 2 DM/$ gekauft, so läßt er diese bei einem Sinken des Dollarkurses auf 1 DM/$ verfallen und kann mit den günstigen Preisen der Konkurrenz mithalten. Steigt hingegen der Dollarkurs auf 4 DM/$, so übt er die Kaufoption aus und kauft die Dollar zu 2 DM/$ ein, wodurch er einen großen Vorsprung vor der Konkurrenz hat und gegen das Risiko eines steigenden Dollarkurses gesichert ist.

Dollarkaufoptionen statt $-Terminkäufen

Tabelle 12.3: DM-Preise der Konkurrenz bei steigendem bzw. fallendem $-Kurs, wenn diese von den Auslandskosten abhängen

Auslandskosten der Importeure $	$-Kurs in einem Jahr DM/$	inländischer Verkaufspreis in einem Jahr DM
10	4	40
10	2	20
10	1	10

Die Beispiele zeigen, daß sich für Exporteure der Kauf von Fremdwährungs-Verkaufsoptionen gegenüber dem Terminverkauf der Fremdwährung und für Importeure der Kauf von Fremdwährungs-Kaufoptionen gegenüber dem Terminkauf der Währung empfehlen kann. Dies gilt dann, wenn sich der Exporteur oder der Importeur nicht sicher sein kann, ob die Konkurrenz, deren Preise vom Wechselkurs abhängen, sich gegen das Fremdwährungsrisiko absichert oder nicht. Allerdings ist die Voraussetzung, daß die $-Preise von den Inlandspreisen abhängen, unrealistisch. Deshalb muß man skeptisch bleiben, ob Optionsgeschäfte in der Regel zur Absicherung von Exportgeschäften geeignet sind.

3. Hedgen durch Aufbau synthetischer Termingeschäfte

Aufbau synthetischer Termingeschäfte

Der Inhaber einer offenen Plusposition oder einer offenen Minusposition kann diese durch einen Terminverkauf bzw. einen Terminkauf hedgen (Abbildung 6.1). Existiert kein Terminhandel, so kann der Inhaber einer offenen Plusposition

- einen Terminverkauf aus dem Kauf einer Verkaufsoption und dem Verkauf einer Kaufoption mit gleichem Ausübungskurs und gleicher Laufzeit zusammensetzen (Abbildung 6.3),
  $\begin{bmatrix} 0 \\ +1 \end{bmatrix} + \begin{bmatrix} -1 \\ 0 \end{bmatrix} = \begin{bmatrix} -1 \\ +1 \end{bmatrix}$,

und der Inhaber einer offenen Minusposition kann

- einen Terminkauf aus dem Kauf einer Kaufoption und dem Verkauf einer Verkaufsoption zusammensetzen (Abbildung 6.2),
  $\begin{bmatrix} +1 \\ 0 \end{bmatrix} + \begin{bmatrix} 0 \\ -1 \end{bmatrix} = \begin{bmatrix} +1 \\ -1 \end{bmatrix}$.

Allerdings sind diese Möglichkeiten bei Aktien und Rentenoptionen derzeit in Deutschland kaum gegeben, weil die Märkte für Aktien- und Rentenoptionen relativ eng sind, da kein Terminhandel für einzelne Aktien existiert. Andererseits bestehen aber die Möglichkeiten zum Aufbau synthetischer Termingeschäfte, so daß es wenig sinnvoll ist, Optionshandel als „unbedenklich" zuzulassen, Terminhandel aber als „gefährlich" zu verbieten. Der nächste Abschnitt wird zeigen, welche enormen Möglichkeiten zur Stabilisierung des Bankensystems durch das Verbot des Terminhandels verloren gehen.

4. Hedgen des Fristentransformationsrisikos bei Banken durch Termingeschäfte

In der ganzen Welt werden Interest Rate Futures – Zins- oder Rententerminkontrakte – in zunehmendem Maße verwendet, um Zinsänderungsrisiken zu hedgen. Das Hedgen des Zinsänderungsrisikos eines Rentenportefeuilles bedeutet, daß zu dem Portefeuille ein Termingeschäft so abgeschlossen wird, daß der Barwert des gesamten Portefeuilles einschließlich des Termingeschäfts bei Zinsänderungen konstant bleibt.

Die Marktteilnehmer, aber auch die Aufsichtsbehörden, sind zu der Überzeugung gekommen, daß Interest Rate Futures nicht nur ein Mittel der Spekulation sein können. Sie können auch dazu dienen, den Barwert von Rentenportefeuilles unempfindlich gegenüber Zinsänderungen zu machen. Auch das Zinsänderungsrisiko bei Banken und Sparkassen, das aus der Fristentransformation resultiert, kann durch den Abschluß von Termingeschäften beseitigt werden.

Gegenwärtig gibt es folgende wichtigen Möglichkeiten, Terminkontrakte abzuschließen:

Derzeit gehandelte Terminkontrakte in festverzinslichen Anleihen

Börse	Kontrakttyp
USA:	
– Chicago Board of Trade (CBT)	GNMA's Ten Year T-Notes US Treasury Bonds Municipal Bond Index
– International Monetary Market (IMM)	Treasury Bills
Großbritannien:	
– London International	US Treasury Bonds

Financial Futures Exchange (LIFFE)	Long Gilt (20 Jahre / 12 %) Short Gilt (4 Jahre / 10 %) Sterling Deposits (3 Monate) Bund Future (10 Jahre / 6 %)
Frankreich: – Marché à Terme des Instruments Financiers (MATIF)	Staatsanleihe (10 Jahre / 10 %)
Australien: – Sydney Futures Exchange	Government Bond (10 Jahre / 12 %) Government Note (2 Jahre) Bank Accepted Bills (90 Tage)
Japan: – Tokyo Stock Exchange	Staatsanleihe (10 Jahre / 6 %)
Kanada: – Toronto Futures Exchange	Staatsanleihe (18 Jahre / 10 %)
Deutschland: – Deutsche Terminbörse	Bund Future (10 Jahre / 6 %)

Hedgen eines Fristverlängerungssystems

Im folgenden soll dargestellt werden, wie Banken ihr Fristentransformationsrisiko durch Termingeschäfte hedgen können. Das wird am Beispiel einer Bank erörtert, die, wie dies der Normalfall ist, Fristenverlängerung betreibt, d. h. deren Aktivfälligkeiten länger sind als die Passivfälligkeiten. Da nur das Zinsänderungsrisiko gehedgt werden soll und kann, sind für die folgenden Ausführungen die Zinsbindungsfristen und nicht die Rückzahlungsfälligkeiten relevant. Das Problem des Geldanschlusses zum jeweiligen Marktzinssatz wird als gelöst unterstellt.

Erläuterung von Tabelle 12.4

In Tabelle 12.4 ist dargestellt, wie die Zahlungsströme einer Bank sind, die Kredite mit einer Laufzeit von einem Jahr gewährt und Einlagen über ein halbes Jahr hereingenommen hat. Nach sechs Monaten ist die ursprüngliche Einlagenhöhe von 909 DM auf 945 DM angewachsen. In dieser Höhe muß eine neue Einlage akquiriert werden. Daraus ergibt sich das Risiko, daß sich der Zins nach sechs Monaten geändert haben kann. Steigt der Zins um 2 Prozentpunkte, so verringert sich das Ergebnis der Geschäfte nach einem Jahr von 18 DM bei unverändertem Zins des vergebenen Kredits auf 9 DM. Sinkt der Zins um 2 Prozentpunkte, so erhöht sich das Ergebnis der Geschäfte nach einem Jahr von ursprünglich 18 DM auf 27 DM. Bei stärkeren Zinssteigerungen kann das Ergebnis der Geschäfte negativ werden. Dieses Risiko ist der Preis für die Gewinnchancen bei sinkendem Zins.

Das ist das aus der Literatur bekannte Fristentransformationsrisiko der Banken.[1] Durch dieses Fristentransformationsrisiko sinkt das

Wertentwicklung eines Kreditportefeuilles, das mit kürzerfristigen Einlagen finanziert ist...

... bei steigenden Zinsen und...

... bei fallenden Zinsen

Tabelle 12.4: Erwartete Zahlungsströme einer Kreditgewährung zu 10 % und einer Kundeneinlage zu 8 % in einem Fristverlängerungssystem

	heute t_0	nach 6 Monaten t_1		nach 1 Jahr t_2
Übersicht 1: Zinsen bleiben gleich				
– Kreditgewährung mit einer Laufzeit von 1 Jahr zu 10 %	– 909			+ 1.000
– Einlage mit einer Laufzeit von 6 Monaten zu 8 %	+ 909	– 945	+ 945	– 982
Ergebnis	0	0		+ 18
Übersicht 2: Zinsen steigen nach 6 Monaten um 2 Prozentpunkte				
– Kreditgewährung mit einer Laufzeit von 1 Jahr zu 10 %	– 909			+ 1.000
– Einlage mit einer Laufzeit von 6 Monaten zu ursprünglich 8 %, nach 6 Monaten 10 %	+ 909	– 945	+ 945	– 991
Ergebnis	0	0		+ 9
Übersicht 3: Zinsen fallen nach 6 Monaten um 2 Prozentpunkte				
– Kreditgewährung mit einer Laufzeit von 1 Jahr zu 10 %	– 909			+ 1.000
– Einlage mit einer Laufzeit von 6 Monaten zu ursprünglich 8 %, nach 6 Monaten 6 %	+ 909	– 945	+ 945	– 973
Ergebnis	0	0		+ 27

[1] STÜTZEL, Wolfgang: Bankpolitik heute und morgen. 2. Aufl., Frankfurt a. M. 1964, S. 23/4, und WELCKER (1981), S. 69.

Kurzfristig finanzierter Kredit ist äquivalent einem Terminkauf eines Rententitels

Eigenkapital der Banken schlagartig, wenn Zinssteigerungen auftreten.

Wir betrachten nun die Positionen der Bank ohne die erwartete Anschlußfinanzierung nach sechs Monaten. Dann ergibt sich heute eine Nettozahlung von null, nach sechs Monaten eine Auszahlung von 945 und nach einem Jahr eine Einzahlung von 1000 DM. Das ist derselbe Zahlungsstrom wie der eines Terminkaufs eines Geldmarktpapiers in t_0 mit einer Restlaufzeit von einem Jahr per sechs Monate, das mit 12% auf den Zeitpunkt nach einem halben Jahr abgezinst worden ist. Aus dem Vergleich Zeile 1 und 2 von Tabelle 12.5 geht hervor, daß die Zahlungsströme eines normalen, aus Krediten und Einlagen bestehenden Portefeuilles dieselben sind wie die eines Terminkaufs. Daraus ergibt sich, daß das Kreditportefeuille einer Bank durch den Terminverkauf einer Anleihe gehedgt werden kann. Hätte sich die Bank statt des Kredit-Einlagen-Portefeuilles eine Terminplusposition in t_0 per t_1 in einem in t_2 fälligen Papier zugelegt, so wäre sie in derselben Position. Hätte sie, statt sich ein Kredit-Einlagen-Portefeuille zuzulegen, einen Terminkauf getätigt, so könnte sie diese Position durch einen Terminverkauf hedgen (Tabelle 12.5, Zeile 3 und 4). Sie könnte das Papier, das sie aus dem Terminkauf bekommt, sofort in den Terminverkauf liefern. Die Zahlungsströme in t_2 wären dann null. In der Tabelle ist unterstellt, daß das Papier, das per Termin gekauft wurde, auch bis zur Endfälligkeit in t_2 gehalten wird, und daß das Papier, das per Termin verkauft wurde, von der Bank selbst begeben wurde, so daß eine Rückzahlungsverpflichtung in t_2 besteht.

Hedgen des Kreditportefeuilles durch einen Terminverkauf

In Tabelle 12.6 sind die Zahlungsströme desselben Kredit-Einlagen-Portefeuilles wie in Tabelle 12.4 sowie die eines Terminverkaufs in t_0 per t_1 einschließlich des Deckungskaufs in t_1 dargestellt.[1] Aus den Zinsveränderungen fallen die gleichen Mehr- oder Minderbelastungen an wie in Tabelle 12.4. Die Terminposition wird bei Fälligkeit in t_1 durch ein Gegengeschäft geschlossen. Dieses Gegengeschäft besteht im Kassakauf des aus dem Terminverkauf zu liefernden Papiers, das dann auch geliefert werden kann. Ist der Zins seit t_0 gleich geblieben, so müssen wir nach sechs Monaten in t_1 für den Kauf des Geldmarkt-

[1] In Anlehnung an BELONGIA, Michael T.; SANTONI, G.J.: Hedging Interest Rate Risk with Financial Futures: Some Basic Principles. In: Review of the Federal Reserve Bank of St. Louis, Vol. 66, No. 8 (Oct. 1984), S. 15–25, S. 21.

Tabelle 12.5: Zahlungsströme einer Kreditgewährung zu 10 % und einer Kundeneinlage zu 8 % ohne die erwartete Anschlußfinanzierung einerseits und eines Terminverkaufs eines Geldmarktpapiers mit 1 Jahr Laufzeit per 6 Monate andererseits (Differenz durch Runden)

Terminverkauf eines Geldmarktpapiers zur Absicherung eines kurzfristig finanzierten Kredits

	heute t_0	nach 6 Monaten t_1	nach 1 Jahr t_2
Übersicht 1: Zahlungsströme der Kreditgewährung und der Kundeneinlage ohne Akquirierung einer neuen Einlage			
(1) Kreditgewährung mit einer Laufzeit von 1 Jahr zu 10 %	– 909		+ 1.000
Einlage mit einer Laufzeit von 6 Monaten zu 8 %	+ 909	– 945	
=	0	– 945	+ 1.000
(2) Terminkauf eines Geldmarktpapiers mit einer Laufzeit von 1 Jahr per 6 Monate mit 12 % diskontiert	0	– 945	+ 1.000
+			
(3) Terminverkauf eines Geldmarktpapiers mit einer Laufzeit von 1 Jahr per 6 Monate mit 8 % diskontiert	0	+ 962	– 1.000
(4) Summe (2) + (3)	0	18	0

papiers, der den ursprünglichen Terminverkauf ausgleicht, denselben Betrag von 962 DM bezahlen, den wir zu Beginn der Periode als Erlös in t_1 vereinbart hatten. Steigt der Zins, so erhalten wir wieder die 962 DM aus dem Terminverkauf, müssen aber zum Ausgleich der Position für den Kauf nur 953 DM bezahlen. Wir behalten einen Überschuß von 9 DM, der sich mit dem Überschuß von gleichfalls 9 DM nach einem Jahr in t_2 zu denselben 18 DM addiert, die wir bei gleichbleibendem Zins erzielt hatten.

Diesem besseren Ergebnis im Falle von Zinssteigerungen gegenüber der Situation ohne Hedge-Geschäft steht ein schlechteres Ergebnis im Falle von Zinssenkungen gegenüber. Für den Terminverkauf haben wir 962 DM erzielt und müssen uns nach sechs Monaten zu 971 eindecken. Hieraus resultiert ein Verlust von 9 DM. Diesem Verlust von 9 DM steht aber ein Gewinn von 27 DM aus der günstigeren Refinanzierung der Kundeneinlage gegenüber, so daß der Gesamtgewinn wieder 18 DM ist.

Bestimmung der Fristigkeit eines Portefeuilles durch die Duration

Sowohl das Aktivportefeuille als auch das Einlagenportefeuille einer Bank enthalten eine Vielzahl von Krediten bzw. Einlagen mit unterschiedlichen Laufzeiten. Damit für die Hedge-Geschäfte die richtigen Fristen gefunden werden können, muß sowohl für das Kreditportefeuille als auch für das Einlagenportefeuille die „Duration" gefunden werden. Die „Duration" ergibt sich als gewogener Durchschnitt der Fristen der einzelnen Kredite oder Einlagen, wobei der Gewichtungsfaktor der Kapitalwert der aus den Krediten resultierenden Einzahlungen bzw. der aus den Einlagen resultierenden Auszahlungen ist. Wird ein Kreditpapier, dessen Laufzeit die „Duration" der Aktivseite ist, per Termin der „Duration" der Passivseite verkauft, so kann das Kreditportefeuille der Bank als gehedgt gelten.

Mit der Ermittlung der „Duration" eines Portefeuilles sind eine Reihe von Problemen verbunden, die nicht nur praktische Schwierigkeiten aufwerfen, sondern z. T. auch theoretisch ungelöst sind.[1] Für die Praxis aber bedeutet das nur, daß das Zinsänderungsrisiko sich nicht auf den Pfennig genau hedgen läßt. An dem Prinzip, daß der Terminverkauf eines Geldmarktpapiers mit der Laufzeit der „Duration" der Aktivseite per dem Termin der „Duration" der Passivseite den größten Teil des Zinsänderungsrisikos hedgt, ändert dies aber nichts.

---

[1] Vergleiche zum Begriff der „Duration" und ihren Problemen z. B. SCHMIDT, Hartmut: Wege zur Ermittlung und Beurteilung der Marktzinsänderungsrisiken von Banken. In: Kredit und Kapital, 14. Jg. (1981), S. 249–286 und WONDRAK, Bernhard: Zur Steuerung des Zinsänderungsrisikos in Kreditinstituten. In: Kredit und Kapital, 19. Jg. (1986), S. 401–415 sowie die dort angegebene Literatur.

Tabelle 12.6: Erwartete Zahlungsströme einer Kreditgewährung zu 10 % und einer Kundeneinlage zu 8 % in einem Fristverlängerungssystem und eines Terminverkaufs eines 1 Jahr laufenden Geldmarktpapiers per 6 Monate

	heute t_0	nach 6 Monaten t_1	nach 1 Jahr t_2
Übersicht 1: Zinsen bleiben gleich			
– Kreditgewährung mit einer Laufzeit von 1 Jahr zu 10 %	– 909		+ 1.000
– Einlage mit einer Laufzeit von 6 Monaten zu 8 %	+ 909	– 945 + 945	– 982
– Terminverkauf eines Geldmarktpapiers mit einer Laufzeit von 1 Jahr per 6 Monate mit 8 % diskontiert	0	+ 962 – 962	0
Ergebnis	0	0	+ 18
Übersicht 2: Zinsen steigen nach 6 Monaten um 2 Prozentpunkte			
– Kreditgewährung mit einer Laufzeit von 1 Jahr zu 10 %	– 909		+ 1.000
– Einlage mit einer Laufzeit von 6 Monaten zu ursprünglich 8 %, nach 6 Monaten 10 %	+ 909	– 945 + 945	– 991
– Terminverkauf eines Geldmarktpapiers mit einer Laufzeit von 1 Jahr per 6 Monate, heute mit 8 % diskontiert, nach 6 Monaten mit 10 %	0	+ 962 – 953	0
Ergebnis	0	+ 9	+ 9
Übersicht 3: Zinsen sinken nach 6 Monaten um 2 Prozentpunkte			
– Kreditgewährung mit einer Laufzeit von 1 Jahr zu 10 %	– 909		+ 1.000
– Einlage mit einer Laufzeit von 6 Monaten zu ursprünglich 8 %, nach 6 Monaten 6 %	+ 909	– 945 + 945	– 973
– Terminverkauf eines Geldmarktpapiers mit einer Laufzeit von 1 Jahr per 6 Monate, heute mit 8 % diskontiert, nach 6 Monaten mit 6 %	0	+ 962 – 971	0
Ergebnis	0	– 9	+ 27

Wertentwicklung eines Kreditportefeuilles, das mit kürzerfristigen Einlagen finanziert und durch einen Terminverkauf eines Geldmarktpapiers abgesichert ist...

... bei steigenden Zinsen und...

... bei fallenden Zinsen

5. Verbesserung der Rendite eines Aktienbestandes durch das Eingehen von Stillhalterpositionen bei einer Kaufoption (Covered Call Writing)

Die Strategie des Eingehens einer Stillhalterposition eines Call bei gleichzeitigem Aktienbesitz wurde einschließlich der Folgestrategien in Kapitel VII. bereits ausführlich erörtert. Sie diente dort als Beispiel für die auch bei anderen Optionsengagements, etwa dem Kauf von Kaufoptionen, mutatis mutandis zu verfolgenden Aktionen bei Kursänderungen.

Das folgende Beispiel soll dem Leser noch einmal kurz klarmachen, welche Konsequenzen eine durch Aktienbesitz gedeckte Stillhalterposition einer Kaufoption hat: sie ist gleich der Stillhalterposition einer Verkaufsoption (Vgl. Abbildung 7.1). Wer sich noch an die Ausführungen des Kapitel VII. erinnert, kann das Beispiel überspringen.

Beispiel zum covered call writing: . . .

Wurden z. B. am 14. 10. 1986 50 Stück Siemens-Aktien zum Kurs von 700 DM/Aktie ins Depot genommen, so kann man sich durch den Verkauf einer Kaufoption (z. B. Basis 750, Termin Januar 1987, Kurs 15,50 DM/Option) ein zusätzliches Einkommen verschaffen und ist gleichzeitig gegen Kursverluste der Siemens-Aktie in Höhe der Optionsprämie von 15,50 abgesichert.

Notiert die Siemens-Aktie am Verfalltag der Kaufoption bei 690 DM, so wird die Kaufoption nicht ausgeübt. Für die Depotrendite ergibt sich damit folgende Rechnung:

. . . leicht sinkende Kurse bringen immer noch eine kleine Rendite, . . .

Kauf 50 Stck. Siemens à 700 DM/Aktie	=	– 35.000 DM
Verkauf einer Kaufoption (50 × 15,50 DM)	=	775 DM
Wert der 50 Stck. Siemens bei einem Kurs von 690 DM/Aktie	=	34.500 DM
Ergebnis	=	275 DM
Depotrendite	=	0,8 %

Trotz eines Kursrückganges der Siemens-Aktie wird noch ein kleiner Gewinn aufgrund der vereinnahmten Optionsprämie erzielt.

Notiert Siemens am Ende der Laufzeit der Option bei 730 DM, so wird die Option ebenfalls nicht ausgeübt, da der Ausübungskurs 750

DM/Aktie ist. Das Depot weist in diesem Fall folgendes Ergebnis aus:

Kauf 50 Stck. Siemens à 700 DM/Aktie	=	− 35.000 DM
Verkauf einer Kaufoption (50 × 15,50 DM)	=	775 DM
Wert der 50 Stck. Siemens bei einem Kurs von 730 DM/Aktie	=	36.500 DM
Ergebnis	=	2.275 DM
Depotrendite	=	6,5 %

... leicht steigende Kurse verbessern die Rendite und...

Im Gegensatz zu 4,3 % Depotrendite bei Halten der Siemens-Aktie allein erzielt man als Stillhalter einer gedeckten Kaufoption eine Depotrendite von 6,5 %.

Erreicht der Kurs der Siemens-Aktie während der Laufzeit der Option z. B. 770 DM und übt der Käufer der Kaufoption diese aus, so müssen die 50 Stck. Siemens zum vereinbarten Ausübungskurs von 750 DM geliefert werden. Es ergibt sich für das Depot folgende Rechnung:

Kauf 50 Stck. Siemens à 700 DM/Aktie	=	− 35.000 DM
Verkauf einer Kaufoption (50 × 15,50 DM)	=	775 DM
Lieferung der 50 Stck. Siemens zum Ausübungskurs von 750 DM/Aktie	=	37.500 DM
Ergebnis	=	3.275 DM
Depotrendite	=	9,4 %

... stärker steigende Kurse führen zur Ausübung und Verschlechterung der Rendite gegenüber bloßem Aktienbesitz

Ohne das Stillhaltergeschäft hätte man die Aktien zwar zu 770 DM pro Stück verkaufen und dadurch eine Rendite von 10 % erzielen können, wäre aber im Fall von Kurssenkungen nach unten nicht durch die vereinnahmte Optionsprämie abgesichert gewesen.

Sukzessiver Verkauf von Kaufoptionen

Immer dann, wenn die Kaufoption nicht ausgeübt wird, erzielt man als gedeckter Stillhalter eine höhere Depotrendite als durch bloßes Halten der Aktien. Zusätzlich besteht dann die Möglichkeit, erneut eine Kaufoption auf die im Depot befindlichen Aktien zu schreiben und somit sukzessive ein Mehreinkommen in Höhe der Optionsprämien zu erwirtschaften bzw. den Aktienkurs nach unten abzusichern. Im Beispiel beträgt der Wert der Drei-Monats-Kaufoption ca. 2 % des Aktienkurses, wodurch der Optionsverkäufer gegen Verluste der

Wahrscheinlichkeitsverteilung eines Aktienbesitzers mit und ohne die Stillhalterposition einer Kaufoption

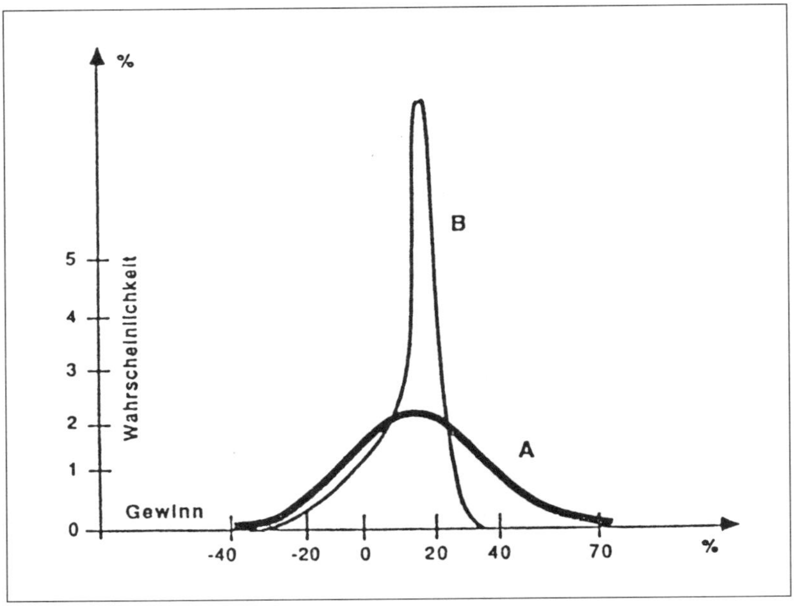

Abb. 12.4: Position eines Versicherers: durch Aktienbesitz gedeckte Stillhalterposition einer Kaufoption (Kurve B)

Aktie bis zu 8 % p. a. abgesichert ist. Dafür verzichtet er auf Kurssteigerungen über 750 DM/Aktie. Seine Position ist damit sicherer als die Position desjenigen, der nur die Aktie hält. Die Strategie des Verkaufs gedeckter Kaufoptionen kommt vor allem für Investmentfonds in Betracht, die in der Bundesrepublik Deutschland ohnehin zum Halten von Aktienbeständen gezwungen sind.

Covered call writing macht den Aktienbesitzer zum Versicherer

Diese Strategie des gedeckten Schreibens von Kaufoptionen (= Schreiben einer Verkaufsoption) bringt den Aktienbesitzer in die Position eines Versicherers. An dieser Stelle wird besonders deutlich, daß Optionen Instrumente zur Transformation von Risiken sind: Mithilfe von zwei Positionen, einer spekulativen Aktienposition und einer Position, welche die möglichen Kursgewinne verkauft, wird die Position eines Versicherers aufgebaut, die anderen gegen Zahlung einer Versicherungsprämie Sicherheit bietet. In Abbildung 12.4 ist die Wahrscheinlichkeitsverteilung eines Aktienportefeuilles (Linie A) der Wahrscheinlichkeitsverteilung desselben Aktienportefeuilles in Verbindung mit der Stillhalterposition einer Kaufoption dargestellt.

Diese Risikoposition ist das Gegenstück zu der im folgenden Kapitel XII.C.6. erörterten Portefeuille-Versicherung.

Die Abbildungen 12.4 und 12.5 zeigen, daß Ausdrücke wie „koservativ“ oder „risikofreudig“ den komplexen Transformationen der Wahrscheinlichkeitsverteilung nicht gerecht werden: Beide Strategien bieten mehr Sicherheit als ein ungesichertes Portefeuille, allerdings in ganz unterschiedlicher Weise:

Vergleich von gedeckten Stillhalterpositionen von Kaufoptionen und...

- Beim gedeckten Schreiben von Kaufoptionen, bei der Position des *Versicherers*, werden alle Verluste des bloßen Aktienbesitzes um einen kleinen Betrag reduziert, wobei auf hohe Gewinne verzichtet wird und die Wahrscheinlichkeit einer leicht über dem Durchschnitt liegenden Verzinsung stark erhöht wird (Kurve B in Abbildung 12.4);
- bei der Portefeuille-*Versicherung* werden hohe Verluste völlig ausgeschlossen, wofür alle Gewinne um einen kleinen Betrag reduziert werden und die Wahrscheinlichkeit kleiner Verluste stark erhöht wird (Abbildung 12.5).

... Portefeuille-Versicherung

Beide Strategien kommen für die Portefeuille-Verwaltung in Betracht, und beide Strategien sind daher für Investmentfonds interessant. Die mit der Portefeuille-Versicherung verbundenen Probleme werden im folgenden Abschnitt ausführlich erörtert.

6. Portefeuille-Versicherung (Portfolio Insurance)

Als Portfolio Insurance bezeichnet man den Abschluß von Geschäften, welche die Risikostruktur eines Portfolios so verändern, daß zu einem im voraus bestimmten Termin

Begriff der Portfolio Insurance

- die positiven Erträge durchgehend um einen kleinen Betrag gemindert werden (was als Zahlung einer Versicherungsprämie interpretiert werden kann) und
- ein Absinken des Werts des Portfolios unter ein bestimmtes Niveau (floor) verhindert wird.

Betrachten wir hierzu ein einfaches Beispiel. Ein Portfolio, bestehend aus Aktien im heutigen Wert von 105 DM, wird durch den Kauf einer Verkaufsoption mit Ausübungskurs $K = 100$ und einer Laufzeit von einem Jahr „versichert“. Der Preis der Verkaufsoption, der 5 DM betrage, stellt in diesem Fall die Versicherungsprämie für die Aktien

Beispiel für eine Portefeuille-Versicherung

im Wert von 105 DM auf einen Versicherungsbetrag (floor) von 100 dar. Der Wert des Portfolios beträgt nach genau einem Jahr mindestens 100 DM, da Verluste im Aktienkurs durch den gekauften Put gerade ausgeglichen werden (siehe Tabelle 12.7). Steigen die Aktien über 100, so verfällt der Put wertlos.

Tabelle 12.7: Wert am Ende des Jahres und Renditeentwicklung eines mit einem Put im Wert von 5 DM versicherten und eines unversicherten Portfolios

Aktienkurs S_T [DM]	Unversichertes Portfolio		Versichertes Portfolio		Versichertes Portfolio in % des unversicherten Portfolios
	Wert [DM]	Rendite % p.a.	Wert [DM]	Rendite % p.a.	
50	52,5	−50	100	−4,8	190
60	63	−40	100	−4,8	159
70	73,5	−30	100	−4,8	136
80	84	−20	100	−4,8	119
90	94,5	−10	100	−4,8	106
100	105	0	100	−4,8	95
110	115,5	+10	110	+4,8	95
120	126	+20	120	+14,3	95
130	136,5	+30	130	+23,8	95
140	147	+40	140	+33,3	95

Abbildung 12.5 zeigt schematisch die zu den Portfoliorenditen gehörenden Wahrscheinlichkeitsdichten. Durch die gezahlte Versicherungsprämie werden alle Gewinnwahrscheinlichkeiten mäßig reduziert, und die Wahrscheinlichkeit kleiner Verluste wird stark erhöht, wofür die Wahrscheinlichkeit größerer Verluste auf null sinkt.

Risikotransformation als abstraktes Ziel der Umstrukturierung von Portefeuilles

Die bei der Portfolio Insurance vorliegende Art von Risikotransformation, die Versicherung, ist das Gegenstück zu der im letzten Kapitel betrachteten Strategie des gedeckten Schreibens von Kaufoptionen (Abbildung 12.4), durch die der Stillhalter die Position eines Versicherers einnimmt.

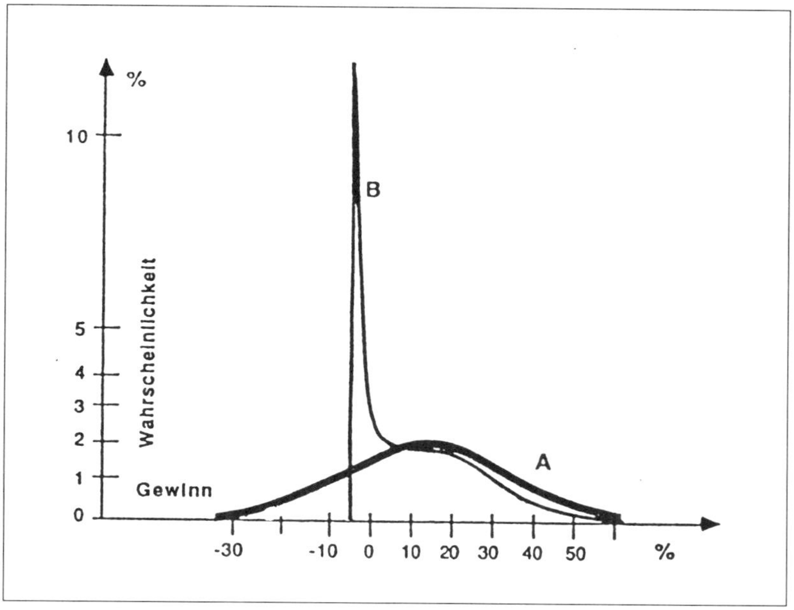

Abb. 12.5: Die Wahrscheinlichkeiten der Renditen eines mittels Put versicherten (B) und eines unversicherten Portfolios (A)

Position einer Portefeuille-Versicherung: Kauf von Verkaufsoptionen gegen ein Portefeuille

Unterscheidung zwischen statischen und dynamischen Strategien im Bereich der Portfolio Insurance

Die Vielzahl möglicher Strategien im Bereich der Portfolio Insurance läßt sich nach der Häufigkeit der zur Versicherung notwendigen Anpassungsmaßnahmen in zwei Gruppen unterteilen:
- Statische Strategien, bei denen nach Bildung des Ausgangsportfolios höchstens eine weitere Umschichtung erfolgt, und
- dynamische Strategien, bei denen im Idealfall kontinuierliche Anpassungen nach einer im voraus festgelegten Regel erfolgen.

Die Portefeuille-Versicherung als statische Strategie mittels...

Wird diese Unterteilung auf das in Tabelle 12.7 beschriebene Beispiel der Portefeuille-Versicherung mittels Put angewendet, so ergeben sich die statischen Strategien S_1 und S_2 sowie die dynamischen Strategien S_3 und S_4.

... Aktien und Puts sowie mittels...

(S_1) Der Anleger kauft **Aktien und** gleichzeitig eine entsprechende Anzahl **Verkaufsoptionen**.

... Anleihen und Calls...

(S_2) Der Anleger kauft risikolose **Anleihen** im Nominalwert des gewünschten floor und für den Rest des Geldes **Kaufoptionen** auf die im unversicherten Portfolio enthaltenen Objekte in entsprechender Anzahl.

... und als dynamische Strategie mittels Delta-Hedgen

(S_3) und (S_4) Die gleiche Strategie wie (S_1) bzw. (S_2), wobei die notwendigen Puts bzw. Calls mittels eines Delta-Hedge-Prozesses (wie in IX.C. beschrieben) erzeugt werden.

Alle vier Strategien (S_1) bis (S_4) sind äquivalent (d.h. erzeugen die gleichen Renditen), da nach der Put-Call-Parität (siehe Kapitel VIII.C.) die Strategien (S_1) und (S_2) äquivalent sind.

Alle verfolgten Strategien beruhen auf einer Abwandlung dieser vier Grundstrategien. Es zeigt sich, daß Portfolio Insurance nichts anderes ist als die konsequente Anwendung der Regeln zur Kombination von Börsentermingeschäften aus Kapitel VI. (vgl. Abbildung 6.5) bzw. der Put-Call-Parität und (bei den dynamischen Varianten) des in Kapitel IX.C. beschriebenen Delta-Hedgen.

Praktische Durchführung der Portfolio-Versicherung

Vor der Inangriffnahme einer Portefeuille-Versicherung müssen folgende Fragen geklärt werden:

1. Welche Finanzinstrumente stehen zur Verfügung (hierzu gehören vor allem die Informationen über Zinssätze, Volatilitäten, Korrelation zum Index u.ä.)?
2. Welche Vorstellungen hat der Anleger bezüglich
   - des Aufbaus des Portfolios (gewünschte Finanztitel);
   - des zur Verfügung stehenden Kapitals;
   - des gewünschten zeitlichen Absicherungshorizonts;
   - des gewünschten minimalen Portfoliowerts (floor) bzw. der gewünschten Minimalrendite[1] (bzw. des in Kauf genommenen Maximalverlusts) nach Ablauf der Versicherungszeit?

Portefeuille-Versicherung anhand eines Beispiels mit und ohne Dividenden

Stellvertretend für den Bereich der Portfolio Insurance wollen wir die Strategien (S_1) und (S_2) und deren Äquivalenz anhand eines Beispiels erläutern. Dabei gehen wir davon aus, daß das Objekt, in das investiert werden soll (o.B.d.A. eine Aktie), vom Anleger vorher bestimmt worden ist. Je nach Ertrag (hierin sind auch negative Erträge wie Lagerhaltungskosten eingeschlossen) unterscheiden wir drei Fälle:

---

[1] Bei gegebenem floor F und verfügbarem Kapital V berechnet sich die Minimalrendite r zu $r = (F - V)/V$.

Fall i) keine Erträge
Fall ii) eine stetige Ertragsrendite d
Fall iii) im voraus bekannte Erträge mit dem Barwert D_0

Die Daten des Beispiels:

Ausgangsdaten des Beispiels

Verfügbares Kapital V = ... 100.000 DM
Gewünschter Floor F = ... 95.000 DM
Anlagehorizont T = ... 2 Jahre
Aktueller Aktienkurs S_0 = ... 100 DM
Jahreszinssatz, stetig i_d (i_d^* = 10,52% p.a.) = ... 10% p.a.
Jahresvolatilität der Aktie = ... 30%
Aktienertrag (Dividenden) während der Laufzeit
i) keine Dividenden 0
ii) eine stetige Dividendenrendite d = ... 2% p.a.
iii) Dividenden im Barwert D_0 = ... 5 DM

Fall i)

Berechnung der für den Aufbau des Portfolios notwendigen Größen aus den Ausgangsdaten ohne Dividenden theoretisch und...

Die Anzahl n der Aktien und Puts sowie der Ausübungskurs K der Verkaufsoption sind so zu bestimmen, daß der gewünschte floor nach zwei Jahren garantiert ist. Diese Größen ergeben sich aus der Bedingung, daß zum Investitionszeitpunkt der Wert des Portfolios genau V ist

(XII.1) $n \cdot S_0 + n \cdot p(S_0,T,K) = V$

und daß zum Zeitpunkt T bei einem Aktienkurs von $S_T = K$ (zu dem der Put gerade den Wert 0 annimmt) der Wert des Portfolios genau den floor F ergibt

(XII.2) $n \cdot K = F.$

Gleichung (XII.2) liefert $n = F/K$, was eingesetzt in Gleichung (XII.1) nach Multiplikation mit K/F und Umstellung zur Gleichung

(XII.3) $f(K) = S_0 + p(S_0,T,K) - (V/F) \cdot K = 0$

für den Ausübungskurs K führt. K ist also die Nullstelle der Gleichung (XII.3). Wir wollen K nur ungefähr bestimmen (in Computerprogrammen greift man am besten auf das Newton-Verfahren zurück). Einsetzen liefert

$f(K) = 100 + p(S_0,T,K) - (20/19) \cdot K.$

Sowohl $p(S_0,T,K)$ als auch K sind unbekannt.

... praktisch

$p(S_0,T,K)$ wird als theoretischer Wert für die verschiedenen K-Werte bestimmt. Probieren zeigt $f(100) = 2{,}58$ und $f(110) = -4{,}32$. Interpolation liefert K = 103,7 (das Newton-Verfahren liefert 103,6). Es ergibt sich $n = F/K = 95.000/103{,}7 = 916{,}1$. Während das unversicherte Portfolio aus 1000 Aktien besteht, enthält das versicherte Portfolio 916,1 Aktien und 916,1 Puts im Wert von 9,1 DM/Put mit dem Ausübungskurs K = 103,7, um den floor von 95.000 DM zu erreichen.

Bei der Strategie (S_2) wird man daher $95.000 \cdot e^{-id \cdot T} = 77.779{,}42$ DM festverzinslich anlegen. Für die restlichen 22.220,58 DM kann man gerade 916,1 Calls im Wert von 24,25 DM/Call mit Ausübungskurs K = 103,7 und einer Laufzeit von zwei Jahren kaufen. Warum dies so ist, ergibt sich aus der Put-Call-Parität (VIII.C.). Multipliziert man diese mit n und stellt sie etwas um, erhält man

$$n \cdot S + n \cdot p = n \cdot c + n \cdot K \cdot e^{-id \cdot T}.$$

$n \cdot K$ ergibt gerade den floor F.

Die Werte- und Renditeentwicklung kann man in Tabelle 12.8 ablesen. Da die Strategie (S_2) immer die gleichen Werte wie die Strategie (S_1) liefert, sind in den Tabellen 12.8 – 12.10 nur die Werte des unversicherten und des Put-versicherten Portfolios angegeben.

Berechnung der für den Aufbau des Portfolios notwendigen Parameter für den Fall, daß eine stetige Dividendenrendite vorliegt...

Fall ii)
Die Aktie liefert eine stetige Dividendenrendite d = 2% p. a., die wir automatisch wieder in die Aktie investieren, so daß aus n Aktien nach T Jahren $n \cdot e^{d \cdot T}$ Aktien geworden sind und wir daher zu Beginn entsprechend viele Puts zur Absicherung kaufen müssen. Dieselben Überlegungen wie vorher führen zu den Gleichungen

$$\text{(XII.4)} \quad n \cdot S_0 + n \cdot e^{d \cdot T} \cdot p(S_0,T,K) = V$$

und

$$\text{(XII.5)} \quad n \cdot e^{d \cdot T} \cdot K = F.$$

Die entsprechende Nullstellengleichung für K lautet dann:

Tabelle 12.8: Wert- und Renditeentwicklung eines versicherten und unversicherten Portfolios bei einem floor von 95.000 DM bei dividendenlosen Aktien

Aktienkurs S_T [DM]	Unversichertes Portfolio		Versichertes Portfolio		Versichertes Portfolio in % des unversicherten Portfolios
	Wert [DM]	Rendite % p.a.	Wert [DM]	Rendite % p.a.	
70	70.000	−30	95.000	−5	136
80	80.000	−20	95.000	−5	119
90	90.000	−10	95.000	−5	106
100	100.000	0	95.000	−5	95
103,7	103.700	+ 3,7	95.000	−5	92
110	110.000	+10	100.771	+0,7	92
120	120.000	+20	109.932	+9,9	92
130	130.000	+30	119.093	+19,1	92
140	140.000	+40	128.254	+28,3	92

Wert- und Renditevergleich eines versicherten Portfolios ohne Dividende

(XII.6) $f(K) = e^{-d \cdot T} \cdot S_0 + p(S_0,T,K) - (V/F) \cdot K = 0.$

... theoretisch und...

Einsetzen liefert

$$f(K) = 96{,}079 + p(S_0,T,K) - (20/19) \cdot K = 0.$$

Probieren zeigt, daß $f(90) = 7{,}05$ und $f(100) = -0{,}31$ gilt, und Interpolation führt zu $K = 99{,}58$. Um den floor von 95.000 DM sicher zu erreichen, sind also $n = F/K \cdot e^{-d \cdot T} = 916{,}6$ Aktien und $n \cdot e^{d \cdot T} = 954$ Puts im Wert von 8,73 DM/Put mit Ausübungskurs $K = 99{,}58$ zu kaufen.

... praktisch

Für die entsprechende Strategie mit Calls und Anleihen werden wie vorher $95.000 \cdot e^{-id \cdot T} = 77.779{,}42$ DM festverzinslich angelegt und außerdem 954 Calls im Wert von 23,28 DM/Call mit Ausübungskurs $K = 99{,}58$ gekauft. Daß beide Strategien äquivalent sind, ergibt sich aus der Put-Call-Parität mit stetigen Bestandshaltekosten $i_c = i_d - d$, die (siehe VIII.C.)

$$c - p = S \cdot e^{-d \cdot T} - K \cdot e^{-id \cdot T}$$

lautet und entsprechend umgeformt

$$n \cdot S + n \cdot e^{d \cdot T} \cdot p = n \cdot K \cdot e^{d \cdot T} \cdot e^{-id \cdot T} + n \cdot e^{d \cdot T} \cdot c.$$

Die Wirkung der Versicherung läßt sich in Tabelle 12.9 ablesen.

Tabelle 12.9: Wert- und Renditeentwicklung eines versicherten und unversicherten Portfolios bei einem floor von 95.000 DM und einer stetigen Dividendenrendite von 2 % p.a.

Wert- und Renditevergleich eines versicherten und unversicherten Portfolios bei stetiger Dividendenrendite

Aktienkurs S_T [DM]	Unversichertes Portfolio		Versichertes Portfolio		Versichertes Portfolio in % des unversicherten Portfolios
	Wert [DM]	Rendite % p.a.	Wert [DM]	Rendite % p.a.	
70	72.857	−27	95.000	−5	130
80	83.265	−17	95.000	−5	114
90	93.673	−6	95.000	−5	101
100	104.081	+4	95.400	−5	92
110	114.489	+15	104.940	+5	92
120	124.897	+25	114.480	+14	92
130	135.305	+35	124.020	+24	92
140	145.714	+46	133.560	+34	92

Berechnung der Portfolio-Parameter bei Vorliegen diskreter Dividenden …

Fall iii)
Während der Laufzeit falle ein Ertrag in Form diskreter Dividenden an, deren Barwert $D_0 = 5$ DM betrage. Diesmal legen wir die Dividenden festverzinslich an und erhalten zum Zeitpunkt T die Dividende $D_T = D_0 \cdot e^{i_d \cdot T} = 6{,}107$ DM.

… theoretisch und …

Der Kauf von n Aktien und Puts führt dann zu den Gleichungen

(XII.7) $\quad n \cdot S_0 + n \cdot p(S_0 - D_0, T, K) = V$

und (da am Ende der Laufzeit die angefallenen Dividenden berücksichtigt werden können)

(XII.8) $\quad n \cdot K + n \cdot D_T = F.$

Dies führt für K zur Nullstellengleichung

(XII.9) $\quad f(K) = S_0 + p(S_0 - D_0, T, K) - (V/F) \cdot (K + D_T) = 0.$

Einsetzen ergibt

$$f(K) = 100 + p(95, T, K) - (20/19) \cdot (K + 6{,}107) = 0.$$

… praktisch

Analog zu vorher bestimmt man $K = 96{,}42$ und $n = F/(K + D_T) = 926{,}55$. Der Wert des Put ist 7,92 DM/Put. Dieser Wert wird berechnet mit einem Aktienkurs von 95 ohne Dividenden, weil der Barwert der Dividenden in dem niedrigeren Aktienkurs (100 − D_0) bereits berücksichtigt ist. Der Wert des versicherten Portfolios für S_T = 70 berechnet sich wie folgt: die ursprünglich in Aktien angelegten 92.655 DM sind auf 92.655 · 0,7 = 64.859 DM gesunken. Zuzüglich des aufgezinsten Barwerts der Dividenden von

$$5 \text{ DM} \cdot e^{0,1 \cdot 2} \cdot 926{,}55 = 5.658 \text{ DM}$$

ergibt sich ein Wert der Aktien von 70.517 DM. Die 926.55 Puts bringen 26,42 DM/Put, insgesamt 24.479. Zusammen bringen Aktien und Puts 94.996 DM.

Für die Strategie mit Calls und Anleihen kaufen wir 926,55 Calls mit einem Wert von 23,99 DM/Call und einem Ausübungskurs K = 96,42, insgesamt im Wert von 22.228, und legen

$$95.000 \cdot e^{-i_d \cdot T} = 77.779 \text{ DM}$$

festverzinslich an, so daß der Floor von 95.000 DM gewährleistet ist. Auch dies ist eine äquivalente Strategie, wie man an der Put-Call-Parität

$$\text{(VIII.C.)}\ c - p = S - K \cdot e^{-i_d \cdot T} - D_0$$

für diskrete Dividenden ablesen kann.

Die Wirkung der Versicherung beschreibt Tabelle 12.10.

Tabelle 12.10: Wert- und Renditeentwicklung eines versicherten und unversicherten Portfolios bei einem floor von 95.000 DM und einer diskreten Dividende im Barwert von D_0 = 5 DM

Wert- und Renditevergleich eines versicherten und unversicherten Portfolios bei diskreten Dividenden

Aktienkurs S_T [DM]	Unversichertes Portfolio		Versichertes Portfolio		Versichertes Portfolio in % des unversicherten Portfolios
	Wert [DM]	Rendite % p.a.	Wert [DM]	Rendite % p.a.	
70	76.107	−24	94.996	−5	125
80	86.107	−14	94.996	−5	110
90	96.107	−4	94.996	−5	99
96,42	102.527	+3	94.996	−5	93
100	106.107	+6	98.313	−2	93
110	116.107	+16	107.579	+8	93
120	126.107	+26	116.844	+17	93
130	136.107	+36	126.110	+26	93
140	146.107	+46	135.375	+35	93

Praktische Schwierigkeiten bei der Portfolio Insurance

Neben der prinzipiellen Vorgehensweise zeigt das Beispiel die praktischen Schwierigkeiten, die bei der Portfolio Insurance auftreten:

- Die Anzahl der benötigten Aktien und Optionen läßt sich nur bei großen Portefeuilles ohne großen prozentualen Fehler realisieren.
- Es ist im allgemeinen nicht zu erwarten, daß der erforderliche Put bzw. Call zur Verfügung steht, weil
  a) bei Laufzeiten von mehr als einem Jahr kaum Optionen zur Verfügung stehen,
  b) i. a. Puts bzw. Calls mit dem berechneten Ausübungskurs nicht zur Verfügung stehen,
  c) die meisten gehandelten Optionen vom amerikanischen Typ und damit teurer als die entsprechenden europäischen Optionen sind.[1)]

Portfolio Insurance mittels Delta-Hedgen

Gerade die letzte Schwierigkeit, daß die gewünschten Optionen nicht gehandelt werden, legt es nahe, sie mit Hilfe des in IX.C. beschriebenen Delta-Hedge-Prozesses zu erzeugen. Wie bei allen dynamischen Strategien rückt dann jedoch das Problem der Transaktionskosten stärker in den Vordergrund.

Portfolio Insurance mittels Indexoptionen...

... muß die Korrelation zwischen Index und Portfolio berücksichtigen

Ein weiteres Problem besteht darin, daß vor allem größere Portefeuilles verschiedene Aktien enthalten. Hier liegt es nahe (schon aus Kostengründen) zur Absicherung auf Indexoptionen (etwa auf den DAX) zurückzugreifen. In diesem Fall muß die Korrelation des Portefeuilles mit dem Index – ausgedrückt durch den BETA-Faktor – berücksichtigt werden. Diese Größe gibt das Verhältnis von Kursschwankungen einer Aktie oder eines Portefeuilles zu den Schwankungen des Index an. Es stellt mathematisch die Steigung der Regressionsgerade der Erträge pro Periode mit den zugehörigen Erträgen des Index dar. Ein BETA > 1 (bzw. < 1) bedeutet, daß das Portfolio stärker (bzw. schwächer) schwankt als der Index. Bei der Portefeuille-Versicherung ist es daher notwendig, das BETA-fache an Indexoptionen zu kaufen.

---

1) Hier ist zu bemerken, daß die amerikanische Option die Absicherung nach unten während der ganzen Zeit garantiert. Bei der Verwendung europäischer Optionen kann der Wert des Portfolios zwischenzeitlich unterhalb des floor liegen. Die durchaus wünschenswerte, bessere Absicherungsleistung amerikanischer Optionen muß jedoch durch eine höhere Versicherungsprämie ($P > p$, $C > c$) erkauft werden.

XIII. Computergestützte Anwendung der Optionspreistheorie

Berechnung von Optionswerten ohne Computerunterstützung ist unpraktikabel

Da die Berechnung eines Optionswerts nach Kapitel X. für europäische Optionen auch bei einiger Übung etwa fünf Minuten in Anspruch nimmt, bei amerikanischen Optionen sogar länger, ist eine Bewertung von mehr als hundert Optionsscheinen ohne EDV-Unterstützung unpraktikabel.

Im folgenden werden zwei Programme vorgestellt, die sich ausschließlich mit der Optionsanalyse befassen und zur Zeit unseres Wissens als einzige Programme in Deutschland Werte für amerikanische Optionen nach McMillan/Stoll/Whaley berechnen können. Beide Programme laufen unter MS-DOS bzw. DR-DOS und sind menügesteuert. Wer die Programme entgeltlich erwerben will, kann sich an den Verfasser wenden. Für diejenigen, die selbst ein entsprechendes Programm schreiben wollen, werden der Aufbau und Erfahrungen bei der Entwicklung der Programme dargestellt.

A. Programm zum Vergleich von Optionen in Listen

Aufbau der Optionsscheinliste:

Theoretischer Wert, . . .

. . . Hebel, . . .

Das Programm SCHEINE wurde zur Bewertung von Optionsscheinen nach den Modellen von Black/Scholes und McMillan/Stoll/Whaley entwickelt. Es bearbeitet Optionsscheine auf deutsche und japanische Aktien, auf Indizes und auf US-$ und stellt diese in Listen zusammen. Einen Ausschnitt aus einer solchen Liste zeigt die Tabelle 13.1. Die Liste enthält die theoretischen Optionswerte nach Black/Scholes bzw. McMillan/Stoll/Whaley (Spalte 8) und stellt sie den aktuellen Kursen gegenüber. Die Differenz beider Werte in Prozent des theoretischen Werts (Spalte 9) ist das zentrale Beurteilungskriterium für die Feststellung der Preiswürdigkeit eines Optionsscheins. Der Hebel (Spalte 10) kann nur für den theoretischen Wert ermittelt werden, da die Änderung des tatsächlichen Kurses des Optionsscheins bei Änderungen des Kurses des optierbaren Objekts insbesondere bei Fehlbewertungen des Optionsscheins nicht prognosti-

Kritischer Aktienkurs

ziert werden kann. S-Stern gibt an, ab welchem Kurs des optierbaren Objekts die Option ausgeübt werden sollte.

Tabelle 13.1: Auszug aus einer Bewertungsliste für Optionsscheine

Lfd. Nr.	Bezeichnung	Verfalls- datum	Aus- übungs- kurs/ Aktie	Bezugs- ver- hältnis	Aktien- kurs	Options- schein- kurs	M/S/W- WERT am./eur.	Diff. (%)	dC/C / dS/S	Aufgeld (%)	S- Stern	Vol.
								[9] = ([7] / [8] − 1) * 100		[11] = ([7] / [5] + [4] − [6]) / [6]		
[1]	[2]	[3]	[4]	[5]	[6]	[7]	[8]		[10]		[12]	[13]
1	AGAB 87	31.01.94	164.00	1.00	300.00	134.00	152	−12	1.9	−1	811	0.21
2	AGAB 87 (DG-BK)	31.05.93	155.00	1.00	300.00	148.00	156	−5	1.8	1	737	0.21
3	AGAB 91	11.03.96	295.00	1.00	310.00	78.00	95	−18	2.5	20	1535	0.21
4	AGIMA 91	30.11.95	725.00	1.00	729.00	115.00	215	−47	3.2	15	0	0.10
5	ALLIANZ 89	29.03.96	1527.00	1.00	2090.00	985.00	1036	−5	1.8	20	0	0.24
6	ANZAG 86	31.08.96	163.00	1.00	454.00	279.00	322	−13	1.3	−3	1545	0.29
7	ASKO 86	04.02.93	1106.00	1.00	798.00	141.90	30	374	6.6	56	5759	0.24
8	AVA 88	05.02.99	240.00	3.12	604.00	1130.00	1136	−0	1.7	−0	490	0.20
9	BASF 85	30.11.94	145.00	1.00	246.70	110.00	106	4	2.1	3	321	0.23
10	BASF 86	09.04.01	308.00	1.00	246.70	59.50	57	5	2.2	49	796	0.23
11	BAYER 84	28.02.94	140.00	1.00	279.30	144.00	142	2	1.9	2	357	0.23
12	BAYER 85	01.03.95	168.00	1.00	279.30	123.50	122	1	2.0	4	450	0.23
13	BAYER 87	28.08.97	330.00	1.00	279.30	57.00	60	−4	2.6	39	961	0.23
14	BAYER 90/2 (TB)	27.10.93	185.00	1.00	279.30	101.00	104	−3	2.4	2	464	0.23
15	BAYER 91 (TB)	31.05.94	205.00	1.00	279.30	89.00	93	−4	2.5	5	530	0.23

Muster der Bewertungsliste – Auszug –

Die Stammdaten der Optionsscheine (Ausübungskurs, Laufzeit, Volatilität des optierbaren Objekts und das Bezugsverhältnis) werden zweckmäßigerweise gespeichert. Die Zinssätze werden in gesonderten Dateien gespeichert, Dividendenrenditen von Aktien bei den Stammdaten. Die Dateien mit den Optionsscheinen müssen um weitere Optionsscheine ergänzt werden können, abgelaufene Optionsscheine bleiben solange in der Datei enthalten, bis der Anwender sie löscht.

Datenverwaltung

Eingabe aktueller Daten

Die Kursaktualisierung per Hand erfordert nur einen geringen Zeitaufwand, da das Programm zur Bewertung die gespeicherten Optionsscheine automatisch aufruft und lediglich den Aktien- und den Optionsscheinkurs erfragt. Für professionelle Nutzer steht die Möglichkeit der Kursaktualisierung über die DATASTREAM-Datenbank zur Verfügung, während der private Anleger, der über einen BTX-Anschluß verfügt, die Aktualisierung über die Anbieter BDW bzw. Reuters vornehmen kann. Die Kosten hierbei betragen zur Zeit pro Aktualisierung 3,00 DM für die Nutzung der BTX-Datenbank. Hier kann die Aktualisierung sogar während der Börsenzeit mit variablen Kursen durchgeführt werden.

Parametervariation

Zur genaueren Analyse der Optionsscheine kann jeder Parameter, der in die Bewertung einfließt, einzeln variiert werden, während die anderen Parameter konstant gehalten werden. Dies ist zum Beispiel sinnvoll, wenn man, wie in Tabelle 13.2, die Auswirkung einer veränderten Volatilität auf den Wert des Optionsscheins analysieren will.

Tabelle 13.2: Variation eines Parameters (als Beispiel: Volatilität) eines Optionsscheins

Muster zur Parametervariation eines Optionsscheins

BHF-BK 85 31.07.1995
VOLATILITÄT wurde von 0,21 bis 0,30 variiert

Aktienkurs : 370.00
Ausübungskurs : 323.00
Restlaufzeit : 3.9222 Jahre
Inl. Zins : 9.3846 %
Dividende/Jahr : 12.00

VOLATILITÄT	Europ. Wert	Delta	Amerik. Wert	Delta
0.2100	111	0.759	112	0.770
0.2200	112	0.753	114	0.764
0.2300	114	0.747	115	0.760
0.2400	115	0.742	117	0.756
0.2500	117	0.738	119	0.752
0.2600	118	0.734	120	0.748
0.2700	120	0.730	122	0.746
0.2800	122	0.727	124	0.743
0.2900	123	0.724	126	0.741
0.3000	125	0.722	128	0.739

B. Optionsprogramm zur Parametervariation

Variation mehrerer Parameter

Das Programm erlaubt wie bei der Analyse der Optionsscheine die Variation aller in die Bewertung einfließender Parameter mit bis zu zehn Variationen, wobei die Schrittweite beliebig gewählt werden kann. Zur numerischen Analyse ist auch die Variation von zwei beliebigen Parametern gleichzeitig möglich. So können zum Beispiel bei DTB-Optionen durch die Variation des Ausübungskurses und des

Verfalltermins sämtliche Optionen, die zur Zeit auf eine Aktie gehandelt werden, bewertet und mit Deltas dargestellt werden (Tabelle 13.3). Allerdings muß zur Bewertung von DTB-Optionen für die Zeiten, in denen Dividenden anfallen, das Binomialmodell verwendet werden. Dieses Modell erfordert höhere Rechenzeiten als die Approximation nach McMillan.

Tabelle 13.3: Variation zweier Parameter einer Kaufoption

Muster zur Variation von zwei Parametern

Aktienkurs	:	300.00
Inl. Zins	:	9.0000 %
Dividende/Jahr	:	10.00
Volatilität	:	0.2200
Bezugsverh.	:	1.0000
Basisdatum	:	29.8.1991

Amerikanische Kaufoptionen								
Aus-übungs-zeit	Restlaufzeit							
	20.9.1991		18.10.1991		15.11.1991		20.12.1991	
	Wert	Delta	Wert	Delta	Wert	Delta	Wert	Delta
260.00	40.74	0.9954	41.98	0.9665	43.38	0.9362	45.30	0.9050
280.00	21.45	0.9150	24.11	0.8328	26.49	0.7953	29.29	0.7687
300.00	6.81	0.5329	10.75	0.5493	13.69	0.5605	16.90	0.5718
320.00	1.01	0.1291	3.53	0.2519	5.86	0.3147	8.64	0.3660
340.00	0.06	0.0116	0.84	0.0786	2.07	0.1400	3.91	0.2016

Für wissenschaftliche Untersuchungen kann bei der Berechnung der McMillan/Stoll/Whaley-Werte die Iterationszahl für die Ermittlung des kritischen Aktienkurses beliebig gewählt und damit die Genauigkeit der Bewertung erhöht werden.

XIV. Wie man die Datenbank von DATASTREAM beim Optionshandel und bei der Optionsbewertung verwenden kann

A. Überblick über die Möglichkeiten der Datenbank von DATASTREAM

Informationsgewinnung durch Datenbanknutzung

Sowohl zur Informationsgewinnung als auch zur Informationsverarbeitung ist der Investor heute nicht mehr darauf angewiesen, Informationen aus den meist recht unübersichtlichen Zeitungsveröffentlichungen zu entnehmen und diese dann mit mühseligen Rechenoperationen zu verarbeiten. Hier können Datenbanken eine erhebliche Hilfe bieten. Allerdings sind die Kosten dieser Datenbanken beträchtlich, so daß ihre Verwendung in erster Linie für institutionelle Anleger in Betracht kommt. Der private Anleger ist zur Informationsgewinnung weiterhin auf die Zeitungen angewiesen, kann sich aber zur Informationsverarbeitung eines Computers bedienen.

Die DATASTREAM-Datenbank umfaßt ...

Wer als institutioneller Anleger die Datenbank von DATASTREAM[1] nutzen kann, hat gleichzeitig eine Vielzahl von weiteren Möglichkeiten. Insbesondere läßt sie sich zur technischen Analyse verwenden, da in ihr Marktdaten aus der ganzen Welt für Aktien, Renten, Devisen und Waren gespeichert sind. Diese Daten können in Graphiken umgesetzt werden und lassen sich sowohl als Barcharts (High-Low-Close-Graphiken) wie auch als Point & Figure-Charts zur technischen Analyse verwenden.

... Kurse von Anleihen, ...

... Bilanzen von Aktiengesellschaften, ...

... ökonomische Zeitreihen, ...

Die Datenbasis umfaßt
- Staats- und Industrieanleihen,
- Bilanzen von Aktiengesellschaften,
- allgemeine ökonomische Zeitreihen der Deutschen Bundesbank, des Internationalen Währungsfonds, der OECD sowie statistische Daten der einzelnen Industriestaaten,

[1] DATASTREAM International GmbH, Bockenheimer Landstr. 42, 6000 Frankfurt/M.

... aktuelle Kassa- und Terminkurse ...

... und Analysemöglichkeiten für Optionen

- Aktienindizes, Zinssätze, Wechselkurse und Warenpreise,
- Renten- und Devisenterminkontrakte (Financial Futures) sowie last but not least
- Optionen auf Aktien, Anleihen, Devisen und Aktienindizes an der European Options Exchange (EOE), der London Options Exchange, der London International Financial Futures Exchange (LIFFE), der Swiss Options and Financial Futures Exchange (SOFFEX) sowie der Deutschen Terminbörse (DTB).

Auf dem Aktiensektor speichert die Datenbank Kurse von mehr als 6000 Gesellschaften aus aller Welt, die als Chart-Graphiken z. T. bis 1969 zurückreichend dargestellt werden können. Weiter sind Kurse von mehr als 20000 Obligationen gespeichert sowie eine vergleichbare Zahl von Bilanzen von Gesellschaften aus aller Welt.

Die allgemeinen Wirtschaftsdaten umfassen ca. 10000 Zeitreihen aus 26 Ländern. Weiter kann DATASTREAM Auskunft über 130 Zeitreihen von Waren und Financial Futures sowie 800 Wechselkursen, Zinssätzen, Aktien- und Rentenindizes geben. Die Datenbank wird ständig weiter ausgebaut, insbesondere ist die Aufnahme weiterer Optionsmärkte zu erwarten.

B. Welche Daten über den Optionshandel liefert DATASTREAM?

Mit Hilfe des Programms HELP TOCD? kann man sich alle verfügbaren Optionen und deren Codes auflisten lassen.

Tabelle 14.1: An der DTB gehandelte Optionen und deren Codes

			0601130205
Deutsche-Termin-Börse			
Equity options			
Allianz	ALV	Hoechst	HFA
BASF	BAS	Mannesmann	MMW
Bayer	BAY	RWE	RWE
BMW	BMW	Siemens	SIE
Commerzbank	CBK	Thyssen	THY
Daimler-Benz	DAI	Veba	VEB
Deutsche Bank	DBK	Volkswagen	VW
Dresdner Bank	DRB		
Index options			
DAX	DAX		

DTB-Optionen

In den Programmen 201 A und 201 B werden die Marktdaten geliefert.

Abfrage aktueller Kurse und Umsatzzahlen ...

Wenn man das Programm 201 A anwählt, wird zunächst nach dem Code – dem Mnemonic – für die gewünschte Option gefragt. Dies ist für Siemens-Optionen „SIE". Dann erscheinen die Preise für Kauf- und Verkaufsoptionen (Tabellen 14.2 und 14.3). In Spalte 1 erscheinen die unterschiedlichen Ausübungskurse. Die Spalten 4 und 5 bringen die Marktdaten für Nachfrage (bid) und Angebot (offer). In Spalte 2 wird unter „close" der Mittelwert von Angebot und Nachfrage der letzten Vortagsnotierung ausgeworfen, und in Spalte 3 stehen die letzten Notierungen, bei denen noch ein Handel stattgefunden hat.

Das größte Umsatzvolumen des Tages (cumulative volume today) in Spalte 6 hatte die September-Kaufoption mit dem Ausübungskurs 700. Alle diese Daten ändern sich minütlich, genauso wie der im Kopf stehende Siemens-Aktienkurs von 708,00. In den Spalten 7 und 8 sind die Sicherheitsleistungen („margin"-requirements) für den Käufer (buyer) bzw. den Stillhalter (writer) der Option angegeben.

... für Calls ...

Unter den Optionspreisen steht die Zahl der Aktien eines Abschlusses (trading unit), der Schlußkurs des optierbaren Objekts vom Vortag und die höchste und niedrigste Notierung von heute sowie die geschätzten Dividendenzahlungen der nächsten beiden Jahre. Darunter stehen die vier letzten Notierungen mit Uhrzeit.

Tabelle 14.2: Real-time-Information von DATASTREAM über jüngste Kurse und Umsätze von Kaufoptionen (Beispiel: Siemens)

201 A　　　　07/08/90　Time: 11.18
D.T.B.　　　　SIEMENS
Calls　　　　LATEST PRICE: DM 708,00

Option	Close	Last	Market Quote Bid	Market Quote Offer	Cumulative Volume Today	Margin Buyer	Margin Writer
Aug 650	36.00	60.00	58.10	64.10	121		
Aug 700	7.00	19.00	19.00	19.00	398		
Aug 750	0.90	2.40	3.00	3.50	110		
Aug 800	0.60	0.50	0.10	0.40	109		
Aug 850	0.10		47.00	52.00	0		
Sep 650	45.00	67.00	67.00	73.00	176		
Sep 700	18.00	35.00	33.00	37.00	541		
Sep 750	5.50	13.00	11.50	13.50	262		
Sep 800	1.50	1.50	2.30	3.30	85		
Sep 850	1.00	1.00	1.50	2.60	2		
Oct 650		68.50	60.00	63.50	12		
Oct 700	26.00	38.00	34.00	38.00	107		
Oct 750	12.00	17.50	17.50	18.50	86		
Oct 800	3.70	5.50	6.50	14.00	21		
Oct 850	1.90	1.00	0.50	1.50	10		
Dec 650	71.50	92.00	85.00	93.00	65		
Dec 700	42.00	50.00	147.00	152.00	175		
Dec 750	23.00	30.00	28.00	40.00	89		
Dec 800	11.50	16.50	13.60	17.60	58		
Dec 850	6.00	7.70	5.00	5.00	32		

Trading Unit: 50　　　Underlying Share Price: Close 698.00
Dividends: 12.50 XD 22/3/91　　　Today High 710.00
12.50 XD 10/2/92　　　Low 680.00
Sequence: 707.00 11:11　708.00 11:14　709.00 11:15　710.00 11:16

Programm 201B liefert ähnliche Daten (Tabellen 14.4 und 14.5). Die Marktpreise (market quotes, bid-offer) differieren von denen in Programm 201A, obwohl es sich um denselben Tag handelt, weil die Uhrzeit, für die das Programm 201A ausgedruckt ist, 11.18 Uhr ist, die Uhrzeit von Programm B hingegen 11.20 Uhr. In Spalte 4 ist das Aufgeld in Prozent ausgedruckt.

... und für Puts

Tabelle 14.3: Real-time-Information von DATASTREAM über jüngste Kurse und Umsätze von Verkaufsoptionen (Beispiel: Siemens)

201 A D.T.B. Puts			SIEMENS LATEST PRICE: DM 708,00			07/08/90 Time: 11.18	
Option	Close	Last	Market Quote Bid	Offer	Cumulative Volume Today	Margin Buyer	Writer
Aug 650	5.00	1.40	1.20	3.20	61		
Aug 700	22.50	5.00	4.50	6.50	279		
Aug 750	66.50	46.00	39.50	41.00	112		
Aug 800	119.00	90.00	80.00	90.00	23		
Aug 850	169.50	160.00	133.00	145.00	30		
Sep 650	10.00	5.00	3.00	5.00	137		
Sep 700	33.00	15.50	15.50	16.00	340		
Sep 750	69.90	52.00	9.50	47.00	44		
Sep 800	119.00	110.00	47.00	100.00	10		
Sep 850	165.00		130.00	145.00	0		
Oct 650			14.00	14.00	0		
Oct 700	32.00	21.00	15.00	30.00	27		
Oct 750	68.00	50.00	50.00	55.00	31		
Oct 800	119.00	101.00	115.00	125.00	7		
Oct 850	170.00		140.00	152.00	0		
Dec 650	17.30	15.00	12.00	13.00	15		
Dec 700	39.00	27.00	26.00	29.00	138		
Dec 750	72.00	52.00	54.00	60.00	2		
Dec 800	116.00	97.50	30.00	120.00	20		
Dec 850	170.00		140.00	152.00	0		

Trading Unit: 50
Dividends: 12.50 XD 22/3/91
12.50 XD 10/2/92
Sequence: 707.00 11:11 708.00 11:14 709.00 11:15 710.00 11:16

Underlying Share Price: Close 698.00
Today High 710.00
Low 680.00

Aufgeld bedeutet hier

– für Kaufoptionen $[(C + K - S)/S] \cdot 100$ und
– für Verkaufsoptionen $[(P + S - K)/S] \cdot 100$,

wobei C = letzter Mittelpreis der Kaufoption,

Berechnung des Aufgeldes

P = letzter Mittelpreis der Verkaufsoption,
K = Ausübungskurs und
S = letzter Mittelpreis des optierbaren Objekts

ist.

Für die Kaufoption gibt das Aufgeld in dieser Definition mithin an, um wieviel Prozent es teurer wäre, das optierbare Objekt durch den Kauf der Kaufoption und Zahlung des Ausübungspreises zu erwerben, verglichen mit der Situation, in der man das optierbare Objekt direkt erwerben würde (Definition d. Aufgeldes auf S. 30). Für die Verkaufsoption gibt das Aufgeld an, wieviel Prozent des Preises des

Tabelle 14.4: Real-time-Information von DATASTREAM über jüngste Kurse und kumulierte Umsätze sowie Entscheidungshilfen für Käufer von Kaufoptionen (Beispiel: Siemens)

201 B — 07/08/90 Time: 11.20
D.T.B. — Siemens
Calls — Latest price: DM 710,00

Option	Market Bid	Quotes Offer	Premium %	Trading Week	Volume Month	Open Interest	Incr/Decr o.I. Week	Incr/Decr o.I. Recent Day
Aug 650	60.00	66.00	0.42	1158	2334	376	36	– 15
Aug 700	18.00	18.00	1.13	2223	4144	1303	228	62
Aug 750	3.00	3.50	6.09	2222	8491	2400	–114	29
Aug 800	0.10	0.40	12.71	892	6476	3767	231	60
Aug 850	47.00	52.00	26.69	50	110	90	30	20
Sep 650	67.00	73.00	1.41	744	3114	1139	– 79	– 59
Sep 700	34.00	38.00	3.66	1095	2417	1317	113	184
Sep 750	11.50	13.50	7.39	2080	4651	1904	114	0
Sep 800	2.30	3.30	13.07	2000	6689	5121	688	– 18
Sep 850	1.50	2.60	20.01	424	3231	3710	83	16
Oct 650	60.00	63.50	0.25	0	0			
Oct 700	37.00	41.00	4.08	379	444	250	103	11
Oct 750	17.50	18.50	8.17	559	1004	405	134	26
Oct 800	6.50	14.00	14.12	261	776	531	144	32
Oct 850	0.50	1.50	19.86	60	316	284	56	11
Dec 650	85.00	93.00	4.08	481	981	684	175	101
Dec 700	147.00	152.00	19.65	187	364	215	26	22
Dec 750	28.00	40.00	10.42	769	1450	940	–101	– 7
Dec 800	13.60	17.60	14.87	641	2681	2071	– 14	– 27
Dec 850	5.00	5.00	20.42	348	706	518	152	3

Trading Unit: 50 — Underlying Share Price: Close 698.00
Dividends: 12.50 XD 22/3/91 — High 710.00
12.50 XD 10/2/92 — Low 680.00
Sequence: 708.00 11:14 — 709.00 11:15 — 710.00 11:16 — 708.00 11:18

Objekts man verlieren würde, wenn man eine Kaufoption kaufte, sich mit dem Objekt am Markt eindeckte und es zum Ausübungskurs lieferte, verglichen mit der Situation, in der man das Objekt direkt verkaufte. In beiden Fällen ist die Definition des Aufgeldes nur sinnvoll, wenn die Option im Geld ist. Ist die Option aus dem Geld, so wird man die oben beschriebenen Operationen nicht durchführen, d.h. man wird die Option nicht ausüben.

Kumuliertes Volumen und open interest ...

... für Calls ...

In den Spalten 5 und 6 ist das kumulierte Handelsvolumen der Woche bzw. des Monats aufgeführt. Hier sieht man, welche Ausübungspreise rege gehandelt werden.

... und für Puts

Tabelle 14.5: Real-time-Information von DATASTREAM über jüngste Kurse und kumulierte Umsätze sowie Entscheidungshilfen für Käufer von Verkaufsoptionen (Beispiel: Siemens)

201 B
D.T.B.
Puts

Siemens
Latest price: DM 710,00

07/08/90 Time: 11.20

Option	Market Bid	Quotes Offer	Premium %	Trading Week	Volume Month	Open Interest	Incr/Decr o.I. Week	Incr/Decr o.I. Recent Day
Aug 650	1.20	3.20	8.76	217	218	251	10	10
Aug 700	5.00	6.00	2.18	1848	2368	1205	380	238
Aug 750	39.50	41.00	0.04	2607	5984	1178	–213	– 58
Aug 800	88.00	98.00	0.42	1433	2731	371	30	– 48
Aug 850	133.00	145.00	– 0.14	325	445	67	– 3	– 10
Sep 650	3.00	5.00	9.01	543	734	605	46	14
Sep 700	15.50	16.00	3.63	1444	1995	1572	301	5
Sep 750	40.00	46.00	0.42	911	2287	1065	188	– 4
Sep 800	47.00	100.00	– 2.32	258	1253	388	– 1	– 4
Sep 850	130.00	145.00	– 0.35	344	1400	408	– 58	– 10
Oct 650	14.00	14.00	10.42	0	0			
Oct 700	15.00	30.00	4.58	384	678	488	235	92
Oct 750	50.00	55.00	1.76	258	600	310	68	0
Oct 800	115.00	125.00	4.23	59	134	62	0	10
Oct 850	140.00	152.00	0.85	56	150	33	– 1	4
Dec 650	12.00	13.00	10.21	217	374	344	0	0
Dec 700	26.00	29.00	5.28	457	1076	847	165	80
Dec 750	54.00	60.00	2.39	364	1364	546	45	1
Dec 800	30.00	120.00	– 2.11	158	798	281	5	– 4
Dec 850	140.00	152.00	0.85	634	760	149	67	– 10

Trading Unit: 50
Dividends: 12.50 XD 22/3/91
12.50 XD 10/2/92

Underlying Share Price: Close 698.00
High 710.00
Low 680.00

Sequence: 708.00 11:14 709.00 11:15 710.00 11:16 708.00 11:18

Interpretation von Handelsvolumen und Open Interest

In Spalte 7 ist die Zahl der ausstehenden Kontrakte (open interest) aufgeführt. Die Zahl der ausstehenden Kontrakte kann kleiner oder größer sein als das Handelsvolumen. Wenn die Zahl der ausstehenden Kontrakte größer ist als das Handelsvolumen, so rühren diese ausstehenden Kontrakte aus früheren Handelsperioden her. Daß die Zahl der ausstehenden Kontrakte auch kleiner sein kann, resultiert daraus, daß die Marktteilnehmer ihre offenen Positionen ständig durch neue Abschlüsse schließen. Wird die offene Position eines Marktteilnehmers durch ein Geschäft geschlossen, so erhöht sich das Handelsvolumen der Periode, die Zahl der ausstehenden Kontrakte aber nimmt ab.

In den Spalten 8 und 9 schließlich ist die Veränderung der Zahl der ausstehenden Kontrakte in den entsprechenden Perioden angegeben.

C. Wie hilft DATASTREAM bei der Anlageentscheidung?

1. Entscheidungshilfen für den Stillhalter

Entscheidungshilfen für den Stillhalter sind ...

Entscheidungshilfen für den Stillhalter bietet das Programm 201G. Es wird in Tabelle 14.6 dargestellt.

Entscheidungshilfen für den Stillhalter sind:

... der Break-Even-Price, ...

(1) Der Break-Even-Price: Das ist die Differenz zwischen Aktienkurs und Preis der Kaufoption unter Berücksichtigung von 1% Spesen. Diese Differenz gibt an, bei Unterschreiten welchen Kurses der Stillhalter einer Option, der den Optionspreis vereinnahmt hat, im Vergleich zu der Situation, in der er die Aktie sofort verkauft hätte, einen Verlust macht.

... die Opportunity-Costs, ...

(2) Die Opportunity-Costs: Das ist die Summe aus (abgezinstem) Optionspreis + Ausübungskurs. Diese Summe gibt den Kurs an, bei dessen Überschreiten der Stillhalter einer Option gegenüber der Situation etwas verliert, in der er nur die Aktie gehalten hätte.

Tabelle 14.6: Entscheidungshilfen für den gedeckten Stillhalter von Kaufoptionen (Beispiel: Siemens)

201 G D.T.B. Calls		Siemens Latest price: DM 710,00				07/08/90	Time: 11.30
Option	Option Bid Price	Break-even Price	Opport. Cost	Downside Prot.	Max. Return	Total Return	Annualised Return
Aug 650	58.10	652.48	707.52	8.1	– 0.4	–0.3	– 11.6
Aug 700	17.50	692.67	717.32	2.4	1.1	1.0	34.2
Aug 750	3.00	707.03	752.97	0.4	6.1	0.4	13.9
Aug 800	0.10	709.90	800.10	0.0	12.7	0.0	0.5
Aug 850	47.00	663.47	896.53	6.6	28.1	6.6	217.5
Sep 650	66.00	644.66	715.34	9.2	0.8	0.8	6.0
Sep 700	35.50	674.85	735.14	4.9	3.7	3.5	28.1
Sep 750	12.50	697.63	762.38	1.7	7.5	1.7	13.8
Sep 800	2.50	707.52	802.47	0.3	13.1	0.3	2.8
Sep 850	1.50	708.51	851.48	0.2	20.0	0.2	1.7
Oct 650	70.00	640.70	719.30	9.8	1.5	1.3	6.5
Oct 700	42.00	668.42	741.58	5.9	4.7	4.4	21.9
Oct 750	24.00	686.24	773.76	3.3	9.3	3.3	16.5
Oct 800	0.50	709.50	800.49	0.1	12.8	0.1	0.3
Oct 850	0.50	709.50	850.49	0.1	19.8	0.1	0.3
Dec 650	85.00	625.85	734.15	11.9	3.9	3.4	9.1
Dec 700	52.00	658.52	751.48	7.3	6.3	5.8	15.6
Dec 750	28.00	682.28	777.72	3.9	9.9	3.9	10.4
Dec 800	13.60	696.54	813.46	1.9	14.9	1.9	5.1
Dec 850	5.00	705.05	854.95	0.7	20.6	0.7	1.9
Trading Unit:	50.00						
Dividends:	12.50 XD 22/3/91						
	12.50 XD 10/2/92						

(3) Downside-protection: Das ist 1 minus das Verhältnis des break-even-price (Aktienkurs – Preis der Kaufoption) zum Aktienkurs in Prozent. Diese Zahl gibt an, um welchen Prozentsatz der Aktienkurs sinken darf, ohne daß der gedeckte Stillhalter einen Verlust macht, verglichen mit der Situation, in der er die Aktie sofort verkauft hätte.

... die Down-side-Protection, ...

(4) Maximum-Return-Potential: (Ausübungskurs – Aktienkurs + Nettoerlös aus dem Verkauf der Kaufoption + Nettodividende) in Prozent der Nettoinvestition (Aktienkurs – Optionspreis). Die Größe gibt den maximalen prozentualen Gewinn an, den der gedeckte Stillhalter einer Kaufoption erzielen kann, wenn der Aktienkurs am Ende der Optionsfrist gerade gleich oder größer dem Ausübungskurs ist.

... das Maximum-Return-Potential, ...

... der Total Return und ...

(5) Total Return: Optionspreis + Dividende vermindert um den inneren Wert der Option unter der Annahme, daß der Aktienkurs auf seinem gegenwärtigen Niveau verbleibt in Prozent des gegenwärtigen Aktienkurses. Das ist der Prozentsatz, den der gedeckte Stillhalter einer Option gewinnt, verglichen mit der Situation, in der er die Aktie sofort verkauft hätte.

... der Annualised Return

(6) Annualised Return: Das ist der total return auf einer jährlichen Basis. Das heißt: Annualised Return ist gleich Total Return mal 365/ Zahl der Tage der Laufzeit der Option.

2. Gewinn- und Verlustgraphiken für Käufer und Verkäufer von Kauf- und Verkaufsoptionen

Gewinn- und Verlustgraphiken können dargestellt werden, ...

Die am Anfang des Buches (Kapitel V.) dargestellten Gewinn- und Verlustgraphiken für Optionsgeschäfte lassen sich mit Hilfe von DATASTREAM darstellen. Ein ganz wesentlicher Vorteil des Systems ist, daß bid- and offer-prices für Optionen in diesen Graphiken berücksichtigt werden: Der bid-price wird für den Stillhalter angesetzt, der offer-price für den Käufer der Option. Die einzelnen Optionsgeschäfte können kombiniert werden, und die jeweilige Nettoposition kann graphisch dargestellt werden. Dies sei am Beispiel einer Abwandlung der Stellage dargestellt (Abbildungen 14.1 und 14.2):

Während eine normale Stellage sich aus einer Kauf- und Verkaufsoption mit gleichem Ausübungskurs ergibt, ergeben Kauf- und Verkaufsoptionen mit verschiedenen Ausübungskursen sogenannte Bottom-Vertical-Combinations (Strangles) für Stellagekäufer und Top-Vertical-Combinations für Stellageverkäufer. Dargestellt wird eine Top-Vertical-Combination, die Position des Stillhalters einer Stellage mit verschiedenen Ausübungskursen für Siemens Call Oktober 700 und den Put Oktober 750. Die Höhe des flachen Gipfels ist die Differenz aus

... z. B. die Kombination einer gekauften Kaufoption und einer gekauften Verkaufsoption

- dem Preis der Kaufoption plus dem Preis der Verkaufsoption und
- dem Ausübungskurs der Verkaufsoption minus dem Ausübungskurs der Kaufoption.

Im Beispiel ist der Preis der Kaufoption plus dem Preis der Verkaufsoption

28,50 + 61,00 = 89,50

und die Differenz zwischen Ausübungspreis der Verkaufsoption und dem Ausübungskurs der Kaufoption
750 − 700 = 50,
was als Differenz
39,50
ergibt.

... zu einer Stellage mit flachem Gipfel (strangle)

Der Abstand der Schnittpunkte der Gewinn- und Verlustkurven der top vertical combination mit der Abszisse von den jeweiligen Basiskursen 700 bzw. 750 ist gleich der Höhe des flachen Gipfels, d.h. er liegt bei
700 − 39,50 = 660,50
750 + 39,50 = 789,50.

Wie die Abbildung 14.2 zeigt, ist die resultierende Kombination dieselbe, wenn nicht, wie in Abbildung 14.1, die Kaufoption, sondern, wie in Abbildung 14.2, die Verkaufsoption die niedrigere Basis hat. Die Differenz in der Höhe des flachen Gipfels – einmal 39,50 und einmal 43,10 – eröffnet keine Arbitragemöglichkeiten: Wollte man die 43,10-flacher-Gipfel-Stellage verkaufen und die 39,50-flacher-Gipfel-Stellage (strangle) kaufen, so bekäme man für den Kauf die Kurse 66,00 für die Verkaufsoption und 31,00 für die Kaufoption in Rechnung gestellt, was in der Summe (abzüglich der Differenz der Ausübungskurse) teurer wäre, nämlich 47,00. Das Bild wäre beim Kauf der Stellage um die Abszisse gespiegelt mit einem flachen Boden von −47,00.

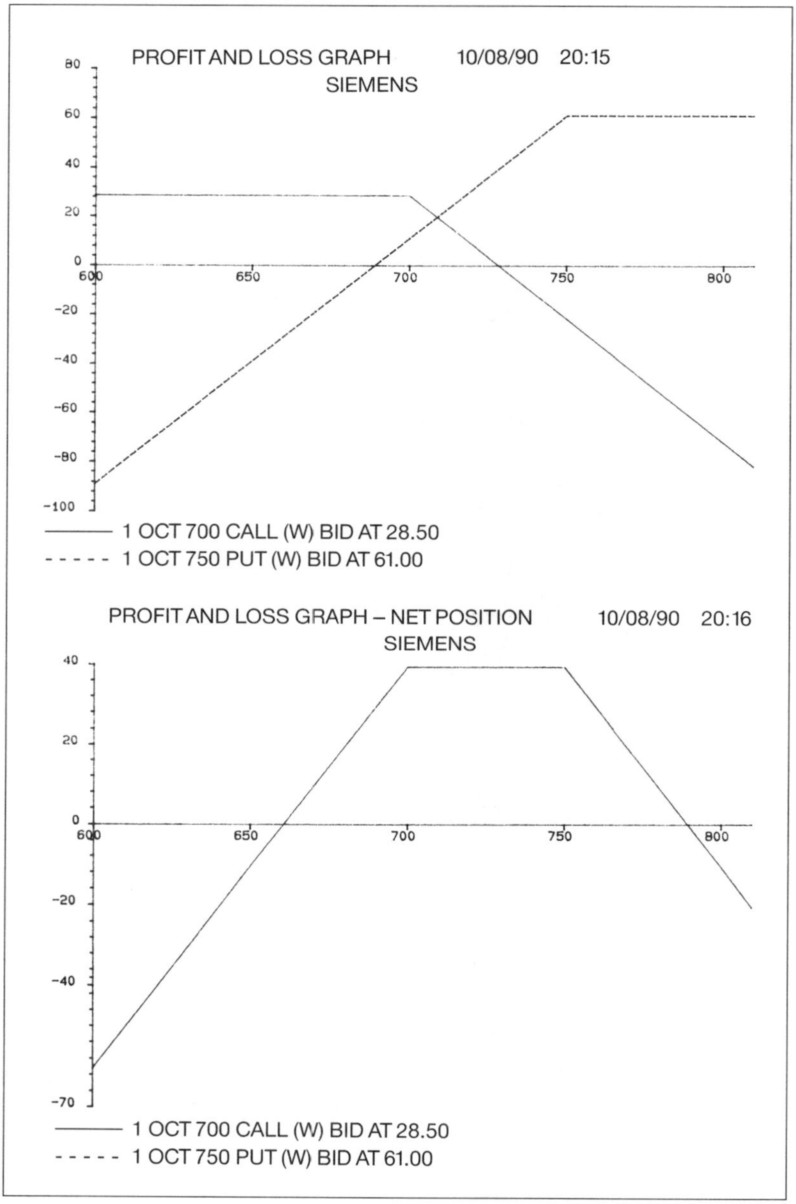

Abb. 14.1: Verkauf einer Kaufoption (Basis 700) und einer Verkaufsoption (Basis 750) und resultierende Stellage mit flachem Gipfel – Strangle – (Beispiel: Siemens)

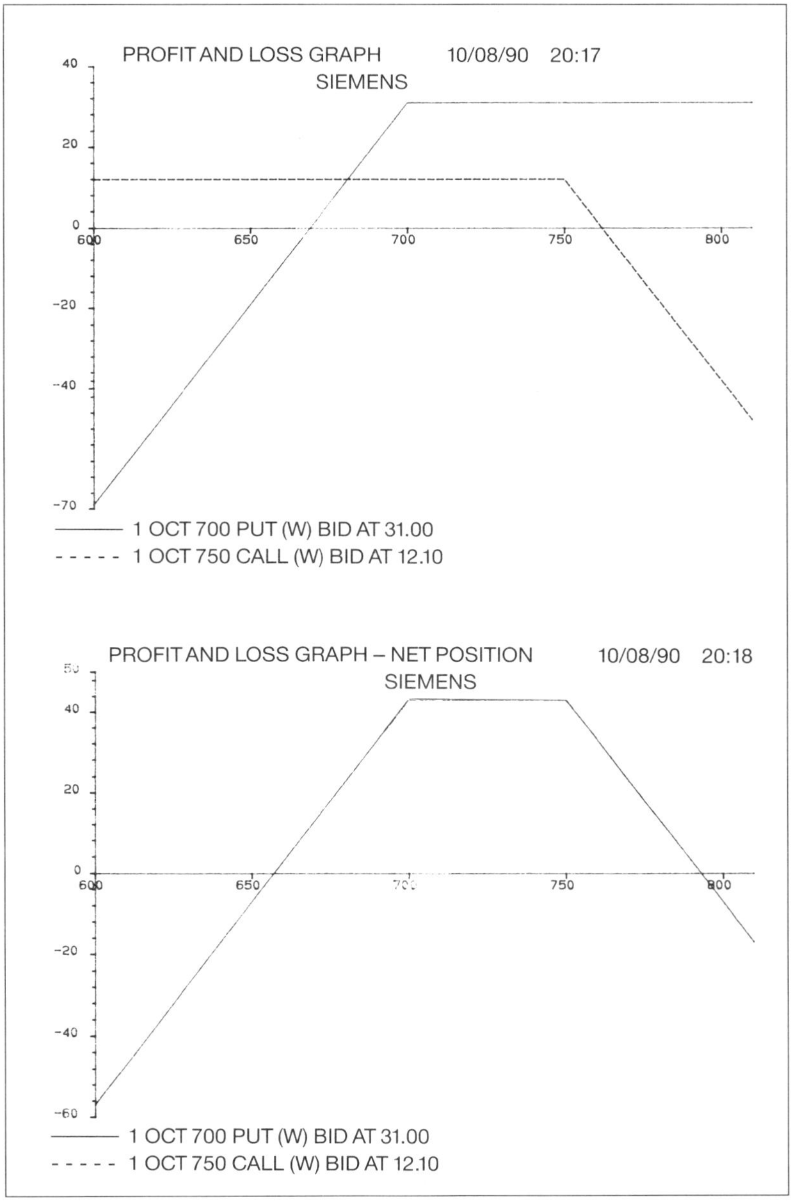

Abb. 14.2: Verkauf einer Kaufoption (Basis 750) und einer Verkaufsoption (Basis 700) und resultierende Stellage mit flachem Gipfel – Strangle – (Beispiel: Siemens)

3. Die theoretischen Optionswerte nach Black/Scholes

Ermittlung der Black/Scholes-Werte

In den Programmen 201 C, 201 D und 201 E werden die theoretischen Black/Scholes-Werte der Optionen präsentiert.

Tabelle 14.7: Marktpreise und theoretische Modellwerte, Hebelwirkung und Hedgerate für Kaufoptionen von Siemens

Enter model parameters if other than default values.

Spot or Stock Price	__ 707.00	
Volatility	________	(Blank for default series volatility)
Annual Interest Rate %	__ 8.33	
Dividend Forecast	__ 12.50	XD 22/_3/91
	__ 12.50	XD 10/_2/92
Date for Calculation	07/08/90	

201 C 07/08/90 Time: 11.33
D.T.B. Siemens
Calls LATEST PRICE: DM 707.00

Option	Market Price	Model Price	% Cheap (–) or Dear (+)	Gearing Ratio	Hedge Ratio
AUG 650	58.95	58.85	+0.1	11.8	0.973
AUG 700	15.75	16.80	–6.2	28.0	0.634
AUG 750	2.25	1.32	+70.5	29.9	0.129
AUG 800	0.25				
AUG 850	49.50				
SEP 650	70.00	66.76	+4.8	9.0	0.842
SEP 700	36.00	29.87	+20.5	12.1	0.599
SEP 750	12.00	9.36	+28.1	16.6	0.309
SEP 800	2.35	1.99	+17.9	24.4	0.092
SEP 850	2.05	0.29			0.063
OCT 650	71.75	73.48	–2.3	8.4	0.882
OCT 700	40.00	38.35	+4.3	11.0	0.620
OCT 750	24.50	16.26	+50.6	10.3	0.399
OCT 800	4.25	5.67	–25.0	26.1	0.132
OCT 850	1.00	1.60	–37.3	38.1	0.039
DEC 650	89.00	88.84	+0.1	6.4	0.805
DEC 700	54.50	56.24	–3.0	8.3	0.642
DEC 750	34.00	32.59	+4.3	9.4	0.457
DEC 800	15.60	17.18	–9.1	13.1	0.277
DEC 850	5.00	8.50	–41.1	23.3	0.123

Trading Unit:	50	Volatility Forecast
Dividends:	12.50 XD 22/_3/91	AUG 0.245 DEC 0.238
	12.50 XD 10/_2/92	SEP 0.222
		OCT 0.224

Absender:

Name / Vorname

Firma

Position

Straße / Postfach

PLZ / Ort

Telefon Telefax

Bitte mit
0,60 DM
Briefmarke
freimachen

Antwort

management
information
center

Justus-von-Liebig-Straße 1

8910 Landsberg/Lech

Zunächst werden in Programm 201C die theoretischen Werte den Marktpreisen, geordnet nach den unterschiedlichen Basiskursen und Terminen, gegenübergestellt (Tabelle 14.7). Dann wird in Spalte 4 der Prozentsatz angegeben, um den die Marktpreise unter oder über den theoretischen Werten liegen. In Spalte 5 wird die Hebelwirkung (Gearing Ratio) der Optionen angegeben. Die Hebelwirkung ist um so größer, je weiter die Option aus dem Geld ist, und sie wird für tief im Geld befindliche Optionen kleiner. Sie gibt an, um wieviel Prozent der Optionspreis sich vermutlich erhöhen (oder verringern) wird, wenn der Preis der zugrundeliegenden Aktie um 1 Prozent steigt (oder sinkt). Die Hebelwirkung gilt jeweils nur für eine Kursänderung von 1 Prozent. Sie ändert sich, wenn die prozentuale Kursänderung der zugrundeliegenden Aktie größer ist. Hilfsweise wird der Wert der Hebelwirkung aber auch für höhere Prozentsätze der Kursänderung benutzt. Zuletzt wird in Spalte 6 die Hedgerate ausgedruckt. Das ist der Wert $\Delta = \delta C / \delta S$ von Gleichung IX.C.4. Die Hedgerate (Delta) gibt das Verhältnis der absoluten Änderung des Optionspreises zur korrespondierenden absoluten Änderung des Aktienkurses an. Eine Hedgerate von 0,973 gibt an, daß sich der Wert der Option bei einer Erhöhung des Aktienkurses um 1 DM um 97,3 Pfennig erhöht. Bei einer Hedgerate von 0,309, wie sie für die September 750-Kaufoption gilt, kann ein ungedeckter Stillhalter von ca. drei Optionen diese Positionen durch den Kauf einer Aktie deltahedgen.[1] Anhand der August-Optionen sieht man, daß die Hedgerate sich 1 nähert, wenn die Option weit im Geld ist (für die Kaufoption August, Ausübungskurs 650, beträgt die Hedgerate 0,973).

Über- und unterbewertete Optionen

Hebelwirkung und Hedgerate

In Programm 201D werden die letzten 24 Abschlüsse einer ganz bestimmten Option, z. B.: Siemens Call, Oktober 700, dargestellt. Dazu werden der entsprechende theoretische Modellpreis und der entsprechende Aktienkurs angegeben. Dieses Programm ermöglicht es, die Markttendenz zu beobachten (Tabelle 14.8).

Beobachten der Markttendenz

In Tabelle 14.8 sind die letzten 24 Abschlüsse für den Siemens Call, Oktober 90, Ausübungskurs 700, dargestellt. Bei steigender Grundtendenz der Aktie (letzte Spalte), hat sich der Kurs der Kaufoption am 7.8. von 26,50 auf 38,00 DM erhöht. Der korrespondierende Aktienkurs ist von 685,00 auf 703,00 gestiegen. Die korrespondieren-

[1] Der Stillhalter von 324 Calls kann seine Position durch den Kauf von 100 Aktien delta-hedgen.

den Modellkurse haben sich von 26,23 auf 36,21 erhöht und liegen knapp unter den effektiven Kursen der Optionen.

Tabelle 14.8: Kurse, Modellpreise und zugehörige Aktienkurse der letzten 24 Abschlüsse

201D D.T.B.			Siemens Series: SIE OCT 700	Call	7/ 8/90 Time: 11.35
			Last 24 Trades in this Series		
Date	Time	No. of Contracts	Price	Corresponding Model Price	Corresponding Stock Price
7/ 8/90	11.35		38.00	36.21	703.00
	11.32		42.00	40.73	710.00
	11.26		43.00	43.17	714.00
	11.24		42.00	43.17	714.00
	11.20		41.00	40.73	710.00
	11.08		38.00	38.21	706.00
	11.01		38.00	34.29	699.50
	10.56		37.00	33.14	697.50
	10.53		37.00	32.40	696.50
	10.36		36.50	32.40	696.50
	10.29		45.00	32.68	697.00
	10.21		36.50	31.83	695.50
	10.21		36.50	31.83	695.50
	10.17		32.50	30.99	694.00
	10.14		32.00	31.45	694.50
	10.09		30.00	29.92	692.00
	10.07		30.00	28.56	689.50
	9.55		29.00	29.09	690.50
	9.53		29.00	28.12	689.00
	9.50		26.50	26.57	686.00
	9.47		26.50	26.23	685.00
6/ 8/90	15.54		26.00	29.76	698.00
	13.49		26.00	24.08	688.00
	13.30		26.00	24.08	688.00
Trading Unit:	50			Volatility Forecast:	0.224
Dividends:	12.50 XD 22/_3/91			Life Days:	74
	12.50 XD 10/_2/92			Open Interest:	250

Erstellen von Tabellen theoretischer Optionswerte für unterschiedliche...

Programm 201 E erlaubt, Tabellen von theoretischen Optionspreisen aufzubauen, deren Zeilen jeweils die Optionswerte für unterschiedliche Aktienkurse beinhalten und deren Spalten jeweils die Optionswerte für unterschiedliche

- Ausübungskurse,
- Restlaufzeiten und

Tabelle 14.9: Aktienkurs/Ausübungskurs-Matrix für Siemens-Oktober-Kaufoptionen

Security Price/Exercise Price Matrix for Siemens
Enter? Where help required

Expiry Date (DD/MM/YY) 19/10/90 Calls or Puts (C/P) C
Enter Volatility 0.235___
Annual Interest Rate % ____8.33

Dividend Forecast ___12.50 XD 22/_3/91
___12.50 XD 10/_2/92
Date for Calculation 07/08/90
Security Indicator E E = Equity or Blank

Up to 8 Security Prices:

600________ 650__________ 700__________ 750__________
800________ 850__________ 900__________ 950__________

Up to 5 Security Prices:

650________ 700__________ 750__________ 800__________ 850_____

201 E 7/ 8/90 Time: 11.43
Model Values for Siemens Calls OCT Expiry

Share Price	Exercise Prices 650	700	750	800	850
600	11.02	3.00	0.64	0.00	0.00
650	32.69	12.89	4.12	1.02	0.21
700	68.25	35.21	14.95	5.20	1.50
750	112.76	70.50	37.72	17.06	6.48
800	161.17	114.23	72.53	40.24	19.22
850	210.81	162.23	115.78	74.74	42.76
900	260.75	211.70	163.34	117.40	76.97
950	310.74	261.59	212.62	164.57	119.20

Dividends: 12.50 XD 22/3/91 Interest Rate: 8.33 %
12.50 XD 10/2/92 Volatility: 0.235

... Aktienkurse und Ausübungskurse, ...

– Volatilitäten (σ)
als Maß für die Unsicherheit der Aktie beinhalten.

Tabelle 14.9 ist eine Aktienkurs/Ausübungkurs-Tabelle für Siemens Calls, Oktober 90. Man sieht, daß in den Spalten der Wert der Kaufoption mit steigendem Aktienkurs ebenfalls steigt. Die Rate der Steigerung ist um so größer, je höher der Ausübungskurs ist. In den Zeilen sieht man, daß der Wert der Kaufoption mit steigendem Ausübungskurs sinkt. Sind Optionen aus dem Geld, so ist die Abnahme prozentual stärker (Zeile 1) als bei Optionen, die im Geld sind (Zeile 8).

Tabelle 14.10: Aktienkurs/Laufzeit-Matrix für Siemens-Oktober-Kaufoptionen

Security Price/Time Matrix for Siemens SIE OCT 700 Call
Enter? Where help required

Volatility ___0.224
Annual Interest Rate % ___8.33

Dividend Forecast ___12.50 XD 22/_3/91
___12.50 XD 10/_2/92

Up to 8 Security Prices:

600 ___ 650 ___ 700 ___ 750 ___
800 ___ 850 ___ 900 ___ 950 ___

Up to 5 Periods (days from today):

650 ___ 700 ___ 750 ___ 800 ___ 850 ___

201 E 7/ 8/90 Time: 11.48
Model Values for SIE OCT 700 Call
Latest Price 704.00 Option Price 39.00 Model Price 36.98

Share Price	Days elapsed 10 days	20 days	30 days	40 days	50 days
600	1.80	1.15	0.61	0.26	0.00
650	9.95	8.00	6.07	4.11	2.19
700	31.26	28.23	25.18	21.78	18.00
750	66.85	64.24	61.55	58.62	55.74
800	111.71	109.67	107.68	105.77	103.94
850	160.27	158.65	157.04	155.44	153.83
900	210.00	208.48	206.96	205.42	203.83
950	259.95	258.47	256.95	255.42	253.83

Interest Rate: 8.33 %
Volatility: 0.224
Life Days: 74

... Aktienkurse und Restlaufzeiten, ...

In Tabelle 14.10 ist eine Aktienkurs/Zeit-Tabelle für Siemens Calls, Oktober 700, wiedergegeben. In der Kopfzeile stehen unterschiedliche Zahlen von Tagen vom heutigen Tag an, so daß die höchste Tageszahl die kürzeste Restlaufzeit der Option bedeutet. Für eine Kaufoption mit dem Ausübungskurs 700 bedeuten Aktienkurse von 600 bis 650, daß die Option aus dem Gelde ist. Genau wie bei der am Geld stehenden Kaufoption, Ausübungskurs 700, muß der Wert der aus dem Geld befindlichen Optionen mit Herannahen des Verfalldatums gegen null gehen. Hingegen nähern sich die im Geld befindlichen Optionen (Aktienkurs > 100) ihrem inneren Wert. Dieser ist 50, 100, 150, 200, 250 für Aktienkurse von 750, 800, 850, 900, 950, wenn der Ausübungskurs 700 ist.

Tabelle 14.11: Aktienkurs/Volatilitäts-Matrix für Siemens-Oktober-Kaufoptionen

Security Price/Volatility Matrix for Siemens SIE OCT 700 Call
Enter? Where help required

Annual Interest Rate % ____8.33

Dividend Forecast ___12.50 XD 22/_3/91
___12.50 XD 10/_2/92

Up to 8 Security Prices:

600 ________ 650 __________ 700 __________ 750 __________
800 ________ 850 __________ 900 __________ 950 __________

Up to 5 Volatility Estimates:

0.2 ________ 0.25 ________ 0.3 __________ 0.35 __________ 0.4 ______

201 E 7/ 8/90 Time: 11.50

Model Values for SIE OCT 700 Call
Latest Price 704.00

Share Price	Volatility 0.200	0.250	0.300	0.350	0.400
600	1.59	3.96	6.99	10.68	14.81
650	9.57	14.67	20.05	25.75	31.24
700	31.20	37.51	43.68	49.67	55.86
750	67.58	72.06	77.12	82.53	88.33
800	113.03	115.30	118.39	122.29	126.75
850	161.94	162.73	164.33	166.74	169.87
900	211.75	211.97	212.65	214.01	215.95
950	261.72	261.77	262.03	262.67	263.88

Interest Rate: 8.33 %
Volatility: 0.224

... Aktienkurse und Volatilitäten

In Tabelle 14.11 ist eine Aktienkurs/Volatilitäts-Tabelle für Siemens Calls, Oktober 700, wiedergegeben. Mit steigender Standardabweichung σ steigt auch der Wert der Optionen. Aus dem Geld befindliche Kaufoptionen haben mit steigender Volatilität eine größere Wahrscheinlichkeit, ins Geld zu kommen. Bei im Geld befindlichen Kaufoptionen ist mit steigender Volatilität die Wahrscheinlichkeit größer, daß der Aktienkurs unter den Ausübungskurs fällt. Da eine Kaufoption auch als Aktie mit Verlustbegrenzung betrachtet werden kann, ist der Wert dieser Verlustbegrenzung um so höher, je größer die Volatilität ist.

Die prozentuale Steigerung der Optionswerte eines bestimmten Ausübungskurses ist mit steigender Volatilität um so größer, je niedriger der Aktienkurs ist.

Welche Option hat die größte Hebelwirkung ...

Im Programm 201 V kann man sich für eine bestimmte Laufzeit der Optionen diejenigen,
- die die größte Hebelwirkung haben,
- die im Vergleich zum theoretischen Wert am teuersten sind und
- die im Vergleich zum theoretischen Wert am billigsten sind

ausdrucken lassen.

... bzw. die höchste Unterbewertung?

Es läßt sich zur Zeit noch nicht für die DTB bzw. die SOFFEX benutzen, weshalb sich das in Tabelle 14.12 wiedergegebene Beispiel auf die London Options Exchange bezieht.

Tabelle 14.12: Teuerste Kaufoptionen, Preise von Kaufoptionen Oktober 90, geordnet nach der Höhe der positiven prozentualen Differenz zum Modellpreis

DATASTREAM: 201 V

Exceptional Options
Enter? Where help required

Cheapest, dearest, most highly geared	D	C, D or G
Eoe, London or LIFFE Market	L	E, L or F
Expiry Month (1 – 12 or all)	10_	
Options Selector (EQU, COM, IND, ALL, ETC)	EQU	EQU = Equity Option COM = Commodity Option etc
Calls, Puts or both	C	

201 V — 7/ 8/90 Time: 12.10
London — Dearest Calls – October Expiries
London Stock Options

Option Series	Bid Price	Model Bid Price	% Dear	Gearing Ratio	Todays Volume
BCOM OCT 80	0.00	3.04	–83.5	28.6	0
BCOM OCT 90	0.00	1.91	–73.8	19.8	0
SBRY OCT 260	27.00	29.80	–1.0	9.4	0
STRH OCT 110	27.00	30.23	–5.7	4.4	0
STRH OCT 100	36.00	39.19	–4.3	3.5	0

Hedgen mit Aktien und Optionen

Die Anzahl an Optionen, die man mit einer Aktie hedgen kann, kann man Programm 201 F (Tabelle 14.13) entnehmen: SIEMENS OCT 700 hat eine Hedgerate von 0,602. Da die Hedgerate $\delta C / \delta S$ ist, müßten 20 Optionen verkauft und 12 Aktien gekauft werden, damit die Wertverluste der Optionen und die entsprechenden Kursgewinne der Aktien (und umgekehrt) sich bei sehr kleinen Kursänderungen gerade ausgleichen. Bei Änderungen des Aktienkurses könnte man

Tabelle 14.13 entnehmen, wie sich die Hedgerate geändert hat und wie das Hedge-Portefeuille dementsprechend umzustrukturieren wäre.

Tabelle 14.13: Schätzungen der Standardabweichung, Hebelwirkung und Hedgerate für Siemens

201 F D.T.B. Calls			Siemens Latest Price: DM 704.00		07/08/90 Time: 11.37	
Option	Market Bid	Quotes Offer	Implied Vol. (Annualised)	Forecast Vol. (Annualised)	Gearing Ratio	Hedge Ratio
AUG 650	50.50	67.40	0.230	0.245	11.71	0.982
AUG 700	14.00	15.00	0.236	0.245	27.69	0.573
AUG 750	2.00	2.50	0.282	0.245	29.76	0.118
AUG 800	0.10	0.40	0.315	0.245		0.017
AUG 850	47.00	52.00	2.032	0.245		0.351
SEP 650	56.00	62.00	0.001	0.222	10.45	1.000
SEP 700	22.00	32.00	0.264	0.222	12.97	0.581
SEP 750	11.50	12.50	0.262	0.222	15.32	0.299
SEP 800	2.40	3.20	0.248	0.222	18.46	0.100
SEP 850	2.50	3.60	0.333	0.222		0.082
OCT 650	70.00	73.50	0.132	0.224	8.53	0.964
OCT 700	35.00	39.00	0.230	0.224	11.47	0.602
OCT 750	24.00	25.00	0.279	0.224	10.87	0.408
OCT 800	0.50	8.00	0.190	0.224	30.95	0.140
OCT 850	0.50	1.50	0.232	0.224	21.17	0.036
DEC 650	82.00	90.00	0.237	0.238	6.51	0.797
DEC 700	52.00	57.00	0.224	0.238	8.31	0.646
DEC 750	32.00	44.00	0.278	0.238	8.16	0.458
DEC 800	13.60	17.60	0.222	0.238	13.36	0.278
DEC 850	5.00	5.00	0.200	0.238	24.07	0.123
Trading Unit: 50 Dividends: 12.50 XD 22/_3/91 12.50 XD 10/2/92						

4. Volatilitätsprognosen

Schätzung der Standardabweichung und...

In Programm 201 F (Tabelle 14.13) werden Prognosen über die Standardabweichung σ abgegeben. Zuerst werden die Preise angegeben, zu denen der Markt die Optionen nachfragt bzw. anbietet. In der nächsten Spalte wird das σ angegeben, das in der Black/Scholes-Formel verwendet werden müßte, damit sich eben jener Marktwert als

... Berechnung der impliziten Volatilität

Modellwert ergäbe. Dieses σ bezeichnet man auch als implizites σ (Implied Volatility). Als verläßlich gelten dabei die Volatilitätsschätzungen, die sich aus den am Geld stehenden Optionen ergeben. Diese sind für SIEMENS AUG 700 0,236, für SIEMENS SEP 700 0,264, für SIEMENS OKT 700 0,230 und für SIEMENS DEZ 700 0,224. In der nächsten Spalte wird die Standardabweichung aufgeführt, die den theoretisch prognostizierten Optionswerten zugrunde liegt. Dabei werden für Optionen unterschiedlicher Laufzeiten unterschiedliche σ-Werte verwendet. Diese Werte sind der Mittelwert aus:
- der impliziten Volatilität und
- der Volatilität aus den Aktienkursen

des betreffenden Werts, berechnet über die Frist, die der Restlaufzeit der Option entspricht.

Liegt die zur Prognose verwendete Volatilität unter der impliziten Volatilität, kann man schließen, daß die aufgrund der Aktienkursveränderungen errechnete Volatilität noch unter der für die Prognose verwendeten Volatilität liegen muß. In der Tabelle werden außerdem die Hebelwirkung (Gearing Ratio) und die Hedgerate (Hedge Ratio) aufgeführt.

5. Graphikmöglichkeiten

Graphische Darstellung von Kursverläufen

DATASTREAM bietet eine Vielzahl von Graphikmöglichkeiten, die auch auf Optionspreise angewendet werden können.

In Abbildung 14.3 ist zunächst ein Linienchart von Siemens von April bis Ende Juli 1990 abgebildet. Siemens diente als Beispiel für die Darstellung der Möglichkeiten der Graphikprogramme. Man sieht, daß der Aktienkurs in der Zeit von April bis Juli um etwa 5% zurückgegangen ist.

Der Chart des September 90 Call, Basis 700 (Abbildung 14.4), ist von 120 auf 64,7 gefallen, ist also nicht wie die Aktie um 5%, sondern um fast 50% im Wert zurückgegangen. Hierin wird die Hebelwirkung der Option sichtbar.

Kursentwicklung der Siemens-Aktie

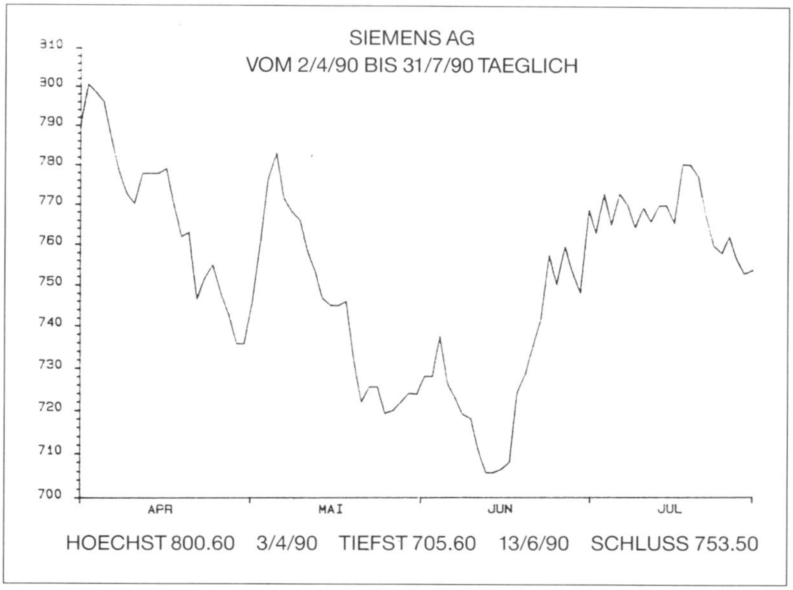

Abb. 14.3: Linienchart von Siemens vom 2.4. bis 31.7.90 (tägl. Kurse)

Kursentwicklung einer Siemens-Kaufoption

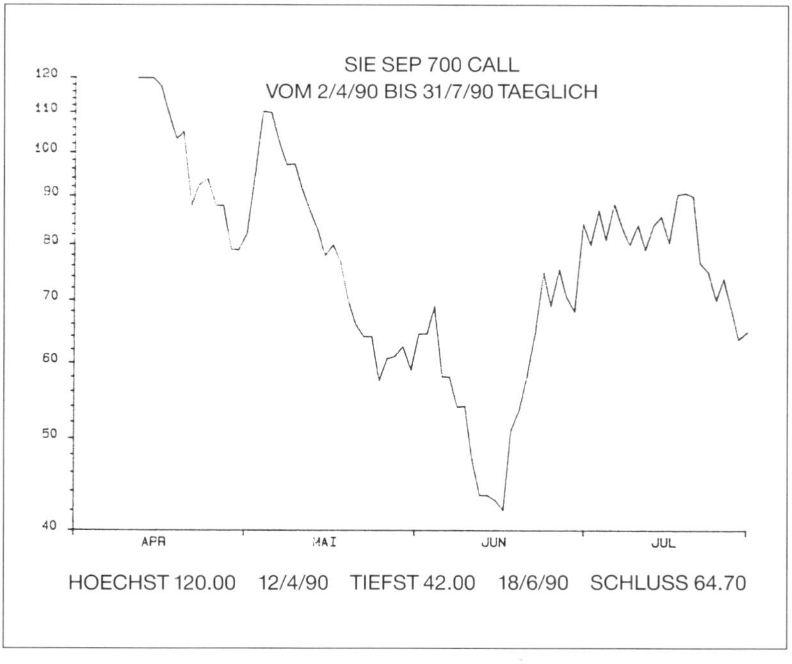

Abb. 14.4: Linienchart Siemens Sep 90 Call, Basis 700 vom 2.4. bis 31.7.90

Kursentwicklung mehrerer Siemens-Kaufoptionen im Vergleich

In Abbildung 14.5 sind die Werte der Calls mit Basis 700, 750 und 800 in Abhängigkeit vom Aktienkurs als Index dargestellt. Der Wert des Call Basis 800 fällt prozentual stärker als der der Basis 750 und dieser wiederum stärker als der der Basis 700. Dies entspricht dem theoretisch vermuteten Verlauf (siehe Tabelle 12.1).

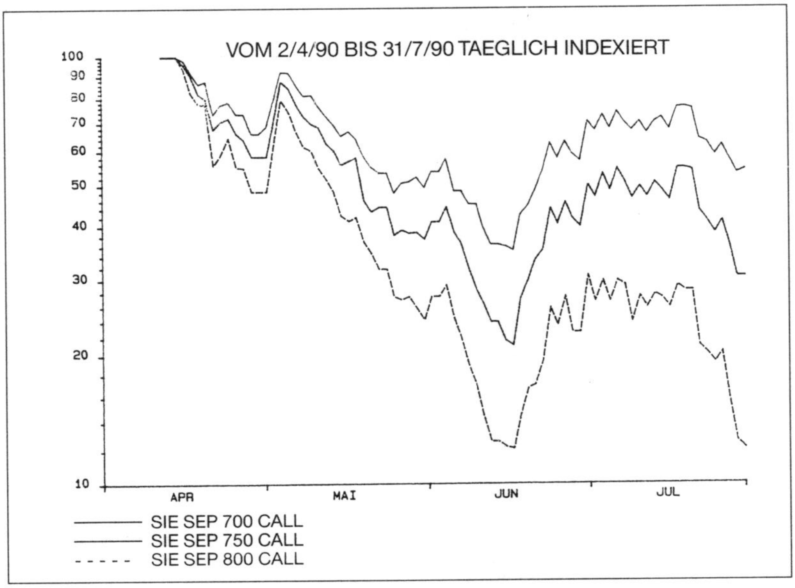

Abb. 14.5: Wertentwicklung der Siemens Sep 90-Calls mit den Ausübungskursen 700, 750 und 800; täglich indexiert

XV. Der Superfund – die Grundlage finanzieller Innovationen

A. Die Konstruktion eines Superfund

Der Superfund als Utopie

Optionen sind bisher als Mittel zur Spekulation, zum Hedgen von Risiken, allgemein als Mittel zur Risikentransformation[1] beschrieben worden. Eine bestimmte Art von Optionen, Supershares, lassen sich darüber hinausgehend als Grundstoff aller Finanzinstrumente auffassen. Supershares nehmen in der Finanzierungstheorie dieselbe Rolle ein, die Atome in der Chemie und Elementarteilchen in der Physik spielen. Supershares sind Anteile an einem Superfund. Bisher ist ein Superfund in der Realität noch nicht gegründet worden. Er könnte aber eines Tages entstehen. Erdacht hat den Superfund Hakansson.[2] Wie hätte nun ein Superfund, dessen Anteile als Atome aller Finanzinstrumente aufgefaßt werden könnten, auszusehen?

Grundkonstruktion des Superfund

Ein Superfund setzt sich aus Aktiv- und Passivkomponenten zusammen. Die Aktiva des Superfund bestehen aus Aktien und Bonds, gegen die sogenannte „Supershares" oder „Supersecurities" begeben werden.

Konstruktion der Supershares

Unter einem „Supershare" oder einer „Supersecurity" versteht man ein Wertpapier, das seinem Inhaber zum Verfallszeitpunkt das Recht auf einen bestimmten Anteil an dem DM-Wert des gesamten Superfund zuspricht; vorausgesetzt, der Wert der Superfund-Aktiva (S) liegt am Ende der Laufzeit innerhalb eines genau definierten Intervalls. Liegt der Wert der Aktiva des Superfund nicht innerhalb dieses Intervalls, so verfällt der Supershare wertlos. Im Gegensatz zu Kaufoptionen ist der Supershare nicht nur wertlos, wenn der Wert des Superfund unterhalb einer bestimmten Untergrenze in Höhe des Ausübungskurses liegt, sondern auch, wenn der Wert des Superfund oberhalb einer bestimmten Obergrenze liegt. Außerdem ist für einen Supershare am Ende der Laufzeit kein Ausübungskurs (K) zu zahlen.

---

1) ARNOLD, Hans (1964).

2) HAKANSSON, N. H.: The Purchasing Power Fund. Financial Analysts Journal, 32 (Nov–Dec 1976), S. 49–59.

Wert eines Supershare in Abhängigkeit vom Wert des Superfund

Sind K bzw. K_1 diese Unter- bzw. Obergrenze, so ergibt sich der Wert Q dieses Level-K-Supershare am Verfalldatum in Abhängigkeit vom Wert S* des Superfund zu

$$Q(K) = \begin{cases} 0, & \text{wenn} \quad S^* < K, \\ S^*/K, & \text{wenn}\ K \leq S^* < K_1, \\ 0, & \text{wenn} \quad S^* \geq K_1 \end{cases}$$

mit

S = Wert der Superfund-Aktiva,
S* = Wert derselben am Verfallzeitpunkt,
K = Ausübungskurs eines Level-K-Supershare und
Q(K) = Wert eines Supershare mit Ausübungskurs K.

Supershare ist im Geld im Intervall $[K, K_1]$

Rest-Supershare

Am Ende der Laufzeit ist der Level-K-Supershare „im Geld", wenn sich der Wert des Superfund-Index im Intervall $[K, K_1]$ befindet. Streng genommen ist man daran interessiert, einen atomaren Supershare zu konstruieren, der dann und nur dann einen Dollar auszahlt, wenn der Wert des Superfund genau K beträgt. Diese Konstruktionsregel gilt für die Bereiche, in denen der Wert des Superfund bei gegebenem Zeithorizont voraussichtlich liegen wird. Für Bereiche, in denen der Wert des Superfund nur mit verschwindend geringen Wahrscheinlichkeiten liegen wird, gilt eine andere Regel. Solche Bereiche sind für einen Zeithorizont von einem Jahr z. B. Verlustbereiche von −50 bis −100% und Gewinnbereiche über 50%. Für den oberen und unteren Bereich über +50% und unter −50% wird nur jeweils ein Level-K-Supershare begeben, der die beschriebenen Intervalle bis ∞ bzw. −100% abdeckt. Diese Supershares bezeichnen wir als Rest-Supershares. Am Ende der Laufzeit entspricht nur eine Kategorie von Supershares eines bestimmten Levels dem Wert des Superfund-Index; die Gesamtheit der anderen Supershares verfällt wertlos.

Supershares als Approximation

Die hier beschriebenen Supershares stellen in diesem Sinne eine Approximation dar, die um so besser wird, je näher K_1 bei K liegt. Damit der Rechenaufwand nicht zu groß wird, wollen wir im folgenden $K_1 = K + 1$ setzen, so daß wir unter einem K-Level-Supershare den Supershare mit Untergrenze K und Obergrenze K + 1 verstehen. Bei den Beispielen werden wir jedoch auch die Ergebnisse für $K_1 = K + 0{,}5$ und $K_1 = K + 0{,}1$ angeben, da sich dann auch die bessere Approximation bei kleineren Schrittweiten zeigt.

Der Superfund mit Ausgangswert 100 begibt die Zahl von Supershares eines bestimmten Levels, die dem Indexstand entspricht, also z. B. wie in folgender Bilanz (Tabelle 15.1) 50 Stück Level-50-Supershares, 51 Stück Level-51-Supershares ... 150 Stück Level-150-Supershares. Level-50- und Level-150-Supershares decken die unwahrscheinlichen Bereiche in ihrer vollen Breite ab.

Zahl der emittierten Supershares

Der Anfangswert der Superfund-Aktiva ist 100 DM. Die Preise der auszugebenden Supershares werden so festgesetzt, daß dem Superfund-Emittenten wenigstens Mittel in Höhe des Anfangswerts von 100 DM zufließen.

Erlöse des Superfund

Tabelle 15.1: Eröffnungsbilanz eines Superfund

Eröffnungsbilanz eines Superfund

Aktiva			Passiva
Bestand an Aktien vom Typ	1:	A_1	50 Stück Level-50-Supershares, die zu einer Auszahlung von S*/K DM pro Anteil führen, wenn der Wert der Superfund-Aktiva am Verfallsdatum kleiner als 51 DM ist.
	2:	A_2	...
	.	.	100 Stück Level-100-Supershares, die zu einer Auszahlung von S*/K DM pro Anteil führen, wenn der Wert der Superfund-Aktiva am Verfallsdatum zwischen 100 DM und 101 DM liegt.
	.	.	...
	n:	A_n	150 Stück Level-150-Supershares, die zu einer Auszahlung von S*/K DM pro Anteil führen, wenn der Wert der Superfund-Aktiva am Verfallsdatum über 150 DM liegt.
Bestand an Bonds vom Typ	1:	B_1	
	2:	B_2	
	.	.	
	.	.	
	m:	B_m	
Summe:		100 DM	Summe: 100 DM

Quelle: Nach Hakansson, N.H.: The Purchasing Power Fund. Financial Analysts Journal, 32 (Nov–Dec 1976), S. 51; vereinfachte Darstellung.

Damit ergibt sich der Wert des Supershare (Q (K)) bei Ausübung:

Wert des Supershare in Abhängigkeit vom Wert des Superfund bei Intervallgröße 1

$$\text{(XV.1)}\quad Q(K) = \begin{cases} 0, & \text{wenn } S^* < K, \\ S^*/K, & \text{wenn } K \leq S^* < K+1, \\ 0, & \text{wenn } S^* \geq K+1. \end{cases}$$

Beispiel: Wert des Supershare

Beispiel: Den Superfund-Aktiva wird zum Ausgabezeitpunkt ein Indexwert von 100 zugeordnet. Ein Level-K-Supershare mit Ausübungskurs K = 110 sichert seinem Halter S/110 zu, wenn zum Verfallszeitpunkt der Wert des Superfund-Index zwischen 110 und 111 liegt.

Beispiel: Liegt der Wert der Superfund-Aktiva zum Verfallszeitpunkt zwischen 60 DM und 61 DM, so sind die Level-K-Supershares mit K = 60 DM „im Geld". Der Wert dieser Supershares beträgt S*/K, also zwischen 1 DM und (60,99../60 =) 1,0167 DM, da 60 Stück Level-60-Supershares begeben worden waren. Alle übrigen Supershares verfallen wertlos.

Auszahlungsfunktion eines Supershare

In Abbildung 15.1 ist die Auszahlungsfunktion eines Supershare in Abhängigkeit vom Wert des Superfund dargestellt. Bis K verläuft die Kurve der Auszahlungen auf der Abszisse. Der Ordinatenwert springt bei K auf den Wert 1. Er steigt dann weiter um einen kleinen Betrag, der sich als (S* − K)/K ergibt. Der Level-50-Supershare springt bei einem Wert des Superfund von 50 DM auf 1 DM und steigt dann bis zu einem Wert des Superfund von 50,99.. auf 1,02 DM, um bei K + 1, also bei 51, wieder auf null zu fallen.

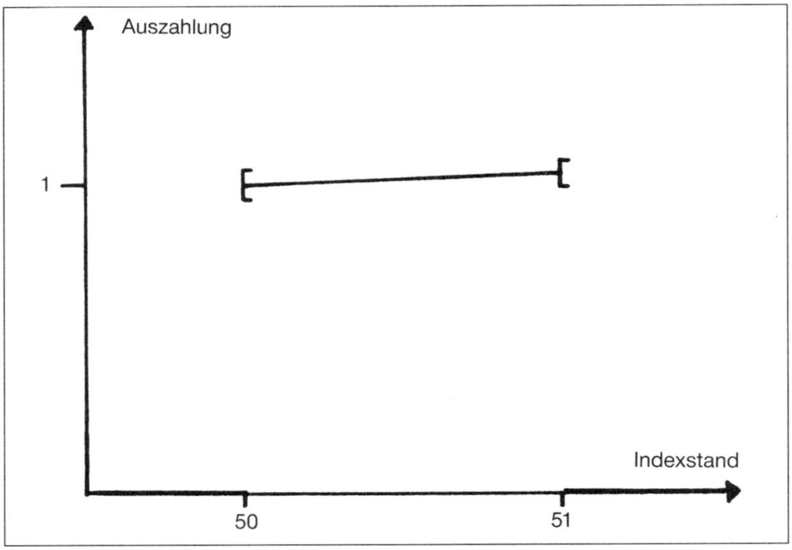

Abb. 15.1: Auszahlungsfunktion eines Level-50-Supershare in Abhängigkeit vom Wert des Superfund

B. Die Bewertung der Supershares

Ausgangspunkt der Bewertung ist die Black/Scholes-Formel für europäische Kaufoptionen:

Ausgangspunkt der Bewertung sind die Formeln für die Bewertung europäischer Optionen

(IX.D.3) $c = S \cdot e^{(i_c - i_d) \cdot T} \cdot N(y) - K \cdot e^{-i_d \cdot T} \cdot N(y - \sigma\sqrt{T})$,

mit $y = [\ln(S/K) + (i_c + \sigma^2/2) \cdot T]/(\sigma \cdot \sqrt{T})$.[1]

Dabei kann $S \cdot e^{(i_c - i_d) \cdot T} \cdot N(y)$ interpretiert werden als Ertrag aus dem Halten der Kaufoption, während

$- K \cdot e^{-i_d \cdot T} \cdot N(y - \sigma \cdot \sqrt{T})$ den Aufwand darstellt.

Eine Kaufoption (Call), die den Erwerb des Basisinstruments zum Nulltarif ermöglicht (sofern $S \geq K$), heißt „Incomplete Call" (c_{inc}) und berechnet sich als

Definition des Incomplete Call

(XV.2) $c_{inc} = S \cdot e^{(i_c - i_d) \cdot T} \cdot N(y)$.

Mit Hilfe zweier „Incomplete Calls" mit unterschiedlichen Ausübungskursen lassen sich Supershares erzeugen. Der Incomplete Call mit dem niedrigeren Ausübungskurs wird gekauft und der mit dem höheren verkauft.

Arbitragetabelle zur Konstruktion eines Supershare

Tabelle 15.2: Arbitragetabelle zur Konstruktion eines Supershare

	Heutiges Datum	Verfalldatum		
		$S<K$	$K \leq S < K+1$	$K+1 \leq S$
Kauf 1/K „incomplete calls" zum Ausübungskurs K	$-c_{inc}(K)/K$	–	S/K	S/K
Verkauf 1/K „incomplete calls" zum Ausübungskurs K+1	$c_{inc}(K+1)/K$	–	–	$-S/K$
Gesamt	$[c_{inc}(K+1) - c_{inc}(K)]/K$	–	S/K	–
	<0	>0		

Quelle: Cox, J. und Rubinstein, M.: Option Markets. Englewood Cliffs, New Jersey: Prentice Hall, Inc., 1985, S. 461.

[1] y ist hier anders als in IX.D.4. definiert, indem $\sigma \cdot \sqrt{T}$ addiert wurde.

In Tabelle 15.2 wird ein Level-K-Supershare durch den Kauf von 1/K „incomplete calls" mit Ausübungskurs K und den Verkauf von 1/K „incomplete calls" mit Ausübungskurs K + 1 erzeugt. Der Wert Q (K) eines Level-K-Supershare ergibt sich als

Wert eines Supershare als Differenz zweier Incomplete Calls

(XV. 3) $Q(K) = c_{inc}(K)/K - c_{inc}(K+1)/K.$

Durch Einsetzen von (XV. 2) in (XV. 3) ergibt sich:

(XV. 4) $Q(K) = (S/K) \cdot e^{(i_c - i_d) \cdot T} \cdot [N(y_1) - N(y_2)]$

mit $y_1 = [\ln(S/K) + (i_c + \sigma^2/2) \cdot T]/(\sigma \cdot \sqrt{T})$ und

$y_2 = [\ln[S/(K+1)] + (i_c + \sigma^2/2) \cdot T]/(\sigma \cdot \sqrt{T}).$

Wert eines Rest-Supershare

Auch die Werte der erforderlichen Rest-Supershares $Q(K)_o$ bzw. $Q(K)_u$, die $S^*/K \geq 1$ DM bzw. $S^*/K \leq 1$ DM zahlen, wenn der Kurs zum Fälligkeitszeitpunkt das Level K über- bzw. unterschreitet, lassen sich einfach berechnen. Ihr Wert ist gleich denen des Incomplete Calls

$Q(K)_o = C_{inc}(K)/K,$

wobei K das größte K ist, für das Supershares emittiert werden.

$$Q(K)_u = [C_{inc}(0) - C_{inc}(K+1)]/K, \\ = [S_0 - C_{inc}(K+1)]/K,$$

wobei K das kleinste K ist, für das Supershares emittiert werden.

Im folgenden werden in Tabelle 15.3 Werte für Supershares mit Ausübungskursen von 25 bis 75 dargestellt, wobei der Superfund einen Anfangswert von 50 hat.

Die Laufzeit der in Tabelle 15.3 dargestellten Supershares ist ein Jahr. Ihr Wert steigt vom Level 25 bis zum Level 51 und sinkt dann wieder bis Level 74. Der Level-75-Supershare ist mehr wert als der Level-74-Supershare, weil in ihm die Restwahrscheinlichkeiten für Kurse S ≥ 75 zusammengefaßt sind. Der Anstieg der Werte erfolgt bis 51 und nicht bis 50, da der Erwartungswert eines (dividendenlosen) Superfund mit wachsender Zeit zunimmt.

Abbildung 15.2 zeigt Werte für verschiedene Laufzeiten von Level-50-Supershares auf einen Superfund mit einem Anfangswert von 50.

Tabelle 15.3: Bewertung von Supershares

Beispiele für die Bewertung von Supershares

Indexwert in der Eröffnungsbilanz: . . . . 50,00 DM			
Volatilität: 0,12			
Zinssatz (dekursiv): . . . . 6,00 % p. a.			
Zinssatz (stetig): . . . . 5,83 % p. a.			
Laufzeit: . . . . 1,00 Jahre			
Ausübungskurs [DM]	Wert [Pf]	Ausübungskurs [DM]	Wert [Pf]
(1)	(2)	(3)	(4)
25,00	0,00	51,00	6,05
26,00	0,00	52,00	6,02
27,00	0,00	53,00	5,86
28,00	0,00	54,00	5,56
29,00	0,00	55,00	5,16
30,00	0,00	56,00	4,70
31,00	0,00	57,00	4,19
32,00	0,00	58,00	3,66
33,00	0,01	59,00	3,15
34,00	0,02	60,00	2,66
35,00	0,04	61,00	2,21
36,00	0,09	62,00	1,81
37,00	0,16	63,00	1,46
38,00	0,28	64,00	1,16
39.00	0,47	65,00	0,91
40,00	0,73	66,00	0,71
41,00	1,09	67,00	0,54
42,00	1,54	68,00	0,41
43,00	2,08	69,00	0,31
44,00	2,69	70,00	0,23
45,00	3,35	71,00	0,17
46,00	4,01	72,00	0,12
47,00	4,64	73,00	0,09
48,00	5,18	74,00	0,06
49,00	5,62	75,00	0,15
50,00	5,91		

Quelle: Nach Cox, J. und Rubinstein, M., a. a. O., S. 462, eigene Berechnungen.

Der Wert am Geld liegender Supershares sinkt mit wachsender Laufzeit

Je länger die Laufzeit des Supershare wird, desto mehr sinkt die Wahrscheinlichkeit, daß der Wert des Superfund noch bei 50 liegt. Darum sind am Geld liegende Supershares (Level-50) mit längerer Laufzeit weniger wert. Wie Tabelle 15.4 zeigt, wächst hingegen der Wert weit aus dem Geld stehender Supershares mit wachsender Laufzeit (z. B.

Werte von Supershares für verschiedene Laufzeiten

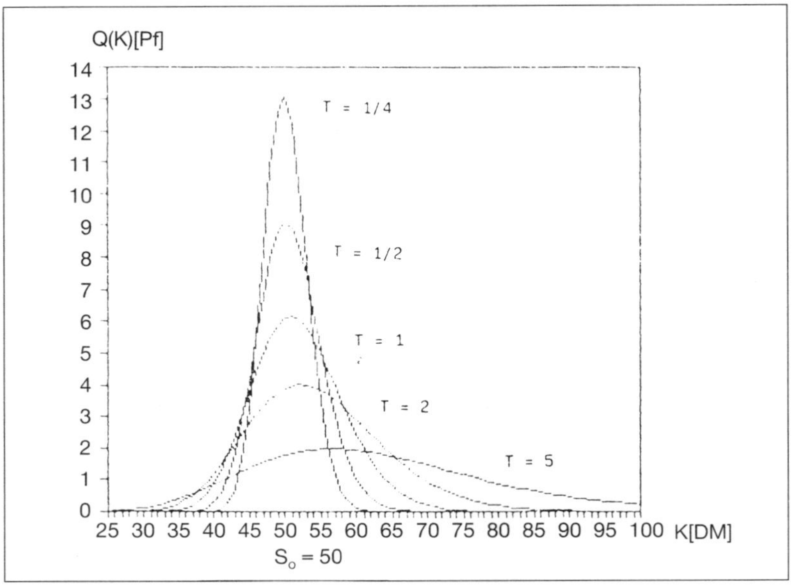

Abb. 15.2: Bewertung von Supershares bei unterschiedlichen Restlaufzeiten T

Werte von Supershares für verschiedene Laufzeiten

Tabelle 15.4: Bewertung von Supershares bei unterschiedlichen Restlaufzeiten

Indexwert (S): . . . . 50,00 DM
Volatilität: 0,12
Zinssatz (dekursiv): . . . . 5,00 % p. a.

Kurs [DM]	Wert [Pf] für Laufzeit t (Jahre): t = ¼	t = ½	t = 1	t = 2	t = 5
(1)	(2)	(3)	(4)	(5)	(6)
25,00	0,00	0,00	0,00	0,00	0,02
26,00	0,00	0,00	0,00	0,00	0,03
27,00	0,00	0,00	0,00	0,00	0,05
28,00	0,00	0,00	0,00	0,01	0,07
29,00	0,00	0,00	0,00	0,01	0,09
30,00	0,00	0,00	0,00	0,02	0,13
31,00	0,00	0,00	0,00	0,04	0,17
32,00	0,00	0,00	0,00	0,07	0,21
33,00	0,00	0,00	0,01	0,11	0,27
34,00	0,00	0,00	0,03	0,18	0,33
35,00	0,00	0,00	0,06	0,26	0,41
36,00	0,00	0,01	0,11	0,38	0,49
37,00	0,00	0,02	0,20	0,53	0,57

38,00	0,00	0,05	0,35	0,72	0,66
39,00	0,00	0,13	0,57	0,94	0,76
40,00	0,02	0,28	0,87	1,19	0,86
41,00	0,08	0,58	1,28	1,48	0,97
42,00	0,26	1,07	1,78	1,78	1,07
43,00	0,70	1,81	2,37	2,10	1,17
44,00	1,62	2,83	3,02	2,42	1,27
45,00	3,22	4,07	3,71	2,74	1,37
46,00	5,51	5,45	4,38	3,04	1,47
47,00	8,24	6,80	4,99	3,31	1,55
48,00	10,82	7,95	5,50	3,55	1,64
49,00	12,59	8,75	5,88	3,74	1,71
50,00	13,08	9,08	6,11	3,88	1,77
51,00	12,19	8,93	6,17	3,98	1,83
52,00	10,27	8,34	6,07	4,02	1,88
53,00	7,86	7,42	5,83	4,00	1,92
54,00	5,49	6,31	5,47	3,95	1,95
55,00	3,52	5,14	5,02	3,84	1,97
56,00	2,09	4,01	4,51	3,71	1,98
57,00	1,14	3,02	3,97	3,54	1,98
58,00	0,58	2,19	3,44	3,34	1,97
59,00	0,28	1,53	2,92	3,13	1,96
60,00	0,12	1,04	2,44	2,91	1,94
61,00	0,05	0,68	2,01	2,68	1,91
62,00	0,02	0,43	1,63	2,45	1,88
63,00	0,01	0,27	1,30	2,22	1,84
64,00	0,00	0,16	1,02	2,00	1,79
65,00	0,00	0,10	0,80	1,79	1,74
66,00	0,00	0,05	0,61	1,59	1,69
67,00	0,00	0,03	0,47	1,41	1,64
68,00	0,00	0,02	0,35	1,24	1,58
69,00	0,00	0,01	0,26	1,08	1,52
70,00	0,00	0,00	0,19	0,94	1,46
71,00	0,00	0,00	0,14	0,81	1,40
72,00	0,00	0,00	0,10	0,70	1,34
73,00	0,00	0,00	0,07	0,60	1,28
74,00	0,00	0,00	0,05	0,51	1,22
75,00	0,00	0,00	0,04	0,43	1,16

Level-70 und Level-36), und der Wert mäßig aus dem Geld stehender Supershares wächst zunächst und sinkt dann wieder mit wachsender Laufzeit (z. B. Level-55 und Level-44).

C. Die Konstruktion von Finanzprodukten aus Supershares

Konstruktion von Finanzinstrumenten nach den Anlegerpräferenzen

Der atomare Charakter von Supershares läßt es zu, jedes Finanzprodukt synthetisch zu erzeugen, sofern es auf dem Superfund basiert. Man kann jedes Finanzinstrument bezüglich seiner atomaren Bestandteile analysieren und anschließend synthetisch aus Supershares zusammensetzen. Der Vorteil eines Superfund wäre, daß der Anleger selbst solche Finanzprodukte konstruieren kann, die seiner individuellen Risikovorliebe genau entsprechen. Dies können traditionelle Instrumente wie z. B. Puts und Calls sein, die vielleicht wegen *ihrer Laufzeiten* am Markt nicht gehandelt werden, aber auch völlig neue, die am Markt *überhaupt* nicht gehandelt werden.

Konstruktion einer Anleihe

Ursache der Abweichungen vom theoretischen Wert

So kann eine Anleihe konstruiert werden, indem man jeweils die *gleiche* Anzahl von Supershares aller Level kauft. Das ist in Tabelle 15.5 dargestellt. Es werden von jedem Level 53 Anteile gekauft, so daß in einem Jahr mit Sicherheit eine Zahlung von 53 DM zu erwarten ist. Die Summe der Kosten beträgt 50,48 DM als Summe von Spalte 4, so daß sich eine Verzinsung von 5% p. a. ergibt. Theoretisch müßte die Summe der Kosten 50 sein, da sich nur dann bei einer sicheren Auszahlung von 53 ein Zinssatz von 6% p. a. ergibt. Die Abweichung resultiert aus der Intervallbreite von eins und verringert sich bei kleinerer Intervallbreite, was in Tabelle 15.10 noch für verschiedene Instrumente gezeigt werden wird.

Bevor wir uns weitere Beispiele für die synthetische Konstruktion von Finanzinstrumenten anschauen (siehe die nachfolgenden Tabellen 15.6 bis 15.9), wollen wir uns zunächst die generelle Vorgehensweise überlegen.

Vorgehensweise bei der Konstruktion

Geben wir uns hierzu ein Finanzinstrument vor, das wir mit Hilfe der Supershares zusammenbauen wollen (z. B. Call, Put, Anleihe, Terminkauf o. ä.).

Wie wir vorher schon erwähnt haben, müssen wir das Finanzinstrument zunächst bezüglich seiner atomaren Anteile zerlegen und anschließend mit Hilfe dieser atomaren Bestandteile wieder zusammensetzen.

Tabelle 15.5: Konstruktion einer Anleihe aus Supershares durch Kauf der gleichen Anzahl von Shares jeden Levels

Anzahl und Kosten von Supershares für eine Anleihe

Bonds					
Indexwert (S): . . . . . . 50,00 DM Volatilität: . . . . . . 0,12 Laufzeit: . . . . . . 1,00 Jahre Zinssatz (dekursiv): . . . . . . 6,00 % p.a.					
Kurs [DM]	Wert [Pf]	Anzahl [ ]	Kosten in t_0 [DM]	Erlös in t_1 [DM]	Gewinn [DM]
(1)	(2)	(3)	(4) = (2) · (3)	(5) = (3)	(6) = (5) − Σ (4)
25,00	0,00	53	0,00	53,00	2,52
26,00	0,00	53	0,00	53,00	2,52
.	.	.	.	.	.
.	.	.	.	.	.
.	.	.	.	.	.
46,00	4,01	53	2,13	53,00	2,52
47,00	4,64	53	2,46	53,00	2,52
48,00	5,18	53	2,75	53,00	2,52
49,00	5,62	53	2,98	53,00	2,52
50,00	5,91	53	3,13	53,00	2,52
51,00	6,05	53	3,21	53,00	2,52
52,00	6,02	53	3,19	53,00	2,52
53,00	5,86	53	3,11	53,00	2,52
54,00	5,56	53	2,95	53,00	2,52
55,00	5,16	53	2,73	53,00	2,52
.	.	.	.	.	.
.	.	.	.	.	.
.	.	.	.	.	.
73,00	0,09	53	0,05	53,00	2,52
74,00	0,06	53	0,03	53,00	2,52
75,00	0,15	53	0,08	53,00	2,52
Summe [DM]:			50,48		

I) Analyse
Bestimme den Wert W (S*) des Finanzinstrumentes in Abhängigkeit vom Kurs S* zum Fälligkeitszeitpunkt.

II) Synthese
Für jeden möglichen Kurs S* kaufe W (S*) Stück Level-S*-Supershares.

Beispiele für Analyse ...

Beispiel:
Betrachten wir einen Call c mit Ausübungskurs 50 und einen Terminverkauf T_v mit Terminkurs 53. Dann gilt

$c(S^*) = \max [S^* - 50{,}0]$ und
$T_v (S^*) = 53 - S^*$.

Zum Fälligkeitszeitpunkt gilt dann für den Call:

... einer Kaufoption und ...

$c(25) = c(26) = \ldots\ldots = c(50) = 0$ und

$c(51) = 1, c(52) = 2, c(53) = 3, \ldots\ldots$ usw.

... eines Terminverkaufs mit F = 53

Für den Terminverkauf gilt:

$T_v(25) = 28, T_v(26) = 27, T_v(27) = 26, \ldots,$

$T_v(53) = 0, T_v(54) = -1, T_v(55) = -2, T_v(56) = -3, \ldots$ usw.

Beispiele für Konstruktion ...

Dies bedeutet für die Konstruktion des Call:
Kaufe *keine* Level-K-Supershares für K ≤ 50, kaufe einen Level-51, zwei Level-52, 3 Level-53-Supershares usw.

... einer Kaufoption und ...

... eines Terminverkaufs

Der Terminverkauf ergibt sich durch folgende Postitionen:
Kaufe 28 Level-25, 27 Level-26, 26 Level-25, ..., keinen Level-53-Supershare und *verkaufe* einen Level-54, zwei Level-55-Supershare usw.

Da die Anzahl der benötigten verschiedenen Supershares bei dieser Synthese im allgemeinen unendlich wird (auch bei Schrittweite 1 in den K-Levels), empfiehlt es sich, in der Praxis folgende Restriktionen einzuführen:

Restsupershares

i) Es werden nur bis zu bestimmten Ober- bzw. Untergrenzen Level-K-Supershares begeben. Diese Grenzen werden so bestimmt, daß sie nur mit geringer Wahrscheinlichkeit über- bzw. unterschritten werden. Die Wahrscheinlichkeiten sind abhängig von den entscheidenden Größen des stochastischen Prozesses, wie z. B. Volatilität und Laufzeit. Das Über- bzw. Unterschreiten dieser Grenzen wird durch jeweils einen Supershare abgedeckt, den Restsupershare, der in diesen Fällen genau 1 DM auszahlt.

ii) Die Schrittweite der einzelnen Levels sollte so gewählt sein, daß sich die Finanzinstrumente durch das beschriebene Verfahren gut approximieren lassen. Hierbei ist zu beachten, daß mit abnehmender Schrittweite der K-Levels die Approximationsgüte aber auch die Anzahl der verschiedenen Supershares zunimmt. In Tabelle 15.10 vergleichen wir die Ergebnisse bei den Schrittweiten 0,1, 0,5 und 1.

Schrittweite

iii) Auftretende Short-Positionen (wie etwa beim Terminverkauf) werden durch Addition einer entsprechend großen Anleiheposition beseitigt. Die Größe der Anleihe richtet sich nach der betragsmäßig größten negativen Short-Position. Eine solche existiert wegen der in Punkt (i) beschriebenen Ober- bzw. Untergrenzen. Die Größe der Anleihe ist damit beim Leerverkauf gleich dem Level-K des oberen Restsupershare minus Terminkurs F. Dadurch erklären sich die positiven Kosten des Terminverkaufs in Tabelle 15.7. Der traditionelle Terminverkauf an Terminbörsen erfordert ja abweichend keine positiven Kosten. Leiht man sich den Betrag K des Rest-Call – F, um die Terminverkaufsposition aufzubauen, so erhält man am Ende der Laufzeit trotz durchgehend positiver Einzahlungen die gewünschte Zahlungsstruktur mit negativen Zahlungen, da man noch den geliehenen Betrag zurückzahlen muß.

Beseitigen von negativen Kursen bei Short-Positionen

Tabellen 15.6 und 15.7 zeigen, wie ein Indexkauf und ein Indexleerverkauf aussehen können.

Die Kaufoption in Tabelle 15.8 mit Ausübungskurs K = 50 läßt sich dadurch konstruieren, daß für die über dem Ausübungskurs K = 50 der gewünschten Kaufoption liegenden Levels K + i (i = 1 . . . 25) jeweils i Supershares gekauft werden, d. h. 1 Supershare mit K = 51, 2 Supershares mit K = 52 usw. Steigt der Wert des Superfund-Index von 50 in der Ausgangssituation auf 55 am Ende der Laufzeit, so beträgt der Erlös aus dem Halten von 5 Level-55-Supershares 5 DM, der Gewinn / Periode – abzüglich der Kosten von 3,73 DM – 1,27 DM. Sämtliche anderen Supershares verfallen wertlos. Übersteigt der Wert des Index den Höchstkurs, so erhält der Inhaber des Level-75-Supershare S*/K DM.

Eine Verkaufsoption mit Ausübungskurs K = 50 wird entsprechend konstruiert, indem man für unter K liegende Levels K – i (i = i . . . 25) jeweils i Supershares kauft.

Anzahl und Kosten von Supershares für Indexkauf

Tabelle 15.6: Konstruktion eines Indexkaufs aus Supershares durch Kauf von K Shares jeden Levels

Kauf-Index					
Indexwert (S): . . . . 50,00 DM Volatilität: . . . . 0,12 Laufzeit: . . . . 1,00 Jahre Zinssatz (dekursiv): . . . . 6,00 % p. a.					
Kurs [DM]	Wert [Pf]	Anzahl [ ]	Kosten in t_0 [DM]	Erlös in t_1 [DM]	Gewinn [DM]
(1)	(2)	(3)	(4) = (2) · (3)	(5) = (3)	(6) = (5) − Σ (4)
25,00	0,00	25	0,00	25,00	−25,00
26,00	0,00	26	0,00	26,00	−24,00
.	.	.	.	.	.
.	.	.	.	.	.
.	.	.	.	.	.
46,00	4,01	46	1,84	46,00	− 4,00
47,00	4,64	47	2,18	47,00	− 3,00
48,00	5,18	48	2,49	48,00	− 2,00
49,00	5,62	49	2,75	49,00	− 1,00
50,00	5,91	50	2,96	50,00	0,00
51,00	6,05	51	3,09	51,00	1,00
52,00	6,02	52	3,13	52,00	2,00
53,00	5,86	53	3,11	53,00	3,00
54,00	5,56	54	3,00	54,00	4,00
55,00	5,16	55	2,84	55,00	5,00
.	.	.	.	.	.
.	.	.	.	.	.
.	.	.	.	.	.
73,00	0,09	73	0,07	73,00	23,00
74,00	0,06	74	0,04	74,00	24,00
75,00	0,15	75	0,11	75,00	25,00
Summe [DM]:			50,00		

Tabelle 15.7: Konstruktion eines Index-Leerverkaufs aus Supershares durch Kauf von [75 – K] Shares jeden Levels

Anzahl und Kosten von Supershares für Leerverkauf mit $F = 53$ DM

Leerverkauf-Index					
Indexwert (S): . . . . . 50,00 DM					
Volatilität: 0,12					
Laufzeit: . . . . . 1,00 Jahre					
Zinssatz (dekursiv): . . . . . 6,00 % p. a.					
Kurs [DM]	Wert [Pf]	Anzahl [ ]	Kosten in t_0 [DM]	Erlös in t_1 [DM]	Gewinn [DM]
(1)	(2)	(3)	(4) = (2) · (3)	(5) = (3)	(6) = (5) – Σ (4)
25,00	0,00	50	0,00	50,00	28,56
26,00	0,00	49	0,00	49,00	27,56
.	.	.	.	.	.
.	.	.	.	.	.
.	.	.	.	.	.
46,00	4,01	29	1,16	29,00	7,56
47,00	4,64	28	1,30	28,00	6,57
48,00	5,18	27	1,40	27,00	5,57
49,00	5,62	26	1,46	26,00	4,57
50,00	5,91	25	1,48	25,00	3,57
51,00	6,05	24	1,45	24,00	2,57
52,00	6,02	23	1,39	23,00	1,57
53,00	5,86	22	1,29	22,00	0,56
54,00	5,56	21	1,17	21,00	– 0,44
55,00	4,70	20	1,03	20,00	– 1,44
.	.	.	.	.	.
.	.	.	.	.	.
.	.	.	.	.	.
73,00	0,09	2	0,00	2,00	– 19,44
74,00	0,05	1	0,00	1,00	– 20,44
75,00	0,04	0	0,00	0,00	– 21,44
Summe [DM]:			21,44		

Anzahl und Kosten von Supershares für eine Kaufoption mit K = 50

Tabelle 15.8: Konstruktion einer Kaufoption mit Ausübungskurs K aus Supershares durch Kauf von K + i (i = 1 ...n) Shares für alle Levels über K

Kauf Call (K = DM 50)					
Indexwert (S): 50,00 DM Volatilität: 0,12 Laufzeit: 1,00 Jahre Zinssatz (dekursiv): 6,00 % p. a.					
Kurs [DM]	Wert [Pf]	Anzahl [ ]	Kosten in t_0 [DM]	Erlös in t_1 [DM]	Gewinn [DM]
(1)	(2)	(3)	$(4) = (2) \cdot (3)$	$(5) = (3)$	$(6) = (5) - \Sigma (4)$
25,00	0,00	0	0,00	0,00	– 3,73
26,00	0,00	0	0,00	0,00	– 3,73
.	.	.	.	.	.
.	.	.	.	.	.
.	.	.	.	.	.
49,00	5,62	0	0,00	0,00	– 3,73
50,00	5,91	0	0,00	0,00	– 3,73
51,00	6,05	1	0,06	1,00	– 2,73
52,00	6,02	2	0,12	2,00	– 1,73
53,00	5,86	3	0,18	3,00	– 0,73
54,00	5,56	4	0,22	4,00	0,27
55,00	5,16	5	0,26	5,00	1,27
.	.	.	.	.	.
.	.	.	.	.	.
.	.	.	.	.	.
73,00	0,09	23	0,02	23,00	19,27
74,00	0,05	24	0,01	24,00	20,27
75,00	0,04	25	0,15	25,00	21,27
Summe [DM]:			3,73		

Tabelle 15.9: Konstruktion einer Verkaufsoption aus Supershares durch Kauf von K – i (i = 1 ...n) Shares für alle Levels unter K

Anzahl und Kosten für eine Verkaufsoption mit K = 50

Kauf Put (K = DM 50)					
Indexwert (S): 50,00 DM Volatilität: 0,12 Laufzeit: 1,00 Jahre Zinssatz (dekursiv): 6,00 % p. a.					
Kurs [DM]	Wert [Pf]	Anzahl [ ]	Kosten in t_0 [DM]	Erlös in t_1 [DM]	Gewinn [DM]
(1)	(2)	(3)	(4) = (2) · (3)	(5) = (3)	(6) = (5) – Σ (4)
25,00	0,00	25	0,00	25,00	23,64
26,00	0,00	24	0,00	24,00	22,64
.	.	.	.	.	.
.	.	.	.	.	.
.	.	.	.	.	.
46,00	4,01	4	0,16	4,00	2,64
47,00	4,64	3	0,14	3,00	1,64
48,00	5,18	2	0,10	2,00	0,64
49,00	5,62	1	0,06	1,00	– 0,36
50,00	5,91	0	0,00	0,00	– 1,36
51,00	6,05	0	0,00	0,00	– 1,36
52,00	6,02	0	0,00	0,00	– 1,36
53,00	5,86	0	0,00	0,00	– 1,36
54,00	5,56	0	0,00	0,00	– 1,36
55,00	5,16	0	0,00	0,00	– 1,36
.	.	.	.	.	.
.	.	.	.	.	.
.	.	.	.	.	.
73,00	0,09	0	0,00	0,00	– 1,36
74,00	0,05	0	0,00	0,00	– 1,36
75,00	0,15	0	0,00	0,00	– 1,36
Summe [DM]:			1,36		

Quelle: Nach Cox, J. und Rubinstein, M., a. a. O., S. 463, vereinfachte Darstellung.

Approximation der Kosten verschiedener Finanzinstrumente bei unterschiedlicher Schrittweite

Tabelle 15.10: Kosten verschiedener, aus Supershares aufgebauter Finanzinstrumente bei unterschiedlicher Intervallbreite und einem Superfund mit einem Anfangswert von 50, dessen untere und obere Grenzen 25 und 75 sind

Finanzierungs-instrument	Kosten bei Intervallbreite 1,00 DM	0,50 DM	0,10 DM	Theoretischer Wert
	(1)	(2)	(3)	(4)
	[DM/Supershare]			
Anleihen	50,48	50,23	50,04	50,00
Kauf des Index	50,00	49,98	49,99	50,00
Leerverkauf	21,44	20,63	20,83	20,75
Call	3,73	3,86	3,98	4,01
Put	1,36	1,27	1,20	1,18

Wie Tabelle 15.10 zeigt, nähern sich die Werte der Instrumente bei kleineren Intervallbreiten den theoretischen Werten an. Beim Call geschieht die Annäherung von unten, beim Put von oben und beim Leerverkauf alterniert die Annäherung. Alle Instrumente sind jeweils fair zum mathematischen Erwartungswert gepreist. Die Risikostrukturen der Instrumente, die aus Supershares aufgebaut sind, unterscheiden sich aber von den Idealtypen der Instrumente, deren Werte hier als »theoretische Werte« bezeichnet werden durch die größeren Intervallbreiten.

Literaturverzeichnis

ADVANCES in FUTURES and OPTIONS RESEARCH, Vol. I und II. Hrsg.: Fabozzi, Frank J. London: JAI Press, 1986.

ARNOLD, Hans:
Risikentransformation – Finanzierungsinstrumente und Finanzierungsinstitute als Institutionen zur Transformation von Unsicherheitsstrukturen. Diss., Saarbrücken 1964.

ARNOLD, Hans:
Risikentransformation. In: Handwörterbuch der Finanzwirtschaft. Stuttgart 1976.

AUGROS, J. C.; NAVATTE, P.:
bourse-les options négociables. vuibert gestion. Hrsg.: Helfer, J.-P.; Orsoni, J. Librairie Vuibert. Paris 1987.

AYRES, Herbert F.:
Risk Aversion in the Warrant Market. In: Industrial Management Review. Vol. 5 (1963), S. 497 – 505. Auch in: COOTNER, Paul H. (Ed.): The Random Character of Stock Market Prices. Cambridge, Mass. 1964.

BACHELIER, Louis:
Theory of Speculation. In: COOTNER, Paul H. (ed.): The Random Character of Stock Market Prices. Cambridge, Mass. 1964, S. 17 – 78. Ursprünglich eine Dissertation in Ann. Sci. Ecole Normal Sup. (3), No. 1018. Paris 1900. Ins Englische übersetzt von BONESS, James.

BARONE-ADESI, G.; WHALEY, R. E.:
Efficient Analytic Approximation of American Option Values. Institute for Financial Research. Working Paper No. 15, University of Alberta, 1985. In: The Journal of Finance, Vol. XLII (1987), S. 301 – 320.

BELONGIA, Michael T.; SANTONI, G. T.:
Hedging Interest Rate Risk with Financial Futures:
Some Basic Principles. In: Review of the Federal Reserve Bank of St. Louis, Vol. 66, No. 8 (Oct. 1984), S. 15 – 25.

Besondere Bedingungen für Optionsgeschäfte an den deutschen Wertpapierbörsen, ab 19. 3. 1986 geltende Fassung, veröffentlicht im Amtlichen Kursblatt der Frankfurter Wertpapierbörse vom 19. März 1986, geändert am 1. 4. 87.

BLACK, Fischer:
Fact and Fantasy in the Use of Options. In: Financial Analysts Journal, July-August 1975, S. 36 – 41 und S. 61 – 72.

BLACK, Fischer; SCHOLES, Myron:
The Pricing of Options and Corporate Liabilities. In: Journal of Political Economy, Vol. 81 (May–June 1973), S. 637 – 659.

BLÜMICH; FALK:
Kommentar zum Einkommensteuergesetz.

BGH II ZR 262/83 vom 22. 10. 84:
In: Der Betrieb 1985, S. 272/3.

BONESS, A. James:
Elements of a Theory of Stock-Option Values. In: Journal of Political Economy, Vol. 72 (1964), S. 163 – 174.

Börsengesetz vom 22. Juni 1896 (RGBl. S. 157).

BRENNAN, Michael; SCHWARTZ, Eduardo:
The Valuation of American Put Options. In: The Journal of Finance, May 1977.

BRENNER, Menachem; COURTADON, Georges; SUBRAMANYAM, Marti:
Options on Stock Indices and on Stock Index Futures. Working Paper Series. No. 324. Salomon Brothers Center for Study of Financial Institutions Graduate School of Business Administration. New York University. July 1984.

BRONZIN, Vinzenz:
Theorie der Prämiengeschäfte. Leipzig und Wien 1908.

BÜHLER, Wolfgang:
Rationale Bewertung von Optionsrechten auf Anleihen. In: ZfbF. 40. Jg. (10/1988), S. 851 – 883.

BURTON, Edwin T.:
Observations on the Theory of Option Pricing on Debt Instruments. In: BRENNER, Menachem (Ed.): Option Pricing. Lexington, Massachusetts: Heath and Company, Toronto 1983, S. 35 – 44.

COOTNER, siehe The Random Character of Stock Market Prices.

COURTADON, Georges:
The Pricing of Options on Default-Free Bonds. In: Journal of Financial and Quantitative Analysis. Vol. XVII (March 1982), S. 75 – 100.

COX, John C.; ROSS, A.; RUBINSTEIN, Mark:
Option Pricing: A Simplified Approach. In: Journal of Financial Economies, Vol. 7 (1979), S. 229 – 263.

COX, John C.; RUBINSTEIN, Mark:
Option markets. Englewood Cliffs 1985.

FABOZZI, siehe: Advances in Options and Futures Research.

GADKARI, Vilas:
Relative Pricing of Currency Options. Salomon Brothers Inc., May 1984.

GARMAN, Mark B.; KOHLHAGEN , Steven W.:
Foreign Currency Option Values. In: Journal of International Money and Finance. 1983, 2, S. 231 – 237.

GESKE, Robert:
A Note On an Analytical Valuation Formula for Unprotected American Call Options on Stocks with Known Dividends. In: Journal of Financial Economics, 7 (1979), S. 375 – 380.

GESKE, Robert:
The Valuation of Compound Options. In: Journal of Financial Economics, 7 (1979), S. 63 – 81.

GESKE, Robert; ROLL, Richard:
On Valuing American Call Options with the Black-Scholes European Formula. In: The Journal of Finance, Vol. 39, No. 2 (1984), S. 443 – 455.

GIDDY, Ian H.:
Foreign Exchange Options. In: The Journal of Future Markets, Vol. 3, No. 2 (1983), S. 143 - 166.

GIERSCH, Herbert; SCHMIDT, Hartmut:
Offene Märkte für Beteiligungskapital: USA – Großbritannien – Bundesrepublik Deutschland. (Eine Studie anläßlich des 125jährigen Jubiläums der Baden-Württembergischen Wertpapierbörse zu Stuttgart). Hrsg.: Der Vorstand der Baden-Württembergischen Wertpapierbörse zu Stuttgart.

HAKANSSON, Nils H.:
The Purchasing Power Fund. Financial Analysts Journal, 32 (1976), S. 49–59.

HAKANSSON, Nils H.:
The Superfund: Efficient Paths toward Efficient Capital Markets in Large and Small Countries. In: Financial Decision Making under Uncertainty. Ed.: Levy, H.; Sarnat, M. New York: Academic Press, 1977.

HAKANSSON, N. H.:
Welfare Aspects of Options and Supershares. In: The Journal of Finance, Vol. XXXIII, No. 3 (June 1978), S. 759 – 776.

HARTUNG, Joachim u. a.:
Statistik: Lehr- und Handbuch der angewandten Statistik. 3. Aufl., München, Wien 1985.

HERMANN/HEUER/RAUPACH:
Kommentar zum Einkommensteuer- und Körperschaftssteuergesetz.

HULL, John:
Options, Futures and other Derivative Securities. Englewood Cliffs: Prentice Hall, 1989.

HULL, J. C.; WHITE, A.:
The Pricing of Options on Assets with Stochastic Volatilities. In: The Journal of Finance, Vol. XLII (June 1987), S. 281 – 300.

INGERSOLL, Jonathan E.:
Theory of Financial Decision Making. Rowman & Littlefield. 1987.

JARROW, Robert A.; RUDD, Andrew:
Option Pricing. Homewood, Ill. 1983.

JENTZSCH, Bettina:
Optionspreise in der Bundesrepublik Deutschland. Empirische Überprüfung eines theoretischen Bewertungsansatzes. Verlag Harri Deutsch. Thun. Frankfurt a. M. 1985. Reihe Wirtschaftswissenschaften Bd. 336.

KLOY; Jörg; WELCKER, Johannes:
Drei Arten von Währungsoptionen. In: Die Bank 6/86, S. 298 – 302.

KRUIZENGA, Richard J.:
Introduction to the Option Contract. In: COOTNER, Paul H. (ed): The Random Character of Stock Market Prices. 1967 (1964), S. 337 – 391.

KRUSCHWITZ, Lutz; SCHÖBEL, Rainer:
Die Bewertung europäischer und amerikanischer Puts. In: WISU 8–9/1984, S. 378 – 386.

LABUSZEWSKI, John; SINQUEFIELD, Jeanne Cairnes:
Inside the Commodity Option Markets. New York u. a. O. 1985.

LATANÉ, Henry A.; RENDLEMAN, Richard J.:
Standard Deviations of Stock Price Ratios Implied in Option Prices. In: The Journal of Finance, Vol. XXXI, No. 2 (May 1976).

LEBECK, Warren W.:
The Origins of Future Markets. In: The Handbook of Financial Futures. Hrsg.: ROTHSTEIN, Nancy H., McGraw Hill, New York 1984, S. 9 – 22.

LELAND, H. E.:
Option Pricing and Replication with Transaction Costs. In: The Journal of Finance, Vol. XL (Dez. 1985), S. 1283 – 1301.

LUSKIN, siehe Portfolio Insurance.

MACBETH, James D.; MERVILLE, Larry, J.:
An Empirical Examination of the Black-Scholes Call Option Pricing Model. In: The Journal of Finance, Vol. XXXIV, No. 6 (December 1979), S. 1173 – 1177.

MacMILLAN, Lionel W.:
Analytic Approximation for the American Put Option. In: Advances in Futures and Options Research, Vol. I. Hrsg.: Fabozzi, Frank J. London: JAI Press, 1986.

MacMILLAN, Lawrence G.:
Options as a Strategic Investment. 2nd Ed. New York: New York Institute of Finance, 1986.

MANASTER, Steven; KOEHLER, Gary:
The Calculation of Implied Variances from the Black-Scholes Model: A Note. In: The Journal of Finance, Vol. XXXVII, No. 1 (March 1982), S. 227 – 230.

MARGRABE, William:
The Value of an Option to Exchange one Asset for Another. In: The Journal of Finance. Vol. XXXIII (March 1978), S. 177 – 186.

MERTON, Robert C.:
Theory of Rational Option Pricing. In: The Bell Journal of Economics and Management Science. Vol. 4 (1973), No. 1, S. 141 – 183.

MOSER, James:
Die Lehre von den Zeitgeschäften und deren Combinationen. Berlin 1875.

PARKINSON, Michael:
Option Pricing: The American Put. In: The Journal of Business. Vol. 50, S. 21–36.

PORTFOLIO INSURANCE – A Guide to Dynamic Hedging. Ed.: Luskin, Donald L. New York: Wiley, 1988.

RENDLEMAN, Richard J.; BARTTER , Brit J.:
The Pricing of Options on Debt Securities. In: Journal of Financial and Quantitative Analysis, Vol. XV, No. 1, March 1980, S. 11 – 24.

ROLL, Richard:
An Analytic Valuation Formula for Unprotected American Call Options on Stocks with Known Dividends. In: Journal of Financial Economics, Nov. 1977, S. 251 – 258.

SAMUELSON, Paul A.:
Rational Theory of Warrant Pricing. In: Industrial Management Review. Vol. 6 (1965), S. 13 – 32. Auch in: COOTNER, Paul H. (ed.): The Random Character of Stock Market Prices. Cambridge, Mass. 1964, S. 506–532.

SCHMIDT, Hartmut:
Wertpapierbörsen. In: Schmidt, Hartmut; Schurig, Matthias; Welcker, Johannes: Bank- und Börsenwesen, Bd. I: Struktur und Leistungsangebot. Hrsg.: Bitz, Michael. München 1981.

SCHMIDT, Hartmut:
Wege zur Ermittlung und Beurteilung der Marktzinsänderungsrisiken von Banken. In: Kredit und Kapital, 14. Jg. (1981), S. 249 – 286.

SCHNEEWEISS, Hans:
Ökonometrie. Würzburg, Wien 1971.

SMITH, jr., C. W.:
Option Pricing: A Review. In: Journal of Financial Economics. Vol. 3 (1976), S. 3 – 51.

SPRENKLE, Case:
Warrant Prices as Indicators of Expectations. In: Yale Economic Essays. Vol. I (1961), S. 179 – 232. Auch in: COOTNER, Paul H. (ed.): The Random Character of Stock Market Prices. Cambridge, Mass. 1964, S. 412–474.

STOLL, Hans R.:
Reply (to a comment by Merton, Robert C.). In: The Journal of Finance, Vol. 28-I (1973), S. 185 – 187.

STOLL, Hans R., WHALEY, Robert E.:
New Option Instruments: Arbitrageable Linkages and Valuation. In: Advances in Futures and Options Research, Vol. I. Hrsg.: Fabozzi, Frank J. London: JAI Press, 1986.

STÜTZEL, Wolfgang:
Bankpolitik heute und morgen. 2. Aufl., Frankfurt a. M. 1964.

The RANDOM CHARACTER of STOCK MARKET PRICES. Ed.: COOTNER, Paul. Cambridge. Mass. 1964.

THORP, Edward O.; KASSOUF, Sheen T.:
Beat the Market. A Scientific Stock Market System. New York 1967.

VEGA, Don Josef de la:
Die Verwirrung der Verwirrungen. Vier Dialoge über die Börse in Amsterdam. Übersetzt und eingeleitet von Pringsheim, Otto. Breslau 1919 (Amsterdam 1688).

WELCKER, Johannes:
Was bestimmt die Preisunterschiede zwischen Puts und Calls? In: Die Bank 12/84, S. 590 – 592.

WELCKER, Johannes:
Struktur des deutschen Bankwesens. In: Bank- und Börsenwesen, Bd. I: Struktur- und Leistungsangebot. München 1981, S. 1 – 70.

WELCKER, Johannes:
Technische Aktienanalyse. Die Methode der Technischen Analyse mit Chart-Übungen. 6., überarbeitete und erweiterte Aufl., Zürich 1991.

WELCKER, Johannes:
Wandelobligationen. Diss. Saarbrücken 1968. Bonn 1968. Auch in: ZbF (N. F.), 20. Jg. (1968), S. 798 – 838.

WELCKER, Johannes; NERGE, Carsten:
Zur Bewertung von Zinswarrants. In: Börsenjournal, 14. Jg. Nr. 25, S. 42/3.

WELCKER, Johannes; NERGE, Carsten:
Die Erfolgsrezepte der Experten. In: Börsenjournal, 14. Jg. Nr. 17, S. 41 – 43 und Nr. 18, S. 41 – 43.

WELCKER, Johannes; SCHINDLER, Klaus:
Währungsoptionsscheine und der Rückerstattungswährungsoptionsschein (RWOS – money-back currency warrant) der Nordiska Investeringsbanken (NIB). In: Kredit und Kapital, 22. Jg. (1989), S. 239 – 266.

WELCKER, Johannes; SCHINDLER, Klaus; NERGE, C.; MAYER, A.:
Preiswürdigkeitsvergleich von Optionsscheinen. Hrsg.: Deutsche Bank Group. Quantitatives Research. 2. Aufl. 1991 (1989).

WELCKER, Johannes; ULRICH, Joachim:
Der Hebel als Maßstab zur Beurteilung der Kurssteigerungschancen von Kauf- und Verkaufsoptionen sowie Optionsscheinen. In: ZBB, 2. Jg. (1/1990), S. 21 – 28.

WHALEY, Robert E.:
Valuation of American Futures Options: Theory and Empirical Tests. In: The Journal of Finance, Vol. XLI, No. 1 (March 1986), S. 127 – 150.

WONDRAK, Bernhard:
Zur Steuerung des Zinsänderungsrisikos in Kreditinstituten. In: Kredit und Kapital, 19. Jg. (1986), S. 401 – 415.

ZEITSCHRIFTEN:
- Der Commodity Investment Analyst. Monatsmagazin für Langzeitanleger. Richard Ebert GmbH, Schloßstraße 40, 6419 Burghaun.
- Futures. Monatlich. 219 Parkade, PO BOX 6, Cedar Falls, JA 50613 USA.

PROGRAMME:
DATASTREAM International Ltd., Bockenheimer Landstraße 42, 6000 Frankfurt a. M.

Bloomberg, Kaiserstr. 73, 6000 Frankfurt a. M., Tel. 2739000.

Für die Werte aller Optionstypen mit deltas sind menügesteuerte Programme zu erhalten von Prof. Dr. J. Welcker, Rechts- und Wirtschaftswissenschaftliche Fakultät, Universität des Saarlandes, 6600 Saarbrücken.

Tabellenverzeichnis

Abbildungsverzeichnis

Symbolverzeichnis

c	Preis oder Wert der europäischen Kaufoption (call)
C	Preis oder Wert einer amerikanischen Kaufoption
C(H)	Preis oder Wert einer Kaufoption mit hohem Ausübungskurs
C(M)	Preis oder Wert einer Kaufoption mit mittlerem Ausübungskurs
C(N)	Preis oder Wert einer Kaufoption mit niedrigem Ausübungskurs
C(S)	Preis oder Wert der Kaufoption für den aktuellen Aktienkurs
C_A	Preis oder Wert der Kaufoption auf Aktien
C_{A*}	Preis oder Wert der Kaufoption auf Aktien ohne Dividendenschutz
C_D	Preis oder Wert der Kaufoption auf Devisen
C_F	Preis oder Wert der Kaufoption auf Terminkontrakte
C_R	Preis oder Wert der Kaufoption auf Renten (= festverzinsliche Wertpapiere)
C_W	Preis oder Wert der Kaufoption auf Waren
$\bar{C}$	Coupon
D	Dividende
d	konstante, stetige Dividendenrendite
d	im Binomialmodell Änderungsrate nach unten (down)
$\frac{\delta}{\delta x}, \frac{\delta^2}{\delta x^2}$	erste bzw. zweite partielle Ableitung nach der Variablen x
Δ	Hedgerate (= gehaltene Aktien/verkaufte bzw. geschriebene Kaufoptionen, die im Hedge-Portefeuille sind) = $\delta C/\delta S$
e	Eulersche Zahl = 2,71828... = Basis von ln
e^{i_c}	Aufzinsungsfaktor für die Bestandshaltekosten i_c
e^{i_d}	Aufzinsungsfaktor für den kurzfristigen inländischen Zinssatz i_d
E(.)	Erwartungswert
F	Terminkurs (Futures Price)
i	stetiger Zinssatz (interest), alle i-Symbole ohne * sind stetige Zinssätze
i*	dekursiver Zinssatz, alle i-Symbole mit * sind dekursive Zinssätze
i_a	Eigenzins der Anleihe
i_c	stetige Bestandshaltekosten (cost of carry) des optierbaren Objekts in % des Kurses (Summe aus Zins- und Lagerkosten)
i_d	stetiger risikofreier inländischer Zinssatz (riskless domestic interest rate) für Darlehen mit der Laufzeit der Option
i_f	ausländischer Zinssatz für Devisen = Eigenzins der Fremdwährungsanlage (Foreign Interest Rate)
i_l	Kosten für Lagerung in % des Warenwerts
K	Ausübungskurs (exercise price)
K(H)	hoher Ausübungskurs
K(M)	mittlerer Ausübungskurs
K(N)	niedriger Ausübungskurs
KO(H)	Kaufoption mit hohem Ausübungskurs
$KO(H)_V$	Verkauf einer Kaufoption mit hohem Ausübungspreis
KO_K	Kauf einer Kaufoption
KO(N)	Kaufoption mit niedrigem Ausübungskurs

KO_V	Verkauf einer Kaufoption
ln(.)	natürlicher Logarithmus (Logarithmus zur Basis e)
μ	Mittelwert der Kursveränderungsfaktoren der Stichprobe oder Erwartungswert eines stochastischen Prozesses
N(.)	Wert der kumulierten Standardnormalverteilung
n	Anzahl der Kursveränderungsfaktoren
$O_{j,k}$	Optionswerte im Binomialmodell
p	Preis oder Wert einer europäischen Verkaufsoption (Put)
P	Preis oder Wert einer amerikanischen Verkaufsoption (Put)
π	Kreiszahl (= 3,14...)
P(H)	Preis oder Wert einer Verkaufsoption mit hohem Ausübungskurs
P(M)	Preis oder Wert einer Verkaufsoption mit mittlerem Ausübungskurs
P(N)	Preis oder Wert einer Verkaufsoption mit niedrigem Ausübungskurs
P_A	Preis oder Wert der Verkaufsoption auf Aktien
P_{A*}	Preis oder Wert der Verkaufsoption auf Aktien ohne Dividendenschutz
P_D	Preis oder Wert der Verkaufsoption auf Devisen
P_F	Preis oder Wert der Verkaufsoption auf Terminkontrakte
P_R	Preis oder Wert der Verkaufsoption auf Renten (= festverzinsliche Wertpapiere)
P_W	Preis oder Wert der Verkaufsoption auf Waren
r	Zinsfaktor (1 + i)
S, S_t	Aktienkurs (stock price) = Kurs des optierbaren Objekts = Kassakurs der Aktie
$S_{j,k}$	Aktienkurse im Binomialmodell
S^*	zukünftiger Aktienkurs zum Zeitpunkt der Liquidation des Portefeuilles
S^*, S^{**}	kritischer Ausübungskurs eines amerikanischen Call bzw. Put
σ	Flatterhaftigkeit des Aktienkurses = Standardabweichung der Logarithmen der Kursveränderungsfaktoren als Maß für die Kursvariabilität des Objekts = Volatilität
σ^2	Varianz
σ_J	Volatilität (bezogen auf ein Jahr)
ST_K	Kauf einer Stellage
ST_V	Verkauf einer Stellage
T_K	Terminkauf
T_V	Terminverkauf
t, T	(Rest-)Laufzeit oder Zeitpunkt
t^*	Verfallzeitpunkt einer Option
u	im Binomialmodell Änderungsrate nach oben (up)
VO(H)	Verkaufsoption mit hohem Ausübungskurs
VO_K	Kauf einer Verkaufsoption
VO(N)	Verkaufsoption mit niedrigem Ausübungskurs
$VO(N)_K$	Kauf einer Verkaufsoption mit niedrigem Ausübungskurs
VO_V	Verkauf einer Verkaufsoption
W	Wert eines Portfolios
W_t	Wiener-Prozeß
Z	Zeitwert einer Option; Differenz der amerikanischen und europäischen Optionswerte

Stichwortverzeichnis